제4차 산업혁명 시대의 **벤처창업 전략**

THE 4TH INDUSTRIAL REVOLUTION

박복재 · 문영수 공저

전남대학교출판부

저자약력

박복재

전남대학교 대학원 무역학과(경영학석사, 박사)
일본와세다(早稲田)대학 상학연구과 연구원
University of Colorado at Boulder 객원교수
한국국제상학회 부회장
한국통상정보학회 부회장
한국무역학회 이사
전남대학교 문화사회과학대학 학장
현, 전남대학교 여수창업보육센터 센터장
현, 전남대학교 경상학부 국제통상학전공 교수

저서 및 논문

무역상무론(전남대학교출판부, 2014)
무역영어(전남대학교출판부, 2013)
무역학개론(공저, 무역경영사, 2012)
도시브랜드마케팅(공저, 전남대학교출판부, 2011)
"메가이벤트 전후 개최지역에 미치는 효과에 관한 동태적 분석", 통상정보연구, 2015.
"우리나라 환경산업의 무역구조와 국제경쟁력에 관한 연구", 통상정보연구, 2013.
"디지털 콘텐츠 교역의 확산이 조세수입에 미치는 영향에 관한 국가 간 비교 연구", 전자무역연구, 2012.

문영수

전남대학교 대학원 무역학과(경영학박사)
기술거래사(산업통상자원부)
창업보육전문매니저(한국창업보육협회)
ISO9001&14001 국제심사원(RABQSA)
㈜인터비즈파트너스 대표
현, 전남대학교 여수창업보육센터 전문매니저

주요 논문

"전자무역시스템을 활용한 무역거래의 환경영향 분석에 관한 연구", 국제상학, 2016.
"여수시 지역행동계획의 온실가스 감축 활동에 따른 감축량 산정 연구", 환경연구논문집, 2015.
"창업보육센터의 ISO 품질·환경경영 통합시스템 구축에 관한 연구", 환경연구논문집, 2013.

제4차 산업혁명 시대의 벤처창업 전략

인 쇄 2017년 2월 23일
발 행 2017년 2월 28일

저 자_박복재 · 문영수
발행인_정병석
발행처_전남대학교출판부
등 록_1981. 5. 21. 제53호
주 소_61186 광주광역시 북구 용봉로 77
전 화_(062) 530-0571~2
영업부_(062) 530-0573
팩 스_(062) 530-0579
홈페이지_http: //www.cnup.co.kr
이메일_cnup0571@hanmail.net

값 22,000 원

ISBN 978-89-6849-390-4 (93320)

서문 PREFACE

국내는 물론 전 세계적으로 계속되는 청년 실업의 해결과 일자리 창출을 위해서는 경제성장을 통한 고용창출과 더불어 청년들의 벤처기업 창업에 대한 도전이 무엇보다 중요한 상황이다. 또한 제4차 산업혁명의 등장으로 기술융합에 의한 다양한 부문의 신기술이 미래 벤처창업 분야로 대두되고 있다.

우리나라는 1997년 벤처정책이 추진된 이후 IT벤처창업 붐을 시작으로 엔젤 투자, 벤처패키탈, 창업보육센터, 테크노파크 등 매우 다양한 창업 인프라를 갖추게 되었다. 그리고 중앙정부와 중소기업청의 창업기업에 대한 지원은 전 세계에서도 손꼽히는 우수한 정책과 실적을 자랑한다. 대학에서도 창업문화 활성화와 창업 생태계 내실화를 위해 창업교육을 체계적으로 운영하기 시작하였고, 그 성과로 대학에서 시작되는 벤처창업 기업들도 늘어나고 있다.

그동안 창업자들을 위해 다양한 창업 안내 지침서 등이 발간되어 왔지만, 대부분 일반적인 창업 절차나 소상공인 창업 내용이었고, 기술창업을 기반으로 하는 벤처창업 전략을 다루는 자료는 매우 부족한 상황이었다. 따라서 저자들은 새롭게 다가온 제4차 산업혁명 시대를 준비하는 벤처창업자들에게 유용한 지침서가 될 수 있도록 『제4차 산업혁명 시대의 벤처창업 전략』을 준비하게 되었다.

벤처창업을 위해서는 회사 설립부터, 기술사업화를 위한 산업재산권, 인증, 세무회계, 마케팅, 수출, 자금조달 및 기업공개(IPO)에 이르기까지 기업경영 전반에 다양한 지식을 쌓아야 한다. 그리고 벤처기업의 성공을 위해서는 창업자의 적성과 자질에 대한 검토와 함께 벤처창업에 대한 폭 넓은 이해를 바탕으로 벤처경영을 위한 지식을 올바르게 파악하는 것이 필요하다. 이를 위해 본서에서는 새로운 시대 흐름인 제4차 산업혁명에 대한 이해를 토대로, 기업가 정신, 벤처창업 전략, 벤처경영 전략을 체계적으로 분석하였다. 본서의 집필은 전남대학교 여수창업보육센터에서 오랫동안 근무하면서 쌓은 지식과 경험을 토대로 구성하였다.

본서는 새로운 변화의 물결로서 제4차 산업혁명과 창업·벤처 기업가정신(제1편), 회사설립 단계부터 벤처기업 확인 및 사업계획서, 자금조달에 이르는 벤처창업(제2편), 기술사업화의 필수요건인 산업재산권과 인증 및 세무회계, 마케팅, 기업공개(제3편) 분야로 구성되었으며 그 내용은 다음과 같다.

제1편 '제4차 산업혁명과 창업·벤처 기업가 정신'에서는 벤처창업 기업이 4차 산업혁명 시대에 도전할 수 있는 산업 분야를 제시하고, 창업자 스스로가 기업가정신 지수를 확인해 볼 수 있도록 내용을 구성하였다.

제2편 '벤처창업' 분야에서는 회사설립부터 벤처기업 확인 요령, 사업타당성 분석과 사업계획서 작성 방법, 창업 초기 기업의 자금조달 및 투자유치 요령, 창업 공간으로서 창업보육센터 활용을 위한 정보를 제공하여 벤처창업 기업이 초기창업 시점에 활용할 수 있도록 하였다.

제3편 '벤처경영'에서는 벤처기업이 체계적인 기업경영을 토대로 지속성장을 위해 필요한 산업재산권 확보전략, 각종 인증제도, 세무 및 회계관리, 수출 및 마케팅, 코스닥과 코넥스 시장 상장절차 등을 기술하였다.

그리고 각 장의 마지막 부분에는 중소기업청 비즈니스지원단에서 발간한 상담 사례에서 벤처창업자들이 꼭 알아야 할 내용을 원용하여 사례 연구로 재정리하였다.

본서는 기술창업을 준비하는 예비 CEO와 초기창업자들에게 조금이나마 도움이 될 수 있도록 구성하였으나, 미흡한 점을 보완하고 유용성을 증대하기 위하여 향후 지속적인 자료보완이 필요할 것으로 생각된다.

벤처기업 창업의 성공적 운영을 위해서는 기업경영 전반에 대한 다양한 이해는 물론이고 시대 흐름을 정확히 읽는 것이 중요하다. 이를 위해서는 중소기업청의 벤처정책 흐름을 이해하고, 현장경험 및 지식 습득을 위해 벤처기업에서의 인턴십 및 근무경험 등도 필요하다. 그리고 경영과 기술, 마케팅 등 각 분야를 담당한 우수 인력의 확보도 중요하다.

저자들은 본서를 통해 독자들이 벤처창업에 대한 깊은 이해를 바탕으로 창업에 대한 전문적 지식을 습득하고 향후 벤처창업 현장에서 본격적으로 활약하기를 진심으로 기원한다.

현재에도 벤처창업 분야에서 활동하는 창업자 및 지원기관 관계자들의 열정과 노력에 경의를 표한다. 그리고 본서의 출판에 각별한 정성을 보여주신 전남대학교출판부 관계자분들께 깊은 감사를 드린다.

2017년 立春

저자 일동

차 례 CONTENTS

제3편 벤처경영

표차례

제1편 제4차 산업혁명과 창업·벤처 기업가 정신

제2편 벤처창업

제3편 벤처경영

그림차례

제2편 벤처창업

제3편 벤처기업

기타차례

제1편

제4차 산업혁명과 창업·벤처기업가 정신

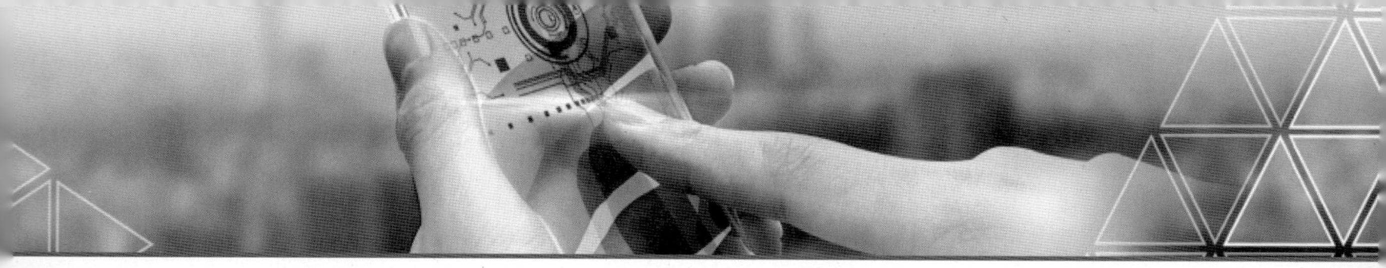

제1장 제4차 산업혁명과 새로운 변화의 물결

오늘날 인류는 4차 산업혁명 단계에 접어들고 있으며 우리의 미래는 혁신적이고 파괴적인 변화에 직면할 것이다. 우리는 인류가 한 번도 경험하지 못한 대전환의 시대를 맞이하여 국가와 기업 및 사회에 다가올 미래의 새로운 혁신과 변화의 물결에 적극 대응해야 한다.

1. 국가와 기업성장 전략의 변화

1) 제4차 산업혁명에의 대응

세계경제포럼(이하 WEF, 2016)[1]에서는 4차 산업혁명을 디지털 기기와 인간, 물리적 환경의 융합[2]에 의한 산업혁명으로 정의하고 있다. 4차 산업혁명은 빅데이터와 클라우딩, 인공지능(AI)과 기계학습(ML), 로봇, 3D 프린팅과 나노 바이오 기술 등과 같이 분야 간 융복합을 통해 발전해 나가는 '기술혁신'의 패러다임이라고 볼 수 있다.[3]

4차 산업혁명으로 변화와 혁신에 대응이 신속한 중소기업이나 창업 · 벤처기업이 크고 느린 대기업보다 경쟁력이 있는 시대가 다가 왔다. 4차 산업혁명을 통하여 이전의 대량생산 · 대량소비 및 대기업 중심의 시대를 벗어나 디지털, 물리적, 생물학적인 다양한 융합을 통해 기술혁신이 가속화 되고 개인별 맞춤형 생산 · 소비를 하고, 수요가 제품을 창출하며, 속도 · 유연성이 중요하게 되는 스타트업, 중소기업 중심의 시대로 전환되고 있다.

4차 산업혁명은 광의의 측면에서 플랫폼을 활용한 신규 서비스 시장 전체를 의미하며, 공유경제(Sharing Economy)[4]나 온디맨드(On Demand)[5] 서비스 시장 등 플랫폼 비즈니스의

---

1 World Economic Forum Annual Meeting으로 개최지명을 따라 다보스포럼이라고 함.

2 융합(convergence)은 2개 이상의 상이한 요소들이 하나의 요소로 수렴되면서 시너지를 내는 현상으로 결합이 진행된 정도에 따라, 패키지 · 하이브리드 · 퓨전으로 구분할 수 있으며, 이를 포괄하는 용어(출처 : 산업융합촉진법).

3 WEF(2016), http://www.weforum.org.

4 재화나 공간, 경험과 재능을 다수의 개인이 협업을 통해 다른 사람에게 빌려주고 나눠 쓰는 온라인 기반 개방형 비즈니스 모델.

5 모바일 기술 및 IT 인프라를 통해 소비자의 수요에 즉각적으로 제품 및 서비스를 제공하는 경제활동을

확산이 예상된다. 새로운 산업들은 지능적인 플랫폼을 기반으로 유휴자원에 대한 수요와 공급을 즉각적으로 연결해주는 특징으로, 고용시장을 유연하게 한다. 현재 비트코인(bitcoin)이 블록체인 기술을 이용하여 금융거래를 하고 있으며, 향후 각종 국가발급 증명서, 보험금 청구, 의료기록, 투표 등 코드화가 가능한 모든 거래가 블록체인 시스템을 통해 가능할 것으로 전망된다.[6]

국가와 기업이 이러한 혁신과 변화의 4차 산업혁명 시대에 대응하기 위해서는 제조와 서비스를 하나의 가치사슬 내에서 파악하는 융합적 사고방식이 필요하다.

2) 뉴 노멀 시대에의 대응

다보스 포럼에서는 향후 세계경제의 특징으로 저성장 및 변동성 확대, 중국 경제의 리스크 확대, 저유가 시대, 글로벌 생산성 저하, 산업 경쟁 구도 심화로 예측하고 있다.

금융위기 발생 이전에는 신자유적인 경제정책을 기반으로 한 자유무역과 규제완화가 표준이었다면, 뉴 노멀(New Normal)[7] 시대에는 경제위기를 겪으면서 금융위기 이후 정부·가계·기업의 광범위한 디레버리징(부채 축소)에 따라 나타나는 저성장·저소득·저수익률 등 3저 현상이 새로운 표준이 되고 있다.

우리나라는 현재 저성장 여파로 경제성장률 하향 위험이 증대하고, 세계경기 둔화 및 교역축소로 수출에 어려움을 겪고 있으며, 청년이 원하는 양질의 일자리가 부족한 실정이다. 저성장을 극복하고 일자리 창출을 위한 국가와 기업의 역량 집중으로 뉴 노멀 시대에 대응하여야 한다.

3) 패스트 팔로어에서 퍼스트 무버 전략

자본 및 노동생산성의 저하와 선진국 제품 모방의 한계로 패스트 팔로어(Fast Follower)[8]형 성장으로는 더 이상 발전하기 어려운 상태이다. 혁신을 통한 퍼스트 무버(First Mover)의 역량을 육성하고, 슈퍼 패스트 팔로어 역량을 발전시키기 위해 산업별 차별화가 필요하다. 초연결성, 인공지능, 융합 등의 4차 산업혁명 시대에는 신속히 게임의 틀을 바꿔야만 기업이 생존 할 수가 있다. 아직 패스트 팔로어를 벗어나지 못한 사물인터넷, 인공지능, 빅데이터를 넘어서는 게임 체인저 발굴이 필요하다. 4차 산업혁명에 의한 미래의 새로운 트랜드

의미함

6 클라우스 슈밥(2016), 「제4차 산업혁명」, 새로운 현재

7 시대 변화에 따라 새롭게 부상하는 표준으로, 위기 이후 5년~10년 간 세계 경제를 특징짓는 현상

8 새로운 제품, 기술을 빠르게 쫓아가는 전략 또는 그 기업

파악도 중요하다.

4) 제조업의 패러다임 변화

제조업의 전략적 변곡점이 도래하여 산업판도의 재편이 예상된다. 주요 경쟁국들에서 제조업의 중요성을 재조명 하고 대규모로 투자를 확대하는 등 글로벌 경쟁이 격화 될 것이다. 이러한 상황에서 미래 리스크에 대한 기업의 적극적인 대응이 필요하다.

스마트화, 그린화, 산업·기술간 융복합 R&D를 확대하여 제품과 기술을 혁신하고, 해외 시장 진출 및 수출 확대 전략으로 시장과 마케팅을 혁신하면서, 주력사업 고도화를 위한 신사업모델[9], 제품의 서비스화 등 사업모델을 혁신해야 한다. 제품 · 기술 혁신 및 시장혁신과 사업모델 혁신이 동시에 이루어져야 하고, 적절하게 결합해야 한다.[10]

5) 대기업 중심 경제구조에서 중소기업 중심 경제구조로 전환

대기업의 해외 투자 · 생산비중 확대로 국내생산 및 고용 기여도가 하락한 반면 고용과 수출은 중소 · 중견기업이 견인하는 추세이다. 고용은 전체 종사자의 87.9%가 중소기업이고, 생산은 전체 부가가치의 51.2%가 중소기업이다.[11] 정부에서도 창업활성화를 위한 다양한 정책을 추진 중이다. 아이디어중심 · 내수형 창업에서 기술중심 · 글로벌 시장형 창업으로 우수 인력의 창업생태계 유입을 촉진하고 있다.[12] 창업 · 벤처기업이 4차 산업혁명 시대를 기회로 활용하는 전략 수립이 긴요하다.

2. 제4차 산업혁명과 산업구조 변화

1) 4차 산업혁명의 개요

(1) 4차 산업혁명의 태동

4차 산업혁명은 2011년 독일 하노버 산업박람회에서 처음 제시된 것으로 알려진다. 독일은 구글, 애플, 페이스북 등 소프트웨어, 컨텐츠 기업에 대응하기 위해 '인더스트리 4.0'이라는 구호로 제조업과 소프트웨어의 결합을 연구하기 시작하였다.

'제4차 산업혁명'에 대한 논의는 2016년 1월 스위스 다보스 포럼 이후에 본격적으로 이

---

9 Product Servitization, TPS, Product+Finance 모델 등

10 이준희(2016), "4차 산업혁명과 중소 · 중견기업 정책 혁신", 산업연구원

11 통계청(2014), 광업 · 제조업 조사

12 이준희, 위의 보고서

루어지고 있다. 우리는 프로 바둑기사 이세돌이 '알파고'라는 기계에게 패배하는 충격적 사건을 목격하였고, 인공지능의 발전 속도는 우리의 상상을 초월하고 있다.

최근 글로벌 경제의 저성장 기조와 생산성 하락으로 인해 신성장 동력이 필요한 가운데 주요국들은 '제4차 산업혁명'을 이끌 차세대 미래 산업 발굴과 제조업 혁신을 적극적으로 추진하고 있다. 주요국들은 신성장 산업을 육성하기 위해 연구개발 확대와 ICT융합, 다양한 기술과 기업, 기술과 서비스와의 협업 등을 통해 성장 동력 분야의 새로운 비즈니스 영역과 고부가가치 창출을 모색하고 있다.

'제4차 산업혁명'은 글로벌 경제 및 산업, 노동시장에도 큰 영향을 미칠 것으로 예상되며, 특히 우주항공, 생명공학, 반도체, 소프트웨어, 기술적 하드웨어 등의 주요 기술과 연관성이 높아 해당 산업의 구조 변화도 전망된다. 따라서 우리의 정부와 기업은 '제4차 산업혁명'과 관련된 산업구조의 변화 양상을 미리 예측하여 대비하는 것이 필요하다.

(2) 4차 산업혁명의 정의와 특징

4차 산업혁명의 핵심은 디지털, 생물학, 물리학 등의 경계가 없어지고 융합되는 기술혁명을 의미하며, 인공지능, 빅데이터, 사물인터넷, 생명공학기술 등 다양한 부문의 신기술들과 이들의 융합 및 사회적 파급효과를 아우르는 용어로 사용된다.

그간의 산업혁명은 인간의 육체적, 정신적 한계를 극복하는 새로운 과학기술을 통한 자동화와 연결성을 강화시켜 온 과정이었다.

제1차 산업혁명(증기기관, 기계적 생산)에서는 1760년 ~ 1830년 영국에서 시작되었으며, 증기기관 기반의 기계가 등장하면서 인간의 육체적 한계를 극복하는 혁신이었다. 이 과정에서 가내 수공업이 공장제 기계공업으로 전환되었고, 자유주의, 자본주의 경제체제로 발전되었다.

제2차 산업혁명(전기에너지, 대량생산)은 1870년 대 미국과 유럽을 중심으로 시작되었다. 석유와 전기라는 새로운 에너지원과 결합되면서 대량생산체제가 안착되었다. 자본이 축척되면서 철강, 화학, 내연기관 등 새로운 기술혁신이 나타났고 경제, 사회는 급격한 성장을 하게 된다.

제3차 산업혁명(컴퓨터, 인터넷)은 현재 진행형으로 컴퓨터와 네트워크 기술을 통해 제조 프로세스를 자동화하면서 생산의 효율성을 극대화 한다.

제4차 산업혁명(인공지능, 빅데이터)은 2011년 이후 언급되었으며 2016년 다보스 포럼 이후 본격적으로 논의되기 시작하였다. 이 시기는 인공지능, 사물인터넷, 빅데이터 등을 바탕으로 자동화와 연결성이 극대화되는 단계다.

4차 산업혁명의 특징은 사이버 물리시스템(CPS ; Cyber-Physics System)의 구현으로 표현되곤 한다. 물리적 공간이 데이터화되고 네트워크로 연결되면서 물리적 세계와 사이버 세계가 결합되고, 이들을 분석하고 활용하고 제어하는 시대로 그려진다.[13]

4차 산업혁명은 인류가 전혀 경험하지 못한 빠른 속도(velocity)의 획기적 기술진보, 영향을 미치는 범위(scope)가 각국 전산업 분야에서 파괴적 기술에 의해 대대적으로 재편 정도로 넓으며, 생산, 관리, 지배구조 등을 포함하여 시스템 전체에 큰 충격(system impact)을 가져온다는 점에서 기존과 다른 4차 혁명으로 부를 만하다.[14] 그 동안의 1, 2, 3차 산업혁명은 인간의 노동력을 기계가 대체하여 자동화를 이루고, 연결성을 강화하여온 과정이었으나 4차 산업혁명은 사람의 두뇌를 인공지능이 대체하는 시대를 열고 있다. 이러한 변화의 혁명은 인류에게 경제적 · 사회적으로 커다란 영향을 미치게 될 것이다.

| 표 1-1 | 산업혁명 단계별 특징 비교

구분	1차 산업혁명	2차 산업혁명	3차 산업혁명	4차 산업혁명
시기	18세기 후반	20세기 초반	1970년 이후	2016년 이후
특징	증기기관 기계적 생산	전기에너지 대량생산	컴퓨터 인터넷	인공지능 빅데이터

2) 4차 산업혁명의 혁신적 기술과 그 영향

(1) 4차 산업혁명의 주요 혁신 기술

세계경제포럼(WEF)은 4차혁명을 주도하는 혁신기술로 인공지능, 메카트로닉스, 사물인터넷(IoT), 3D 프린팅, 나노기술, 바이오기술, 신소재기술, 에너지저장기술, 퀀텀컴퓨팅 등을 지목했다. 그리고 일련의 기술을 기반으로 기가인터넷, 클라우드 컴퓨팅, 스마트 단말, 빅데이터, 딥러닝, 드론, 자율주행차 등의 산업이 확산되고 있다고 보았다.

클라우스 슈밥은 4차 산업혁명을 이끄는 주요 혁신 기술들을 물리학기술, 디지털기술, 생물학기술이라는 메가트랜드 관점에서 분류하였다.[15] 클라우스 슈밥 회장의 예상에 의하면 디지털 기술인 사물인터넷(IoT)은 상호 연결된 기술과 다양한 플랫폼을 기반으로 사물(제품, 서비스, 장소)과 인간을 연결하는 새로운 패러다임을 창출하고 있다. 무인자율자동

13 UBS(2016), "Extreme automation and connectivity : The global, regional and investment implications of the Fourth Industrial Revolution:, 2016

14 클라우스 슈밥, 위의 책

15 위의 책

차, 드론, 로봇 등 IoT를 통해 제공할 수 있는 서비스도 함께 발전되어 나갈 것이다.

블록체인(Block Chain) 시스템을 통해 향후 각종 국가발급 증명서, 보험금 청구, 의료기록, 투표 등 코드화가 가능한 모든 거래가 이루어 질 것으로 예상된다.

물리학은 무인운송수단, 3D프린팅, 로봇공학, 그래핀 등 신소재 등 유형의 소재, 제품에 ICT기술을 접목하여 혁신적인 제품들이 등장하고 있다. 센서와 인공지능의 발달로 자율체계화된 모든 기계의 능력이 빠른 속도로 발전함에 따라 드론, 트럭, 항공기, 보트 등 다양한 무인운송수단 등장하고 있다. 3D 프린팅은 디지털설계도를 기반으로 유연한 소재로 3차원 물체를 적층(additive)하는 방식으로 기존 제조공정과 완전히 다른 작업환경을 필요로 하며 이미 다양한 분야에 활용되고 있다. 로봇은 센서의 발달로 주변 환경에 대한 이해도가 높아지고 그에 맞춰 대응도 하며, 다양한 업무 수행이 가능해졌다. 기존에 없던 스마트 소재를 활용한 신소재(재생가능, 세척가능, 형상 기억 합금, 압전 세라믹 등)가 시장에 등장했다.

생물학은 기술적으로 빠르게 발전하고 있으나 생물학의 한계는 기술이 아닌, 법·규제 그리고 윤리적인 문제이다. 합성생물학 기술은 DNA데이터를 기록하여 유기체를 제작할 수 있어 심장병, 암 등 난치병 치료를 위한 의학 분야에 직접적인 영향을 줄 수 있다. 유전공학의 발달은 경제적이고 효율적인 작물을 키워내는 것부터 인간의 세포를 편집하여 병증을 미연에 방지하는 것까지 광범위하게 우리의 삶과 직결되어 있다.

다보스 포럼 및 4차 산업혁명에 관한 논의에서 언급하는 주요 혁신 기술은 사물인터넷, 로봇공학, 3D 프린팅, 빅데이터, 인공지능 등 5대 기술이다. 이들 기술이 물리학, 생물학과 융합되어 스마트공장, 무인자율주행자동차 등 새로운 제품 및 서비스를 창출한다. 사물인터넷 등 주요 혁신 기술의 발전과 기술 간의 융합이 4차 산업혁명을 유발하고 있다.

표 1-2 4차 산업혁명의 주요 혁신 기술

기 술	내 용
사물인터넷 (IoT: Internet of Things)	· 사물에 센서를 부착하여 실시간으로 데이터를 네트워크 등으로 주고받는 기술 · 인간의 개입 없이 사물 상호간 정보를 직접 교환하며 필요에 따라 정보를 분석하고 스스로 작동하는 자동화 (예시) IoT+AI+빅데이터+로봇공학=스마트 공장(CPS)
인공지능(AI)	· 컴퓨터가 사고, 학습, 자기계발 등 인간 특유의 지능적인 행동을 모방할 수 있도록 하는 컴퓨터공학 및 정보기술 · 다양한 분야와 연결하여 인간의 업무를 대체하고 그 보다 높은 효율성을 가져올 것으로 예상 (예시) AI+IoT+자동차=무인자율주행자동차

기 술	내 용
빅데이터 (Big Data)	· 디지털 환경에서 생성되는 다양한 형태의 방대한 데이터를 바탕으로 인간의 행동패턴 등을 분석 및 예측하고 산업현장 등에서 활용하면 시스템의 최적화 및 효율화 도모 가능 · (예시) 빅테이터+AI+금융정보=투자 로봇어드바이저 빅데이터+AI+의학정보=개인맞춤형 헬스케어
3D프린팅 (Additive manufacturing)	· 입체적으로 형성된 3D 디지철 설계도나 모델에 원료를 층층이 겹쳐 쌓아 유형의 물체를 만드는 기술로 소형 의료 임플란트에서 대형 풍력발전기까지 광범위하게 응용 가능 (예시) 3D프린팅+바이오기술=인공장기
로봇공학	· 로봇공학에 생물학적 구조를 적용함에 따라 더욱 뛰어난 적응성과 유연성을 갖추고 정밀농업에서 간호까지 다양한 분야의 광범위한 업무를 처리할 만큼 활용도가 향상

자료 : 한국은행(2016), "제4차 산업혁명 : 주요국의 대응 현황을 중심으로", 국제경제리뷰

(2) 4차 산업혁명의 영향

WEF(2016)의 '제4차 산업혁명이 가져올 인구, 사회, 경제적인 영향'에 대한 설문조사[16] 결과, 작업환경의 변화와 노동 유연화(44%), 신흥시장 중산층의 성장(23%), 기후변화, 자연자원의 제약과 녹색경제로의 이행(23%), 지정학적 변동성의 확대(21%) 등으로 나타났다.

4차 산업혁명이 가져올 기술적인 영향으로는 모바일 인터넷과 클라우드 기술(34%), 컴퓨터 처리 능력과 빅데이터의 확대(26%), 신에너지 공급과 기술(22%), 사물인터넷(14%), 크라우드소싱, 공유경제와 개인간 플랫폼(12%) 등의 순서로 나타났다.

위 조사결과와 같이 다수 전문가들은 4차 산업혁명이 가까운 미래에 IoT, 빅데이터, 클라우드컴퓨팅, 인공지능 등 모바일 플랫폼 비즈니스를 가능케 하는 혁신적인 기술적 환경을 야기하고, 3D프린팅 및 첨단제조업 등 제조업의 혁신이 이루어 질 것으로 판단하고 있다.

이처럼 4차 산업혁명은 경제 및 산업구조, 노동시장 등 다양한 분야에 많은 영향을 미칠 것이다. 4차 산업혁명에는 기술융합으로 생산성을 높이고 생산 및 유통비용을 낮춰 소득증가와 삶의 질 향상이라는 긍정적 효과를 기대할 수 있다. 반면 사회적 불평등, 빈부격차 심화와 노동시장의 붕괴와 같은 부정적 요소들도 등장 할 것이다.

산업구조는 수요와 공급을 연결하는 기술 기반의 플랫폼 발전으로 공유 경제, 온디맨드

16 15개 주요 선진국, 신흥국 기타 지역에서 9개 산업부문에 걸쳐 1,300만여 명을 고용하고 있는 총 371개의 세계적 조직의 최고 인사책임자와 고위 인재 전략 담당 임원들을 대상으로 한 설문조사

경제가 부상 될 것으로 예상 할 수 있다.

따라서 기술 기반의 플랫폼을 이용한 다양한 서비스 및 사업 모델이 증가하면서 쉽게 창업이 가능할 것이다. 이러한 플랫폼 활용은 품질과 가격 등을 신속히 개선하는 효과로 창업·중소이 대기업을 이길 수 있는 기회를 만들 수 있다. 공유경제라는 플랫폼을 이용하여 기업을 운영하는 렌트카 회사 '릴레이라이즈(RelayRides)'[17]와 운송회사 '우버'(Uber)'[18]가 있는데, 그 중에서 최근 우버의 시가 총액은 미국의 대표적 자동차 기업인 포드와 GM을 추월하고 있다.[19]

노동시장에서는 인공지능, 바이오 등 하이테크놀로지에서 필요로 하는 전문 기술직에 대한 수요는 늘어나고 단순직 고용 불안정성은 더욱 커질 것이다. 4차 산업혁명으로 향후 과학 기술 분야의 고용은 증가되고, 노동력 대체 기술의 발달로 전체 일자리는 줄어들 것으로 예상된다.[20] WEF는 2015년부터 2020년까지 일자리가 가장 많이 사라지는 직업군은 사무 및 행정(475만 개)분야인 반면, 일자리가 가장 많이 생기는 직업군은 사업 및 재정 운영(49만 개)이라고 발표하였다.[21]

또한, 스위스 은행인 UBS는 WEF에서 4차 산업혁명에서는 노동시장의 유연성, 기술수준, 교육수준, 인프라 수준, 법적 보호 등 5개를 중요한 요소로 선정하고, 4차 산업혁명의 혜택을 최대화하기 위하여 선진국의 경우는 유연한 노동시장이, 개발도상국은 법과 제도적 문제 등을 개선하는 것이 핵심이다고 분석하였다.[22]

3) 4차 산업혁명과 산업구조의 변화

4차 산업혁명은 기존의 제조업은 빅데이터, IoT, 빅데이터, AI 등 디지털기술 및 플랫폼 비즈니스와 같은 새로운 패러다임과 결합되며, 맞춤형 소량생산, 스마트공장 등 제조공정 측면의 혁신을 가져오고, 소비자 접점이 제품에서 IoT 제품기반의 서비스로 변화하는 패러다임의 변화를 초래하였다. 이와 같은 변화는 제조업의 생산성을 향상 시킬 것으로 기대되고 있으며, 생산 및 고용방식에 커다란 변화가 예상된다.

(1) 제조공정의 혁신 (3D프린팅으로 맞춤형 소량생산 가능)

3D프린팅은 보다 개별화된 생산방식이 가능하기 때문에, 개인이나 벤처, 중소기업들도

17 일정기간 동안 자신의 자동차를 빌려주거나 타인의 자동차를 빌릴 수 있는 플랫폼을 제시

18 위치기반 서비와 모바일 어플리케이션을 활용한 택시 서비스

19 클라우스 슈밥, 위의 책

20 현대경제연구원(2016), "4차 산업혁명의 등장과 시사점"

21 WEF(2016), The Future of Jobs Survey

22 UBS, 위의 보고서

소규모 자본으로 생산이 가능한 제조공정의 혁신이다. 누구든지 혁신적인 아이디어를 디지털화하고 시제품 공유를 통한 피드백을 통해 제품의 완성도를 높일 수가 있다.[23]

플랫폼 전략은 고객 중심적인 개인화된 데이터를 활용하여 제품의 가치를 극대화시키며 산업의 중심을 제품의 판매에서 서비스의 제공으로 이동시키고 있다. 또한 디지털 제조공정이 가능해짐에 따라 비용절감을 위해 해외에 있던 공장이 국내로 회귀하는 리쇼어링(reshoring)[24]도 확산되고 있다. 노동집약적 제조·서비스 기업은 자본 및 기술집약적 제조·서비스 기업에 자리를 내주게 되고, 선진국 제조업의 중간공정 아웃소싱을 담당하던 국가들의 경쟁력이 약화되고, 선진국의 본국에 새롭게 건설되는 스마트 팩토리에 의한 리쇼어링 현상이 더욱 강화될 것이다.[25]

4차 산업혁명의 대표 기술인 3D프린팅은 제조 기술에 대한 진입 장벽을 완화시켜 아이디어, 소자본으로 누구나 창업이 용이한 시장을 만들고 있다.

(2) 스마트공장 확산 (공정의 자동화, 지능화)

4차 산업혁명시대에는 IoT를 통해 축적된 빅데이터를 클라우드 방식으로 공유하고, 빅데이터로 상황을 분석하여 생산시뮬레이션을 가동하는 시스템 구축이 실현될 것이다. 제조설비, 부품, 제품 등에 센서와 RFID를 장착하여 제조환경, 설비 운영현황 등 생산공정 전반에 걸친 자료를 실시간으로 수집하고, IoT 및 사이버 물리 시스템(Cyber Physical System)을 통해 생산 공정의 사전검증 및 실시간 관리하는 것도 가능해질 것이다.[26]

스마트공장을 통해 제조기반을 보유하지 않은 기업에게 맞춤형 소량생산 서비스를 제공하는 혁신사례도 등장했다. 한국전자통신연구원(ETRI)이 최근 개소한 개방형 제조서비스는 창업 또는 중소기업이 인터넷을 통해 제품 제작을 의뢰해 오면 스마트공장에서 제품을 생산해서 온라인 마켓플레이스를 통해 제품을 전달하는 서비스가 그것이다. ETRI가 지원하는 스마트공장에는 3D프린터, 로봇, 컴퓨터수치제어(CNC) 등이 주요 설비이며, 향후 IoT, 모델링, 무선통신, 클라우드컴퓨팅, 인공지능 등 ICT기반의 미래형 공장을 추구하고 있다.[27]

---

23 이은민(2016), "4차 산업혁명과 산업구조의 변화", 정보통신정책, 제28권 15호, 정보통신정책연구원.

24 비용 등을 이유로 해외에 나간 자국 기업이 다시 국내로 돌아오는 현상으로 기업의 생산기지 해외이전을 뜻하는 오프쇼어링(off-shoring)의 반대 개념임

25 장필성(2016), "4차 산업혁명시대 산업트렌드와 제조업의 대응 전략", KRIVET Issue Brief 제110호, 한국직업능력개발원

26 최도연(2016), "제4차 산업혁명과 반도체", 교보증권 리서치센터

27 테크엠(2016), "4차 산업혁명과 제조혁신", 머니투데이

(3) 제조의 서비스화 (제품과 서비스의 결합, 제품과 SW의 결합)

이미 글로벌 기업들은 자사의 제조업에 ICT기반 서비스를 결합하는 비즈니스를 추진해 왔다. 애플이 하드웨어, 소프트웨어 그리고 서비스를 연계할 수 있는 플랫폼을 구축하고, 소비자와 콘텐츠 제공자를 그 플랫폼으로 연결시키는 새로운 소비생태계를 구축한 것이 대표적인 사례이다.[28]

특히 사물인터넷(IoT)기술의 확산으로 제품의 상태를 고객에게 지속적으로 알려주며 서비스를 제공하는 것이 용이해졌다. 삼성전자와 LG전자도 스마트TV를 판매한 후 다양한 콘텐츠 및 서비스를 온라인으로 제공하는 등 제조의 서비스화가 진행되고 있다.[29] 구글의 자동온도조절기 네스트와 미국의 전기차 업체인 테슬라, GM, 포드 등도 이 사례에 해당한다.

4차 산업혁명시대에는 디자인, UI/UX, 임베디드 SW 등 소프트파워에 기반한 차별화로 마케팅 전략을 수립해야 할 것이다.

(4) 제품 및 자본제 수요감소와 고용구조의 변화

4차 산업혁명시대의 사이버물리시스템은 소비자에게 필요한 제품에 대한 정보 뿐 아니라 제조공정에서 필요한 자원에 대한 정보를 모두 하나로 연결하여 관리, 분석, 활용할 수 있게 해준다. 예를 들어 우버 택시와 같은 자가용 공유 플랫폼과 자율주행 자동차 기술이 결합하는 경우, 자동차 수요가 감소하고 주차공간이 주거 및 상업적 용도로 전환이 가능해지게 되어, 경제 전반적으로 유형자본에 비해 무형자본의 비중이 높아지게 될 것이다.

4차 산업혁명시대는 산업구조의 패러다임 변화가 빠르게 진행되어 고용구조 변화로 이어질 것으로 예상된다. 우버 택시는 소유하고 있는 자동차가 없고, 숙박 제공업체 에어비앤비가 소유한 부동산이 없다는 사실은 디지털 플랫폼 비즈니스가 기존의 비즈니스와는 완전히 다른 형태임을 보여준다. 온디맨드경제는 차량, 숙박 뿐 아니라 배달, 청소 등 단순노동 서비스로 확장되어 진행되고 있으며, 최근에는 법무 및 컨설팅 등 전문인력 서비스 분야에도 적용되고 있다.[30]

새로운 환경에서 비즈니스 모델의 변화는 직무능력(skill set)의 파괴적 변화로 이어질 것으로 예상된다. 이처럼 비즈니스 모델에 대한 기술적, 인구학적, 사회경제학적 변혁의 영향은 고용 지형과 직무능력 요건의 큰 변화를 불러오며 이에 따라 인재의 채용, 훈련과 관리

---

28 이은민, 위의 보고서
29 테크엠, 위의 보고서
30 이은민, 위의 보고서

에 상당한 어려움이 초래될 전망이다.[31]

4차 산업혁명시대의 온디맨드 경제에서는 수요에 대응한 초단기 계약직을 다수 활용하는 등 양질의 일자리가 줄어들 수도 있다.

4) 국가와 기업의 대응 전략

4차 산업혁명의 등장으로 혁신 기술을 적용한 미래 산업구조 및 노동 시장 변화에 대한 대응이 필요한 시점이다.

(1) 국가와 기업은 4차 산업혁명의 본질을 이해하고 이로 인한 미래의 경제 · 산업 · 사회 환경 등의 변화에 대비하여야 한다. 특히 4차 산업혁명의 주요 기술혁신과 관련한 공공 R&D 투자 확대 및 인재 양성 등 산업정책을 지속적으로 추진하여, 산업구조를 고도화하는 등 대내외 환경 변화에 대응할 필요가 있다.

(2) 사물 인터넷, 인공지능 등 4차 산업혁명을 주도할 기술 시장 선점을 위한 선제적 대응체계가 필요하다. 선택과 집중을 통한 전략적 투자를 위해서 지능정보기술, 바이오 분야 등 핵심 분야에 집중하되 세부 분야별 우선 순위를 신중히 선정하여야 한다.

(3) 4차 산업혁명에 요구되는 노동 및 기술의 원활한 공급이 필요하다. 정부의 평생학습을 위한 인프라 구축, 기업의 적극적인 교육 훈련기회 제공 및 투자 확대, 근로자의 교육훈련에 대한 적극적인 참여가 이루어져야 한다. 신속한 교육, 재교육 기회 제공 및 직무 역량 강화, 인재 활용을 위한 민관산학의 협력이 필수적이다.

(4) 기업들은 공유경제 및 온디맨드 경제 등의 기술 기반 플랫폼 사업에 대해 장기적인 관점에서 새로운 사업모델을 수립하여야 한다. 또한 기존 사업과 플랫폼 기반의 사업을 융합한 사업모델도 우선 검토할 필요가 있다.

(5) 창업활성화와 벤처기업 육성을 위해서 사회 전반에 기업가 정신을 함양하고 창업 인프라를 확대하는 등 기업가 정신을 제고할 필요성이 있다. R&D 혁신으로 창업 활성화를 뒷받침하는 기술경쟁력을 확보하여야 한다. 우리경제의 주역이 될 창업 · 벤처기업이 4차 산업혁명시대에 유리한 환경을 기회로 잘 활용한다면 글로벌 시장에서 대기업들을 이길 수 있을 것이다.

31 WEF, 위의 보고서

3. 제4차 산업혁명에 따른 벤처창업 도전 산업

1) 4차 산업혁명 선도기술

산업혁명 혹은 장기파동이 시작되는 핵심적인 조건은 기술혁명의 존재다. 기술혁명은 하나 혹은 여러 기술이 단기간에 빠른 속도로 신기술에 의해 대체되는 것을 말한다.

클라우스 슈밥이 '제4차 산업혁명'에서 제시한 10개 선도기술은 다음과 같다.

표 1-3 4차 산업혁명 10대 선도기술과 23대 대변혁기술

분야	구분	선도기술	
4차 산업혁명 선도기술	물리학 기 술	1. 무인운송수단 2. 3D프린팅 3. 첨단로봇공학 4. 신소재	
	디지털 기 술	5. 사물인터넷/원격모니터링 기술 6. 블록체인/비트코인 7. 공유경제/온디맨드 경제	
	생물학 기 술	8. 유전공학 9. 합성생물학 10. 바이오프린팅	
대변혁 기 술		1. 체내 삽입형 기기 2. 디지털정체성 3. 새로운 인터페이스로서의 시각 4. 웨어러블 인터넷 5. 유비쿼터스 컴퓨팅 6. 주머니속 슈퍼컴퓨터 7. 누구나 사용 할 수 있는 저장소 8. 사물인터넷 9. 커넥티드홈 10. 스마트 도시 11. 빅데이터를 활용한 의사결정 12. 자율 주행 자동차 제품	13. 인공지능과 의사결정 14. 인공지능과 화이트칼라 15. 로봇공학과 서비스 16. 비트코인과 블록체인 17. 공유경제 18. 정부와 블록체인 19. 3D프린팅 기술과 제조업 20. 3D프린팅 기술과 인간의 건강 21. 3D프린팅 기술과 소비자 22. 맞춤형 아기 23. 신경기술

자료 : 클라우스 슈밥(2016), 제4차 산업혁명, 새로운 현재

물리학 기술에서는 자율주행자동차와 드론 등의 무인운송수단, 3D 프린팅, 첨단 로봇공학, 신소재 등이 제시되어 있다.

디지털기술에서는 사물인터넷과 원격모니터링 기술, 블록체인 및 비트코인을 선도기술로 선정하였다. 그리고 온디맨드(주문형) 경제 혹은 공유경제를 선도기술에 포함하였다.

생물학 기술에서는 유전공학과 합성생물학, 3D 프린팅으로 생체조직을 만드는 바이오

프린팅을 선도기술에 포함하였다.

그리고 10개 선도기술과 별개로 부록에 대변혁을 가져올 23개 기술을 제시하고 있다.

이들 두 그룹의 기술들은 각 분야의 세계적인 전문가들의 자문을 통해 선정한 것으로 어느 한쪽에만 포함되어 있어도 4차 산업혁명을 이끌어갈 신기술에 해당하는 것으로 이해해도 무방할 것이다.

슈밥이 제시한 산업혁명 선도기술과 대변혁 기술은 대부분 산업화가 진행되고 있거나 개발연구 혹은 응용연구 단계에 있는 기술들로 평가된다. 그리고 제시된 기술들은 대부분 일반 목적 기술이거나 해당 산업에서 영향력이 큰 기술들로 평가된다. 슈밥이 제시한 4차 산업혁명을 선도할 기술들은 전략성을 지니면서도 세분화되지 않지만, 큰 틀에서 혁신정책의 방향을 잡는데 의미 있는 길잡이 역할을 하는 것으로 평가된다.

2) 국가별 4차 산업혁명 정책 및 중점 육성산업

4차 산업혁명 대응을 위한 국가별 정책 방향은 다소 상이할 수 있으나, 이를 위한 주요 ICT 기술과 제조산업 부흥을 위한 목적성은 같다고 할 수 있다.

미국의 경우 2011년부터 스마트제조에 관한 필요성이 지속적으로 언급되었으며. 제조혁신 네트워크 NNMI, ICT 연구개발 기본계획 NITRD 등 다양한 ICT 관련 정책이 추진 중이다. 2013년에는 BRAIN Initiative를 오바마 정부에서 출범시켰으며, 해당 프로젝트에는 정부 기관뿐만 아니라 관련 분야의 연구기관, 기업이 참여하고 있다.

독일은 하이테크 전략 2020과 함께 국가차원의 전략인 인더스트리 4.0을 발표하면서 정부 중심으로 4차 산업혁명에 적극적으로 대응하고 있다. 특히 독일 정부는 인더스트리 4.0이 제조업 기반이 우수한 자국에 새로운 성장동력으로 자리 잡을 것을 기대하고 있으며, 스마트 팩토리의 구현과 확장을 주요한 전략으로 언급하고 있다.

일본은 세계 최첨단 IT 국가 창조선언 등 정부 차원의 ICT 전략을 수립, 추진 중에 있으며, 일본이 강점으로 하는 로봇기술을 적극 활용하는 4차 산업혁명 대응전략을 발표하였다. 침체된 일본의 경제를 부흥시키기 위한 일본재흥전략 2015에서 처음으로 4차 산업혁명에 대한 직접적인 언급이 이루어졌다.

중국 역시 ICT를 기반으로 중국 제조업을 한 단계 업그레이드 할 수 있는 중국 제조 2025를 발표하였으며, 그 밖에 인터넷 플러스 등 ICT와 관련한 다양한 정책을 발굴하여 추진 중이다.

4차 산업혁명 대응전략에 있어서 각 국가는 기존의 ICT 기술 및 관련 인프라의 활용을 극대화 할 수 있는 방향에서 정책을 설계하고 있다. 그리고 ICT가 중심이 아닌 ICT를 도구로서 활용하고, 최종적으로 모든 산업분야까지 확대를 고려하고 있다.

| 표 1-4 | 국가별 4차 산업혁명 정책 현황 및 중점 육성 산업

구분	미국	독일	일본	중국
주요 정부정책	- NNMI 네트워크 - NITRD - 브레인 이니셔티브	- 하이테크 전략 2020 - 인더스트리 4.0	- 일본재흥전략2015 - 과학기술 이노베이션 종합전략 2015 - 로봇 신전략	- 중국 제조 2025 - 중국 인터넷 플러스
핵심기술	CPS, 빅데이터, IoT, 인공지능, 로봇공학, 클라우드 등			
주요 추진 조직	- 정부기관 - 글로벌 제조기업 글로벌 - IT 기업	- 정부기관 - 글로벌 제조기업 - 글로벌 IT 기업	- 정부기관 - 글로벌 제조기업	- 정부기관
대응 방향	- 제조산업 중심으로 4차 산업혁명 정책방향 설계 - 자국 내 글로벌 IT 기업의 적극적 참여 - 민간 중심 대응전략을 적극적으로 지원	- 제조산업 중심으로 4차 산업혁명 정책방향 설계 - 자동차, 기계설비 등 자국 글로벌 기업을 중심으로 추진 - 국가 차원의 아젠다 제시와 함께 민관의 활발한 공동 대응	- 정부 아젠다 중심의 대응전략 추진 - 기존에 강점을 가진 로봇기술 중심의 전략 수립	- 정부 중심의 강력한 정책 추진 - 기존 제조산업을 한 단계 발전시키는 주요 수단으로 ICT 기술을 활용 - 자국 시장규모를 적극 활용
4차산업 혁명 대비 중점 육성 산업[32]	· 에너지 · 재해대응 시스템 · 건축 · 항공전자장비 · 기술 · 의료/건강 · 수송 · 스마트 공장	· 이산화탄소(CO_2) 중립 사회의 실현 · 에너지 공급구조 개선 · 재생 가능 에너지 · 개별화 의료 및 양질의 치료 · 최적 영양 섭취와 건강 증진 · 자립적인 고령자 생활 · 인터넷 기반 서비스 · 인더스트리 4.0 · 지속 가능한 수송·전기 자동차의 도입 · 통신 네트워크 개인 정보의 안전	· 나노기술 및 재료분야 · 혁신적 에너지 및 환경 기술 · 치료 및 진단, 재생의료, 건강의료 · 항공기, 자원조사 · 로봇 신전략	· 차세대 정보기술 산업 · 고정밀 수치제어 및 로봇 · 항공우주 장비 · 해양장비 및 첨단 기술 선박 · 선진 궤도교통설비 · 에너지절약 및 신에너지 자동차 · 전력설비 · 농업기계장비 · 신소재 · 바이오의약 및 고성능 의료기기

자료 : 정보통신기술진흥센터(2016), 주요 선진국의 제4차 산업혁명 정책동향, 해외 ICT R&D 정책동향

32 미국(SmartAmerica Challenge), 독일(하이테크 전략 2020), 일본(일본 재흥전략 2015), 중국(중국 제조 2025).

2) 창업·벤처기업 활용 산업

4차 산업혁명은 사물인터넷(IoT)과 인공지능(AI), 로봇기술, 생명과학이 주도하는 산업으로 대표적인 업종은 웨어러블 인터넷과 자율주행 커넥티드카, 사물인터넷(IoT), 3D 프린팅, 인공지능(AI)·로봇공학, 빅데이터, 디지털 통화, 블록체인 등이 신기술로 꼽힌다. 우리나라 정부 또한, 4차 산업혁명의 세부 분야로 인공지능, 사물인터넷, 가상현실(AR), 증강현실(VR), 자율주행차 등을 꼽았다.

창업·벤처기업의 입장에서 접근 유망한 창업아이템 분야는 아래 [표 1-5]와 같다.

| 표 1-5 | 4차 산업혁명과 연계한 창업아이템 및 활용분야

분야	세부 분야	활용분야
인공지능	자연언어처리	번역, 지능형검색, 문서분석
	개인비서	음성인식, 정보제공, 업무수행
	전문가 시스템	지식정리, 판례분석, 금융투자분석
	헬스케어	생체정보 수집, 건강관리
	생체인식	영상인식, 보안감시, 서비스 인증
	로봇	개인 도우미, 산업용 로봇
	저작권	저작물 분석, 표절방지 기술
	유통/물류	수요예측, 물류최적화, 자율배송
	농축산업	병충해 예측, 식물공장, 자동생육시스템
	안전	지진예측, 전염병 예측, 자동신고 시스템
	에너지	사용량 예측, 빌딩 에너지관리, 전력거래
플랫폼	콘텐츠 플랫폼	배너광고, 검색광고, 앱, 콘텐츠
	소셜 플랫폼	정보교류, 의사소통
	O2O	배달, 교통, 예약, 부동산
공유경제		차량, 주차장, 숙박, 공간 등
콘텐츠	3D, VR, AR	건축, 애니메이션, 프린팅, 위치기반, 정보서비스 등

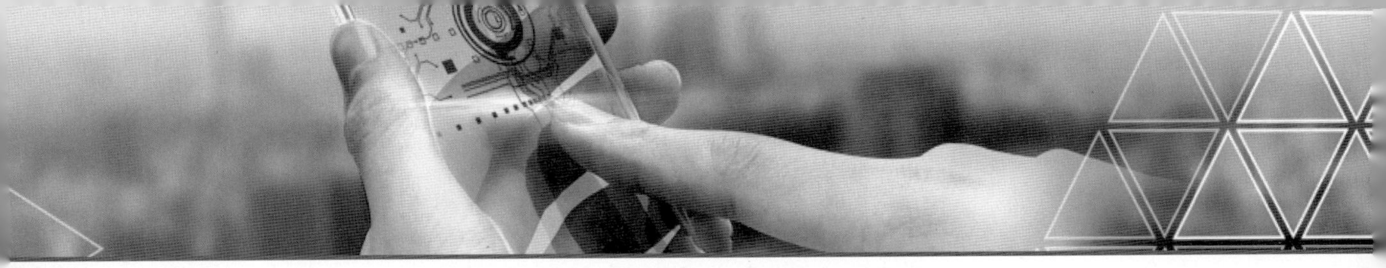

제2장 창업·벤처기업가 정신

1. 기업가 정신의 정의

1) 기업가와 기업가 정신

기업가(Entrepreneur)[1]라는 용어는 300여 년 전 프랑스의 중상주의 사상가 캉티용[2](R. Cantillon)이 처음 사용했다. 1755년 그는 '상업일반의 본성에 관한 에세이(Essai sur la Nature du Commerce en General)'에서 지주를 제외한 경제적 계층을 기업가와 피고용자로 분류하고, 기업가란 위험부담을 지고 자신의 사업을 하는 사람으로 정의하였다.

그는 파리 센강(La Seine)의 물장수나 토지를 빌려 농장을 경영하는 사람 등은 모두 자신의 판단에 의해 사업을 수행하기 때문에 모든 경비를 지불하고 남은 소득을 가질 수 있다고 주장했다. 이러한 잔여 소득 청구권자인 기업가는 사업상 생기는 모든 위험을 지게 되어 있다. 따라서 이들은 많은 돈을 벌수도, 크게 망할 수도 있는 위치에 있으며, 이러한 점에서 당시 귀족에게 고용된 관리인과는 행동방식이 다르다는 것이다. 이를 통해 그는 기업가를 '위험부담을 지고 자신의 사업을 하는 사람'으로 묘사하고 있다.

기업가와 기업가 정신(Entrepreneurship)이 대중에게 각인되기 시작한 것은 오스트리아의 경제학자 슘페터(J. A. Schumpeter)에 의해서였다.

슘페터는 1934년에 자본주의는 새로운 재화의 생산, 기존 재화의 품질향상, 새로운 생산 방법의 도입, 신시장의 개척, 원료와 부품의 새로운 공급원 획득, 새로운 산업조직 형성 등과 같은 생산요소의 새로운 결합에 의해 발전하며, 기업가는 '창조적 파괴(creative destruction)를 유발하는 혁신(innovation)활동을 하는 자'로 정의하였다.

---

1 기업가(entrepreneur)는 '착수하다(undertake)'와 '시작하다(commence)'라는 의미인 프랑스어 'entreprendre'에서 유래하였고, 새로운 사업을 수행하는 사람이라는 뜻이다.

2 역사적으로는 캉티용은 기업가라기보다는 사기꾼으로 기억되고 있다. 캉티용은 스페인에 있는 영국 정부의 수납기관에서 직원으로 일하다가 1716년 런던에서 은행을 설립한 존 로(John Law)와 함께 일하면서 주식시장에서 활동하였다. 그는 존 로와 함께 미시시피주식회사를 설립해, 프랑스 영토였던 미시시피에 투자하면 큰돈을 벌 수 있다고 소문을 낸 후 20배 이상의 차익을 남기고 주식을 팔았다. 캉티용은 1734년 런던의 집이 불타면서 시체로 발견되는데, 돈을 노리고 하인이 죽였다는 설과 피해자들로부터 몰려오는 소송을 피하기 위해 자작극을 벌이고 잠적했다는 설이 엇갈리고 있다.

그리고 창업기업과 대기업 중 누가 더 많은 혁신활동을 통해 경제발전에 기여하고, 누가 기업가 정신이 더 높은지, 기업가 정신 확대에 금융시스템은 어떤 역할을 하는지를 언급하면서 혁신과 기업가가 경제시스템에서 차지하는 역할에 주목하였다.

이후 기업가 정신은 다양한 학자들에 의해 연구되고 사례를 통해 인용되면서 확산되었다. 대부분의 기업가 정신에는 '불확실성을 수용하고', '혁신활동을 수행하고', '기회를 포착하는' 활동을 공통적으로 포함하고 있다.

기업가 정신은 새로운 가치창출의 기회를 추구해 가는 사람들의 새로운 사고와 행동방식을 특징짓는 포괄적인 용어로 널리 사용되고 있지만 그 정의와 관련한 논의는 지금까지도 진행 중이다.

특히 기업가 정신을 '기업인이 갖춰야할 윤리적 경영 행동 및 자세' 또는 '이윤의 사회환원'으로만 한정 짓고 정의를 내리는 것은 기업가 정신의 핵심적인 본질을 도외시하는 것이라고 할 수 있다. 따라서 하나의 관점에서 기업가 정신을 이해하는 것은 단편적이고 불완전하다.

기업가 정신은 다양한 관점에서 정의될 수 있지만, 공통적이고, 핵심적인 정의를 도출할 수 있다. 즉, 기업가 정신의 핵심적인 개념은 '새로운 가치를 창출하려는 동기와 실천하는 활동'이라고 할 수 있다.

새로운 가치를 창출할 수 있는 행동 방식들로는 혁신, 개혁, 혁명, 변화, 변신 등 여러 가지가 있을 수 있다. 에디슨의 백열전구 발명, 스티브 잡스의 스마트폰 개발, 딤채라는 세계 최초의 김치 냉장고의 개발 등은 모두 새로운 가치를 창출하려고 시도되었고, 이로 인해 전에는 없었던 새로운 가치를 창출하고 있다는 공통점이 있다.

따라서 기업가 정신은 오늘날 사회의 모든 영역에 적용되는 개념으로 확산되어 가고 있는 시대정신이라고 할 수 있다.

과거부터 많은 학자들에 의해 제4의 생산요소로서의 기업가 정신에 주목하는 정의들이 다수 출현하였다. 기업가 정신의 정의는 개인과 조직을 대상으로, 창업활동의 전 과정 뿐 아니라 그에 영향을 미치는 환경적 요인들까지 아우르는 등 그 범위가 확대되고 있다.

| 표 1-6 | 기업가 정신의 정의

연구자	개념 및 속성
캉티용(Cantillon, 1730)	불확실한 수익으로 자기 스스로에게 고용된 사람
니콜라스(Nicollas, 1767)	사람들의 리더, 자원의 관리자, 아이디어의 혁신자, 새로운 과학적 아이디어를 지닌 사람, 위험 감수자
세이(J.-B. Say, 1803/1810)	관리적 재능을 가진 생산 조정자
나이트(Knight, 1921)	지휘와 통제에 책임 있는 관리자로서 불확실성을 감수하는 관리자
슘페터(Schumpeter, 1934)	창조적 파괴를 수행하는 혁신자
서턴(Sutton, 1954)	책임 의식
펜로즈(Penrose, 1959)	기업가적 역량과 분리된 관리적 역량을 보유한 사람, 기회 포착을 할 수 있는 사람, 소기업을 발전시킬 수 있는 사람
스테파넥(Stepanek, 1960)	적절한 위험 감수자
맥클레랜드(McClelland, 1961)	높은 성취 욕구와 위험 감수 성향을 가진 사람
번더(Bunder, 1962)	모호성을 잘 인내하는 사람
데이비스(Davids, 1963)	야망, 독립심, 책임, 자신감의 소유자
콜린즈(Collins, 1964)	고도의 자율성 욕구를 가진 사람
피클(Pickle, 1964)	욕망, 인간관계, 의사소통 능력, 기술적 지식을 가진 사람
리트징어(Litzinger, 1965)	지원 및 동조에 대한 낮은 욕구, 리더십, 결단성, 결정력, 불굴의 인내와 성실성을 가진 사람
호너데이와 어바우드 (Hornaday&Aboud, 1971)	성취 욕구, 자율성, 공격성, 권력, 인지력, 혁신적 독립심을 가진 사람
볼랜드(Borland, 1974)	내적 통제점
라더(Rotter, 1976)	내재적 통제 위치(internal locus of control)를 가진 자
가세(Gasse, 1977)	개인 가치 지향
티몬스(Timmons, 1978)	자신감, 목표 지향적, 중간 정도의 위험 감수, 내적 통제 위치, 창의성, 혁신성
커즈너(Kirzner, 1979)	중개자
섹스톤(Sexton, 1980)	열정, 야망, 실패에 대한 긍정적 사고
웰시와 화이트 (Welsh&White, 1981)	통제욕, 책임 추구, 자신감, 도전욕, 중간 정도의 위험 부담
던켈버그와 쿠퍼 (Dunkelberg&Cooper, 1982)	성장 지향, 독립적, 기능공 지향
섹스톤과 보우만 (Sexton&Bowman, 1985)	높은 모호성 인내도, 자율성, 순응 거부, 위험 선호, 변화의 적극적 수용
티몬스(Timmons, 1985)	A형 행동 패턴을 보이는 자
카오(Kao, 1995)	용의주도한 위험 감수자, 높은 성취 욕구, 자율성 욕구의 소유자, 건강, 현실주의, 탁월한 개념적 능력, 자신감, 통제의 욕구(내재적 통제 위치), 도전에 대한 매혹, 감정적 안정성, 자기 통제, 솔선 수범

자료 : 한국청년기업가 정신재단 외(2014), 기업가 정신의 이해

2) 슘페터의 기업가 정신

조지프 슘페터(Joseph Alois Schumpeter, 1883~1950)

조지프 슘페터는 오스트리아-헝가리 출신의 미국 경제학자이다. 오스트리아 학파에 많은 영향을 준 경제학자로, 창조적 파괴라는 용어를 경제학에서 널리 퍼뜨렸다.

조지프 슘페터(J. Schumpeter)는 기업가 정신에 대한 그의 대부분의 생각을 1911년에 발간된 『경제개발이론(The Theory of Economic Development)』에서 제시하였다.

"자본주의의 경제적 발전은 창조적 파괴의 과정이며, 그것은 생산 제요소의 신결합에 의해 내부로부터 변혁되는 것을 뜻한다. 이러한 창조적 파괴와 재결합 과정의 반복에 의해 자본주의 및 그 원리를 따르는 기업은 존속과 발전을 이룬다. 이 경우의 재결합이 이노베이션이다"라고 하였다.

슘페터는 위험 감수자인 회사의 관리자로서 기업가를 정의하지 않고 다음의 5가지 과업 즉, 신결합(new combinations)을 수행함으로써 시장의 변화를 수행하는 혁신가(innovator)로 정의하였다. 즉, ① 새로운 상품 혹은 새로운 품질의 창조(the introduction of a new good or quality), ② 새로운 생산방법의 도입(the introduction of a new method of production), ③ 새로운 시장의 개척(the opening of a new market), ④ 새로운 중간재, 부품의 새로운 공급원의 정복(the conquest of a new source of supply of new materials or parts), 그리고 ⑤ 어떤 산업에서 새로운 시장조직의 수행(the carrying out of the new organisation of any industry)이 그것이다.

따라서 슘페터가 정의한 기업가는 신결합을 인지하고 이들로부터 이윤을 얻기 위한 리더십을 발휘하는 존재이다. 즉, 기업가는 반드시 신결합을 발명하는 존재일 필요는 없고, 어떻게 이런 신결합을 생산과정에 적용할 수 있는가를 인지할 수 있는 존재라고 할 수 있다. 슘페터의 기업가 정의에 의하면 기업소유자는 단지 "신결합을 수행(carrying out new combinations)"할 때에만 기업가가 된다고 할 수 있다.

기업가 정신을 "새로운 것을 하거나 기존 것을 새로운 방식으로 하는 것"이라고 정의하고, "새로운 생산 방법과 새로운 상품 개발을 기술 혁신 등을 통해 창조적 파괴에 앞장서는 혁신자"로 보았다.

슘페터 이후에 기업가(entrepreneur)는 혁신가(innovator)와 동일한 의미로 사용되기 시작했다. 기업가가 '새롭고 어려운 것에 도전하는 사람'으로 이해되면서 기업가 정신은 진보적이고 창조적인 사고를 총칭하는 말로 이해되기 시작하였다.

슘페터는 경제학의 오스트리아 학파를 형성하는데, 오스트리아 학파는 기업가를 주어진 자원으로부터 초과 이윤을 얻는 자가 아니라 수익을 극대화하는 데 필요한 다양한 사업 기회를 발견하고 탐색하여 혁신하는 동태적 변화의 역할을 담당하는 주역으로 보고 있다. 우리나라에서는 슘페터의 기업가 정신 개념이 가장 흔하게 인용되고 있다.

3) 드러커의 기업가 정신

피터 퍼디낸드 드러커(Peter Ferdinand Drucker, 1909~2005)

오스트리아 빈 출신의 미국인이며, 작가이자 경영학자이다. 스스로는 "사회 생태학자(social ecologist)"라고 불렀다. 현대 경영학을 발명한 이로 칭송받는다. 지식사회라는 새로운 개념을 제시하여 큰 반향을 일으킨 이래, 지금까지 30여 권에 이르는 경영 관련 저서를 통해 미래의 조직과 사회의 변화된 모습, 그에 대한 전략과 비전을 제시해 왔다.

기업가 정신을 산업 경제의 기업 현상에 한정하지 않고 사회의 모든 분야에 적용되는 개념으로 확대시킨 사람은 피터 드러커(P. Drucker)이다.

드러커에 따르면 기업가 정신은 결코 경제적 기관에서만 발휘되는 것이 아니다. 드러커는 기업가 정신을 대기업뿐 아니라 중소기업, 공공 기관에서도 필요하며 새로운 기업이나 오래된 기업에서도 발휘될 수 있다고 보았다.

드러커는 기업가 정신을 산업 경제 내의 기업에만 국한하지 않고 한 사회의 모든 구성원이 발휘할 수 있는 자기 혁신의 기본이라고 강조했다. 드러커도 '기업가 정신'과 '혁신'을 별개로 떼어 놓고 생각할 수 없다고 했다. 과거에는 기업가가 창업을 통해 기업을 일궈 성공을 이뤘으나, 점차 기업의 규모가 커짐에 따라 창업보다는 기존 기업의 효율적 관리가 더 중요해지면서 경영 관리에서도 혁신을 실천하는 것이 중요하다고 강조했다.

오늘날 기업가 정신은 슘페터가 말한 기업의 혁신적인 활동을 주도하는 기업가만을 의미하지 않는다. 어려운 여건과 과정 속에서 모험 정신을 가지고 새롭게 도전하는 일련의 활동을 말하며, 이것은 모든 분야에 해당한다. 또한 새로운 도전의 준비 과정과 이러한 도전을 꿈꾸는 과정도 기업가 정신으로 이해되기도 한다.

기업가 정신은 새로운 비즈니스 창업만을 의미하는 것이 아니다. 창의와 혁신, 변화, 개선 등을 모두 포함하는 개념이다. 기업가 정신은 기존 조직에도 적용할 수 있으며, 창조적 파괴를 통해 지속적으로 청년들에게 주인 정신을 일깨우는 개념으로 확대되고 있다. 기업가 정신은 개인의 경력 개발로 연결되어 개인이 경력을 설계하고 자기 주도적인 삶의 자세를 갖추는 데에도 기업가 정신이 필요하다. 그리고 이것은 리더십 개발과도 이어진다.

4) 제3세대 기업가 정신

우리 경제가 당면한 위기상황을 타개하고, 글로벌 시장을 선도하는 재도약을 이루기 위해서 급변하는 기술 트렌드와 글로벌 시장 환경이 요구하는 '제3세대 기업가' 그룹의 출현이 필요하다.

(1) 세대별 기업가 정신

제1세대 기업가로는 1960~1970년대 대기업을 일으킨 이병철·정주영 창업주를 들 수가 있다. 이들은 한강의 기적을 일궈낸 제1세대 기업가 정신이다. 이들 대기업이 글로벌화 함에 따라 낙수효과는 감소하였다.

제2세대 기업가로는 1990~2000년대 벤처기업을 창업한 변대규·황철주 회장을 대표적으로 들 수가 있다. 모방에서 혁신으로 발전하면서 벤처붐을 만든 제2세대 기업가 정신이다. 이들은 창업생태계 지원이 미흡한 상황에서 우수 기술역량에 의존하였다. 상당수 기업들이 2000년 대 중반 벤처버블을 거치면서 낮은 생존율을 보였다. 제2세대 기업가 시대의 특징으로는 융자 중심, 아이디어 · 사업모델 중심, 실패위험 부담, 내수시장 중심으로 정부에서 지원, 배려, 보호정책으로 지속가능하지 못하였다.

2010년 이후 현재는 제3세대 기업가 육성 시기로서 기술창업 중심의 제2의 벤처붐을 조성하고 있다. 경제적 가치와 더불어 다양한 주체들의 결합 및 협력을 통해 사회적 가치를 창출해내는 제3세대 기업가 정신이다. 산학관연 협업과 창업생태계 육성 및 M&A 활성화를 통한 '기업가적 선순환 생태계'를 조성해야 할 시점이다. 제3새대 기업가 시대는 정부에서 경쟁력 및 성장동력 강화를 지원함으로써 지속가능한 기업을 지향하고 있다.

(2) 제3세대 기업가 정신

우리나라 기업가 정신은 산업발전기의 제1세대와 벤처육성기의 제2세대를 거쳐 현재 제3세대 기업가 정신으로 전환하고 있다.

제3세대 기업가 정신의 특성은 경제·기술의 발전 뿐만이 아니라 사회적 가치도 창출한다는 점이다. 소셜벤처는 혁신기술을 통해 지속가능한 성장과 융합을 통해 사회적 문제해결을 추구하는 사회적 벤처기업을 말한다. 일반적인 벤처와 비슷하지만 사회적 가치를 창출해낸다는 점에서 차별화된다.

제3세대 기업가 정신의 핵심에는 기존의 기업가 정신에 추가적으로, 사회적 기업가 정신, 소셜벤처, 공유가치창출, 다양한 목표 등이 포함되어 있다.[3]

5) 기업가 정신의 요소

기업가 정신의 정의들을 기업가적인 행위의 목적과 원인, 수단과 방법 등을 중심으로 살펴본다면 기업가 정신은 '기회의 포착과 활용', '불확실성을 감수하는 모험정신', '실제 행동을 동반하는 실천 활동과 리더십', '혁신', '사회적, 경제적 가치를 창조하는 생산, 서비스 활동' 등과 연관 지을 수 있다.

(1) 기회의 포착과 활용

드러커가 말한 기업가는 '늘 변화를 찾아내고 변화에 대응하며 기회로서의 변화를 활용'하는 자이다. 기업가는 기회에 대한 끊임없는 갈망과 애착을 가지고 집요하게 기회를 탐색함으로써 일상적인 주위의 환경 변화 속에서 다른 사람들이 보지 못하는 기업가적 기회를 인지한다.

기업가적 기회란 보통 말해지는 기존제품이나 생산방식, 자원조달방식의 효율성 제고를 통한 이윤추구의 기회와는 구별되는 개념으로 슘페터가 말하는 '새로운 결합(new combination)'의 의미에서의 기회이다.

기회는 기업가의 주관적인 인식과는 무관하게 상시적으로 존재하는 객관적인 대상으로 그것을 발견할 수 있는지 없는지에 따라 기업가로 될 수도 있고 없을 수도 있다. 발견된 기업가적인 기회는 그것이 활용될 때라야 만 경제, 사회적인 가치창출로 연결될 수 있는데 발견된 기회를 활용할 것인지 못할 것인지는 결국 사람이 지닌 개인적인 성향이나 자질과 연관된다.

(2) 불확실성을 감수하는 모험정신

잠재적 기업가에 의해 새로이 발견된 기업가적 기회는 남들이 해보지 못한 '새로운 결합'을 통해 새로운 가치와 연결되는데 정보의 비대칭성으로 인해 실패할 수도, 성공할 수도 있다. 따라서 결과가 확실치 않은 조건에서, 가치가 창출되어 이익이 배분되기 전에 시간과 노력, 자금과 같은 자원의 배분이 이루어지기 때문에 실패한다면 모든 것을 잃을 수도 있다는 위험성과 그에 대한 두려움은 항시적으로 존재한다.

남들이 발견하지 못했고, 시도하지 않았던 새로운 방법으로 새로운 가치를 창조함에 있어서 불확실한 상황에서 실패에 대한 두려움을 견디면서 꾸준히 새로운 길을 모색해야

3 안경은(2013), "제3세대 기업가 정신과 소셜벤처 육성방안", 벤처정책, 벤처스퀘어.

하는 모험정신은 없어서는 안 될 중요한 요소이다.

(3) 실제 행동으로 연결되는 실천 활동과 리더십

'기존의 자원에 부를 창조하는 능력을 부여하는 실제적인 행동-혁신'을 수단으로 하는 기업가 정신은 실천 활동에 기반하고 있다. 그것이 경제적인 의미에서의 이윤창출을 목적으로 하든, 아니면 사회적인 가치를 추구하는 것이든 사람들의 생각만으로 이루어지는 것이 아니라 기회를 새로운 가치와 연결시키는 과정에서 자원을 새로이 결합하고 배분하는 실제적인 활동을 필요로 한다.

인간의 활동은 결국 그 행위를 유발하고 발전시키는 진취적인 마인드로써의 리더십 을 필요로 하게 되며 이러한 리더십은 그것이 자기 개인에 국한 된 것이든, 조직과 관련된 것이든 자기 주도적일 것을 필요로 한다.

(4) '창조적 파괴', '새로운 결합'으로서의 혁신

슘페터나 드러커가 말하는 기업가는 기존의 제품이나 프로세스의 효율적인 개선이 아니라 완전히 새로운 제품이나 공정개발, 시장개척, 자원 공급 원천개척, 관리방식의 도입 등을 통해 새로운 경제적/사회적 가치를 창조해 가는 혁신활동의 주체이다.

따라서 혁신은 환경의 변화 속에서 기회를 발견하고 그것을 활용하기 위해 자원을 배분하고 새로운 가치를 창출해 내는 전 과정에서 끊임없이 발현되는 수단, 방법이라고 말할 수 있다.

기업을 만들어 운영하여 새로운 가치를 창출한다고 하여 다 기업가라고 말할 수 없고 반드시 새로운 방식, 부단한 혁신으로 일관된 과정만이 기업가 정신에 포함된다고 볼 수 있다.

(5) 사회적·경제적인 가치를 창조하는 생산/서비스 활동

기업가적 활동의 궁극적인 목표는 영리이든 비영리이든 생산이나 서비스에 있어서 모두 사회가 필요로 하는 새로운 가치의 창출에 있다. 이런 맥락에서 기업가 정신은 이윤창출을 목표로 하는 기업 뿐 아니라 대학·연구소, 사회공공기관, 비영리법인, 협동조합 등 다양한 형태의 개인과 개인을 포함하는 조직 내에서 발휘된다고 볼 수 있다.

가치를 창조하는 과정은 반드시 시간이나, 노력, 자금과 같은 자원의 소모를 동반하게 되는데 자원조달과 배분을 위한 외적 환경요인 또는 내적인 요인으로써의 개인이 보유한 능력(경험, 숙련도 등)에 따라 그 결과는 상이할 수 있다.

2. ❙ 기업가 정신의 유형

기업가 정신은 단지 창업을 하려고 하는 개인에게만 적용되는 것이 아니다.

기업가 정신은 다양한 대상과 상황에 적용될 수 있는데, 기존기업의 사내 기업가 정신, 대학의 기업가 정신, 사회적 기업가 정신이 있다. 이외에도 기업가 정신이 군사 분야의 군대 기업가 정신, 농업분야의 농업 기업가 정신, 도시 개발 분야의 도시 기업가 정신 등으로도 퍼져 나가고 있다.

1) 사내 기업가 정신

개인이 창업을 하는 과정에서 나타나는 사고를 '독립 기업가 정신(independent entrepreneurship)'이라 한다면, 기존기업이 신규 아이템을 개발하거나 이를 위해 조직을 전략적으로 쇄신하는 과정에서 나타나는 기업가적인 사고나 행동양식은 '사내기업가 정신(corporate entrepreneurship)'이라 정의할 수 있다[4]. 즉, 사내기업가 정신은 기업에서 신규사업을 개척하는 경우뿐만 아니라, 조직문화 쇄신을 위해 팀과 부서의 구성과 문화를 변화시키는 데에도 필요하다[5].

2) 대학의 기업가 정신

대학은 교육을 통해 우수인재를 사회에 배출하는 역할을 수행해왔다. 하지만 2000년대 미국의 실리콘밸리를 중심으로 많은 대학들이 산학협력을 강화하였고, 연구자들이 스스로 창업하여 연구 성과를 사업화하는데 큰 성공을 거두게 된다. 이에 따라 대학이 산학협력 및 연구실 창업을 통해 기업가 정신을 발현하고 이를 통해 사회 및 경제에 더 적극적으로 기여해야 한다는 논의가 생겨났다.

즉, 대학의 기업가 정신이라는 정의가 생겨났는데, 대학기업가 정신은 '대학이 관여하는 특허 · 라이센싱 · 창업 · 기술이전 · 지역경제발전 등 제반기업가적 활동'이라고 정의된다[6].

---

4 Sharma, P. and J. Chrisman (1999), "Toward a Reconciliation of the Definitional Issues in the Field of Corporate Entrepreneurship", Entrepreneurship Theory and Practice, Vol. 23, No. 3.

5 기존기업이 사내의 기업가 정신 육성을 위해 운영하는 프로그램으로 벤처프로그램을 들 수 있다. 예를 들면 (1) 별도부서인 벤처사업부 형태로 사내벤처 설치, (2) 벤처기업 인수합병, (3) 대기업과 벤처기업 간 조인트벤처 설립, (4) 혁신프로젝트를 분사하여 스핀오프 기업 설립, (5) 기술지원, 자본투자 등을 병행하는 벤처보육센터 운영, (6) 벤처캐피탈을 설립하여 유망벤처기업 발굴 및 투자 등을 들 수 있다.

6 Rothaermel, F. T. et al (2007), "University entrepreneurship: a taxonomy of the literature" Industrial and Corporate Change, Vol. 16, No. 4.

우리나라의 경우에도 대학의 기업가 정신이 최근 강조되고 있는데, 우리나라 경제발전에 대학의 역할이 강조될 필요가 있고, 이를 위해 대학기업가 정신에 대한 연구가 더욱 활성화될 필요가 있다[7].

즉, 혁신경제 및 기술창업을 위해 대학은 어떠한 역할을 해야 하는지, 대학의 기업가 정신을 어떻게 왕성하게 하고 대학의 지식자산을 어떻게 성공적으로 사업화할 것인지, 기술창업 및 사업화를 촉진하기 위해 어떠한 정부정책이 요구되며 대학은 어떠한 실행 매커니즘이 필요한지 계속적인 연구가 필요하다.

3) 사회적 기업가 정신

기업가 정신은 영리기업 뿐만 아니라 비영리조직이나 사회적 기업, 정부에도 적용될 수 있다. 이를 사회적 기업가 정신이라 정의한다.

사회적 기업가 정신을 '비영리기관이나 기업, 정부부문 내에서 또는 서로 연계하여 일어나는 혁신적인 사회적 가치창출 활동'이라 정의할 수 있다[8]. 즉, 사회적 기업가는 사회적 가치를 추구하지만 사업을 비즈니스 관점에서 바라보기 때문에 가치창출을 최대화할 수 있는 것이다. 예를 들면 사회적 기업은 투자자나 종업원을 위해 충분한 보상을 해주기 어렵기 때문에 자원 확보 및 운영에 있어 영리기업보다 불리한 여건에서 출발하게 된다.

또한 사회적 기업은 영리기업보다 이해관계자가 많기 때문에 사업을 하면서 이들에 대한 관리와 관계설정이 더 복잡하게 된다. 하지만 사회적 기업가 정신이 확산된다면 이러한 제약조건들을 극복하고 보다 혁신적으로 사회적 가치를 창출할 수 있다. 특히 정부가 기업가 정신을 실천할 경우에는 중소기업, 창업기업, 농수산업 등을 위한 많은 지원 사업이 효율적으로 운영되고, 많은 사회적 기업가를 배출하면서 활동이 확대 · 재생산될 수 있다.

3. 기업가 정신에 영향을 미치는 요인

OECD[9]는 기업가 정신에 영향을 미치는 요인을 크게 6가지로 구분하고 있다.

7 배종태 · 차민석(2009), "기업가 정신의 확장과 활성화" 「중소기업연구」, 제31권, 제1호.

8 Austin, D. W.(2006), "Gene network shaping of inherent noise spectra", Nature, February 2.

9 OECD는 기업가 정신에 창업기업 대상의 독립기업가 정신과 기존기업 대상의 사내기업가 정신을 모두 포함시키고 있다 OECD는 기업가 정신은 다각도로 판단되는 것이기 때문에 단일 지수화 하여 국가 간에 상호 비교하는 것은 무리가 있다고 판단하고 있다.

표 1-7 기업가 정신에 영향을 주는 요인(OECD)

규제	시장조건	금융환경	지식 인프라	능력 개발	문화
창업 시 행정적 부담	반독점	융자시장 접근성	R&D투자	CEO 훈련	위험에 대한 사회적 태도
성장에서의 행정적 부담	경쟁	엔젤투자	학연 연계	기업경영 및 기업가 정신 실무교육	기업가에 대한 사회인식
파산 및 폐업 관련 규제	내수시장 진출	VC 접근성	기업 간 기술협력	기업가 정신 인프라	기업소유에 대한 열망
안전, 건강 및 환경규제	해외시장 진출	다양한 주식 및 채권 발행	기술 확산	이민정책	기업가 정신 윤리교육
상품 규제	정부개입 정도	주식시장 활성화	초고속 인터넷 활용		
노동 환경	정부조달 시장				
법률 및 소송					
사회안전망					
소득세 및 재산세 등					
법인세					
특허시스템					

자료 : OECD(2012), Entrepreneurship at a Glance 2012

1) 규제

첫째, 창업시 부딪히는 행정절차와 금전적 부담감이 기업가 정신을 약화시킬 수 있다. 예를 들면 창업에 요구되는 최소자본금 규모가 많거나 준비해야 하는 서류작업이 복잡한 경우, 또한 처리기간이 길게 소요된다면 기업가 정신은 위축될 수 있다.

둘째, 창업을 하고 나서 발생되는 규제 또한 기업가 정신을 위축시킨다. 예를 들면 사업장이나 창고에 대한 건설허가를 받는데 절차가 복잡하고 장기간이 소요될 경우, 또한 부동산 등록절차 및 법인세·부가세 신고절차가 복잡할 경우 기업가 정신이 위축될 수 있다.

셋째, 파산과정에서 소요되는 비용이 많거나 시간이 오랠 경우, 법원과 채권단에 의해 구조조정 및 회생절차가 진행되었지만 기업이 크게 회복되지 못하고 성과가 부실한 시스템 하에서의 기업가는 기업가 정신이 위축될 수 있다.

넷째, 노동시장 및 근로환경 또한 기업가 정신에 영향을 미칠 수 있다. 종업원, 특히 외국인 노동자를 고용하거나 해고할 때 어려움이 많다거나 우수 직원에 대한 성과보상체계가 부실할 경우, 야간 및 주말업무가 많고 휴가일수는 적을 경우에도 직원의 사내기업가 정신은 위축된다.

다섯째, 직원에 대한 건강보험 및 사회보장이 충분하고 구직자에 대한 사회안전망이 견고할 때, 기업가 정신은 강화될 수 있다.

여섯째, 직원의 소득세, 재산세 및 기업의 법인세 정도에 따라 기업가 정신은 위축 또는 강화될 수 있다.

일곱째, 특허·상표 등 지식재산권에 대한 보호정도에 따라서도 기업가 정신이 약화 또는 강화될 수 있다.

2) 시장조건

첫째, 시장에서 경쟁을 저해하는 요인, 예를 들면 과점 또는 독점에 의한 폐해가 있을 경우 기업가 정신은 위축된다.

둘째, 수출입 거래에서 요구되는 행정절차가 복잡하고 요청서류가 많거나 서류심사에 오랜 시간이 걸리는 경우 기업가 정신은 위축될 수 있다.

셋째, 시장 내에 공기업이 불공정한 영향력이나 가격 통제권을 행사하는 경우, 즉 정부가 시장에 불합리하게 개입할 경우 기업가 정신은 위축된다.

3) 금융 환경

첫째, 담보부족 기업이 은행으로부터 얼마나 용이하게 대출을 받을 수 있는지, 대출이자율은 물론 연체이자율이 얼마나 높은지 등은 기업가 정신에 영향을 준다.

둘째, 벤처캐피탈 시장이 얼마나 활성화되었는지, 창업기업에 투자하는 성향은 어느 정도인지, 주식 및 채권 발행 또는 유통시장이 얼마나 활성화되었는지도 기업가 정신에 영향을 미친다.

4) 지식창출 및 확산 인프라

첫째, 민간부문의 연구개발에 적극 투자하고 있는지, 정부가 연구개발 투자지원에 어느 정도 관심이 있는지, 연구개발 성과가 특허 등에 의해 적격하게 보호되고 있는지, 타 기업 또는 대학, 연구소로부터 개발된 기술을 쉽게 이전받고 이를 용이하게 사업화할 수 있는 인프라가 존재하는지 기업가 정신에 영향을 미친다.

둘째, 정보통신 인프라가 잘 구축되어 있어 전자상거래가 용이한지, 전자정부시스템이 잘 구축되어 있어 정부조달사업에 효율적으로 참여할 수 있는지 또한 기업가 정신에 영향을 미친다.

5) 능력 개발

첫째, 창업의 종류에 따라 다양한 교육시스템이 제공되는지, 경영자 또는 실무자 수업을 위한 전문적이고 실무적인 교육시스템이 구축되어 있는지도 기업가 정신에 영향을 준다.

둘째, 전문기술을 보유한 외국인인력을 용이하게 채용할 수 있는지도 기업가 정신에 영향을 주는 요인이다.

6) 문화

창업의지가 사회전반에 얼마나 확산되어 있는지, 창업을 바라보는 사회의 인식이 긍정적인지, 창업실패에 대한 두려움을 극복할 수 있는 제도 또는 분위기가 조성되어 있는지 등도 기업가 정신에 영향을 준다.

제3장 기업가 정신 지수

1. 국내의 기업가 정신 지수

1) 삼성경제연구소의 기업가 정신 지수

삼성경제연구소[1]는 기업가 정신을 '자원의 제약과 리스크의 존재에도 불구하고 도전정신을 발휘하여 경영혁신을 통해서 새로운 사업을 일으키는 기업가의 의지'로 정의 하였다. 그리고 기업가 정신이 한 국가의 경제성장에 있어 기업가 정신이 큰 역할을 한다고 하였다.

기업가 정신의 5대요소로 창업, 설비투자, 신사업, 해외진출, 경영혁신을 제안하였으며, 기업가 정신 지수를 수출증가율, 투자증가율 및 사업체수 증가율의 합[2]으로 정의하였다. 기업가 정신의 복원을 위해서는 기업가 정신의 중요성을 재인식하고, 창업기반 확충과 기업 친화형 제도로의 정비, 정규·비정규 근로자에 대한 기업가 정신 교육 실시, 반 기업 정서의 불식을 위한 노력과 기업의 자기혁신을 제시하였다.

2) 대한상공회의소의 기업가 정신 대리지표

대한상공회의소[3]는 삼성경제연구소가 제시한 기업가 정신의 정의와 지수를 참고로 기업가 정신의 호조와 둔화를 나타내는 대리 지표를 직원 수 5인 이상인 제조업·광업의 사업체 수 증가율(%), 설비투자 증가율 및 민간연구개발비 증가율의 단순평균[4]으로 산출하였다. 우리나라의 기업가 정신 지표는 1977년 72.3으로 가장 활발하였고, 80년대, 90년대 들어서 위축되다가 2001년(4.6), 2002년(6.6), 2003년(7.1)로 해당기간 동안 기업가 정신 지표가 저조한 것으로 분석하였다.

3) 한국은행의 기업가 정신 지수

한국은행[5]에서는 기업가 정신은 기업의 적극적인 창업 및 투자의지를 반영하며, 기업가

1 삼성경제연구소(2004), "기업가 정신의 약화와 복원방안", 「CEO Information」, 457호
2 기업가 정신 지수 = 수출 증가율 + 투자 증가율 + 사업체 수 증가율
3 대한상공회의소(2005), "한국기업가 정신의 현황과 시사점"
4 기업가 정신 대리지표 = (사업체 수 증가율 + 설비투자 증가율 + 민간연구개발비 증가율)/3

정신 지수를 제조업 사업체 수 증가율, GDP 성장률을 감안한 설비 투자 증가율 및 민간 연구개발비 증가율의 합[6]으로 정의하였다.

4) 중소기업연구원의 기업가 정신 지수

중소기업연구원[7]에서는 기업가 정신을 '미래의 불확실성과 위험에도 불구하고 모험정신(혁신능력)을 발휘하여 새로운 가치를 창출하는 시업가의 의지 또는 활동'으로 정의하였다. 국제비교 가능한 기업가 정신 지수 개발에 있어서 투입, 산출, 환경/인프라 의 3개 측면을 반영한 프레임을 구성 세 개 측면의 대리지표들의 결합을 통한 종합지표를 도출하였다.

투입요인을 반영하는 대리지표로는 혁신활동을 반영하는 기업의 R&D지출과 국제경제 통합의 흐름 속에서 국가의 안정하고 장기적인 경제현황을 반영하는 해외직접투자의 유입을 선정하였다. 산출요인을 반영하는 대리지표로는 창업활동의 결과로 볼 수 있는 자영업자 비율과 피고용자 증가율, 국내기업의 위험감수성, 진취성 및 경쟁적 공격성을 반영하는 지표로써의 무역의존도를 선정하였다. 환경과 인프라요인을 반영하는 대리지표로는 기업가 정신이 발현될 수 있는 건전한 환경을 조성한다는 관점에서 경제자유화지수, 인간개발지수 및 부패지수를 선정하였다.

우리나라, 미국, 영국, 독일, 이탈리아, 프랑스, 일본 등을 포함하는 30개 국가의 2001년부터 2008년까지 연도별 지수를 산출하였으며, 한국은 2001년의 7위에서 2007년 13위로 하락하는 것으로 나타났다.

5) 동아일보-딜로이트 기업가 정신 지수

동아일보-딜로이트 기업가 정신 지수는 동아일보 기업가 정신센터와 딜로이트 컨설팅이 공동으로 개발하여 OECD회원국을 포함한 총 32개 국가를 대상으로 실시하였다[8].

기업가 정신의 구성요소를 기업 활동, 시장 환경, 정부환경의 3가지로 분류, 기업 성장단계에 따라 신규기업과 성숙 기업으로 구분하여 측정하였다.

분석결과는 우리나라의 기업가 정신 지수는 2000년에 비해 2009년에 하락한 것을 나타났으며, 미국은 모두 1위, 스위스는 6위에서 3위로, 프랑스는 19위에서 13위로 상승한 반

---

5 한국은행(2007), "최근 한일간 설비투자의 비교분석 및 시사점", 한국은행

6 기업가 정신 지수 = 제조업 사업체 수 증가율 + (실질설비투자 증가율 - GDP 성장률) + 민간연구개발비 증가율)

7 김주미, 박재필(2011), 「국제간 비교 연구를 통한 기업가 정신 지수 표준 모델 정립에 관한 연구」, 중소기업연구원

8 이윤준 외(2012), 「기업가 정신 고취를 통한 기술창업 활성화 방안」, 과학기술정책연구원

면, 우리나라는 11위에서 16위로 하락하였다.

표 1-8 국내 기업가 정신 지수 및 세부지표

<table>
<tr><th>기관명</th><th>구성 요인</th><th colspan="2">기업가 정신 세부 지표 / 측정 항목</th></tr>
<tr><td>삼성경제연구소(2004)</td><td>투입, 산출</td><td colspan="2">수출 증가율, 투자증가율, 사업체 수 증가율</td></tr>
<tr><td>대한상공회의소(2005)</td><td>투입, 산출</td><td colspan="2">사업체 수 증가율, 설비투자 증가율, 민간 연구개발비 증가율</td></tr>
<tr><td>한국은행(2007)</td><td>투입, 산출</td><td colspan="2">사업체 수 증가율, (실질 설비투자 증가율-GDP 성장률),
민간 연구개발비 증가율</td></tr>
<tr><td rowspan="3">중소기업연구원(2011)</td><td>투입 요인</td><td colspan="2">민간 기업의 R&D 투자, FDI Inflow</td></tr>
<tr><td>산출 요인</td><td colspan="2">자영업자 비율, 피고용자 증가율, 무역의존도</td></tr>
<tr><td>환경/인프라 요인</td><td colspan="2">경제자유화 지수, 인간개발지수, 부패지수</td></tr>
<tr><td rowspan="4">동아일보-딜로이트</td><td rowspan="2">기업 활동</td><td>신규 기업단계</td><td>창업 활동(기회형 창업활동 비중)</td></tr>
<tr><td>성숙 기업단계</td><td>가치 창출 활동(특허 건수, 민간부문의 R&D 투자비중, 첨단산업 수출액 비중 등)</td></tr>
<tr><td>시장 환경</td><td colspan="2">벤처캐피탈(신규 기업), 주식시장(성숙 기업) 등 자금조달, 인력조달 용이성, 인력 우수성 등</td></tr>
<tr><td>정부 환경</td><td colspan="2">규제의 합리성, 세금의 적정성, 정책 지원, 정치적 안정</td></tr>
</table>

자료 : 한국청년기업가 정신재단 외(2014). 글로벌 기업가 정신 지수 개발

2. 해외의 기업가 정신 지수

1) 글로벌 기업가 정신 모니터

1999년 런던경영대학(London Business School)과 미국의 뱁슨 칼리지(Babson College)가 협력하여 진행하는 기업가적 활동(entrepreneurial activity)의 연례조사(annual survey)로서 글로벌 기업가 정신 모니터(Global Entrepreneurship Monitor: GEM) 프로젝트가 있다.

기업가 정신 발현을 위한 선행 조건으로서 규제, 인프라, 거시경제의 안정성 등의 기본 조건과 교육 및 훈련, 상품 및 노동 시장의 효율성, 시장 규모, 금융 시장의 복잡성과 같은 효율성 지표들을 제시하였다. 이를 바탕으로 GEM은 기업가적 금융, 정부 정책, 정부의 기업가 정신 프로그램, 기업가 정신 교육, 물리적 인프라, 문화 및 사회적 규범 등과 같은 창업 활동에 직접적인 영향을 주는 9가지의 주요 기업가 정신 결정요소들을 조사하고 있다.

GEM의 기업가 정신 설문조사는 이러한 9가지 국가 전문가 조사(NES)와 일반 성인 조사(APS) 두 부분으로 구성되어 있다.

| 표 1-9 | 글로벌 기업가 정신모니터 국가전문가조사(National Expert Survey: NES)의 평가 항목

부 문	평가 항목
기업가적 금융 (entrepreneurial finance)	신생기업에 대한 주식, 대출, 정부 지원금, 벤처캐피탈, 주식공개상장(initial public offering), 사모펀드 등을 통한 자금 조달의 용이성
정부 지원 (government policy)	신생기업에 대한 정부정책의 우호 정도, 허가, 라이선싱의 편리성, 세금 및 기타 규제에 대한 부담 등
정부 기업가 정신 프로그램 (government programs)	신생기업에 대한 정부 지원 프로그램의 일원화·조직화·적절성·효과성, 창업보육센터 및 사이언스 파크의 효율성, 지원 프로그램의 검색 용이성, 지원 프로그램 관련 관료들의 응대 자세
기업가 정신 교육 및 훈련 (education and training)	초·중등 교육에서의 창의성, 시장경제원리, 기업가 정신 및 창업에 대한 교육 제공 여부, 대학에서의 창업 교육, 경영 교육에서의 창업 교육 수준, 직업교육·평생교육 등에서의 창업 교육
연구개발 이전 (R&D transfer)	대학 및 공공연구기관으로부터 신생기업으로의 기술 및 지식이전의 효과성, 신생기업의 기술 및 지식 접근성, 지식 이전을 위한 정부 보조금, 세계수준의 기술벤처 창업 여부, 수준 높은 연구자 및 공학자 보유 여부
사업화 인프라 (commercial infrastructure)	하청업체, 공급자, 컨설턴트, 전문 법률 및 회계 서비스, 금융 서비스 등에 대한 접근성 및 비용
시장진입 규제 (entry regulations)	소비시장(B to C, B to B)의 변동성, 시장진입 용이성, 시장진입 비용, 불공정 시장진입 장벽, 독점 및 담합 규제
물리적 인프라 (physical infrastructure)	수도, 교통, 통신, 유틸리티 등 물리적 인프라 활용 여부 및 비용
문화적·사회적 규범 (cultural and social norms)	창의성, 기업가 정신, 위험감수, 혁신 등에 대한 사회적 인식, 기회에 대한 인식, 창업이나 중소기업에 대한 사회적 관심, 기업가에 대한 사회적 지위 및 경력 단계에서의 역할, 지적재산권 관련 법규 및 인식, 여성의 창업 인식 및 경제활동 참여, 정부기관 및 정책에서의 기업가 정신의 지위, 혁신에 대한 인식, 신생기업 및 기업가의 사회적 책임 강조

자료 : GEM National Expert Survey(NES) 2009 database

GEM의 일반 성인조사 부문은 기업가적 태도(entrepreneurial attitudes), 기업가적 활동(entrepreneurial activity), 기업가적 열망(entrepreneurial aspirations)으로 구분하여 조사하고 있다.

| 표 1-10 | GEM 일반 성인조사(Adult Population Survey: APS)의 부문별 평가 항목

부 문	평가 항목
기업가적 태도 (entrepreneurial attitudes)	기회 인식 정도(perceived opportunities) 역량 인식 정도(perceived capabilities) 실패에 대한 두려움(fear of failure) 기업가적 의도(entrepreneurial intentions) 기업가의 경력 중요도(entrepreneurship as a good career choice) 성공한 기업가의 지위(high status to successful entrepreneurs) 기업가 정신에 대한 언론의 관심(media attention for entrepreneurship)
기업가적 활동 (entrepreneurial activity)	초기 기업가 비율(nascent entrepreneurship rate) 새로운 사업 소유주 비율(new business ownership) 총 초기기업가적 활동(TEA: early-stage entrepreneurial activity) 중견 기업 비율(established business ownership rate) 사업 중단 비율(discontinuation of business) 생계형 창업 비중(necessity-driven TEA) 기회형 창업 비중(improvement-driven opportunity TEA)
기업가적 열망 (growth aspirations)	기업 고객 중 외국 고객의 비중(ratio of exports) 가젤 기업 비중(high job expectation) 기술 창업 비중(active in technology sectors) 새로운 제품(new product) 새로운 기술(new technology) 회수 동기(exit reason)

자료 : GEM Adult Population Survey(APS) 2009 database

2) 세계은행 창업환경지수

세계은행 창업환경지수(World Bank Doing Business: WBDB)는 각국의 창업 및 사업 운영의 용이성을 규제적 차원에서 비교하고 분석하기 위해 세계은행이 2002년부터 진행하는 프로젝트이다.

WBDB의 측정항목과 평가 방법으로는 창업과 기업가 정신에 영향을 주는 규제적 요인을 10가지 항목으로 구분하여 측정하여 점수를 부여하고 한다.

각 규제 부문별 측정 항목은 주로 행정 절차의 총 단계 수, 절차마다 소요되는 시간(소요일수), 절차마다 소요되는 비용(1인당 소득 비중, %)으로 구성되어 있으며, '신용획득'이나 '투자자 보호' 같은 경우 전문가들이 6점 혹은 10점 척도로 평가하고 있다.

| 표 1-11 | 세계은행 창업환경지수 2014의 세부 분야 및 주요 측정 항목

부 문	측정 항목
사업 시작 (start a business)	회사의 법적 설립 및 운영에 필요한 총 절차 수 회사 설립의 각 절차마다 소요되는 일수 회사 설립의 각 절차마다 소요되는 비용(1인당 소득 비중) 회사 설립을 위한 최소 필요 자본(1인당 소득 비중)
건설 등의 허가 (dealing with construction permits)	물류창고의 건설에 필요한 총 절차 수 물류창고 건설의 각 절차마다 소요되는 일수 물류창고 건설의 각 절차마다 소요되는 비용(1인당 소득 비중)
전력 공급 (getting electricity)	전력 연결을 위해 필요한 총 절차 수 전력 연결을 위한 각 절차마다 소요되는 일수 전력 연결을 위한 각 절차마다 소요되는 비용(1인당 소득 비중)
재산권 등록 (registering property)	부동산의 명의 변경에 필요한 총 절차 수 부동산 명의 변경의 각 절차마다 소요되는 일수 부동산 명의 변경의 각 절차마다 소요되는 비용(1인당 소득 비중)
신용 획득 (getting credit)	담보와 파산 관련 법제 하의 채권, 채무자의 법적 권리(0-10) 신용정보의 범위, 접근, 품질에 영향을 미치는 규제 수준(0-6) 공공 신용 등록의 범위(전체 성인 인구 대비) 사적인 신용평가 회사의 정보 등록 범위(전체 성인 인구 대비)
투자자 보호 (protecting investors)	투자자를 위한 정보 공시의 범위(0-10) 이사의 책임 범위(0-10) 대리인의 위법 행위나 직권 남용에 대한 주주의 법적 대응 용이성(0-10) 위의 세 가지 지표의 단순 평균(0-10)
세금 관련 (paying taxes)	기업 관련 연간 세금 지출의 총 횟수 법인세, 부가가치세, 사회보장 관련 세금 지출에 드는 총 시간 세전 이익에 대한 총 세율(%)(법인세, 사회보장, 노동세, 재산세 등 포함)
국가 간 무역 (trading across borders)	수출과 수입에 필요한 서류의 총 수 수출과 수입 절차 완료까지 소요되는 일수 수출과 수입 절차에 소요되는 비용(컨테이너 하나 당 비용)
계약분쟁 해결 (enforcing contracts)	소송 제출부터 판결 집행까지의 총 절차 수 소송 제출부터 판결 집행까지 소요되는 일수 소송 제출부터 판결 집행까지 소요되는 비용
파산 처리 (resolving insolvency)	파산 회복까지의 소요 년 수 파산 회복에 소요되는 비용(채무자의 재산 대비 비중) 계속 기업적 청산 혹은 개별적 청산

자료 : The World bank(2013), Doing Business 2014

3) 언스트앤영 G20 기업가 정신 바로미터

언스트영(Ernst & Young G20 Entrepreneurship Barometer)은 국제적인 컨설팅업체인 Ernst & Young이 G20국가들을 대상으로 조사하여 발표하는 기업가 정신 지수이다.

일자리 창출과 지역 사회의 성장을 견인하는 주요 동력으로서의 기업가의 역할, 기업가 정신이 발현되기에 적합한 환경적 요소, 즉 기업가적 생태계(entrepreneurship ecosystem)의 중요성을 강조하는 특징이 있다.

조사는 기업가적 생태계를 구성하는 5가지 주요 부문(key pillars) 즉 자금조달의 용이성, 기업가 정신 문화, 세금 및 규제, 교육 및 훈련, 협력지원 분야를 중심으로 이루어진다.

표 1-12 언스트앤영 G20 기업가 정신 바로미터 2013의 세부 분야

부 문	세부 부문
자금조달의 용이성 (access to funding)	종잣돈(seed) 창업(Start-up) 성장(growth) 확장(expansion)
기업가 정신 문화 (entrepreneurship culture)	실패에 대한 두려움 위험에 대한 태도 기업가 정신 경력 인식 부에 대한 인식 혁신과 연구 문화
세금 및 규제 (tax and regulation)	직접세 간접세 사회친화적 법규 정부 인센티브
교육 및 훈련 (education and training)	대학 전 교육 대학 교육 비정규 교육 기업가 정신 교육
협력 지원 (coordinated support)	멘토링 보육(인큐베이팅) 네트워킹

자료 : The EY(2013). G20 Entrepreneurship Barometer

4) OECD 한눈에 보는 기업가 정신

OECD는 각국의 기업가 정신의 수준 및 기업가적 활동의 결정요인 비교와 이를 통한 증거기반의 정책 수립을 목적으로 '한눈에 보는 기업가 정신(Entrepreneurship at a Glance)'이라는 기업가 정신 관련 조사 보고서를 발간하고 있다.

OECD의 조사는 기업가 정신의 발현, 기업가 정신의 영향 요인, 기업가 정신이 경제 및 사회에 미치는 영향을 파악하는 것을 목표로 한다. 국제기구가 발간한 주요 통계지표들을 바탕으로 기업가 정신 관련 지표에 알맞은 자료들을 추출하여 정리하는 방식으로 진행하고 있다.

OECD가 제공하는 기업가적 성과지표는 창업, 폐업, 생존, 기존 기업에서 발견되는 기업가적 역동성, 그리고 이러한 역동성이 고용 창출 등 국가 경제에 미치는 영향과 같은 광범위한 기업가적 성과들을 포함한다.

기업가 정신 결정요인 관련 지표는 규제, 시장 환경, 금융 서비스 접근성, 지식의 창조 및 확산, 기업가적 역량, 기업가 정신 문화의 6가지의 주요부문으로 구성되어 있다.

| 표 1-13 | OECD 한눈에 보는 기업가 정신 2013 기업가 정신 결정요인 관련 지표

부문	세부 분야	측정 항목
1. 규제 (regulatory framework)	행정적 부담	정부규제 부담 / 창업비용 / 창업에 필요한 최소 자본 소요 / 창업에 필요한 절차 수 / 물류창고 건설에 필요한 절차에 드는 시간 및 비용 / 자산등록 / 법인소득세, 부가가치세 및 사회보장비용 청구 및 납부에 소요되는 시간
	파산관련 규제	폐업비용 / 폐업 소요기일 / 부도회수율
	법률 및 소송 관련규제	계약의 강제집행 소요비용 / 소요절차 / 소요시간 / 해고의 어려움 / 고용의 어려움 / 외국인 노동자 고용 용이성 / 작업시간의 경직성
	사회보장 및 보건안전	실업자 지원을 위한 공공지출 / 공공 건강보험 가입률
	소득세 및 재산세	소득세 및 사회보장비용 / 고소득 과세 및 사회보장비용 상속세수 / 순 자산세수
	법인세 및 자본세	중소기업 과세율 / 기업소득세 수입 / 배당세-최고한계세율 / 스톡옵션 과세
	특허 시스템	지적재산권 / 자산권
2. 시장 환경 (market conditions)	외국시장 접근성	수출 규제 / 수입 규제
	공공개입의 정도	공기업과 정부투자 / 라이선싱 계약 / 물가 관리
	민간 소비	구매자 만족도
3. 금융 서비스 접근성 (access to finance)	부채조달 접근성	국가 신용도 / 민간부문에 대한 국내여신 / 대출의 용이성 / 이자율 스프레드 / 법적 권한 지수 / 중소기업의 사업자금 대출
	벤처캐피탈 접근성	벤처캐피탈 접근 가능성 / 벤처캐피탈의 신생기업 투자 규모
	주식 시장	주식시장의 자금 규모 / 투자자 보호 / 신규 상장기업의 시장자본 규모

부문	세부 분야	측정 항목
4. 지식의 창조 및 확산 (creation and diffusion of knowledge)	R&D 활동	기업의 R&D 투자 / 정부의 R&D 투자 / 대학의 R&D 투자 / PCT 특허 출원에서 국제협력 / 지역별 특허 등록 건수 / 민간 R&D투자 / 공공 R&D투자
	비상업적 지식의 전파	대학에 대한 민간 R&D 투자 규모 / 대학이 등록한 특허 비중 / 혁신원천으로써 대학 및 공공연구기관 / 대학-기업 협동연구
	기업 간 협력	혁신의 원천으로써의 SME의 협력
	기술 가용성/수용성	전자상거래 매출 / 전자상거래를 이용하는 기업 / ICT 지출 / 통신에서의 ICT 지출
5. 기업가적 역량 (entrepreneurial capabilities)	사업/기업가 정신 교육	3차 교육의 유학생 비율 / 3차 교육 수료자 비율 / 경영대학원 수준 / 학교내 교육에서 창업 / 관련 훈련 수료 비율 / 학교 졸업후 창업 관련 / 훈련 수료 비율
	이민	외국 노동인구의 유입 / 외국인 자영업 비율 / 외국인 노동자의 비중 / 3차 교육 수료 이상의 이민자 비율
6. 기업가 정신 문화 (entrepreneurship culture)	기업가 정신 인식	자영업에 대한 갈망 / 경영자의 기업가 정신 / 기업가적 의도(intention) / 기업가적 동기(motivation) / 기업가의 이미지 / 실패에 대한 두려움 / 사업 실패의 위험 / 자영업 선호도 / 창업에 우호적인 조건에 대한 인식

자료 : OECD(2013), Entrepreneurship at a Glance 2013

3. 우리나라의 기업가 정신 지수

1) 개인의 기업가 정신 진단 체계

한국 청년 기업가 정신 재단에서 개발한 기업가 정신 수준진단 모델[9]에서는 개인 차원의 기업가 정신 수준과 현황의 체계적 진단 체계로 아래 [그림 1-1]과 같이 3개 평가부문, 14개 평가지표를 설정하였다.

9 한국청년기업가 정신재단 외(2014). 기업가 정신의 수준진단 모델 개발

그림 1-1 개인차원의 기업가 정신 현황진단 체계

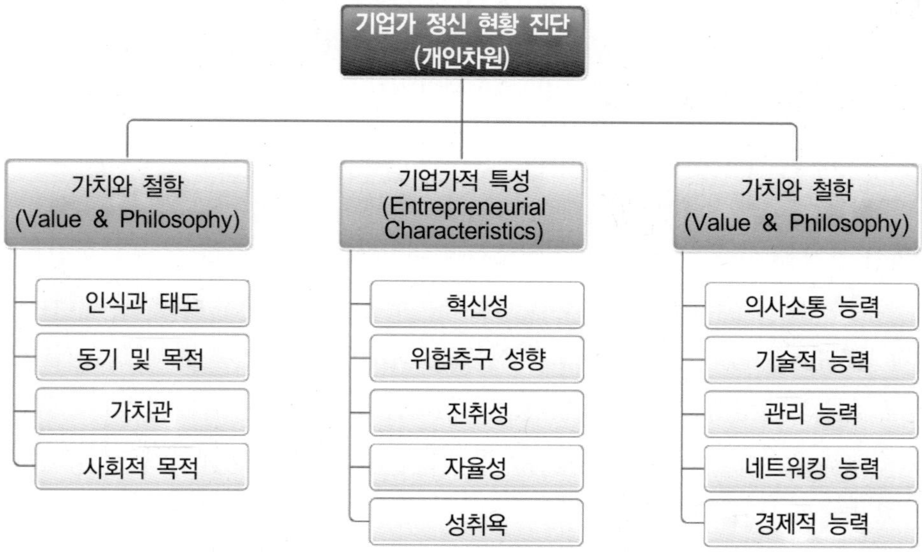

자료 : 한국청년기업가 정신재단 외(2014). 기업가 정신의 수준진단 모델 개발

2) 개인의 기업가 정신 지수 지표체계

(1) 기업가 정신 지수 평가지표 정의

개인 차원의 기업가 정신 현황을 진단하고 향후 수준을 평가하기 위한 3개 평가 부문은 다음과 같으며, 이를 바탕으로 세부 평가지표로 구성된다.

그림 1-2 개인차원의 기업가 정신 현황진단을 위한 평가부문

기업가 정신 가치와 철학	개인의 가치와 철학으로 기업정신을 실천하면서 개인이 추구하고 달성하고자 하는 목적과 비전을 의미함.
기업가 정신 개인적 특성	기업가 정신을 실천하는 개인의 성향으로써 위험에 대한 태도, 도전정신, 혁신의지, 책임감, 자율성 등 개인의 기업가 정신을 형성하는 근본적인 특징을 의미함.
기업가 정신 개인적 역량	기업가 정신을 실질적으로 실천하는 개인의 기업가적 역량으로서, 충분한 기업가적 역량을 구축하고 있어야 기업가 정신의 지속적이고 자율적인 추진은 물론, 기대하는 성과물의 산출이 가능함.

자료 : 한국청년기업가 정신재단 외(2014). 기업가 정신의 수준진단 모델 개발

① 기업가 정신 가치와 철학

개인의 가치와 철학으로 기업가 정신을 실천하면서 개인이 추구하고 달성하고자 하는 목적과 비전을 의미한다. 기업가 정신을 도입하고 추진하는 동기와 관련된 사항을 진단할 수 있다. 평가항목으로는 인식과 태도, 동기와 목적, 가치관, 사회적 목적 등을 포함하고 있다.

② 기업가 정신 개인적 특성

기업가 정신을 실천하는 개인의 성향으로써 위험에 대한 태도, 도전정신, 혁신의지, 책임감, 자율성 등 개인의 기업가 정신을 형성하는 근본적인 특징을 의미한다. 기업가 정신 인성적 특성은 개인적 차원에서 기업가 정신을 도입 및 추진하는데 있어서 성향을 진단하는 평가부문으로 인성적 특성 부문의 측정결과를 점수화하여 향후 기업가 정신 수준(Level)진단에 활용한다. 평가항목으로는 혁신성, 위험추구 성향, 진취성, 자율성, 성취욕 등이 있다.

③ 기업가 정신 개인적 역량

기업가 정신을 실질적으로 실천하는 개인의 기업가적 역량으로서, 충분한 기업가적 역량을 구축하고 있어야 기업가 정신의 지속적이고 자율적인 추진은 물론, 기대하는 성과물의 산출이 가능하다. 기업가 정신 개인적 역량은 개인적 차원에서 기업가 정신을 도입 및 추진하는데 있어서 개인이 보유하고 있는 능력을 진단하는 평가부문으로 인성적 특성 부문의 측정결과와 마찬가지로 개인적 역량 부문의 측정결과를 함께 점수화하여 기업가 정신 수준 진단에 활용할 수 있다. 평가항목으로는 의사소통능력, 기술적 능력, 관리 능력, 관계관리 능력, 경제적 능력 등이 있다.

(2) 개인의 기업가 정신 지수 현황진단 및 평가항목

3개 평가 부문별 14개 세부지표는 10점 척도로 구성되어 있으며, 평가지표에 대한 예상 질문은 아래 [표 1-14]과 같다.

표 1-14 개인의 기업가 정신 지수 세부 평가지표

평가 부문	평가지표	예상 질문(10점 척도) (1 전혀 그렇지 않다 ——— 10 매우 그렇다)
기업가 정신 가치와 철학	인식과 태도	- 나는 기업가가 국가 내에서 인정받는 지위를 갖는다고 생각하는 편이다. - 나는 기업가가 일반 대중의 이목을 끌고 존경받는 직업이라는 생각을 가지고 있다. - 나는 직업 선택 시 기업가가 되는 것을 우선적으로 고려하고 있다.

<table>
<tr><th>평가 부문</th><th>평가지표</th><th>예상 질문(10점 척도)
(1 전혀 그렇지 않다 ———— 10 매우 그렇다)</th></tr>
<tr><td rowspan="5">기업가 정신
가치와 철학</td><td></td><td>- 나는 스스로가 새로운 사업 시작을 위해 필요한 지식과 기술을 갖추고 있다고 인식하고 있다.
- 나는 언론의 창업 및 기업가 정신과 관련된 사항에 대해 관심도가 높다고 생각한다.</td></tr>
<tr><td>동기 및 목적</td><td>- 나는 기업가 정신을 추진하는데 있어서 스스로 확고한 목표를 가지고 있다.
- 내 비즈니스의 현실적인 목표는 나의 가족을 부양하는 것이다.
- 기업가가 되고자 하는 주된 나의 동기는 무엇 때문입니까?
a. 경제적 이유(이윤추구) b. 자아의 실현 c. 사회공헌 d. 새로운 기회장출
- 나의 기업가 정신(창업) 유형은 다음 중 어디에 속한다고 생각하십니까?
a. 생계형 b. 기회 포착형</td></tr>
<tr><td>가치관</td><td>- 나는 어떤 일을 계획하는데 더 많은 시간을 보낸다.
- 나는 어떤 일을 실행하는데 더 많은 시간을 보낸다.
- 성공은 열심히 일한 결과이며 운과는 별로 관계가 없다고 생각한다.
- 나는 좋은 아이디어가 있는 경우 시간을 투자하고 돈을 빌려서라도 사업화하는 것을 선호한다.
- 나는 새로운 아이디어 기술 발명품 등에 신중하게 접근하는 편이다.
- 나는 비즈니스가 인생에 있어서 가장 중요한 것이 될 것이라고 생각한다.
- 나는 다소 지루하더라도 안정적으로 유지되는 것을 선호한다.
- 나는 시간이나 돈이 확실치 않더라도 흥미 있는 일은 시작하기를 좋아한다.</td></tr>
<tr><td>사회적 목적</td><td>- 나는 자신의 목표 수립 및 달성에 있어 사회적으로 바람직한 목표달성을 추구한다.
- 나는 개인과 조직의 이윤추구 이외에도 사회적 목적을 동시에 추구하려 한다.
- 나는 믿음, 정직 및 성실을 기반으로 한 윤리적 경영을 통해 고객과 사회의 신뢰를 구축하고자 하는 의지가 있다.
- 나는 사회구성원의 일원으로써 자신과 타인의 복지에 대한 관심과 배려가 있는 편이다.
- 나는 기업가가 경쟁적 우위를 확보하기에 앞서 사회적 책임감을 가지는 것은 중요한 요소라고 생각한다.</td></tr>
<tr><td rowspan="2">기업가 정신
인식적 특성</td><td>혁신성</td><td>- 나는 스스로 장의적인 사람이 되기를 좋아한다.
- 나는 새로운 것을 만들어내는 도전을 무엇보다 즐긴다.
- 나는 항상 새로운 방식으로 일하기를 기대한다.
- 가끔씩 사람들이 나의 아이디어를 독창적이라고 말한다.
- 나는 창의적이고 혁신적인 전략 및 아이디어를 적극적으로 수용하는 편이다.
- 나는 창의적 변화를 통해 성과를 내고자하는 성향을 가진다.</td></tr>
<tr><td>위험추구
성향</td><td>- 나는 시간이나 돈이 확실치 않더라도 흥미 있는 일을 시작하기를 좋아한다.
- 나는 이익을 극대화하기 위해 적극적이고 과감한 활동을 수행하는 편이다.
- 나는 의사결정에 있어서 안정성보다는 위립을 감수하고서라도 수익창출이 가능한 의사결정을 선호한다.
- 나는 불확실성을 불안하지 않게 극복할 수 있다.</td></tr>
</table>

<table>
<thead>
<tr><th>평가 부문</th><th>평가지표</th><th>예상 질문(10점 척도)
(1 전혀 그렇지 않다 ——— 10 매우 그렇다)</th></tr>
</thead>
<tbody>
<tr><td rowspan="4">기업가 정신
인식적 특성</td><td></td><td>- 나는 불확실성이 큰 새로운 환경에 직면해도 목적 달성을 위하여 공격적인 자세를 취하는 편이다.
- 나는 잠재적인 시장의 기회를 탐색하기 위해 기꺼이 위립을 감수하는 편이다.</td></tr>
<tr><td>진취성</td><td>- 나는 매사에 실패를 두려워하지 않고 자신감 있게 도전하는 편이다.
- 나는 다른 사람들보다 열정적이라는 평가를 받는다.
- 나는 쉽게 할 수 있는 일보다 내 능력을 더 올릴 수 있는 도전을 좋아한다.
- 나는 더 이상 효과가 없거나 필요하지 않다고 판단되는 프로그램을 과감하게 중단할 의지가 있다.
- 나는 새로운 사업기회에 대한 선도적인 포착이 사업화에 매우 중요한 요인이라고 생각한다.</td></tr>
<tr><td>자율성</td><td>- 나는 스스로 독립적이고 자율적이라고 생각한다.
- 나는 관행이나 관습, 규칙에 얽매이지 않고 새로운 방식으로 일을 수행할 수 있는 편이다.
- 나는 개인의 아이디어나 비전을 제시하기 위해 독립적으로 수행하는 것을 선호한다.
- 나는 일을 하는데 다른 이의 지원보다는 독립적으로 하는 편이다.
- 나는 빡빡한 업무일정, 단조로운 조직생활, 형식과 규율을 엄격히 지켜야 하는 상황을 기피하는 편이다.</td></tr>
<tr><td>성취욕</td><td>- 나는 모든 일은 자신의 노력에 의해서 결과가 달라질 수 있다고 생각한다.
- 나는 자신의 노력에 의해서 결과를 낼 수 있는 상황에서 성공적으로 일을 이뤄내는 편이다.
- 나는 무언가를 시작하면 달성하고자하는 불굴의 의지와 자신감을 가지고 있다.
- 나는 현재의 사업을 향후 몇 년간 어떤 일이 있더라도 지속해 나갈 의지가 있다.
- 나는 난관에 부딪힐수록 혼신의 힘을 다하여 해결하고자 노력한다.</td></tr>
<tr><td rowspan="2">기업가 정신
개인적 역량</td><td>의사소통
능력</td><td>- 나는 말이나 문서 그 밖에 다양한 커뮤니케이션 도구를 활용하여 자신의 의사를 효과적으로 전달할 수 있다.
- 나는 업무에 있어서 내·외부 조직과 활발한 커뮤니케이션을 수행할 수 있다.
- 나와 다른 의견을 가진 사람들을 설득하는데 어려움이 없다.
- 사람들은 대부분 나를 의사소통하기 편한 사람이라고 생각한다.
- 나는 타인과 협력하면서 상대방을 고무시키고 격려할 수 있는 편이다.</td></tr>
<tr><td>기술적 능력</td><td>- 나는 복합적이고 다양한 문제 상황에서 장의적으로 문제를 해결할 수 있다.
- 나는 사전적 경험을 바탕으로 해당 분야에 대한 노하우와 전문성을 확보하고 있다.
- 나는 돌발적인 상황에 즉흥적으로 일을 처리할 능력이나 의지가 있다.
- 나는 효과적인 전략이나 실행을 계획할 전술을 가지고 있는 편이다.
- 나는 제품과 서비스의 품질을 개선하고 향상시킬 수 있는 능력과 노하우를 보유하고 있다.</td></tr>
</tbody>
</table>

평가 부문	평가지표	예상 질문(10점 척도) (1 전혀 그렇지 않다 ——— 10 매우 그렇다)
기업가 정신 개인적 역량	관리 능력	- 나는 철저하고 체계적인 분석을 바탕으로 계획하고 사전에 준비할 수 있는 기획력을 가지고 있다. - 나는 개인과 타인의 의식전환을 통해 비전과 목표에 몰입할 수 있는 리더십을 보유하고 있다. - 나는 중장기 목표를 수립하고 이를 모니터링 할 수 있는 역량을 보유하고 있다. - 나는 필요하다면 오랜 시간 꾸준히 업무에 임한다. - 나는 경영관리와 관련된 자격증이나 학위가 있거나 관련 사업 경험이 풍부한 편이다.
	관계 관리 능력	- 나는 새로운 시잠이나 고객 정보에 신속히 대응할 수 있다. - 나는 고객의 중요성을 인식하고 항상 우호적인 관계를 유지할 수 있는 능력을 가지고 있다. - 나는 믿음, 정직 및 성실성을 기반으로 한 윤리적 경염을 통해 고객과의 신뢰를 구축할 수 있는 능력을 가지고 있다. - 나는 고객들의 행동과 구매습관이 어떻게 동기화 되는지 이해하고 있다. - 나는 고객이나 타인으로부터 강력한 신뢰를 얻고 있다.
	경제적 능력	- 나는 금전을 모든 평가의 척도로 사용한다. - 나는 성공에 따른 경제적 보상이 무엇보다 중요하다고 생각한다. - 나는 자체적으로 자본을 조달하고 투자를 유치하는 역량을 보유하고 있다. - 나는 재무적 활동에 대한 높은 이해를 바탕으로 이를 통한 사업 및 성과관리 능력을 가지고 있다. - 나는 대차대조표와 손익계산서 등의 재무제표를 읽고 이해할 수 있다. - 나는 손익분기점을 어떻게 결정하는지 이해하고 있다.

자료 : 한국청년기업가 정신재단 외(2014). 기업가 정신의 수준진단 모델 개발

3) 개인의 기업가 정신 수준 진단

개인의 기업가 정신 수준은 5단계로 구분하였으며, 각 단계별 기본요건과 필수요건에 대한 기준 및 기준별 점수표는 다음 [표 1-15]와 같다.

표 1-15 기업가 정신 수준(Level)별 기준(요구사항)

수준(Level)	기본 요건	필수 요건
Leading (선도단계)	인성적 특성(Characteristics) - 평점 9.0 이상 개인적 역량(Skills) - 평점 9.0 이상	인성적 특성(Characteristics) - 혁신성 10.0 이상 - 진취성 10.0 이상

수준(Level)	기본 요건	필수 요건
Excellent (우수단계)	인성적 특성(Characteristics) - 평점 8.0 이상 개인적 역량(Skills) - 평점 8.0 이상	개인적 역량(Skills) - 경영관리 능력 9.0 이상 - 재무적 능력 9.0 이상
Development (발전단계)	인성적 특성(Characteristics) - 평점 7.0 이상 개인적 역량(Skills) - 평점 7.0 이상	개인적 역량(Skills) - 경영관리 능력 8.0 이상 - 재무적 능력 8.0 이상
Beginning (시작단계)	인성적 특성(Characteristics) - 평점 6.0 이상 개인적 역량(Skills) - 평점 6.0 이상	인성적 특성(Characteristics) - 혁신성 7.0 이상 - 진취성 7.0 이상
Warm-up (준비단계)	인성적 특성(Characteristics) - 평점 4.0 이상 개인적 역량(Skills) - 평점 5.0 이상	개인적 역량(Skills) - 경영관리 능력 6.0 이상 - 재무적 능력 6.0 이상

자료 : 한국청년기업가 정신재단 외(2014). 기업가 정신의 수준진단 모델 개발

표 1-16 기업가 정신 수준(Level)별 기준 점수표

평가부문 \ 수준(Level)		준비 단계	시작 단계	발전 단계	우수 단계	선도 단계
인성적 특성	혁신성	4.0	6.0	7.0	8.0	10.0 ▲
	위험추구성향	4.0	6.0	7.0	8.0	9.0
	진취성	4.0	7.0 ▲	7.0	8.0	10.0 ▲
	자율성	4.0	7.0 ▲	7.0	8.0	9.0
	성취욕	4.0	6.0	7.0	8.0	9.0
인성적 특성 평균		4.0 ▲	6.0	7.0	8.0 ▲	9.0
개인적 역량	의사소통 능력	5.0	6.0	8.0 ▲	8.0	9.0
	기술적 능력	6.0 ▲	6.0	7.0	8.0	9.0
	경영관리 능력	5.0	6.0	8.0 ▲	9.0 ▲	9.0
	고객관리 능력	5.0	6.0	7.0	8.0	9.0
	재무적 능력	6.0 ▲	6.0 ▲	7.0 ▲	9.0 ▲	9.0 ▲
개인적 역량 평균		5.0 ▲	6.0 ▲	7.0 ▲	8.0 ▲	9.0 ▲

자료 : 한국청년기업가 정신재단 외(2014). 기업가 정신의 수준진단 모델 개발

5단계의 기업가 정신 수준별 평가 결과에 대한 내용과 개인의 기업가 정신 수준 향상을 위해 해야 할 일을 정리하면 다음과 같다.

① 기업가 정신 준비(Warm-up) 단계

개인이 기업가 정신에 대한 인식이 부족하며, 그 필요성조차 이해되지 않은 상태에서 이들은 안정적이고 친숙한 프레임 내에서 일하는 것을 선호한다. 기업가 정신과 관련된 활동이나 계획, 인식 등이 없거나 부족한 상태의 수준에서 머물러 있으며, 이들 스스로 행동을 알아서 한다거나 역동적인 리더십을 발휘하는 일을 선호하지 않는다. 다음 단계로의 성장을 위해서는 기업가 정신에 대한 인식을 가져야하며, 기업가 정신이 무엇이고 어떻게 획득되는지에 대한 관심을 가질 필요가 있다. 또한 개인이 기업가 정신 활동을 추진하기 위한 계획을 수립하고 관련된 교육이나 훈련을 탐색해볼 필요가 있다.

② 기업가 정신 시작(Beginning) 단계

자발적인 기업가적 면모를 갖추고 부분적으로 기업가 정신을 인식하고 추진하고 있으며, 새로운 아이디어를 발굴하고 육성하는 기업가적 독립성을 가지기 시작 하는 단계이다. 그러나 종종 지나친 자율성 발현으로 집단의 유지가 어려울 수 있거나 리더십 등이 부족할 수 있으며, 혼자서 장시간 일을 한다거나 지나치게 사소한 부분에 서 모든 책임을 지려하는 경향이 있을 수 있다. 다음 단계로 성장을 위해서는 기본적으로 갖춰야할 기업가적 역량을 갖추고 개별 역량을 과업에 맞춰 활용할 수 있는 능력을 갖춰야 한다.

③ 기업가 정신 발전(Development) 단계

자신의 개인적인 과업 또는 조직, 기업 등을 제계적인 방법으로 성장시킬 수 있는데 초점을 맞추는 경향이 있으며, 개인의 역량을 스스로 판단하여 적절히 활용할 수 있는 수준을 의미한다. 기업가 정신과 관련된 학습과 훈련의 결과로 개인에게 요구되는 기업가 정신의 역량을 기본적으로 갖추고 있다. 단, 성장과 확대에 치우친 나머지 수익적 관점이나 성과 산출하는 것을 간과하고 업무적 제계만 갖추는 것에만 몰입할 염려가 있다. 다음 단계로 성장을 위해서는 개인의 가치관 및 전략적 방향성과 기업가 정신 활동과 역량을 일치시켜 개인 스스로 기업가 정신이 체화되어 다양한 성과로 구현되는 것에 집중할 필요가 있다.

④ 기업가 정신 우수(Excellent) 단계

기업가 정신과 관련한 진단, 교육, 평가, 홍보 등의 활동이 개인 특성에 맞게 자리를 잡으면서, 기업가 정신 개인의 역량과 활동에 체화되어 자연스럽게 발현되는 단계이다. 개인이 보유한 기업가적 역량과 특성을 바탕으로 심리적, 금전적 성과를 창출하는 단계로 그들의 업무뿐만 아니라 조직 또는 기업 전체의 매출에 집중하고 관심을 가질 수 있는 단계이다. 다음 단계로 성장을 위해서는 기업가 정신 활동을 통한 지속적인 전략적 우위 달성과 성과창출을 목표로 수익성을 가져다줄 수 있는 일에 몰두해야 한다.

⑤ 기업가 정신 선도(Leading) 단계

개인이 추구하는 이상향 또는 꿈을 실현시키고자 시간과 노력을 투자할 수 있는 수준으로 어떻게 좋은 아이디어를 현실화 시킬 수 있는지 몰두하게 되는 단계이다. 실질적으로 이들은 충분한 역량과 기업가적 특성을 바탕으로 다른 사람들이 불가능하다고 여기는 일들을 해낼 수 있다. 또한 스스로 비전을 제시하고 진정한 의미에서 자신의 일을 즐길 줄 아는 단계이다.

기업가 정신 수준평가 체계에서 '기업가 정신 인성적 특성', '기업가 정신 개인적 역량' 등의 평가 부문의 결과를 점수화(Scoring)하여 아래 기업가 정신 수준(Level)을 산정할 수 있다. 기업가 정신 인성적 특성과 기업가 정신 개인적 역량 평가부문의 점수화를 통한 수준별 기준이며, 기본요건과 필수요건의 점수를 기준으로 단계별 기업가의 수준을 측정할 수 있다.

4) 기타 기업가 정신 지수

(1) Carland의 기업가 정신 지수

Carland[10]는 인지력, 자기 효능감, 혁신 선호도, 위험감수 성향, 기업가적 비전으로 이루어진 5가지 영역에서 총 33개의 문항을 제시하였다. 평가 방법은 문항별로 2가지의 질문을 제시한 뒤, 하나를 선택하는 방법으로 이루어진다.

| 표 1-17 | Carland의 평가항목

번호	문항	선택
1	비즈니스에 있어서 기록된 명확한 목표가 중요하다.	( )
	당신이 어떤 방향으로 비즈니스를 진행해 가고 있는지를 아는 것만으로 충분하다.	( )
2	나는 스스로 다양한 기술을 가진 사람이 되기를 좋아한다.	( )
	나는 스스로 창의적인 사람이 되기를 좋아한다.	( )
3	나는 비즈니스가 성공할 것이라는 확신이 서기 전까지는 그것을 시작하지 않을 것이다.	( )
	나는 내 사업이 성공할 것인지 또는 실패할 것인지 확신할 수는 없을 것이다.	( )

10 Carland, J. W., Carland, J. A., & Hoy, F.(1992), an entrepreneurship index: An empirical validation, presented at the Babson Entrepreneurship Conference, Fontainebleau, France

번호	문항	선택
4	나는 나의 비즈니스가 끊임없이 성장하기를 원한다.	(　)
	내 사업의 현실적인 목표는 나의 가족을 보살피는 것이다.	(　)
5	내 사업에 있어 가장 중요한 요소는 계획이다.	(　)
	나는 내 사업에서 매일 매일의 경영 관리가 중요하다고 느낀다.	(　)
6	나는 상황을 심리적, 감성적인 성향으로 해석하기를 좋아한다.	(　)
	나는 상황을 분석적인 성향으로 해석하기를 좋아한다.	(　)
7	내 사업의 주요 목적은 지속적인 기업을 만들어 나가는 것이다.	(　)
	나는 내 사업이 최고가 될 때까지 쉬지 않고 전진할 것이다.	(　)
8	효과적인 계획이 되기 위해서 반드시 기록되어져야 한다.	(　)
	굳이 기록되지 않은 계획이라도 효과적일 수 있다.	(　)
9	나는 내 사업에 가장 많은 시간과 노력을 기울일 것이다.	(　)
	나는 내 사업뿐만 아니라 가족과 친구에게도 노력을 기울일 것이다.	(　)
10	나는 감성적으로 생각하는 편이다.	(　)
	나는 이성적으로 생각하는 편이다.	(　)
11	내 사업 이외에도 나에게 중요한 것들이 많이 있을 것이다.	(　)
	내 사업이 나의 인생에 있어서 가장 중요한 것이 될 것이다.	(　)
12	나는 적극적으로 해야 할 일을 계획하고 사고하는 사람이다.	(　)
	나는 자연스럽게 일이 진행되기를 바라는 편이다.	(　)
13	나의 종업원들은 나를 위해 열심히 일할 것이다.	(　)
	나의 종업원들은 나를 좋아할 것이다.	(　)
14	나는 내 사업이 다소 지루하더라도 안정적으로 운영되기를 원한다.	(　)
	나는 내 사업이 정착된다면 다시 다른 사업을 시작할 것이다.	(　)
15	나는 스스로 실용적인 사람이라 생각한다.	(　)
	나는 스스로 상상력이 풍부한 사람이라 생각한다.	(　)
16	성공에 도전하는 것이 돈을 버는 것만큼 중요하다.	(　)
	성공에 따른 경제적 보상이 가장 중요하다.	(　)
17	나는 항상 새로운 방식으로 일을 하기를 기대한다.	(　)
	나는 일을 처리하는 절차를 시스템화하려고 노력한다.	(　)
18	나는 감성적인 성향이 중요하다고 생각한다.	(　)
	나는 논리적인 성향이 중요하다고 생각한다.	(　)
19	나는 업무 운영의 표준 절차가 중요하다고 생각한다.	(　)
	나는 새로운 것을 만들어 내는 도전을 무엇보다 즐긴다.	(　)
20	나는 비즈니스를 계획하는 데 많은 시간을 보낼 것이다. 나는 비즈니스를 실행하는 데 많은 시간을 보낼 것이다.	(　)
21	비즈니스 운영 방식이 갈수록 관습적으로 정형화되어진다.	(　)
	비즈니스에 정형화되어지는 것은 아무것도 없다.	(　)

번호	문항	선택
22	나는 현실적인 사람을 더 좋아한다.	( )
	나는 상상력이 풍부한 사람을 더 좋아한다.	( )
23	경쟁 업체와의 차이는 경영자의 태도이다.	( )
	경제 업체보다 나은 무언가를 우리가 가지고 있어야 한다.	( )
24	나의 개인적인 목적은 사업을 잘 운영하는 것이다.	( )
	나는 현실적으로 사업 이외에 가정과 친구에도 집중할 것이다.	( )
25	나는 경쟁자를 능가하는 새로운 아이디어를 계속 시도한다.	( )
	너무 많이 변한다면 소비자들이 혼란을 겪을 수도 있다.	( )
26	가능하면 항상 위험을 피하는 것이 가장 좋은 방법이다.	( )
	경쟁 업체를 이기려면 위험을 감수해야 한다.	( )
27	나는 자금을 차용하는 것을 싫어한다.	( )
	자금을 차용하는 것도 비즈니스에 필요한 결정이다.	( )
28	품질과 서비스만으로 충분치 않고 좋은 이미지를 가져야 한다.	( )
	공정한 가격과 좋을 품질이면 모든 고객은 만족할 것이다.	( )
29	사람들은 나를 열심히 일하는 사람이라 생각한다.	( )
	사람들을 나를 어울리기 편한 사람이라 생각한다.	( )
30	내 사업에서 비교적 확실한 것들을 추진하려고 한다.	( )
	좀 더 사업을 성장시키려면 때로는 위험을 감수해야 한다.	( )
31	나는 사람들이 안정적으로 일하는 것이 중요하다고 생각한다.	( )
	나는 사람들이 누군가를 위해 많은 일을 하기를 원치 않는다.	( )
32	나는 종업원들의 권리에 관해 많은 관심을 가진다.	( )
	나는 종업원들의 심리적인 감정 상태에 많은 관심을 가진다.	( )
33	주어진 상황에서 가능성을 발견하는 것이 중요하다.	( )
	주어진 상황을 있는 그대로 파악하는 것이 중요하다.	( )

자료 : Carland, J. W., Carland, J. A., & Hoy, F.(1992)

(2) 창업진흥원의 기업가 정신 지수

우리나라의 창업진흥원[11]에서는 Carland의 방법을 따라 두 가지 질문 중 한 가지를 택하는 방식으로 기업가 정신 지수를 개발하였다.

11 창업진흥원(2009), 기업가 정신 역량 평가지표 개발

표 1-18 창업진흥원(2009)의 기업가 정신 지수 평가항목

번호	문항	선택
1	원하는 일은 계획을 세우고 반드시 달성하려고 한다.	( )
	생각대로 일이 진행되지 않더라도 조급하게 생각하지 않는 편이다.	( )
2	일이 실패하는 이유는 운이 좋지 않거나 기회가 닿지 않아서다.	( )
	일이 실패하는 이유는 노력이 부족하기 때문이라 생각한다.	( )
3	나는 위험이 따르더라도 새로운 일에 도전하는 편이다	( )
	나는 내가 잘 알고 있는 분야의 비즈니스를 추구한다.	( )
4	정해진 규정을 따르고 모범적인 해결책을 우선적으로 시도한다.	( )
	나는 주어진 문제를 때로는 특이한 방식으로 해석한다는 평가를 받기도 한다.	( )
5	나는 비즈니스 운영에 관한 충분한 지식과 경험을 가지고 있다.	( )
	창업 이후 새로운 비즈니스에 계속 성공할 수 있을지 확신할 수는 없다.	( )
6	일을 처리하다 보면 좋은 결과를 내지 못할 수도 있다.	( )
	내가 맡은 일은 최고의 결과를 내는 것이 중요하다.	( )
7	모든 일에는 경쟁이 있을 수 있지만, 노력하는 사람은 극복할 수 있다.	( )
	나는 대부분 경쟁이 운에도 많이 의존한다고 생각한다.	( )
8	가능하면 위험을 피하는 것이 가장 좋은 방법이다.	( )
	경쟁 업체를 이기려면 위험을 감수해야 할 때도 있다.	( )
9	경쟁력 있는 기업가는 항상 변화하고 도전해야 한다.	( )
	경쟁력 있는 기업이 되려면 빠른 시간 내에 시스템화, 안정화하는 것이 중요하다.	( )
10	새로운 벤처 팀을 구성하는 것보다 팀에 소속된 구성원이 편한 면이 있다.	( )
	나는 나의 사업에 부합되는 유능한 팀을 구성할 수 있다.	( )
11	성공에 도전하는 것도 돈을 버는 것만큼 중요하다.	( )
	나에게는 성공에 따른 경제적 보상이 중요하다.	( )
12	의지와 관계없이 운이 내 삶에 영향을 주기도 한다.	( )
	내 인생의 성공은 기회가 좋아서라기보다 나의 능력에 의한 것이다.	( )
13	원하는 일이라면 성공 확률이 50%일지라도 위험을 감수하고 도전할 것이다.	( )
	실패할 가능성이 있는 일이라면 가급적 하지 않는 편이다.	( )
14	내가 꼭 알아야 할 내용을 위주로 사고하고 행동하는 편이다.	( )
	호기심이 많은 편이라 궁금한 것은 반드시 이해하고 넘어가는 편이다.	( )
15	스스로 세운 목표를 달성할 수 있는 내적인 능력이 있다고 믿는다.	( )
	목표를 달성하기 위해서는 능력 이외에 행운도 따라야 한다고 생각한다.	( )
16	나는 적극적으로 해야 할 일을 계획하고 사고하는 사람이다.	( )
	나는 자연스럽게 일이 진행되기를 바라는 편이다.	( )

번호	문항	선택
17	성공은 열심히 일한 결과이며, 운과는 별로 관계없다고 생각한다.	( )
	열심히 노력하는 것 이외에 운이 따라줘야 성공할 수 있다고 생각한다.	( )
18	나는 내 사업에서 비교적 확실한 것들만 추진하려고 하는 편이다.	( )
	좀 더 사업을 성장시키려면 때로는 위험을 감수해야 한다.	( )
19	내 사업이 다소 지루하더라도 안정적으로 운영되기를 원한다.	( )
	내 사업이 정착된다면 다시 새로운 아이디어의 사업을 추구하고 싶다.	( )
20	나는 누구보다 가치 있고 역량 있는 사람이라고 생각한다.	( )
	가끔 나 자신의 능력에 대해 회의가 들 때도 있다.	( )
21	비교적 검증되고 안정된 분야를 선호하는 편이다.	( )
	사람들이 많이 도전하지 않는 새로운 분야에 뛰어들어보고 싶다.	( )
22	내 인생을 의도대로 진행시키기 위해 적극적으로 계획을 수립한다	( )
	노력도 하지만 최종적으로 운을 기대하는 편이다.	( )
23	나는 외부에서 자금을 차용하는 것을 좋아하지 않는다	( )
	자금을 차용하는 것도 비즈니스에 꼭 필요한 결정이다.	( )
24	스스로 어떤 일을 처음 시도하기를 바라며, 결과에 대해서도 책임을 진다.	( )
	여러 면에서 충분하게 검증된 비즈니스를 선호하는 편이다.	( )
25	나는 여러 가지 면에서 부족하며, 개선해야 할 점이 많은 것 같다.	( )
	나는 나 자신에 대해서 대체적으로 만족한다.	( )
26	오랜 시간 일을 추진할 수 있는 열정과 에너지를 가지고 있다.	( )
	한 가지 일을 오래하기보다 여러 가지 일을 다양하게 추진하는 편이다.	( )
27	본인의 노력에 따라 얼마든지 인생을 바꿀 수 있다고 생각한다.	( )
	내 인생에 어느 정도 정해진 운명이 있다고 생각한다.	( )
28	내 비즈니스가 성공할 것인지 실패할 것인지는 확신할 수 없다.	( )
	비즈니스에 대한 성공 확신이 서기 전까지는 사업을 시작하지 않는 편이다.	( )
29	나는 항상 새로운 방식으로 일을 하기를 기대한다.	( )
	나는 일을 처리하는 절차를 시스템화하려고 노력한다.	( )
30	새로운 임무 부여 시 목표를 달성할 수 있는 나의 능력을 믿는다.	( )
	과연 내가 잘할 수 있을까? 하는 스트레스를 받는 경우도 있다.	( )
31	내가 하는 모든 일을 반드시 성공시킬 수는 없다.	( )
	어려운 일에 부딪힐수록 혼신의 힘을 다하여 해결하고자 한다.	( )
32	성공하기 위해서 개인적인 능력보다 외부적인 환경의 도움이 더 중요하다.	( )
	스스로 확실하게 이해되지 않는다면 왠지 모르게 불안하다.	( )

번호	문항	선택
33	다소 현실적이지 못하더라도 상상력이 풍부한 사람을 더 좋아한다.	( )
	실용적이고 현실적인 사람을 더 선호하는 편이다.	( )
34	나는 다른 사람들에게 비교적 열정적이라는 평가를 받는다.	( )
	나는 실패할 수 있는 가능성을 충분히 생각하여 고려하는 편이다.	( )
35	회사와 개인의 재무적 위험은 가급적 분리되어야 할 필요가 있다.	( )
	내 사업을 위해 개인적으로 재무적인 목표를 희생할 수 있다.	( )
36	나는 단계적으로 목표를 설정하고 이루어 나가는 편이다.	( )
	나는 경쟁자를 능가하는 새로운 아이디어를 계속 시도한다.	( )
37	상대방을 고무시키고 격려할 수 있는 자신감이 있다.	( )
	나와 다른 의견을 가진 사람들을 설득하는 데 익숙하지 않다.	( )
38	주로 마음에 떠오르는 첫 번째 생각에 따라 결정한다.	( )
	문제를 해결할 수 있는 다양한 생각을 가능한 한 많이 해보려고 한다.	( )
39	도전에 부딪힐 때 실패보다는 성공의 결과를 더 많이 생각하려고 한다.	( )
	일상생활에서 생기는 예상치 못한 변화를 좋아하지 않는다.	( )
40	경영자로서 장기적인 목표에 보다 집중하고 몰입하고 있다.	( )
	경영자로서 현재 달성해야 할 목표와 과제에 보다 더 집중하고 있다.	( )
41	나와 맞지 않다고 느끼는 사람은 굳이 친해지려고 하지 않는다.	( )
	만나고 싶은 사람이 있으면 기다리기보다는 내가 먼저 가는 편이다.	( )
42	시간이나 돈이 충분하지 않더라고 흥미 있는 일은 시작해서 성공할 수 있다.	( )
	실패는 충분하게 준비하지 못한 상태에서 출발하였기 때문이라고 생각한다.	( )
43	풀리지 않는 문제에 집착하기보다는 가급적 다른 일을 하려고 한다.	( )
	복잡하고 해결되지 않는 문제일수록 끈기를 가지고 시도해 나가는 편이다.	( )
44	낯선 사람과 있을 때 나를 의식하는 편이라 불편함을 느낄 때도 있다.	( )
	새로운 사람을 만나는 것은 항상 즐거운 일이다.	( )
45	쉽게 할 수 있는 일보다 내 능력을 더 올릴 수 있는 도전을 좋아한다.	( )
	높은 수입보다는 안정된 일자리에서 적절한 수입을 받는 것이 좋다.	( )

자료 : 창업진흥원(2009), 기업가 정신 역량 평가지표 개발

제2편
벤처창업

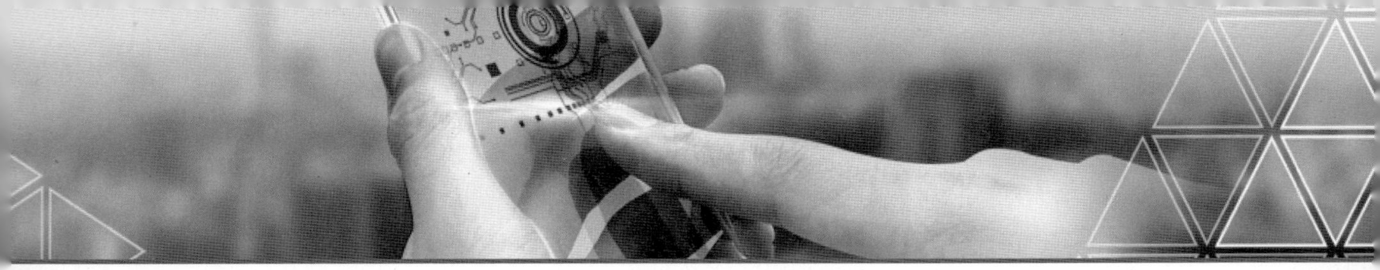

제1장 회사설립

1. 창업의 개요

1) 창업의 정의

창업이란 재화와 서비스를 생산하고 판매하는 시스템을 새롭게 만드는 과정으로, 창업자가 사업의 기회를 포착하여 사업 목표를 설정하고, 자본, 인력, 설비 등 경영자원을 확보하여 사업을 시작하는 것이다.

우리나라의 「중소기업기본법」 제2조의 규정에 의하면, 창업은 중소기업을 새로이 설립하여 사업을 개시하는 것을 말하며, 사업의 승계, 기업형태의 변경, 폐업 후 사업재개 등은 창업에 해당되지 않는다. 창업에 대한 법률적 용어 정의는 중소기업창업 지원법(이하 「창업지원법」)에서 규정하고 있고 기타 법규에서는 창업지원을 위해 업종, 설립기간, 지원내용 등의 적용범위에 대하여 규정하고 있다.

표 2-1 중소기업의 범위

중소기업 기본법
【법】 제2조(중소기업자의 범위) ① 중소기업을 육성하기 위한 시책(이하 "중소기업시책"이라 한다)의 대상이 되는 중소기업자는 다음 각 호의 어느 하나에 해당하는 기업(이하 "중소기업"이라 한다)을 영위하는 자로 한다. 1. 다음 각 목의 요건을 모두 갖추고 영리를 목적으로 사업을 하는 기업 가. 업종별로 매출액 또는 자산총액 등이 대통령령으로 정하는 기준에 맞을 것 나. 지분 소유나 출자 관계 등 소유와 경영의 실질적인 독립성이 대통령령으로 정하는 기준에 맞을 것 2~4(생략) ② 중소기업은 대통령령으로 정하는 구분기준에 따라 소기업(小企業)과 중기업(中企業)으로 구분한다. ③ 이하 생략

(1) 「창업지원법」의 창업

「창업지원법」은 중소기업의 설립을 촉진하고 성장 기반을 조성하여 중소기업의 건전한 발전을 통한 건실한 산업구조의 구축에 기여함을 목적으로 하며 사업 계획 승인, 창업기업의 부담금 감면 규정을 포함하고 있다.

· '창업'이란 중소기업을 새로 설립하는 것을 말한다.(법 제2조제1호)
· 창업은 중소기업을 새로이 설립하여 사업을 개시하는 것을 말한다.(시행령 제2조 제1항)

표 2-2 창업의 정의 및 범위

중소기업창업 지원법
【법】 제2조(정의) 1. "창업"이란 중소기업을 새로 설립하는 것을 말한다. 이 경우 창업의 범위는 대통령령으로 정한다.
【시행령】 제2조(창업의 범위) ① 「중소기업창업 지원법」 (이하 "법"이라 한다) 제2조제1호에 따른 창업은 다음 각 호의 어느 하나에 해당하지 아니하는 것으로서 중소기업을 새로 설립하여 사업을 개시하는 것을 말한다. 1. 타인으로부터 사업을 승계하여 승계 전의 사업과 같은 종류의 사업을 계속하는 경우. 다만, 사업의 일부를 분리하여 해당 기업의 임직원이나 그 외의 자가 사업을 개시하는 경우로서 산업통상자원부령으로 정하는 요건에 해당하는 경우는 제외한다. 2. 개인사업자인 중소기업자가 법인으로 전환하거나 법인의 조직변경 등 기업형태를 변경하여 변경 전의 사업과 같은 종류의 사업을 계속하는 경우 3. 폐업 후 사업을 개시하여 폐업 전의 사업과 같은 종류의 사업을 계속하는 경우 ② 제1항 각 호에 따른 같은 종류의 사업의 범위는 「통계법」 제22조제1항에 따라 통계청장이 작성·고시하는 한국표준산업분류(이하 "한국표준산업분류"라 한다)상의 세분류를 기준으로 한다. 이 경우 기존 업종에 다른 업종을 추가하여 사업을 하는 경우에는 추가된 업종의 매출액이 총 매출액의 100분의 50 미만인 경우에만 같은 종류의 사업을 계속하는 것으로 본다. ③ 제2항 후단에 따른 추가된 업종의 매출액 또는 총 매출액은 추가된 날이 속하는 분기의 다음 2분기 동안의 매출액 또는 총 매출액을 말한다. 제2조의2(재창업의 범위) 법 제2조제1호의2에 따른 재창업은 부도 또는 파산 등으로 중소기업을 폐업하고 중소기업을 새로 설립하는 것으로 한다.

(2) 「조세특례제한법」의 창업

이 법은 조세의 감면 또는 중과 등 조세특례와 이의 제한에 관한 사항을 규정하여 과세의 공평을 기하고 조세정책을 효율적으로 수행함으로써 국민경제의 건전한 발전에 이바지함을 목적으로 하며 창업중소기업의 세액감면에 대해 규정하고 있다.

① 수도권과밀억제권역 외의 지역에서 창업한 중소기업·창업벤처중소기업에 대하여 창업일로부터 4년간 소득세 또는 법인세를 50% 감면(조특법 제6조) ② 수도권과밀억제권역 외의 지역에서 4년 이내에 취득하는 사업용 재산의 취득세 75% 감면 ③ 사업용 재산에 대해서는 창업일부터 5년간 재산세 50% 감면 ④ 창업중소기업의 법인설립 등록면허세를 면제(지방세특례제한법 제58조의3)를 위한 것으로는 제조업, 광업 등 일부 업종의 사업에 대해 적용하고 있으며, 세액감면 대상에서 제외하기 위한 창업중소기업의 범위를 별도로 규정하고 있다.(조세특례제한법 제6조제6항, 지방세특례제한법 제100조제6항)

| 표 2-3 | 창업중소기업에 등에 대한 세액감면

조세특례제한법
【법】 제6조(창업중소기업 등에 대한 세액감면) ① 2018년 12월 31일 이전에 수도권과밀억제권역 외의 지역에서 창업한 중소기업(이하 "창업중소기업"이라 한다)과 「중소기업창업 지원법」 제6조제1항에 따라 창업보육센터사업자로 지정받은 내국인에 대해서는 해당 사업에서 최초로 소득이 발생한 과세연도(사업 개시일부터 5년이 되는 날이 속하는 과세연도까지 해당 사업에서 소득이 발생하지 아니하는 경우에는 5년이 되는 날이 속하는 과세연도를 말한다. 이하 이 항에서 같다)와 그 다음 과세연도의 개시일부터 4년 이내에 끝나는 과세연도까지 해당 사업에서 발생한 소득에 대한 소득세 또는 법인세의 100분의 50에 상당하는 세액을 감면한다. 다만, 2018년 12월 31일 이전에 창업한 창업중소기업으로서 대통령령으로 정하는 청년창업기업에 대해서는 해당 사업에서 발생한 소득에 대하여 최초로 소득이 발생한 과세연도와 그 다음 과세연도의 개시일부터 2년 이내에 끝나는 과세연도에는 소득세 또는 법인세의 100분의 75에 상당하는 세액을 감면하고, 그 다음 2년 이내에 끝나는 과세연도에는 소득세 또는 법인세의 100분의 50에 상당하는 세액을 감면한다. ② 「벤처기업육성에 관한 특별조치법」 제2조제1항에 따른 벤처기업(이하 "벤처기업"이라 한다) 중 대통령령으로 정하는 기업으로서 창업 후 3년 이내에 같은 법 제25조에 따라 2018년 12월 31일까지 벤처기업으로 확인받은 기업(이하 "창업벤처중소기업"이라 한다)의 경우에는 그 확인받은 날 이후 최초로 소득이 발생한 과세연도(벤처기업으로 확인받은 날부터 5년이 되는 날이 속하는 과세연도까지 해당 사업에서 소득이 발생하지 아니하는 경우에는 5년이 되는 날이 속하는 과세연도)와 그 다음 과세연도의 개시일부터 4년 이내에 끝나는 과세연도까지 해당 사업에서 발생한 소득에 대한 소득세 또는 법인세의 100분의 50에 상당하는 세액을 감면한다. 다만, 제1항을 적용받는 경우는 제외하며, 감면기간 중 다음 각 호의 사유가 있는 경우에는 다음 각 호의 구분에 따른 날이 속하는 과세연도부터 감면을 적용하지 아니한다. 1. 벤처기업의 확인이 취소된 경우: 취소일 2. 「벤처기업육성에 관한 특별조치법」 제25조제2항에 따른 벤처기업확인서의 유효기간이 만료된 경우(해당 과세연도 종료일 현재 벤처기업으로 재확인받은 경우는 제외한다): 유효기간 만료일 ③ 창업중소기업과 창업벤처중소기업의 범위는 다음 각 호의 업종을 경영하는 중소기업으로 한다. 1. 광업 2. 제조업 3. 건설업 4. 음식점업 5. 출판업 6. 영상·오디오 기록물 제작 및 배급업(비디오물 감상실 운영업은 제외한다) 7. 방송업 8. 전기통신업 9. 컴퓨터 프로그래밍, 시스템통합 및 관리업 10. 정보서비스업(뉴스제공업은 제외한다) 11. 연구개발업 12. 광고업 13. 그 밖의 과학기술서비스업 14. 전문디자인업 15. 전시 및 행사대행업 16. 창작 및 예술관련 서비스업(자영예술가는 제외한다) 17. 대통령령으로 정하는 엔지니어링사업 18. 대통령령으로 정하는 물류산업 19. 「학원의 설립·운영 및 과외교습에 관한 법률」에 따른 직업기술 분야를 교습하는 학원을 운영하는 사업 또는 「근로자직업능력 개발법」에 따른 직업능력개발훈련시설을 운영하는 사업(직업능력개발훈련을 주된 사업으로 하는 경우에 한한다) 20. 「관광진흥법」에 따른 관광숙박업, 국제회의업, 유원시설업 및 대통령령으로 정하는 관광객이용시설업 21. 「노인복지법」에 따른 노인복지시설을 운영하는 사업 22. 「전시산업발전법」에 따른 전시산업 23. 인력공급 및 고용알선업(농업노동자 공급업을 포함한다) 24. 건물 및 산업설비 청소업 25. 경비 및 경호 서비스업 26. 시장조사 및 여론조사업 27. 사회복지 서비스업 28. 보안시스템 서비스업

조세특례제한법
④ ~⑤ 생략 ⑥ 제1항부터 제5항까지의 규정을 적용할 때 다음 각 호의 어느 하나에 해당하는 경우는 창업으로 보지 아니한다. 1. 합병 · 분할 · 현물출자 또는 사업의 양수를 통하여 종전의 사업을 승계하거나 종전의 사업에 사용되던 자산을 인수 또는 매입하여 같은 종류의 사업을 하는 경우. 다만, 종전의 사업에 사용되던 자산을 인수하거나 매입하여 같은 종류의 사업을 하는 경우 그 자산가액의 합계가 사업 개시 당시 토지 · 건물 및 기계장치 등 대통령령으로 정하는 사업용자산의 총가액에서 차지하는 비율이 100분의 50 미만으로서 대통령령으로 정하는 비율 이하인 경우는 제외한다. 2. 거주자가 하던 사업을 법인으로 전환하여 새로운 법인을 설립하는 경우 3. 폐업 후 사업을 다시 개시하여 폐업 전의 사업과 같은 종류의 사업을 하는 경우 4. 사업을 확장하거나 다른 업종을 추가하는 경우 등 새로운 사업을 최초로 개시하는 것으로 보기 곤란한 경우 ⑦ 제1항, 제2항 및 제4항에 따라 감면을 적용받은 기업이 중소기업기본법」에 따른 중소기업이 아닌 기업과 합병하는 등 대통령령으로 정하는 사유에 따라 중소기업에 해당하지 아니하게 된 경우에는 해당 사유 발생일이 속하는 과세연도부터 감면하지 아니한다. ⑧ 제1항, 제2항 및 제4항을 적용받으려는 내국인은 대통령령으로 정하는 바에 따라 세액감면신청을 하여야 한다.

| 표 2-4 | 창업중소기업에 등에 대한 지방세 감면

지방세 특례제한법
【법】 제58조의3(창업중소기업 등에 대한 감면) ① 「중소기업창업 지원법」 제2조제1호에 따른 창업을 한 기업으로서 다음 각 호의 어느 하나에 해당하는 기업이 해당 사업을 하기 위하여 대통령령으로 정하는 날(이하 이 조에서 "창업일"이라 한다)부터 4년 이내에 취득하는 부동산에 대해서는 취득세의 100분의 75에 상당하는 세액을 경감한다. 이 경우 제2호의 경우에는 「벤처기업육성에 관한 특별조치법」 제25조에 따라 벤처기업으로 확인받은 날(이하 이 조에서 "확인일"이라 한다)부터 4년간 경감한다. 1. 2017년 12월 31일까지 수도권과밀억제권역 외의 지역에서 창업한 중소기업(이하 이 조에서 "창업중소기업"이라 한다) 2. 2017년 12월 31일까지 「벤처기업육성에 관한 특별조치법」 제2조제1항에 따른 벤처기업 중 대통령령으로 정하는 기업으로서 창업일로부터 3년 이내에 같은 법 제25조에 따라 벤처기업으로 확인받은 기업(이하 이 조에서 "창업벤처중소기업"이라 한다) ② 2017년 12월 31일까지 창업하는 창업중소기업 및 창업벤처중소기업이 해당 사업에 직접 사용(임대는 제외한다)하는 부동산(건축물 부속토지인 경우에는 대통령령으로 정하는 공장입지기준면적 이내 또는 대통령령으로 정하는 용도지역별적용배율 이내의 부분만 해당한다)에 대해서는 창업일(창업벤처중소기업의 경우에는 확인일)부터 5년간 재산세(「지방세법」 제111조에 따라 부과된 세액을 말한다. 이하 같다)의 100분의 50에 상당하는 세액을 경감한다. ③ 다음 각 호의 어느 하나에 해당하는 등기에 대해서는 등록면허세를 면제한다. 1. 2017년 12월 31일까지 창업하는 창업중소기업의 법인설립 등기(창업일부터 4년 이내에 자본 또는 출자액을 증가하는 경우를 포함한다) 2. 2017년 12월 31일까지 「벤처기업육성에 관한 특별조치법」 제2조의2제1항제2호다목에 따라 창업 중에 벤처기업으로 확인받은 중소기업이 그 확인일부터 1년 이내에 하는 법인설립 등기 ④ 창업중소기업과 창업벤처중소기업의 범위는 다음 각 호의 업종을 경영하는 중소기업으로 한정한다. (이하 생략)

2) 창업자와 사업개시일

창업자라 함은 중소기업을 창업하는 자와 중소기업을 창업하여 사업을 개시한 날부터 7년이 지나지 아니한 자를 말한다.(창업지원법 제2조 제2호)

- 사업개시일(창업지원법 시행령 제3조)

| 표 2-5 | 창업자와 사업개시일

중소기업창업 지원법
【법】 제2조(정의) 2. "창업자"란 중소기업을 창업하는 자와 중소기업을 창업하여 사업을 개시한 날부터 7년이 지나지 아니한 자를 말한다. 이 경우 사업 개시에 관한 세부 사항은 대통령령으로 정한다.
【시행령】 3조(사업의 개시일) 법 제2조제2호, 제2호의2 및 제2호의3에 따른 사업을 개시한 날은 각각 다음 각 호와 같다. 1. 창업자 또는 재창업자가 법인이면 법인설립등기일 2. 창업자 또는 재창업자가 개인이면 「부가가치세법」 제8조제1항에 따른 사업개시일. 다만, 법 제33조에 따른 사업계획의 승인을 받아 사업을 개시하는 경우에는 「부가가치세법」 제8조제1항에 따른 사업자등록일

3) 창업 중소기업과 창업일

창업 중소기업은 중소기업기본법 제2조의 규정에 의한 중소기업을 새로이 설립하여 사업을 개시한 기업으로써 「창업지원법」 상 창업의 범위(창업지원법 시행령 제2조)에 해당 되고 창업에서 제외되는 업종(창업지원법 시행령 제4조)을 주 업종으로 영위하지 않은 기업을 말한다.

| 표 2-6 | 창업에서 제외되는 업종

중소기업창업 지원법
【시행령】 제4조(창업에서 제외되는 업종) ① 법 제3조제1호 단서에서 "대통령령으로 정하는 업종"이란 다음 각 호의 기준을 모두 갖춘 업종을 말한다. 이 경우 업종의 분류는 한국표준산업분류를 기준으로 한다. 1. 금융 및 보험업으로서 정보통신기술을 활용하여 금융서비스를 제공하는 업종을 그 주된 업종(「중소기업기본법 시행령」 제4조에 따른 주된 업종을 말한다. 이하 이 항에서 같다)으로 할 것 2. 그외 기타 여신금융업을 주된 업종으로 하지 아니할 것 ② 법 제3조제3호에서 "대통령령으로 정하는 업종"이란 다음 각 호의 어느 하나에 해당하는 업종을 말한다. 이 경우 업종의 분류는 한국표준산업분류를 기준으로 한다. 1. 숙박 및 음식점업(호텔업, 휴양콘도 운영업, 기타 관광숙박시설 운영업 및 상시근로자 20명 이상의 법인인 음식점업은 제외한다) 2. 무도장운영업 3. 골프장 및 스키장운영업 4. 기타 갬블링 및 베팅업 5. 기타 개인 서비스업(그외 기타 개인 서비스업은 제외한다) 6. 그 밖에 제조업이 아닌 업종으로서 산업통상자원부령으로 정하는 업종

중소기업창업 지원법
【법】 제3조(적용 범위) 이 법은 창업에 관하여 적용한다. 다만, 다음 각 호의 어느 하나에 해당하는 업종의 중소기업에 대하여는 적용하지 아니한다. 1. 금융 및 보험업. 다만, 정보통신기술을 활용하여 금융서비스를 제공하는 업종으로서 대통령령으로 정하는 업종은 제외한다. 2. 부동산업　　3. 그 밖에 대통령령으로 정하는 업종

창업일이란 창업중소기업을 설립한 날을 말하며 법인은 법인설립등기일, 개인사업자는 사업자등록일을 기준으로 한다.

표 2-7 중소기업 기본법상 창업일

중소기업 기본법
【시행령】 제2조(정의) 1. "창업일"이란 다음 각 목의 구분에 따른 날을 말한다. 가. 법인인 기업 : 법인설립등기일 나. 「소득세법」 제168조나 「부가가치세법」 제8조에 따라 사업자등록을 한 사업자인 기업(법인이 아닌 사업자를 말한다. 이하 이 조에서 같다) : 사업자등록을 한 날

4) 사업승계의 범위

타인으로부터 사업을 승계하여 승계 전의 사업과 같은 종류의 사업을 계속하거나 기존사업장에서 기존기업이 영위한 사업과 같은 종류의 사업을 하는 경우에는 중소기업을 신규로 창설하는 효과가 없으므로 창업으로 보지 않는다. 다만, 해당 기업의 임직원이나 그 외의 자가 사업을 개시하는 경우로서 산업통상자원부령으로 정하는 요건을 충족한 경우는 창업으로 볼 수 있다

(1) 사업승계의 예

① 상속이나 증여에 의해 사업체를 취득하여 동종 사업을 계속하는 경우
② 폐업한 타인의 공장을 인수하여 동일한 사업을 계속하는 경우
③ 사업의 일부 또는 전부의 양도·양수에 의해 사업을 개시하는 경우
④ 기존공장을 임차하여 기존 기업의 사업과 동종의 사업을 영위하는 경우
⑤ 합병·분할·현물출자 등으로 사업을 승계하여 동종 사업을 계속하는 경우
⑥ 기존사업장에서 기존 기업이 영위한 사업과 동종 사업을 영위하는 경우

(2) 사업승계에 해당하지 않는 경우

타인으로부터 사업의 일부를 분리하여 당해기업의 임원, 직원 또는 그 외의 자가 사

업을 개시하는 경우로서 다음의 요건을 갖춘 경우(창업지원법 시행규칙 제2조)

① 사업을 영위하던 자와 사업을 개시하는 자간에 사업분리에 관한 계약을 체결할 것

② 사업을 개시하는 자가 새로이 설립되는 기업의 대표자로서 당해 기업의 최대주주 또는 최대 출자자가 될 것

5) 기업형태의 변경

개인사업자를 법인으로 전환하거나 법인의 조직변경 등 기업형태를 변경하여 변경전의 사업과 같은 종류의 사업을 계속하는 경우, 형식상의 창업절차만 있고 실질적으로는 중소기업의 창설효과가 없으므로 창업으로 보지 않는다.

① 개인사업자가 법인으로 전환

② 합명회사와 합자회사, 유한회사와 주식회사 상호 간에 법인형태를 변경하여 동종의 사업을 계속하는 경우

③ 기업을 합병하여 동종의 사업을 영위하는 경우(창업기업이 아닌 A기업과 B기업이 합병하여 C기업을 설립하는 경우)

6) 폐업 후 사업재개

폐업 후 사업을 개시하여 폐업전의 사업과 동종의 사업을 계속하는 경우에는 중소기업을 새로 설립하는 것으로 볼 수 없으므로 창업으로 보지 않는다(다만, 폐업을 한 후에 사업을 재개하더라도 폐업전의 사업과는 다른 업종의 사업을 새로이 개시하는 경우는 창업으로 인정한다.).

① 사업의 일시적인 휴업이나 정지 후에 다시 사업을 재개하는 경우

② 공장을 이전하기 위해 기존장소의 사업을 폐업하고, 새로운 장소에서 사업을 재개하는 경우

7) 창업지원에서 제외되는 업종의 범위

「창업지원법」은 모든 중소기업의 창업에 관하여 적용한다. 다만 일부 업종의 중소기업에 대하여는 이를 적용하지 아니하며 업종의 분류는 한국표준산업분류를 기준으로 한다(창업지원법 시행령 제4조).

| 표 2-8 | 창업의 정의 요약

창업 정의 요약
□ '창업'의 정의(창업지원법 제2조 및 시행령 제2조) · 중소기업을 새로 설립하여 사업을 개시(개인은 사업자등록, 법인은 법인등록)하는 것을 의미하지만, 다음의 경우는 제외 ① 타인으로부터 사업을 승계하여 동종 사업을 계속하는 경우 ② 기업형태를 변경하여 동종 사업을 계속 ③ 폐업 후 동종의 사업을 다시 시작하는 경우 □ '창업자'의 정의(창업지원법 제2조 및 시행령 제2조) · 창업 후 7년 이내인 자 □ '제조업을 창업하는 자'(창업지원법 제39조의3제2항) · 사업을 개시하더라도 승계일 경우 '창업하는 자'에 해당하지 않음 □ 창업여부 확인 서류 : 창업여부 확인 참고사례 참조 · 사업분리의 경우 분리계약서, 주식변동 상황명세서

8) 창업 해당여부 확인 요령

창업지원법 제2조, 같은법 시행령 제2조에 따라 창업에 해당 하는지 여부의 확인을 위해 보충적으로는 ①창업을 하려는 자에 대한 정보와 ② 사업장(장소)에 대한 정보가 필요하다.

(1) 신규사업자 또는 폐업 후 사업재개

다음의 1, 2 단계 모두 "창업"에 해당될 때를 말한다.

| 표 2-9 | 창업 여부 확인 요령

1단계(창업을 하려는 자에 대한 정보)		2단계(사업장)
신규사업자	○ 2단계로 이동	창업을 하려는 자의 사업장이 ① 신규사업장 ⇒ 창업 ② 기존사업장 ⇒ 기존 사업장 영위업종과 이종 업종을 영위하는 경우에 창업
폐업 후 사업 재개	○ 폐업전의 사업과 동종업종 또는 이종업종의 기업을 설립하는지 여부를 파악 후 이종업종 설립 시 ➡ 2 단계로 이동 - 동종업종을 영위하기 위해 설립하는 경우는 창업에 해당하지 않음	

* 신규사업자가 창업지원법(시행령) 제2조제1항1호에 의하여 승계할 경우, 사업개시일은 정할 수 있으나 창업으로 볼 수 없음(조세감면에 제한이 있을 수 있음)

(2) 기존 사업자

- 사업장 소재지 (동일 장소 또는 다른 장소)
- 기존사업장을 유지 또는 폐업
- 개인사업자 또는 법인사업자 등의 기업형태 변경
- 동종업종 또는 이종업종

| 표 2-10 | 창업여부 확인 참고사례

<table>
<tr><th>주체</th><th>사업장소</th><th colspan="2">사례</th><th>창업여부</th></tr>
<tr><td rowspan="4">A개인이</td><td rowspan="4">갑 장소에서</td><td rowspan="2">갑 장소에서의 기존 산업을 폐업 하고</td><td>B법인을 설립하여 동종업종 제품을 생산</td><td>조직변경</td></tr>
<tr><td>B법인을 설립하여 이종업종 제품을 생산</td><td>창 업</td></tr>
<tr><td rowspan="2">갑 장소에서의 기존 산업을 폐업 않고</td><td>B법인을 설립하여 동종업종 제품을 생산</td><td>형태변경</td></tr>
<tr><td>B법인을 설립하여 이종업종 제품을 생산</td><td>창 업</td></tr>
<tr><td rowspan="4">A법인이</td><td rowspan="4">갑 장소에서</td><td rowspan="2">갑 장소에서의 기존 산업을 폐업 하고</td><td>B법인을 설립하여 동종업종 제품을 생산</td><td>위장창업</td></tr>
<tr><td>B법인을 설립하여 이종업종 제품을 생산</td><td>창 업</td></tr>
<tr><td rowspan="2">갑 장소에서의 기존 산업을 폐업 않고</td><td>B법인을 설립하여 동종업종 제품을 생산</td><td>형태변경</td></tr>
<tr><td>B법인을 설립하여 이종업종 제품을 생산</td><td>창 업</td></tr>
<tr><td rowspan="4">A개인이</td><td rowspan="4">을 장소에서</td><td rowspan="2">갑 장소에서의 기존 산업을 폐업 하고</td><td>B법인을 설립하여 동종업종 제품을 생산</td><td>법인전환</td></tr>
<tr><td>B법인을 설립하여 이종업종 제품을 생산</td><td>창 업</td></tr>
<tr><td rowspan="2">갑 장소에서의 기존 산업을 폐업 않고</td><td>B법인을 설립하여 동종업종 제품을 생산</td><td>창 업</td></tr>
<tr><td>B법인을 설립하여 이종업종 제품을 생산</td><td>창 업</td></tr>
<tr><td rowspan="4">A법인이</td><td rowspan="4">을 장소에서</td><td rowspan="2">갑 장소에서의 기존 산업을 폐업 하고</td><td>B법인을 설립하여 동종업종 제품을 생산</td><td>사업승계</td></tr>
<tr><td>B법인을 설립하여 이종업종 제품을 생산</td><td>창 업</td></tr>
<tr><td rowspan="2">갑 장소에서의 기존 산업을 폐업 않고</td><td>B법인을 설립하여 동종업종 제품을 생산</td><td>창 업</td></tr>
<tr><td>B법인을 설립하여 이종업종 제품을 생산</td><td>창 업</td></tr>
<tr><td rowspan="4">A가
(개인)</td><td rowspan="4">을 장소에서</td><td rowspan="2">갑 장소에서의 기존 산업을 폐업하고</td><td>다시 A명의로 동종업종 제품을 생산</td><td>사업이전</td></tr>
<tr><td>다시 A명의로 이종업종 제품을 생산</td><td>창 업</td></tr>
<tr><td rowspan="2">갑 장소에서의 기존 산업을 폐업 않고</td><td>다시 A명의로 동종업종 제품을 생산</td><td>사업확장</td></tr>
<tr><td>다시 A명의로 이종업종 제품을 생산</td><td>업종추가</td></tr>
</table>

주) 1. 업종구분은 한국표준산업분류의 세분류(4자리)를 기준으로 함
(한국표준산업분류 5자리 중 앞에서 4자리까지 일치하면 "동종업종"에 해당)
2. "갑" 장소는 기존사업장, "을" 장소는 신규사업장
(사업장이 기존사업장과 접하고 있더라도 별도의 경계(담, 출입문, 도로 등)를 두고 있어 공정의 연속성이 없는 경우는 신규사업장에 해당)
3. "A명의"란 개인사업자로서 대표자가 동일한 경우를 말함.
4. 창업자라 함은 중소기업을 창업하는 자와 중소기업을 창업하여 사업을 개시한 날부터 7년이 지나지 아니한 자를 말한다. (예시) 2014년 6월 사업을 개시하고 2015년 5월 법인전환시 창업일은 2014년 6월

2. 회사설립

1) 개인기업과 법인기업 개요

창업 과정에서 기업의 형태를 결정하는 것도 중요한 과정이다. 기업의 형태는 개인기업과 법인기업으로 나눌 수 있다. 개인 기업은 사업 자체가 개인에게 귀속되는 형태의 기업으로 경영의 모든 책임을 등록된 대표가 진다. 법인기업은 사업에 대한 독립적인 경제주체에 법인격을 부여한 형태의 기업으로 사업과 관련한 모든 책임은 법인이 지게 된다. 따라서 법인기업의 경우 대표이사 1인이 100% 지분을 소유하여 실질내용이 개인기업과 동일하더라도 법인의 재산과 대표이사의 재산은 엄격히 구분된다.

개인기업과 법인기업은 설립 과정부터 운영까지 다양한 차이가 있다. 따라서 회사 설립 시 기업의 목적 및 규모 등에 맞게 기업 형태를 결정할 필요가 있다. 개인기업 또는 법인기업으로 창업할 것인지 결정이 어려울 경우 일단 개인기업 창업 후 사업규모가 커지면 법인기업으로 전환도 가능하다.

표 2-11 개인기업과 법인기업 비교

구 분	개인기업	법인기업
설립절차	사업자등록만으로 가능	개인에 비해 복잡
기업영속성	대표가 바뀌면 신규사업자	대표가 바뀌어도 계속성 유지
대표자책임	무한책임	유한책임(지분한도 내)
대외신인도	대체로 낮음	대체로 높음
설립비용	거의 없음	일정 비용 필요
자금조달	자금조달 한계, 대자본 불가능	자금조달 용이, 대자본 가능
이익금사용	제약 없음(개인 자금 사용)	제약 있음(사적 유용 금지 등)
관리비용	비교적 적음	비교적 많음
외부감사	적용 대상 아님	· 자산 120억원 이상인 주식회사 · 주권상장법인과 주권상장법인이 되려는 주식회사 · 부채가 70억원 이상이고 자산이 70억원 이상인 주식회사 · 종업원수가 300명 이상이고 자산이 70억원 이상인 주식회사
세금부담	과세표준 2,400만원 이하 시 개인사업자가 유리	과세표준 2,400만원 초과 시 법인사업자가 유리
과세체계	소득세, 대표 급여의 비용 불안정	법인세, 대표 급여의 비용 인정
복식부기의무	요건에 따라 다름	있음

표 2-12 개인기업과 법인기업의 장단점

구분	개 인 기 업	법 인 기 업
장점	· 설립등기가 필요 없고 사업자등록 만으로 사업 개시가 가능하므로 기업설립이 용이 · 기업이윤 전부를 기업주가 독점할 수 있음 · 창업자금이 비교적 적게 소요되어 소자본을 가진 창업자도 창업가능 · 일정규모 이상으로는 성장하지 않는 중소규모의 사업에 안정적이고 적합 · 기업 활동에 있어 자유롭고, 신속한 계획수립, 계획변경 등이 용이 · 개인기업은 인적조직체로서 제조방법, 자금운용상의 비밀유지가 가능	· 대표자는 회사운영에 대해 일정한 책임을 지며, 무한책임사원을 제외한 출자자는 주금납입을 한도로 채무자에 대해 유한책임을 짐 · 사업양도 시에는 지분을 양도하면 되므로 지분양도에 대하여 원칙적으로 낮은 세율의 양도소득세가 부과됨. 또한 주식을 상장 후에 양도하면 양도소득에 대한 세금이 없음 · 일정규모 이상으로 성장 가능한 유망사업의 경우에 적합 · 주식회사는 신주발행 및 회사채 발행 등을 통한 다수인으로부터 자본조달이 용이 · 대외공신력과 신용도, 영업수행과 관공서, 금융기관 등과의 거래에 있어서 개인보다 유리
단점	· 대표자는 채무자에 대하여 무한책임을 져야 하며, 대표자가 바뀌는 경우에는 폐업을 하고, 신규로 사업자등록을 해야 하므로 기업의 계속성이 단절된다. · 사업 양도시에는 양도된 영업권 또는 부동산에 대하여 높은 양도소득세가 부과된다.	· 설립절차가 복잡하고 일정규모 이상의 자본금이 있어야 설립이 가능하다.(소기업에 해당하는 경우에는 자본금의 제한이 없다.) · 대표자가 기업자금을 개인용도로 사용하면 회사는 대표자로부터 이자를 받아야 하는 등 세제상의 불이익이 있음

(1) 세제상의 특징

개인기업은 소득세법의 적용을 받으므로 과세기간은 매년 1월 1일부터 12월 31일까지이며, 과세소득은 총수입금액에서 필요경비를 공제한 금액이 된다.

법인기업은 법인세법의 적용을 받고, 그 과세기간은 정관과 규칙에서 정하는 회계기간에 따라 달라지며 과세소득은 익금총액에서 손금총액을 공제한 금액이다.

기업의 세 부담은 상황에 따라 차이가 있을 수 있다. 세율측면만 보자면 개인기업(6%~38%)보다 법인기업(10%~22%)이 유리하다.

| 표 2-13 | 개인기업과 법인기업의 세제상 특징

내 용	개 인 기 업	법 인 기 업
과세근거법	소득세법	법인세법
과세기간	매년 1월1일부터 12월 31일까지	정관에 정하는 회계기간
과세소득	총수입금액 - 필요경비	익금의 총액 - 손금의 총액
과세범위	특정소득에 대해서는 종합과세를 하지 않고 원천징수만으로 분리과세	분리과세가 인정되지 않음
이중과세 여부	하나의 원천소득에 대해 이중과세가 되지 않음	법인에게 법인세 과세 후, 주주의 배당에 대해 소득세 과세
세율구조	세 율 : 6%~38% 주민세 : 소득세의 10%	세 율 : 10%~22% 주민세 : 법인세의 10%
납세지	개인기업의 주소지	법인등기부등본상의 본점/주사무소
기장의 의무	수입금액에 따라 간편장부 대상자, 복식부기의무자로 구분	수입금액에 관계없이 복식부기의무자
외부감사제도	적용되지 않음	자산총액이 120억원 이상인 경우, 공인회계사의 감사를 받음

(2) 회계 처리상 특징

① 대표자의 인건비

법인의 대표이사는 고용관계에 의하여 근로를 제공하므로 그 대가인 임원보수와 상여금을 손금에 산입한다. 그러나 개인기업의 대표는 사업의 경영주체로서 고용관계에 있지 아니하므로 급여를 지급 받을 수 없다. 급여를 지급 받아도 그것은 출자금의 인출에 불과하므로 필요경비에 산입하지 아니한다.

② 퇴직급여 충당금 설정

법인세법은 1년 이상 근속한 모든 임직원에 대해 퇴직급여충당금을 설정할 수 있다. 따라서 대표이사도 퇴직급여충당금 설정의 대상이 될 수 있으나 개인기업의 대표는 소득세법상 퇴직급여충당금 설정 대상이 아니다.

③ 대손충당금 설정대상

법인세법은 대손충당금 설정대상 채권을 소비대차계약에 의한 대여금과 미수금을 포함하고 있으나, 소득세법은 사업과 관련된 채권만 대손충당금 설정대상으로 규정하고 있으므로 소비대차계약에 의한 대여금과 정상적인 사업거래에서 발생하지 않는 투자자산, 유형자산 처분미수금은 대손충당금을 설정할 수 없다.

④ 기타의 차이

출자금의 자금인출에 대한 인정이자 익금산입, 시설개체 기술낙후로 인한 생산설비의 폐기손실 손금산입, 양도자산 상각부인액 손금산입, 이자비용 손금불산입 부인규정, 일시상각 충당금 설정 등에 있어서 회계처리상에 상당한 차이가 있다.

2) 개인기업 설립

(1) 설립 절차

개인기업을 창업하려면 그 규모나 업종에 관계없이 관할세무서에 사업자등록을 해야 한다. 사업자등록은 사업을 시작한 날로부터 20일 이내에 구비서류를 갖추어 사업장 관할 세무서장에게 등록해야 한다. 그리고 사업자등록은 사업개시일 전이라도 등록할 수 있다. 창업자가 세무서에서 사업자등록증을 발급받으면 개인기업은 새로운 기업으로 성립된다.

(2) 사업자 등록시 유의사항

① 사업장단위로 사업자등록

사업장이란 사용인이 상시 주재하여 거래의 전부 또는 일부를 행하는 장소를 말하는데, 사업장이 여러 개 있을 경우에는 사업장마다 사업자등록을 해야 한다. 다만 보관·관리시설만 갖춘 하치장은 설치한 날로부터 10일 안에 하치장 소관세무서장에게 하치장설치 신고서를 제출한다.

② 여러 가지 사업을 겸업할 경우

부가가치세가 과세되는 사업을 하는 경우(면제되는 업종도 함께 하는 경우도 포함)에는 부가가치세법에 의한 사업자등록을 하여야 하고, 면제되는 사업만 하는 경우에는 소득세법에 의한 부가가치세면세 사업자등록을 하면 된다. 부가가치세의 과세, 면세 여부는 사업하고자 하는 품목에 따라 결정된다.

③ 공동사업자의 경우

2인 이상이 공동으로 사업을 하는 경우는 사업자등록신청은 공동사업자중 1인을 대표자로 하고 공동사업을 증명할 수 있는 동업계약서 등의 서류를 함께 제출한다.

④ 사업자등록 미이행시 가산세 부과

사업자등록을 하지 않고 사업을 하면 사업개시일로부터 등록한 날이 속하는 예정신고기간(예정신고 시간이 지난 경우에는 그 과세기간) 까지의 공급가액에 대하여 100분의 1(간이과세자는 0.5%)에 해당하는 금액을 가산세로 물어야 한다.

⑤ 개별법에 따라 인·허가가 필요한 업종은 사업자등록신청시 인·허가서의 사본을 제출하여야 한다.

3) 법인기업 설립 전 준비 사항

법인은 법에 의하여 인격을 부여받았기 때문에 경제적으로는 자연인과 같은 권리와 의무를 가지며 주주들의 변동과는 관계없이 존속한다.

법인회사는 본점에 설립등기를 함으로써 성립되고 법인격은 해산이나 청산이라 는 법률적 절차에 의하여 소멸되며, 등기사항의 변경이 있는 경우 변경등기를 하여야 하므로 법인회사를 설립시 아래 요소들을 충분히 검토하고 계획하여 추진해야 한다.

(1) 법인 형태 결정

일반적으로 주식회사의 형태가 보편화 되어 있으나 경영특성과 자본규모 등에 따라 유한회사나 합자회사와 같은 형태도 고려할 필요가 있다.

(2) 목적 사업

목적 사업은 회사가 영위하고자 하는 주된 사업내용을 우선하여 작성하되 향후 요구되는 연관사업 범위까지 검토하여 정관에 포함여부를 결정해야 한다. 신고 및 인·허가가 필요한 업종의 경우 정관 및 등기부등본 목적사업에 해당사업에 대한 표시를 요구함으로 반드시 확인하여 기재한다.

(3) 자본금 규모

인허가업종의 경우 법정자본금 규모가 규정되어 있어 확인이 선행되어야 한다. 자본금 증자에 따른 변경등기 이행 등의 요인이 되지 않도록 자금조달시기 및 사업계획 일정을 고려하여 자본금 규모를 결정한다.

(4) 발기인 및 임원구성

발기인 수는 제한되어 있지 않으나 1주 이상의 주식을 인수하여야 하고 정관에 서명날인과 회사설립에 책임이 부여되는 만큼 이해 당사자로 선임한다. 설립경과 조사보고는 발기인이 아닌 이사 또는 감사가 수행 하는 만큼 발기인 구성 시 이를 고려하여 선임한다.

대표이사 및 이사 또는 사외이사 등 임원구성에 대하여는 정관과 상법 등에서 요건과 결격사유를 규정하고 있으므로 적절성을 고려하여 구성한다.

발 기 인

발기인이란 정관을 작성하고 기명날인 또는 서명한 자로서 실질적으로 주식회사의 설립을 기획하고 그 설립사무를 집행하는 사람을 말하며, 발기인은 내·외국인, 법인이건 자연인이건 관계없으며 미성년자도 법정대리인의 동의가 있으면 발기인이 될 수 있으나 1주 이상의 주식을 인수하여야 한다.

또한, 발기인은 정관에 서명날인 하여야 한다. 주식회사의 설립에 관여정도의 다소 여부를 떠나 정관에 기명날인 또는 서명한 자는 발기인이고 정관에 서명 등을 하지 않은 자는 발기인이 아니다.

(5) 상호결정

등기신청 시점에 대법원 홈페이지[1]에서 상호를 검색해 보고 관할 등기소 등기관에게 사용가능 여부를 확인 받는 절차가 필요하다.

(6) 본점 소재지

기존 사업자가 별도 법인회사를 설립하고자 하는 경우는 조세특례제한법과 중소기업창업 지원법에서 규정하고 있는 창업자 요건에 부합한지 여부를 사전에 검토해야 한다.

4) 법인기업 설립절차

주식회사는 1인 이상의 발기인이 발기인조합을 구성하여 상법이 정하는 바에 따라 정관작성, 주식인수 및 주금납입 등 일정한 절차를 거쳐 법원에 설립등기를 함으로써 설립된다.

(1) 발기인 구성

발기인은 정관을 작성하고 기명날인 또는 서명한 자로서 실질적으로 주식회사의 설립을 기획하고, 그 설립 사무를 집행하는 사람이다.

- 발기인 자격 : 내·국인 및 법인 또는 자연인과 관계가 없으며, 미성년자도 법정대리인의 동의가 있으면 가능
- 발기인의 수 : 최소 1인 이상(상법상 발기인의 수에 대한 규정은 없음)
- 발기인의 주식인수 : 발기인은 1주 이상의 주식을 인수(인수주식에 대한 자금출처를 입증)

또한 회사의 설립 방법을 발기설립 또는 모집설립 중 어떤 것으로 할 것인가는 발기인들의 합의에 의하여 임의로 결정할 수 있다. 발기설립은 발기인이 발행주식 총수를 인수하는 방법으로 자본금 10억 미만의 경우 정관 및 의사록 공증의무를 면제하고, 주금납입증명서 대신 잔고증명서로 대체가 가능하다.

---

1 http://www.iros.go.kr

그림 2-1 법인설립 절차도

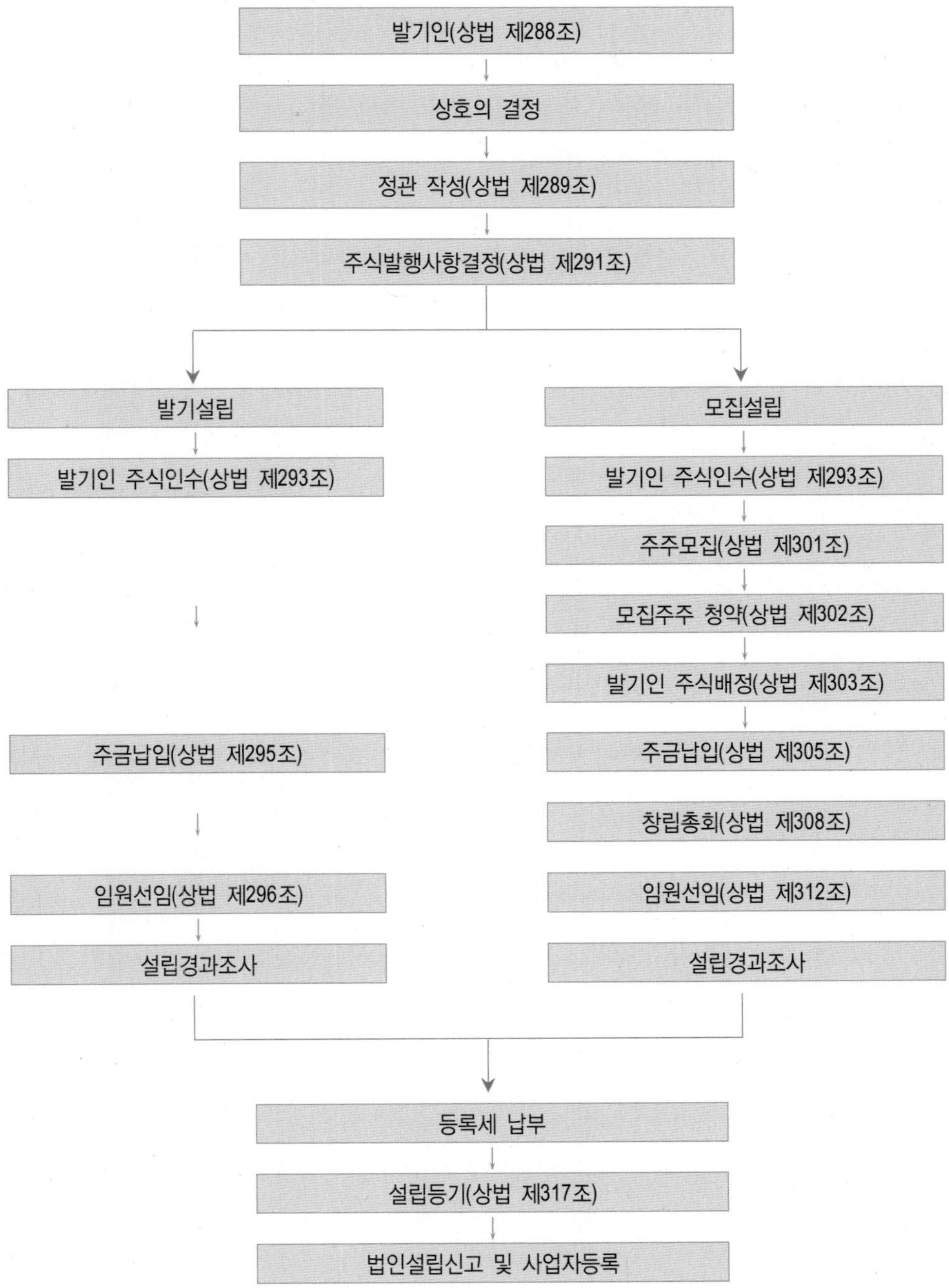

| 표 2-14 | 법인의 발기설립과 모집설립의 비교

구분	발기설립	모집설립
기능	소규모 회사설립에 용이	대규모 자본 조달에 유리
주식의 인수	주식의 총수를 발기인이 인수	발기인과 모집주주가 함께 주식 인수
인수 방식	단순한 서면주의	법정기재사항이 있는 주식청약서에 의함
주식의 납입	발기인이 지정한 은행 기타 금융기관에 납입	주식청약서에 기재한 은행 기타 금융기관에 납입
납입의 해태	민법의 일반원칙에 따름	실권절차(상법 제307조)가 있음
창립총회	불필요	필요
기관구성	발기인의 의결권의 과반수로 선임	창립총회에 출석한 주식인수인의 의결권의 3분의 2이상이고 인수된 주식의 총수의 과반수에 해당하는 다수로 선임
설립경과조사	이사와 감사가 조사하여 발기인에게 보고	이사와 감사가 조사하여 창립총회에 보고
변태설립사항	이사가 법원에 검사인 선임 청구, 검사인은 조사하여 법원에 보고	발기인은 법원에 검사인 선임 청구, 검사인은 조사하여 창립총회에 보고

(2) 상호 결정

사용하고자 하는 상호는 법령에 특별한 규정이 없는 한 "주식회사" 등과 같이 회사형태를 반드시 표기하여야 하며 로마자 등의 표기를 사용하고자 하는 경우 반드시 정관에 기재되어 있어야 한다.

사용하고자 하는 상호를 여러 개 준비하여 대법원 홈페이지(www.iros.go.kr)의 법인상호찾기 메뉴를 통하여 관할등기소 내 동일한 상호를 사용하는 법인의 유무를 조회할 수 있다. 결정한 상호라도 등기가 완료되기 이전에 제3자가 먼저 사용등기를 할 수 있으므로 등기절차를 신속히 처리하거나 필요한 경우 상호의 가등기를 해야 한다.

(3) 정관 작성

발기인은 상호, 본점 소재지, 자본금규모 등 회사의 조직과 활동에 관한 기본규칙을 기재한 정관을 작성하고 발기인 전원이 기명날인 또는 서명을 해야 한다.

① 절대적 기재사항

정관에 기재하지 않으면 정관 자체의 효력을 무효화 시키는 사항으로 다음과 같다.

가. 목 적 : 구체적인 사업내용을 기재해야한다. 즉 "제조업", "도매업" 등과 같이 포괄적

이고 불분명한 작성은 안된다.

나. 상 호 : 주식회사라는 문자를 사용하며, 로마자 등의 표기를 하고자 하는 경우 괄호를 사용하여 표기할 수 있다. 주식회사라는 문자는 상호의 앞이나 뒤 어느 곳에 사용할 것인지도 결정해야 한다.

다. 회사가 발행할 주식의 총수 : 회사가 발행할 수 있는 주식 수의 한도로서 장래에 발행하기로 예정하고 있는 주식의 총수

라. 1주의 금액 : 1주의 금액은 균일하여야 하고 1백원 이상이어야 함

마. 회사의 설립 시에 발행하는 주식의 총수 : 납입자본으로서 동 주식의 인수와 납입이 이루어져야 회사가 성립됨. 설립 자본을 주식으로 분할하여야 함

바. 본점의 소재지 : 최소행정구역까지 표시

사. 회사가 공고를 하는 방법 : 관보 또는 일간신문에 공고해야 하며 1개 또는 수 개의 신문을 기재하되 추상적, 선택적(a신문 또는 b신문)으로 기재하여서는 안 된다. 2010년 5월 28일 이후부터 전자적 방법에 의한 공고도 가능하게 되었다.

아. 발기인의 성명·주민등록번호 및 주소 : 주민등록번호가 없는 재외국민 또는 외국인의 경우에는 생년월일을 기재하고 외국인의 성명은 국적과 원지음을 한글 등으로 기재한 후, 괄호를 사용하여 본국에서의 표기를 병기(예, 사내이사 미합중국인 존리(John. Lee)

② 상대적 기재사항(변태설립사항)과 임의적 기재사항

상대적 기재사항은 기재하지 않아도 정관의 효력에는 영향이 없지만 이를 정관에 기재하지 않으면 그 효력이 발생하지 않는 사항을 말한다.

표 2-15 정관의 상대적 기재사항과 임의적 기재사항

구분	내용
상대적 기재사항 (변태설립사항)	• 발기인이 받을 특별이익과 이를 받을 자의 성명 • 현물출자자의 성명과 그 목적인 재산의 종류, 수량, 가격과 이에 대하여 부여할 주식의 종류와 수 • 회사 성립 후 양수할 것을 약정한 재산의 종류·가격·수량 및 양도인의 성명 • 회사가 부담할 설립비용과 발기인이 받을 보수액
임의적 기재사항	• 이사·감사의 수 • 총회의 소집시기 • 영업연도 등

(4) 주식발행 사항의 결정

정관을 작성할 때 회사 설립 시 발행 하는 주식의 종류와 총수를 결정 하여야 하지만, 주식발행에 관한 나머지 사항은 정관에서 특별히 정한 사항이 없으면 발기인 전원의 동의로 이를 정할 수 있다.

(5) 정관의 인증

회사를 설립할 때 처음 작성하는 정관을 원시정관이라 하고, 원시정관은 공증인의 인증을 받아야 그 효력이 생긴다. 다만, 자본금 10억 미만인 회사를 발기설립 하는 경우는 발기인들의 기명날인 또는 서명함으로써 효력이 인정된다. 공증인의 인증을 받은 정관이 창립총회에서 변경되더라도 창립총회에 기재된 것이 증거가 되므로 다시 공증을 받을 필요는 없다.

(6) 발기 설립

① 발기인의 주식인수

발행주식과 발행가액이 결정되면, 발기인은 서면으로 1주 이상의 주식을 인수하여 발총주식 총수를 인수하여야 하며, 구두에 의한 인수는 효력이 없고 인수 시기는 제한이 없으나 주금의 납입 전까지 인수해야 한다.

② 출자의 이행

각 발기인은 발행하는 주식을 서면에 의하여 전부 인수하고, 지체 없이 발기인조합(발기인)에서 지정한 납입 은행, 기타 금융기관의 납입 장소에 그 인수금액 전액을 납입해야 한다. 현물 출자를 하는 발기인은 납입 기일에 재산을 인도하고 등기 및 등록 기타 권리의 설정 또는 이전을 필요로 하는 경우에는 서류를 완비해 제출해야 하며 현행 상법에서는 현물출자를 정관의 상대적 기재사행(변태설립)으로 규정하고 검사인의 검사를 받도록 하고 있다.

현물출자

현금출자 : 금전이외의 재산을 출자하는 것을 현물출자라 하며 대차대조표상의 자산에 계상할 수 있는 동산, 부동산, 유가증권 , 특허권 , 광업권 , 상호 및 영업상의 비결 등 재산적 가치가 있는 사실관계와 영업의 일부 또는 전부도 가능함

③ 이사 및 감사선임

주금의 납입과 현물출자의 이행이 끝나면 발기인들은 지체 없이 발기인 총회를 개최하

여 의결권의 과반수의 결의로 이사와 감사를 선임하되 이사는 사내이사, 사외이사, 기타 비상무이사 등으로 명확하게 구분하여 선출하여야 한다.

- 이사는 3인 이상, 감사는 1인 이상을 선임하되 자본총액이 10억원 미만인 회사는 이사 선임을 1인 또는 2인으로 할 수 있고, 감사를 선임하지 않을 수 있다.
- 사외이사와 기타 비상무이사는 필요에 따라 둘 수 있으나 사내이사는 반드시 1명 이상을 두어야 한다.
- 설립경과 조사를 감사 또는 이사로 하여금 수행 하게 하고자 하는 경우 발기인이 아닌자로 선출해야 한다.

④ 설립경과조사

이사와 감사는 취임 후 지체 없이 회사의 설립에 관한 모든 사항이 법령 또는 정관의 규정에 위반되지 아니하는지 여부를 조사하여 발기인에게 보고하여야 한다.

가. 이사와 감사 중 발기인이었던 자, 현물 출자자 또는 회사성립 후 양수할 재산의 계약 당사자는 동 조사에 참여 하지 못한다. 만일 이사와 감사가 전부 단서에 해당하는 경우, 이사는 공증인으로 하여금 조사를 하여 보고하게 하여야 한다.

나. 정관에 현물출자 등 변태설립사항이 규정되어 있는 경우에는 이에 관한 조사를 하도록 하기 위하여 관할소재지의 지방법원에 검사인의 선임을 청구하여야 하고 검사인의 선임신청은 이사전원의 연서로 작성한다.

다. 변태설립사항이 없는 경우에는 변태설립사항 조사를 생략하고 창립총회를 개최하여 대표이사 선임 등의 절차를 수행한다.

(7) 모집 설립

① 발기인의 주식인수

발행주식과 발행가액이 결정되면 발기인이 주식 일부를 인수하고, 나머지는 응모주주를 대상으로 모집하고 각 발기인은 반드시 1주 이상을 인수해야 하며, 인수 시기는 제한이 없으나 주금의 납입 전까지 인수해야 한다.

② 주주의 모집 및 주식의 청약

현행 상법은 주식청약서 주의를 채택하고 있으므로 발기인은 정관의 절대적 기재사항과 변태설립사항, 회사조직의 대강과 청약조건 등 회사설립 개요를 응모주주가 알 수 있도록 기재한 주식 청약서를 작성하여야 한다.

주식청약서 작성내용
① 정관의 인증 연월일과 공증인의 성명 ② 정관의 절대적 기재사항과 변태설립사항 ③ 회사의 존립기간 또는 해산사유를 정한 때에는 그 규정 ④ 각 발기인이 인수한 주식의 종류와 수 ⑤ 주식의 종류와 수, 액면 이상의 주식을 발행 하는 때에는 그 수와 금액 ⑥ 주식의 양도에 관하여 이사회의 승인을 얻도록 정한 때에는 그 규정 ⑦ 개업 전에 이자를 배당할 것을 정한 때에는 그 규정 ⑧ 주주에게 배당할 이익으로 주식을 소각할 것을 정한 때에는 그 규정 ⑨ 일정한 시기까지 창립총회를 종결 하지 아니한 때에는 주식의 인수를 취소할 수 있다는 뜻 ⑩ 주금(주식인수에 따른 대금) 납입을 맡을 은행 기타 금융기관과 납입장소 ⑪ 명의개서 대리인을 둔 때에는 그 성명·주소 및 영업소

③ 주식의 배정과 인수

발기인 조합은 응모한 주식 청약인에 대하여 사전에 정한 방법에 따라 총 발행주식수 중 인수해야 할 주식을 배정하면 이것에 의하여 주식인수가 확정된다.

가. 주식인수인 또는 주식 청약인에 대한 통지나 최고(催告)는 주식인수증 또는 주식청약서에 기재한 주소 또는 주식 청약인이 요구하는 주소로 통지

나. 주식의 인수를 청약하고자 하는 자는 주식청약서에 법정사항을 기재, 날인하고 발기인에게 제출하여 회사로부터 주식을 배정 받으면 납입기일에 인수가액의 전액을 납입

④ 주식대금의 납입

발행하는 주식의 총수가 인수된 때에는 발기인과 주식인수인은 주식인수가액(주금)을 납입 할 의무를 지며, 주식청약서에 기재된 은행, 기타 금융기관에서만 납입 하여야하며 만일 납입금의 보관 및 납입장소를 변경할 때에는 법원의 허가를 얻어야 한다.

현물출자를 하는 발기인은 발기 설립 시와 동일하게 납입 기일에 출자의 목적인 재산을 인도하고 등기·등록 기타 권리의 설정 또는 이전이 필요할 경우 서류를 완비하여 제출한다.

⑤ 창립총회

창립총회는 주식 인수인들로 구성되는 설립중인 회사의 의결기관으로 주금의 납입 과 현물출자의 이행이 완료되면 발기인은 지체 없이 창립총회를 소집하고 이사 및 감사의 선임 등을 결의하며 총회의 결의는 출석한 주식인수인 의결권의 2/3이상이며 인수된 주식 총수의 과반수에 해당하는 다수로 한다.

발기설립의 창립총회
발기설립의 경우 창립(발기인) 총회에서 대표이사를 선임하는 경우를 제외하고는 창립(발기인) 총회에서 선임한 이사로서 구성되는 이사회에서 대표이사(단독 또는 공동)를 선임할 수 있음

가. 발기인은 회사 창립에 관한 사항인 주식인수와 납입에 관한 제반 상황과 변태설립 사항에 관한 실태를 서면을 기재하여 보고.

나. 이사와 감사 등 주식회사의 임원을 선임.

다. 정관의 변경 또는 설립폐지의 결의를 할 수 있으며 소집통지서에 이러한 뜻의 기재가 없는 경우에도 결의 할 수 있음.

라. 창립총회에서 변태설립 사항이 부당하다고 인정한 때에는 이를 변경할 수 있고, 이에 불복하는 발기인은 주식인수를 취소할 수 있으며 정관을 변경할 때에는 공증이 없이도 설립절차를 속행할 수 있음.

⑥ 설립경과조사

이사와 감사는 취임 후 지체 없이 회사의 설립에 관한 모든 사항이 법령 또는 정관에 위반되지 아니하는지 여부를 조사하여 창립총회에 보고하여야 한다.

발기인 및 재산인수의 당사자인 이사와 감사는 이 조사·보고에 참여하지 못하며, 이사와 감사 전원이 제척사유에 해당하는 경우에는 이사는 공증인으로 하여금 조사보고를 하도록 하여야 한다.

(8) 등록면허세 납부

법인설립등기신청을 하기 위하여 등록면허세를 납부하고 영수증 또는 감면받은 사항을 첨부하도록 되어 있어 관할 시·군·구에 등록면허세 납부서를 발급받아 은행에 납부한다.

표 2-16 법인 등기 유형별 세율

구분	등기 등록 유형	세율
법인등기	영리법인 설립 및 자본증가	0.4% (세액이 11만2천5백원 미만인 때에는 11만2천5백원)
	비영리법인의 설립 및 출자증가	0.2%
	본점 및 주사무소 이전	건당 112,500원
	지점 또는 분사무소 설치 및 기타 등기	건당 40,000원

창업 중소기업에 대한 등록면허세의 면제 대상

- 수도권 외 지역에서 창업하는 창업중소기업의 법인설립등기
- 창업 중에 벤처기업을 확인받은 경우 확인받은날부터 1년 이내의 법인 설립등기
- 창업 후 4년 이내 자본금 증자를 위한 등기와 법인의 주소 또는 대표이사의 주소변경 등기

(9) 법인설립등기

① 법인설립등기 시기

법인 설립등기는 아래와 같으며, 이 기간 내에 등기신청을 하지 않는 경우 과태료가 부과된다.

· 발기설립 등기시기 : 검사인 등의 설립경과 조사 종료일 또는 창립총회 종료한 날로부터 2주 이내

· 모집설립 등기시기 : 창립총회 종료한 날로부터 2주 이내

② 신청 장소 및 신청자

대표이사 또는 대리인이 본점 소재지를 관할하는 등기소에 설립등기를 신청

③ 등기신청 첨부서류

가. 정관

나. 주식의 인수를 증명하는 서면

다. 주식청약서

라. 발기인이 정한 주식발행에 관한 사항

마. 이사와 감사 또는 검사인이 나 공증인의 조사보고서와 그 부속서류 또는 감정인의 감정서와 그 부속서류

바. 검사인의 보고에 관한 재판이 있을 때에는 그 재판의 등본

사. 발기인이 이사와 감사를 선임한 때에는 그에 관한 서면(발기인 회의 록)

아. 창립총회의 의사록

자. 이사, 대표이사와 감사의 취임승낙을 증명하는 서면

차. 명의개서 대리인을 둔 때에는 명의개서 대리인과의 계약을 증명하는 서면

카. 주금의 납입을 맡은 은행 기타 금융기관의 납입금 보관에 관한 증명서

타. 벤처기업확인서(창업 중인 기업이 벤처기업 확인을 받은 경우)

④ 대법원 인터넷 등기소를 통한 온라인 신청서 작성

대법원 인터넷 등기소(www.iros.go.kr)에서 전자신청을 통한 등기가 가능하나 공인인증서 발급, 접근번호 발급 등의 절차가 필요함으로 등기신청서 작성만 이용하고 직접 제출하는 경우가 많다.

⑤ 재택창업시스템을 이용한 법인설립등기[2]

---

2 http://www.startbiz.go.kr

회사설립을 위한 창업가이드, 사업인허가, 회사설립 절차 정보를 종합적으로 제공하고 다수의 신청서 및 기타 제출서류를 작성하여 회사설립 업무를 온라인으로 쉽고 빠르게 처리 하는 회사설립 시스템이다.

| 표 2-17 | 주식회사 표준정관

정　관

제 1 장 총칙

제1조(상호) 당 회사는 '주식회사 ...(회사명)' 또는 '...(회사명) 주식회사' 라고 부른다.
제2조(목적) 당 회사는 다음 사업을 목적으로 한다.
1)
2)
3) 위 각 호에 관련된 부대사업 일체
제3조(본점과 지점) 당 회사는 본점을 (...특별시 · 광역시 · 시 · 군) 내에 둔다. 필요에 따라 국내 및 해외에 지점 또는 출장소 및 영업소를 둘 수 있다.
제4조(공고방법) 당 회사의 공고는 (...시 · 도) 내에서 발행하는 일간 (..신문)에 게재한다.

제 2 장 주식(株式)과 주권(株券)

제5조(회사가 발행할 주식의 총수 및 각종 주식의 내용과 수) 당 회사가 발행할 주식의 총수는 _(　　)주로서 보통주식으로 한다.
제6조(1주의 금액) 당 회사가 발행하는 주식 1주의 금액은 금___원으로 한다.
제7조(회사 설립시 발행하는 주식의 총수) 당 회사는 설립시에 ___주의 주식을 발행하기로 한다.
제8조(주권의 종류) 당 회사의 주식은 전부 기명식으로서 주권은 1주권, 10주권, 100주권의 3종류로 한다.
제9조(주권불소지) 당 회사는 주권불소지 제도를 채택하지 아니한다.
제10조(주금납입의 지체) 회사설립시의 주식인수인이 주금납입을 지체한 때에는 납입기일 다음 날부터 납입이 끝날 때까지 지체주금(遲滯株金) 1000원에 대하여 1원의 비율로서 과태금 (過怠金)을 회사에 지급하고 또 이로 인하여 손해가 생겼을 때는 그 손해를 배상하여야 한다.
제11조(주식의 명의개서) ① 당 회사의 주식에 관하여 명의개서를 청구함에 있어서는 당 회사 소정의 청구서에 기명날인하고 이에 주권을 첨부하여 제출하여야 한다.
② 양도 이외의 사유로 인하여 주식을 취득한 경우에는 그 사유를 증명하는 서면도 함께 제출하여야 한다.
제12조(질권의 등록 및 신탁 재산의 표시) 당 회사의 주식에 관하여 질권의 등록 또는 신탁재산의 표시를 청구함에 있어서는 당 회사 소정의 청구서에 당사자가 기명날인하고 이에 확정된 제권판결의 정본 또는 주권을 첨부하여 제출하여야 한다. 그 등록 또는 표시의 말소를 청구함에 있어서도 같다.
제13조(주권의 재발행) ① 주식의 분할 · 병합, 주권의 오손 등의 사유로 주권의 재발행을 청구함에 있어서는 당 회사 소정의 청구서에 기명날인하고 이에 주권을 첨부하여 제출하여야 한다.
② 주권의 상실로 인하여 그 재발행을 청구함에 있어서는 당 회사 소정의 청구서에 기명날인하고 이에 확정된 제권판결의 정본 또는 등본을 첨부하여 제출하여야 한다.
제14조(수수료) 제11조 내지 제13조의 청구를 하는 자는 당 회사가 정한 수수료를 납부하여야 한다.
제15조(주주명부의 폐쇄 및 기준일) ① 당 회사에서는 매년 1월 1일 부터 정기 주주총회의 종결일자까지 주주명부 기재의 변경을 정지한다.

② 제1항의 경우 이외에 주주 또는 질권자로서 권리를 행사할 자를 확정하기 위하여 필요한 때에는 이사회의 결의에 의하여 일정한 기간 동안 주주명부 기재의 변경을 정지하거나 또는 기준일을 정할 수 있다. 이 경우에는 그 기간 또는 기준일의 2주간 전에 공고하는 것으로 한다.

제16조(주주 등의 주소, 성명 및 인감의 신고) 주주, 등록질권자 또는 그 법정대리인이나 대표자는 당 회사 소정의 서식에 의하여 성명, 주소 및 인감을 당 회사에 신고하여야 한다. 신고사항에 변경이 있을 때에도 또한 같다.

제 3 장 주주총회(株主總會)

제17조(소집) 당 회사의 정기 주주총회는 영업연도 말일의 다음날부터 3월 이내에 소집하고 임시주주총회는 필요한 경우 수시 소집한다.

제18조(의장) 대표이사가 주주총회의 의장이 된다. 대표이사가 유고일 때에는 이사회에서 선임한 다른 이사가 의장이 된다.

제19조(결의) 주주총회의 결의는 법령 또는 정관에 다른 규정이 있는 경우를 제외하고는 발행주식 총수의 과반수에 해당하는 주식을 가진 주주의 출석으로, 그 출석 주주의 의결권의 과반수에 의한다.

제20조(의결권의 대리행사 및 총회의 의사록) ① 주주는 대리인으로 하여금 그 의결권을 행사하게 할 수 있다.

② 총회는 의사록을 작성하여야 하며, 의사록에는 의사의 경과요령과 그 결과를 기재하고 의장과 출석한 이사가 기명날인하여야 한다.

제 4 장 임원과 이사회

제21조(이사와 감사의 수) 당 회사의 이사는 1인 이상, 감사는 1인 이상으로 한다.

제22조(이사의 선임) ① 당 회사의 이사는 발행주식 총수의 과반수에 해당하는 주식을 가진 주주가 출석하여 그 의결권의 과반수로 선임한다.

② 2인 이상의 이사를 선임하는 경우에도 상법 제382조의2에 규정된 집중 투표제를 적용하지 아니한다.

제23조(감사의 선임) 당 회사의 감사는 제22조의 규정에 의한 결의 방법에 의하여 선임한다. 그러나 이 경우 의결권 없는 주식을 제외한 발행주식 총수의 100분의 3을 초과하는 주식을 가진 주주는 그 초과하는 주식에 관하여는 의결권을 행사하지 못한다.

제24조(이사 및 감사의 임기) ① 이사의 임기는 취임 후 3년으로 한다. 다만, 임기 중의 최종의 결산기에 관한 정기주주총회의 종결시까지 연장할 수 있다.

② 감사의 임기는 취임 후 3년 내의 최종의 결산기에 관한 정기주주총회의 종결시까지로 한다.

제25조(회사대표) 당 회사의 대표행위는 이사회의 결의로 선임한 대표이사가 행한다.

제26조(대표이사) ① 당회사는 대표이사 1명을 두고 이사회의 결의로 그를 보좌할 전무이사 및 상무이사 약간 명을 둘 수 있다.

② 필요에 따라 수인의 대표이사 또는 공동대표이사를 둘 수 있다.

③ 대표이사, 전무이사 및 상무이사는 이사회의 결의로 이사 중에서 선임한다.

제27조(업무진행) ① 대표이사 사장은 당 회사의 업무를 총괄하고 전무이사와 상무이사는 사장을 보좌하고 이사회에서 정하는 바에 따라 당 회사의 업무를 분담 집행한다.

② 대표이사 사장의 유고 시에는 미리 이사회에서 정한 순서에 따라 전무이사 또는 상무이사가 사장의 직무를 대행한다.

제28조(임원의 보선) 이사 또는 감사가 결원 되었을 때는 임시주주총회를 소집하여 보선한다. 다만, 법정 수를 결하지 아니한 경우에는 그러하지 않을 수 있다. 보선 및 증원으로 인하여 선임된 이사나 감사의 임기는 취임한 날로부터 기산한다.

제29조(이사회의 소집) 이사회는 대표이사 또는 이사회에서 따로 정한 이사가 있을 때에는 그 이사가 회의 개최 7일전에 각 이사 및 감사에게 통지하여 소집한다. 그러나 이사 및 감사 전원의 동의가 있는 때에는 소집절차를 생략할 수 있다.

제30조(이사회의 결의) 이사회의 결의는 이사 과반수의 출석과 출석이사의 과반수로 한다.
제31조(감사의 직무) 감사는 당 회사의 회계와 업무를 감사한다. 감사는 이사회에 출석하여 의견을 진술할 수 있다.
제32조(보수와 퇴직금) 임원의 보수 또는 퇴직금은 주주총회의 결의로 정한다.

제 5 장 계산(計算)

제33조(영업연도) 당 회사의 영업연도는 매년 1월 1일부터 당해 연도 12월 31일까지로 한다.
제34조(재무제표, 영업보고서의 작성 · 비치) ① 당 회사의 사장은 정기총회 개최 6주간 전에 다음 서류 및 그 부속명세서와 영업보고서를 작성하여 이사회의 승인과 감사의 감사를 받아 정기총회에 제출하여야 한다.

1) 대차대조표
2) 손익계산서
3) 이익금 처분계산서 또는 결손금 처리계산서

② 제1항의 서류는 감사보고서와 함께 정기총회 개최 1주일 전부터 당 회사의 본점과 지점에 비치하여야 하고, 총회의 승인을 얻었을 때에는 그 중 대차대조표를 지체없이 공고하여야 한다.
제35조(이익금의 처분) 매기 총 수입금에서 총 지출금을 공제한 잔액을 이익금으로 하여 이를 다음과 같이 처분한다.

1) 이익준비금(매결산기의 금전에 의한 이익배당금액의 10분의 1이상)
2) 별도적립금 약간
3) 주주배당금 약간
4) 임원상여금 약간
5) 후기이월금 약간

제36조(이익배당) 이익배당금은 매 결산기 말일 현재의 주주명부에 기재된 주주 또는 등록질권자에게 지급된다.

부 칙

제37조(최초의 영업연도) 당 회사의 최초 영업연도는 회사의 설립일로부터 당해 연도 12월 31일까지로 한다.
제38조(준용규정 및 내부규정) ① 이 정관에 규정되지 않은 사항은 주주총회결의 및 상사에 관한 법규, 기타 법령에 의한다.
② 당 회사는 필요에 따라 이사회 결의로 업무수행 및 경영상 필요한 세칙 등 내규를 정할 수 있다.
제39조(발기인의 성명과 주소) 당 회사의 설립 발기인의 성명, 주민등록번호와 주소는 이 정관 말미에 기재한다.
제40조(시행일자) 이 정관은 년 월 일부터 시행한다.

위와 같이 주식회사...(회사명)을 설립하기 위하여 이 정관을 작성하고 발기인 전원이 이에 기명날인하다.

년 월 일

주식회사 OOOO
전남 여수시 대학로 50

발 기 인 : 박복재(******-*******)
전남 여수시 소호로

발 기 인 : 구병우(******-*******)
전남 여수시 소라면

※ 본 정관양식은 주식회사 정관에 기재하여야 할 가장 기본적인 내용을 예시한 것이므로, 실제 정관 작성시에 다른 상대적 · 임의적 사항들을 기재할 수 있음

5) 개인기업의 법인전환

개인이 기업경영에 관한 권리·의무의 주체가 되어 운영하던 기업을 개인 기업주와는 독립된 법인이 기업경영에 관한 권리·의무의 주체가 되도록 기업의 조직 형태를 전환하는 것을 말한다.

이러한 법인전환의 유형에는 현물출자에 의한 법인전환과, 사업 양도·양수에 의한 법인전환이 있다.

(1) 법인전환 방법

① 현물출자에 의한 법인전환

현물출자라 함은 금전이 아닌 재산으로 하는 출자를 말하며 현물출자에 의한 법인전환이란 개인이 경영하던 기업의 자산과 부채를 모두 새로이 설립되는 법인기업에 현물출자를 하여 법인기업을 설립하는 것이다.

② 사업 양도·양수에 의한 법인전환

개인사업을 영위하던 자가 발기인이 되어 법인을 설립하고 그 법인의 설립일 부터 3개월 이내에 당해 법인에게 사업에 관한 모든 권리와 의무를 포괄적으로 양도하는 것이다.

법인전환 방법 선택 시 고려할 사항

법인전환방법 중 가장 적합한 방법을 선택하기 위해서는 다음 사항을 고려해야 한다.

- 조세특례제한법상 조세지원의 가능성
- 법인전환을 통한 경제적인 이익 및 효과
- 법인전환 절차상의 복잡성
- 법인설립 자금의 크기와 준비 여부
- 보유 자산과 부채의 유형 및 규모

(2) 법인전환의 요건

① 새로이 설립되는 법인의 자본금이 개인기업의 순자산가액 이상이어야 한다.

② 개인사업장의 중소기업자가 당해 법인전환으로 인하여 취득하는 주식 또는 지분의 가액이 법인전환으로 인하여 소멸하는 사업장의 순자산가액이상이어야 한다.

③ 순자산가액이란 법인전환일 현재의 시가로 평가한 자산의 합계액에서 충당금을 포함한 부채의 합계액을 공제한 금액을 말한다.

(3) 법인전환에 따른 조세 의 감면 및 승계

법인(소비성서비스업을 영위하는 법인을 제외)으로 전환하는 경우 고정자산에 대한 이월과세 적용, 취득세 감면 등의 혜택을 부여하고 있다.

① 사업용 고정자산에 대한 이월과세의 적용

현물출자 또는 사업 양수도를 한 날이 속하는 과세연도의 과세표준신고(예정신고를 포함)시 새로이 설립되는 법인과 함께 이월과세 적용을 신청한다.

② 취득세의 면제

현물출자 또는 사업 양수도에 따라 취득하는 사업용 재산에 대하여는 취득세를 면제하지만 취득일부터 2년 이내에 정당한 사유 없이 당해 사업을 폐지하거나 당해 재산을 처분(임대를 포함)하는 경우에는 감면받은 세액을 추징한다.

③ 법인전환으로 인한 감면의 승계

개인기업이 법인으로 전환하는 경우 개인기업에 적용되던 다음의 감면에 대하여는 잔존 감면기간에 대하여 법인으로 전환된 기업에 적용받을 수 있다.

- 창업중소기업 및 창업벤처기업에 대한 법인세의 감면과 재산세의 감면(재산세의 경우에는 법인전환 전 취득한 재산에 한하여 적용)
- 농공단지 입주기업에 대한 법인세의 감면
- 수도권과밀억제권외의 지역으로 이전하는 중소기업에 대한 감면
- 농업회사법인에 대한 법인세의 변제
- 최저한세로 인한 세액공제의 이월공제

(4) 법인전환 절차

법인전환은 다음과 같은 절차에 의하되 법인 전환일을 기준으로 적절한 시기에 거래처 등에 상호변경에 대한 공지와 관련 서류 및 명칭변경이 필요한 사항을 이행한다.

① 현물출자에 의한 법인전환

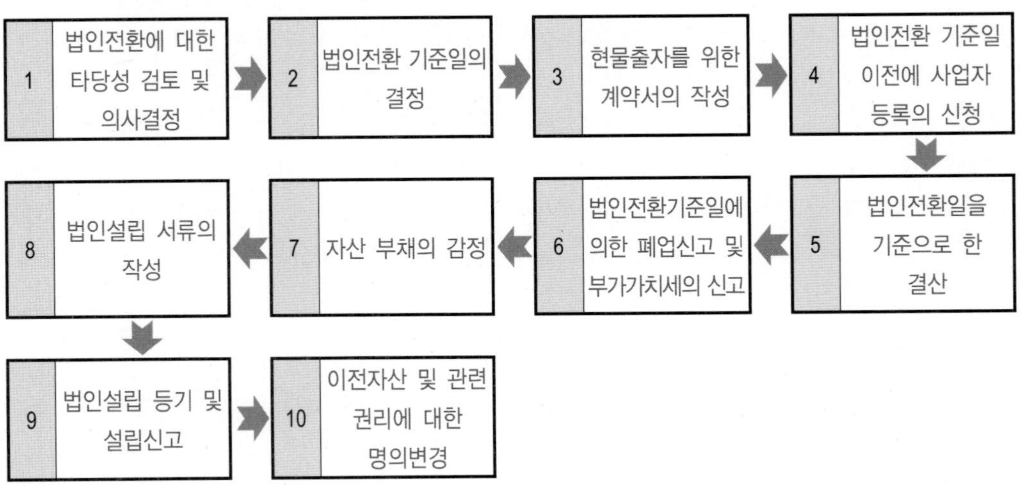

② 사업 양도·양수에 의한 법인전환

1. 법인전환에 대한 타당성 검토 및 의사결정
2. 법인전환 기준일의 결정
3. 법인설립 서류의 작성
4. 법인설립 등기
5. 법인사업자 등록의 신청 및 설립신고
6. 사업포괄양도·양수 계약서의 작성
7. 법인전환기준 일을 기준으로 한 결산
8. 자산부채의 감정
9. 이전자산 및 관련 권리에 대한 명의변경
10. 법인전환기준일에 의한 폐업신고 및 부가가치세 신고

3. 사업자 등록

1) 개인사업자 등록

소유자와 경영자가 일치하는 개인 기업은 사업자등록을 함으로써 개인기업의 설립이 완료된다.

개인사업자 등록 절차
① 인·허가 및 신고 업종여부 검토 ② 시군구 등 관련기관에 인·허가 및 신고 이행 ※ 허가(등록, 신고) 전에 등록하는 경우 허가(등록) 신청서 사본 또는 사업계획서 제출 ③ 사업개시일로부터 20일 이내 사업자등록 신서에 신고인 제출서류를 첨부하여 제출

신고인 제출 서류	
구분	첨부서류
① 법령에 따라 허가를 받거나 등록 또는 신고를 하여야 하는 사업의 경우	사업허가증 사본, 사업등록증 사본 또는 신고확인증 사본
② 사업장을 임차한 경우	임대차계약서 사본
③ 「상가건물 임대차보호법」 제2조제1항에 따른 상가건물의 일부분만 임차한 경우	해당 부분의 도면
④ 「조세특례제한법」 제106조의3제31항에 따른 금지금(이하 '금지금'이라 함)도매 및 소매업	사업자금 명세 또는 재무상황 등을 확인할 수 있는 서류로서 기획재정부령으로 정하는 서류

신고인 제출 서류	
구분	첨부서류
⑤ 「개별소비세법」 제1조 제4항에 따른 과세유흥장소에서 영업을 경영하는 경우	사업자금 명세 또는 재무상황 등을 확인할 수 있는 서류로서 기획재정부령으로 정하는 서류
⑥ 「부가가치세법」 제8조 제3항 및 제4항에 따라 사업자 단위로 등록하려는 사업자	사업자 단위 과제 적용 사업장 외의 사업장(이하 "종된 사업장"이라 함)에 대한 이 표 제1호부터 제5호까지의 규정에 따른 서류 및 사업장 소재지·업태·종목 등이 적힌 기획재정부령으로 정하는 서류
⑦ 액체연료 및 관련제품 도매업, 기체연료 및 관련제품 도매업, 차량용 주유소 운영업, 차량용 가스 충전업, 가정용 액체연료 소매업과 가정용 가스연료 소매업	사업자금 명세 또는 재무상황 등을 확인할 수 있는 서류로서 기획재정부령으로 정하는 서류
⑧ 재생용 재료 수집 및 판매업	사업자금 명세 또는 재무상황 등을 확인할 수 있는 서류로서 기획재정부령으로 정하는 서류

사업자등록을 신청할 때 붙임서류에 추가로 적어야 하는 사유
① 공동사업자에 해당하는 경우 공동사업자명세 ② 종업원을 1명 이상 고용한 경우 종업원현황 ③ 사업장 외의 장소에서 서류를 송달받으려는 경우 서류를 송달 받을 장소 ④ 사업자 단위 과세 적용을 신청한 경우 사업자 단위 과세 사업자의 종된 사업장 명세서

서식 2-1 사업자등록 신청서(개인사업자용)

■ 부가가치세법 시행규칙 [별지 제4호서식] <개정 2015.3.6.>

홈택스 (www.hometax.go.kr)에서도 신청할 수 있습니다.

사업자등록 신청서(개인사업자용)

(법인이 아닌 단체의 고유번호 신청서)

※ 사업자등록의 신청 내용은 영구히 관리되며, 납세 성실도를 검증하는 기초자료로 활용됩니다.
아래 해당 사항을 사실대로 작성하시기 바라며, 신청서에 본인이 자필로 서명해 주시기 바랍니다.

※ [ ]에는 해당되는 곳에 √표를 합니다.

(앞쪽)

접수번호		처리기간	3일(보정기간은 불산입)

1. 인적사항

상호(단체명)	전화번호	(사업장)
성명(대표자)		(자택)
		(휴대전화)
주민등록번호	FAX번호	
사업장(단체) 소재지		층 호

2. 사업장 현황

업 종	주업태		주종목		주생산 요소		주업종 코드	개업일	종업원 수
	부업태		부종목		부생산 요소		부업종 코드		

사이버몰 명칭		사이버몰 도메인	

사업장 구분	자가 면적	타가 면적	사업장을 빌려준 사람 (임 대 인)			임대차 명세		
			성 명 (법인명)	사업자 등록번호	주민(법인) 등록번호	임대차 계약기간	(전세) 보증금	월 세
	㎡	㎡				. . . ~ . . .	원	원

허 가 등 사업 여부	[ ]신고 [ ]등록 [ ]허가 [ ]해당 없음	주류면허	면허번호	면허신청
				[ ]여 [ ]부

개별소비세 해당 여부	[ ]제조 [ ]판매 [ ]입장 [ ]유흥

사업자금 명세 (전세보증금 포함)	자기자금	원	타인자금	원

사업자 단위 과세 적용 신고 여부	[ ]여 [ ]부	간이과세 적용 신고 여부	[ ]여 [ ]부

전자우편주소		국세청이 제공하는 국세정보 수신동의 여부	[ ]동의함 [ ]동의하지 않음

그 밖의 신청사항	확정일자 신청 여부	공동사업자 신청 여부	사업장소 외 송달장소 신청 여부	양도자의 사업자등록번호 (사업양수의 경우에만 해당함)
	[ ]여 [ ]부	[ ]여 [ ]부	[ ]여 [ ]부	

210mm×297mm[백상지 80g/㎡ 또는 중질지 80g/㎡]

(뒤쪽)

3. 사업자등록 신청 및 사업 시 유의사항 (아래 사항을 반드시 읽고 확인하시기 바랍니다)

가. 다른 사람에게 사업자명의를 빌려주는 경우 사업과 관련된 각종 세금이 명의를 빌려준 사람에게 나오게 되어 다음과 같은 불이익이 있을 수 있습니다.

1) 조세의 회피 및 강제집행의 면탈을 목적으로 자신의 성명을 사용하여 타인에게 사업자등록을 할 것을 허락한 사람은 「조세범 처벌법」 제11조제2항에 따라 1년 이하의 징역 또는 1천만원 이하의 벌금에 처해집니다.
2) 소득이 늘어나 국민연금과 건강보험료를 더 낼 수 있습니다.
3) 명의를 빌려간 사람이 세금을 못 내게 되면 체납자가 되어 소유재산의 압류 · 공매처분, 체납명세의 금융회사 등 통보, 출국규제 등의 불이익을 받을 수 있습니다.

나. 다른 사람의 명의로 사업자등록을 하고 실제 사업을 하는 것으로 확인되는 경우 다음과 같은 불이익이 있습니다.

1) 조세의 회피 또는 강제집행의 면탈을 목적으로 타인의 성명을 사용하여 사업자등록을 한 사람은 「조세범 처벌법」 제11조제1항에 따라 2년 이하의 징역 또는 2천만원 이하의 벌금에 처해집니다.
2) 「부가가치세법」 제60조제1항제2호에 따라 사업 개시일부터 실제 사업을 하는 것으로 확인되는 날의 직전일까지의 공급가액에 대하여 100분의 1에 해당하는 금액을 납부세액에 가산하여 납부해야 합니다.
3) 「주민등록법」 제37조제10호에 따라 다른 사람의 주민등록번호를 부정하게 사용한 자는 3년 이하의 징역 또는 1천만원 이하의 벌금에 처해집니다.

다. 귀하가 실물거래 없이 세금계산서 또는 계산서를 발급하거나 발급받은 경우 또는 이와 같은 행위를 알선 · 중개한 경우에는 「조세범 처벌법」 제10조제3항 또는 제4항에 따라 해당 법인 및 대표자 또는 관련인은 3년 이하의 징역이나 공급가액 및 그 부가가치세액의 3배 이하에 상당하는 벌금에 처해집니다.

라. 신용카드 가맹 및 이용은 반드시 사업자 본인 명의로 해야 하며 사업상 결제목적 외의 용도로 신용카드를 이용할 경우 「여신전문금융업법」 제70조제2항에 따라 3년 이하의 징역 또는 2천만원 이하의 벌금에 처해집니다.

대리인이 사업자등록신청을 하는 경우에는 아래의 **위임장을 작성하시기 바랍니다.**

위 임 장	본인은 사업자등록 신청과 관련한 모든 사항을 아래의 대리인에게 위임합니다. 본 인: (서명 또는 인)		
대리인 인적사항	성명	주민등록번호	전화번호	신청인과의 관계

위에서 작성한 내용과 실제 사업자 및 사업내용 등이 일치함을 확인하며, 「부가가치세법」 제8조제1항, 제61조제3항, 같은 법 시행령 제11조제1항 · 제2항, 제109조제4항, 같은 법 시행규칙 제9조제1항 · 제2항 및 「상가건물 임대차보호법」 제5조제2항에 따라 사업자등록 ([ ]일반과세자[ ]간이과세자[ ]면세사업자[ ]그 밖의 단체) 및 확정일자를 신청합니다.

년 월 일

신청인: (서명 또는 인)

위 대리인: (서명 또는 인)

세 무 서 장 귀하

신고인 제출서류	1. 사업허가증 사본, 사업등록증 사본 또는 신고확인증 사본 중 1부(법령에 따라 허가를 받거나 등록 또는 신고를 해야 하는 사업의 경우에만 제출합니다) 2. 임대차계약서 사본(사업장을 임차한 경우에만 제출합니다) 1부 3. 「상가건물 임대차보호법」이 적용되는 상가건물의 일부분을 임차한 경우에는 해당 부분의 도면 1부 4. 자금출처명세서(금지금 도·소매업, 액체연료 및 관련제품 도매업, 기체연료 및 관련제품 도매업, 차량용 주유소 운영업, 차량용 가스 충전업, 가정용 액체연료 소매업, 가정용 가스연료 소매업, 재생용 재료 수집 및 판매업 및 과세유흥장소에서 영업을 하려는 경우에만 제출합니다) 1부	수수료 없음

유의사항
사업자등록을 신청할 때 다음과 같은 사유에 해당하는 경우 붙임의 서식 부표에 추가로 적습니다. ① 공동사업자에 해당하는 경우 ② 종업원을 1명 이상 고용한 경우 ③ 사업장 외의 장소에서 서류를 송달받으려는 경우 ④ 사업자 단위 과세 적용을 신청한 경우(2010년 이후부터 적용)

2) 법인사업자 등록

법인설립등기가 완료되면 회사는 법인설립 등기를 한 날로부터 20일 이내에 관할 세무서에 법인설립신고 및 사업자등록 신청서를 제출한다.

법인사업자 등록 절차
① 법인설립등기 완료
② 인·허가 및 신고 업종여부 검토
③ 시군구 등 관련기관에 인·허가 및 신고 이행 ※ 허가(등록, 신고) 전에 등록하는 경우 허가(등록) 신청서 사본 또는 사업계획서 제출
④ 사업개시일로부터 20일 이내 사업자등록 신서에 신고인 제출서류를 첨부하여 제출

첨부서류
① 정관 1부(외국법인만 해당)
② 임대차계약서 사본(사업장을 임차한 경우만 해당) 1부
③「상가건물 임대차보호법」의 적용을 받는 상가건물의 일부를 임차한 경우에는 해당 부분의 도면 1부
④ 주주 또는 출자자명세서 1부
⑤ 사업허가·등록·신고필증 사본(해당 법인만 해당) 또는 설립허가증사본(비영리법인만 해당) 1부
⑥ 현물출자명세서(현물출자법인의 경우만 해당) 1부
⑦ 자금출처소명서('08년 7월부터 금지금 도·소매업 및 과세유흥장소에의 영업을 영위하려는 경우만 해당) 1부
⑧ 본점 등의 등기에 관한 서류(외국법인만 해당) 1부
⑨ 국내사업장의 사업영위내용을 입증할 수 있는 서류(외국법인만 해당하며, 담당 공무원 확인사항에 의하여 확인할 수 없는 경우만 해당) 1부
⑩ 사업자단위과세 적용 신고자의 종된 사업장 명세서(법인사업자용),(사업자단위과세 적용을 신청한 경우만 해당) 1부

서식 2-2 사업자등록 신청서(법인사업자용)

■ 법인세법 시행규칙 [별지 제73호서식] <개정 2015.3.13.>

홈택스(www.hometax.go.kr)에서도 신고할 수 있습니다. (앞쪽)

접수번호	[ ] 법인설립신고 및 사업자등록신청서 [ ] 국내사업장설치신고서(외국법인)	처리기간
		3일 (보정기간은 불산입)

귀 법인의 사업자등록신청서상의 내용은 사업내용을 정확하게 파악하여 근거과세의 실현 및 사업자등록 관리업무의 효율화를 위한 자료로 활용됩니다. 아래의 사항에 대하여 사실대로 작성하시기 바라며 신청서에 서명 또는 인감(직인)날인하시기 바랍니다

1. 인적사항

법인명(단체명)		승인법인고유번호 (폐업당시 사업자등록번호)	
대표자		주민등록번호	-
사업장(단체)소재지		층 호	
전화번호	(사업장)	(휴대전화)	

2. 법인현황

법인등록번호	-	자본금	천원	사업연도	

법 인 성 격 (해당란에 ○표)

내 국 법 인						외 국 법 인			지점(내국법인의 경우)			분할신설법인	
영리일반	영리외투	비영리	국가지방자치	법인으로 보는 단체		지점(국내사업장)	연 락 사무소	기타	여	부	본점 사업자 등록번호	분할전 사업자 등록번호	분할 연월일
				승인법인	기타								

조합법인 해당 여부		사업자 단위 과세 여부		공 익 법 인						외국、외투 법인	국 적	투자 비율
여	부	여	부	해당여부		사업유형	주무부처명	출연자산여부				
				여	부			여	부			

3. 외국법인 내용 및 관리책임자 (외국법인에 한함)

외 국 법 인 내 용

본점	상 호	대 표 자	설 치 년 월 일	소 재 지

관 리 책 임 자

성 명 (상 호)	주민등록번호 (사업자등록번호)	주 소 (사업장소재지)	전 화 번 호

4. 사업장현황

사 업 의 종 류						사업(수익사업) 개 시 일
주업태	주 종 목	주업종코드	부업태	부 종 목	부업종코드	
						년 월 일

사이버몰 명칭		사이버몰 도메인	

사업장 구분 및 면적		도면첨부		사업장을 빌려준 사람(임대인)			
자가	타가	여	부	성 명(법인명)	사업자등록번호	주민(법인)등록번호	전화번호
㎡	㎡						

임 대 차 계 약 기 간	(전세)보증금	월 세(부가세 포함)
20 . . . ~ 20 . . .	원	원

개 별 소 비 세				주 류 면 허			부가가치세 과세사업		인·허가 사업 여부			
제 조	판 매	장 소	유 흥	면 허 번 호	면 허 신 청		여	부	신고	등록	인·허가	기타
					여	부						

설립등기일 현재 기본 재무상황 등

자산 계	유동자산	고정자산	부채 계	유동부채	고정부채	종업원수
천원	천원	천원	천원	천원	천원	명

전자우편주소		국세청이 제공하는 국세정보 수신동의 여부	[ ]동의함 [ ]동의하지않음

210mm×297mm[백상지 80g/㎡ 또는 중질지 80g/㎡]

(뒤쪽)

5. 사업자등록신청 및 사업시 유의사항(아래 사항을 반드시 읽고 확인하시기 바랍니다)

가. 사업자등록 상에 자신의 **명의를 빌려주는 경우 해당** 법인에게 부과되는 각종 세금과 과세자료에 대하여 소명 등을 하여야 하며, 부과된 세금의 체납시 **소유재산의 압류·공매처분, 체납내역 금융회사 통보, 여권발급제한, 출국규제** 등의 불이익을 받을 수 있습니다.

나. 내국법인은 주주(사원)명부를 작성하여 비치하여야 합니다. 주주(사원)명부는 사업자등록신청 및 법인세 신고시 제출되어 지속적으로 관리되므로 사실대로 작성하여야 하며, 주주명의 대여시는 **양도소득세 또는 증여세**가 과세될 수 있습니다.

다. 사업자등록 후 정당한 사유 없이 **6개월이 경과할 때까지 사업을 개시**하지 아니하거나 **부가가치세 및 법인세를 신고하지 아니하거나 사업장을 무단 이전**하여 실지사업여부의 확인이 어려울 경우에는 **사업자등록이 직권으로 말소**될 수 있습니다.

라. **실물거래 없이 세금계산서 또는 계산서를 발급하거나 수취하는 경우** 「조세범처벌법」 제10조제3항 또는 제4항에 따라 해당 법인 및 대표자 또는 관련인은 **3년 이하의 징역 또는 공급가액 및 그 부가가치세액의 3배 이하에 상당하는 벌금에 처하는 처벌**을 받을 수 있습니다.

마. 신용카드 가맹 및 이용은 반드시 사업자 본인 명의로 하여야 하며 **사업상 결제목적 이외의 용도로 신용카드를 이용할 경우** 「여신전문금융업법」 제70조제2항에 따라 **3년 이하의 징역 또는 2천만원 이하의 벌금에 처하는 처벌을 받을 수 있습니다.**

신청인의 위임을 받아 대리인이 사업자등록신청을 하는 경우 아래 사항을 적어 주시기 바랍니다.

대 리 인 인적사항	성 명		주민등록번호	
	주 소 지			
	전화 번호		신청인과의 관계	

신청 구분	[ ] 사업자등록만 신청 [ ] 사업자등록신청과 확정일자를 동시에 신청 [ ] 확정일자를 이미 받은 자로서 사업자등록신청 (확정일자 번호:)

신 청서에 적은 내용과 실제 사업내용이 일치함을 확인하고, 「법인세법」 제109조·제111조, 같은 법 시행령 제152조부터 제154조까지, 같은 법 시행규칙 제82조제3항제11호 및 「상가건물 임대차보호법」 제5조제2항에 따라 법인설립 및 국내사업장설치 신고와 사업자등록 및 확정일자를 신청합니다.

년 월 일

신 청 인 (인)
위 대 리 인 (서명 또는 인)

세무서장 귀하

첨부서류	1. 정관 1부(외국법인만 해당합니다) 2. 임대차계약서 사본(사업장을 임차한 경우만 해당합니다) 1부 3. 「상가건물 임대차보호법」의 적용을 받는 상가건물의 일부를 임차한 경우에는 해당 부분의 도면 1부 4. 주주 또는 출자자명세서 1부 5. 사업허가·등록·신고필증 사본(해당 법인만 해당합니다) 또는 설립허가증사본(비영리법인만 해당합니다) 1부 6. 현물출자명세서(현물출자법인의 경우만 해당합니다) 1부 7. 자금출처명세서(금지금 도·소매업, 액체·기체연료 도·소매업, 재생용 재료 수집 및 판매업, 과세유흥장소에서 영업을 하려는 경우에만 제출합니다) 1부 8. 본점 등의 등기에 관한 서류(외국법인만 해당합니다) 1부 9. 국내사업장의 사업영위내용을 입증할 수 있는 서류(외국법인만 해당하며, 담당 공무원 확인사항에 의하여 확인할 수 없는 경우만 해당합니다) 1부 10. 사업자단위과세 적용 신고자의 종된 사업장 명세서(법인사업자용)(사업자단위과세 적용을 신청한 경우만 해당합니다) 1부

작성방법

사업장을 임차한 경우 「상가건물 임대차보호법」의 적용을 받기 위하여서는 사업장 소재지를 임대차계약서 및 건축물관리대장 등 공부상의 소재지와 일치되도록 구체적으로 적어야 합니다.
(작성 예) ㅇㅇ동 ㅇㅇㅇㅇ번지 ㅇㅇ호 ㅇㅇ상가(빌딩) ㅇㅇ동 ㅇㅇ층 ㅇㅇㅇㅇ호

3) 4대 사회보험 가입

4대 사회보험은 고용보험, 산업재해 보상보험, 국민연금, 의료보험을 말하며 근로자를 사용하는 모든 사업장은 반드시 가입해야 한다. 국민연금과 국민건강보험의 근로자는 법인의 임원 및 대표자를 포함하며, 고용 및 산재보험의 근로자는 법인의 대표자를 포함하지 않고 근로기준법 제2조1항1호에 따른 근로자를 말한다.

신청과 각종 변경 및 탈퇴에 관련한 신고는 4대 보험 공통서식으로 모든 행정절차를 수행 할 수 있으며, 사업장에서 가까운 기관들 중 한 곳에만 신고하거나 인터넷[3]으로 신고하면 원스톱으로 해결 가능하다.

표 2-18 4대 사회보험 비교

구분	국민연금	건강보험	고용보험	산재보험
적용사업장	상시근로자 1인 이상 법인 및 전문직종 개인사업장과 상시근로자 5인 이상 일반사업장	상시근로자 1인 이상	1998년 10월 1일부터 1인 이상근로자 의무 가입	상시근로자 1인 이상
신고기한	근로자를 사용하는 사업장이 된 때에서부터 14일 이내		가입사유가 발생한 날 즉 근로자를 채용한 날로부터 그 다음달 15일 까지	
부과소득 상한선	360만원(45등급)	548만원(등급 없음)	상한선 없음	상한선 없음
보험료 부담	사용자와 근로자가 각각 1/2씩 부담	사용자와 근로자가 각각 1/2씩 부담	실업급여는 사용자와 근로자가 각 50%씩 부담, 기타사업은 사업주가 전액부담	사업주가 전액부담
납부방법	월납	월납	연납 (분할납부 가능)	연납 (분할납부 가능)
납부마감일	다음달 10일 (신고마감일은 15일)	다음달 10일 (신고마감일은 15일)	당해 연도의 3.31까지(연도 중 성립의 경우 성립일로부터 70일)	당해 연도의 3.31까지(연도 중 성립의 경우 성립일로부터 70일)
납부의무자	사용자	사용자	사업주	사업주

3 http://www.4insure.or.kr

4. ❙ 공장 설립

1) 공장의 개념

산업집적활성화 및 공장 설립에 관한 법률에 따르면 “공장”이란 건축물 또는 공작물, 물품제조공정을 형성하는 기계·장치 등 제조시설과 그 부대시설(이하 “제조시설 등”이라 함)을 갖추고 「한국표준산업분류」에 따른 제조업을 하기 위한 사업장을 말한다.

그리고 “제조업”이란 원재료(물질 또는 구성요소)에 물리적, 화학적 작용을 가하여 투입된 원재료를 성질이 다른 새로운 제품으로 전환시키는 산업 활동을 말한다. 따라서 단순히 상품을 선별・정리・분할・포장・재포장하는 경우 등과 같이 그 상품의 본질적 성질을 변화시키지 않는 처리활동은 제조활동으로 보지 않는다. 이러한 제조활동은 공장이나 가내에서 동력기계 및 수공으로 이루어질 수 있으며, 생산된 제품은 도매나 소매형태로 판매될 수도 있다.

(1) 다른 법률상 공장의 개념

① 수도권정비계획법

공장으로서 건축물의 연면적(제조시설로 사용되는 기계 또는 장치를 설치하기 위한 건축물 및 사업장의 각 층 바닥면적의 합계)이 500 m^2 이상인 것을 말한다(「수도권정비계획법 시행령」 제3조제3호).

② 건축법 시행령

물품의 제조·가공[염색·도장(塗裝)·표백·재봉·건조·인쇄 등을 포함함] 또는 수리에 계속적으로 이용되는 건축물로서 제1종 근린생활시설, 제2종 근린생활시설, 위험물저장 및 처리시설, 자동차 관련 시설, 자원순환 관련 시설 등으로 따로 분류되지 않는 것을 말한다(「건축법 시행령」 제3조의5 및 별표 1 제17호).

③ 조세특례제한법

“공장”이란 제조장 또는 자동차종합정비업 또는 소형자동차종합정비업의 사업장으로서 제조 또는 사업단위로 독립된 것을 말한다(「조세특례제한법 시행령」 제54조 및 「조세특례제한법 시행규칙」 제22조).

④ 지방세특례제한법

공장의 범위는 「지방세법 시행규칙」 별표 2에서 규정하는 업종의 공장으로서 생산설비를 갖춘 건축물의 연면적(옥외에 기계장치 또는 저장시설이 있는 경우에는 그 시설물의 수평투영면적 포함)이 200m^2 이상인 것을 말한다. 이 경우 건축물의 연면적에는 그 제조시설을 지원하기 위하여 공장 경계구역 안에 설치되는 종업원의 후생복지시설 등 각종 부대시설을 포함한다(「지방세특례제한법 시행규칙」 제8조제1항).

(2) 공장의 범위

① 제조업을 하기 위하여 필요한 제조시설(물품의 가공·조립·수리시설을 포함한다. 이하 같다) 및 시험생산시설

② 제조업을 하는 경우 그 제조시설의 관리·지원, 종업원의 복지후생을 위하여 해당 공장부지 안에 설치하는 부대시설로서 산업통상자원부령으로 정하는 것

- 사무실·창고·경비실·전망대·주차장·화장실 및 자전거보관시설
- 수조·저유조·사일로 및 저장조 등 저장용 옥외구축물(지하 저장용 시설을 포함)
- 송유관, 옥외주유시설, 급·배수시설, 변전실, 기계실 및 펌프실
- 다음에 해당하는 시설(폐기물처리시설. 수질오염방지시설, 대기오염방지시설, 소음·진동방지시설)
- 시험연구시설 및 에너지이용효율 증대를 위한 시설
- 공동산업안전시설 및 보건관리시설
- 보육시설 및 기숙사
- 식당·휴게실·목욕실·세탁장·의료실 및 옥외체육시설 등 종업원의 복지후생증진에 필요한 시설
- 제품전시장(해당 공장의 생산제품 또는 해당 공장의 생산제품을 부품으로 하는 반제품 또는 완제품을 전시하는 시설만 해당)
- 제품판매장(해당 공장의 생산제품을 판매하는 시설만 해당)
- 원자재 및 완제품 등을 싣고 내리기 위한 호이스트
- 중앙행정기관의 장이 관리권한을 위탁받은 국가산업단지의 경우 해당 중앙행정기관의 장이 제조시설의 관리·지원, 종업원의 복지후생을 위하여 산업통상자원부장관 등 관계 중앙행정기관의 장과 협의하여 인정하는 시설
- 그 밖에 해당 제조시설의 관리·지원, 종업원의 복지후생을 위하여 필요하다고 산업통상자원부장관이 인정하는 시설

③ 제조업을 하는 경우 관계 법령에 따라 설치가 의무화된 시설

④ 제1호부터 제3호까지의 시설이 설치된 공장부지

2) 공장 설립의 개요

(1) 공장 설립

공장의 설립이란 공장을 신설 또는 증설하는 것이다. 공장의 신설이란 건축물을 신축(공작물 축조하는 것 포함)하거나 기존 건축물의 용도를 공장 용도로 변경하여 제조시설 등을 설치하는 것이다. 그리고 공장의 증설이란 공장등록대장에 등록된 공장의 공장건축면적 또는 공장부지면적을 넓히는 것이다.

(2) 공장 설립의 범위

① 공장의 이전

'공장의 이전'이란 공장등록대장에 등록된 공장을 폐쇄하고 다른 위치로 이동하여 동종업종의 공장을 신설 또는 증설하는 것이다.

② 업종변경

'업종변경'이란 공장 설립 등의 승인을 받은 공장 또는 공장등록대장에 등록된 공장의 업종을 다른 업종(산업집적활성화 및 공장 설립에 관한 법률」 제8조에 따른 공장입지의 기준에 따른 업종을 말함)으로 변경하거나 해당 공장에 다른 업종을 추가하는 것이다.

③ 제조시설설치

미리 업종을 정하지 않고 공장 설립 등의 승인을 받아 건축된 공장건축물 또는 폐업·제조시설 멸실로 공장등록이 취소된 공장건축물로서, 공장건축면적이 500 m^2 이상인 공장건축물의 전부 또는 일부에 시장·군수 또는 구청장의 승인을 받아 제조시설 등을 설치하고 제조업을 할 수 있다.

④ 공장등록

공장 설립승인 대상에서 제외되는 공장건축면적이 500m^2 미만인 공장의 소유자 또는 점유자는 공장등록을 신청할 수 있다.

3) 공장 설립의 유형

공장 설립은 입지종류에 따라 산업단지 내에서 공장을 설립하는 경우(계획입지)와 산업단지 외에서 공장을 설립하는 경우(개별입지)로 구분할 수 있다. 개별입지에서 공장을 설립하려면 공장 설립승인 또는 창업사업계획승인을 받아야 하고, 계획입지에서 공장을 설립하려면 산업단지와 입주계약을 체결해야 한다.

그 밖에도 제조업, 지식사업, 지원시설 등이 복합적으로 입주할 수 있는 다층형 집합건축물인 지식산업센터(구 아파트형 공장)를 설립하거나 산업기술단지에 입주한 중소기업창업자 및 벤처기업은 도시형공장을 설립할 수 있다.

(1) 공장입지 유형에 따른 구분

공장 설립은 공장입지에 따라 크게 개별입지(산업단지 외)에서 공장을 설립하는 경우와 계획입지(산업단지 내)에서 공장을 설립하는 경우로 구분할 수 있다.

표 2-19 공장입지 유형별 설립 대상

구분	설립승인의 유형	대상
개별입지	공장 설립승인	공장건축면적이 500제곱미터 이상인 공장 설립자 (공장건축면적이 500제곱미터 미만인 경우도 가능)
	창업사업계획승인	중소기업 창업자
계획입지	입주계약 체결로 대신함	국가산업단지, 일반산업단지, 도시첨단산업단지, 농공단지에 입주하여 제조업을 하려는 자

① 개별입지(산업단지 외)에서의 공장 설립

가. 공장 설립 등 승인에 의한 공장 설립

공장건축면적이 500제곱미터 이상인 공장의 신설·증설 또는 업종변경을 하려는 자는 시장·군수 또는 구청장의 승인을 받아 공장을 설립할 수 있다. 그리고 공장건축면적이 500제곱미터 미만인 경우에도 허가·신고·면허·승인·해제 또는 용도폐지 등의 의제(擬制)를 받으려는 자는 공장 설립 등의 승인을 받을 수 있다.

나. 창업사업계획 승인에 의한 공장 설립

제조업으로 중소기업을 창업하려는 자는 사업계획을 작성하고, 이에 대해 시장·군수 또는 구청장의 승인을 받아 공장을 설립할 수 있다.

② 계획입지(산업단지 내)에서의 공장 설립

산업단지에서 제조업을 하거나 하려는 자는 산업단지의 관리기관과 그 입주에 관한 계약을 체결하여 공장을 설립할 수 있다.

(2) 특수한 형태의 공장 설립

① 지식산업센터(구 아파트형 공장)

지식산업센터는 공장 설립 등의 승인과 마찬가지로 시장·군수 또는 구청장의 승인을 받아 설립할 수 있다.

"지식산업센터"란 동일건축물에 제조업, 지식산업 및 정보통신산업을 영위하는 자와 지원시설이 복합적으로 입주할 수 있는 다층형 집합건축물로서 다음의 요건을 모두 갖춘 건축물을 말한다.

- 지상 3층 이상의 집합건축물일 것
- 공장, 「산업집적활성화 및 공장 설립에 관한 법률 시행령」 제6조제2항에 따른 지식산업의 사업장 또는 「산업집적활성화 및 공장 설립에 관한 법률 시행령」 제6조제3항에 따른 정보통신산업의 사업장이 6개 이상 입주할 수 있을 것
- 「바닥면적(지상층만 해당)의 합계가 건축면적의 300퍼센트 이상일 것(다만, 다음의 어느 하나에 해당하여 바닥면적의 합계가 건축면적의 300퍼센트 이상이 되기 어려운 경우에는 해당 법령이 허용하는 최대 비율로 함). 그리고 제조업을 운영하기 위하여 지식산업센터에 입주할 수 있다.

② 도시형공장

'도시형공장'이란 첨단산업의 공장, 공해발생정도가 낮은 공장 및 도시민생활과 밀접한 관계가 있는 공장 등으로 아래와 같이 산업통상자원부장관이 지정한 공장을 말한다.

- 「대기환경보전법」 제2조제9호에 따른 특정대기유해물질을 배출하는 대기오염물질배출시설을 설치하는 공장
- 「대기환경보전법」 제2조제11호에 따른 대기오염물질배출시설을 설치하는 공장으로서 「대기환경보전법 시행령」 별표 10의 1종사업장부터 3종사업장까지에 해당하는 공장(다만, 연료를 직접 사용하지 않는 공장은 제외함)
- 「수질 및 수생태계 보전에 관한 법률」 제2조제8호에 따른 특정수질유해물질을 배출하는 폐수배출시설을 설치하는 공장(다만, 「수질 및 수생태계 보전에 관한 법률 시행령」 제33조제2호에 따라 폐수를 전량 위탁 처리하는 공장은 제외함)
- 「수질 및 수생태계 보전에 관한 법률」 제2조제10호에 따른 폐수배출시설을 설치하는 공장으로서 「수질 및 수생태계 보전에 관한 법률 시행령」 별표 13의 1종사업장부터 4종사업장까지에 해당하는 공장
- 「산업집적활성화 및 공장 설립에 관한 법률 시행령」 별표 4에 해당하는 업종을 경영하는 공장

산업기술단지에 입주한 중소기업창업자 및 벤처기업은 해당 산업기술단지 안에 도시형공장을 설립할 수 있다.

4) 공장 설립 절차

(1) 공장 설립 절차

개별입지에서 창업공장 설립에 따른 절차는 크게 입지선정 단계부터 공장 설립신청 및 승인단계, 공장건축단계, 사용승인(공장등록)단계 등 4단계로 구분할 수 있으며 세부적으로는 사업타당성검토부터 공장등록증 발급까지 15단계의 절차를 거친다.

표 2-20 공장 설립 절차

구 분	진 행 순 서	비 고
공장입지 선정	사업타당성 검토 ↓	○ 토지이용계획 확인원, 지적도등본, 토지등기부등본 (공장 설립 가능 여부 검토) ○ 사례별 기간 편차 큼.
	입지분석 및 결정(개별·계획) ↓	
공장 설립 신청 및 승인	토목측량 및 환경 보고서 등 준비 ↓	○ 사전환경성검토서, 도시계획심의자료, 사전재해영향성 검토서 등 각종 보고서 준비
	공장 설립(창업사업계획) 승인신청 ↓	○ 지자체:복합민원심의 (의제처리)
	사전환경성검토협의 ↓	○ 지방환경청 협의 ○ 사전재해영향성 검토와 동시 진행을 가정함.
	사전재해영향성검토협의 ↓	○ 소방방재청(시군구 재난안전관리과 내부협의)
	[도시계획위원회심의] ↓	○ 민원처리기간중 위원회 개최 ○ 지역별 편차 20일~90일
	공장 설립(창업사업계획) 승인 ↓	○ 인·허가 부서(시.군.구)
공장건축	토목공사(부지조성) ↓	○ 농지 30일, 산지 60일 기준 (건축설계 포함)
	건축허가 및 착공신고 ↓	○ 건축허가 및 착공신고 등
	공 장 건 축 ↓	
	건축사용허가 및 준공 ↓	○ 현황도작성 및 업무대행 등 ○ 법정처리기간 7일(위험물, 화학공장의 경우 50일)
	제조시설 설치 ↓	○ 기계시설 및 오염방지시설(해당업종)설치 등
사용승인 (공장등록)	공 장 설 립 완 료 신 고 ↓	○ 기계설치 완료후 2개월이내 ○ 완료신고 접수후 3일내 통보
	공장등록증 발급	○ 식품 유통기한 설정 사유서 제출(해당업종)

(2) 단계별 공장 설립 세부 절차

<table>
<tr><th colspan="3">절 차 도</th><th>세부수행내용</th></tr>
<tr><td rowspan="4">공
장
입
지
선
정</td><td colspan="2">1. 사업타당성 검토</td><td>○ 계획사업 대한 사업타당성검토</td></tr>
<tr><td colspan="2" rowspan="3">2. 입지분석 및 결정
(계획·개별입지)</td><td>○ 공장입지의 결정
- 산업단지, 농공단지 등 계획입지 또는 개별입지</td></tr>
<tr><td>○ 공장예정지 선정
- 토지이용계획확인원검토
- 지적도등본, 토지대장검토
- 토지등기부등본 등 검토
- 교통여건, 인력확보여건, 민원문제 검토 등
○ 토지가격 및 부지조성공사비 등 검토
○ 시, 군 관련부서 사전협의 : 사전협의제도 이용
○ 환경관리청 사전협의 : 사전환경성관련
○ 기타 주요 인허가사항 및 세무관련사항 검토</td></tr>
<tr><td>○ 토지매매계약 및 계약금 지급
○ 토지사용승락서 작성
○ 소유자인감증명서 징구</td></tr>
<tr><td rowspan="5">공
장
설
립
신
청

및

승
인</td><td colspan="3">3. 토목 측량 및 환경보고서 등 준비</td></tr>
<tr><td rowspan="4"></td><td>토목측량
및 설계</td><td>○ 부지현황측량
○ 부지조성에 따른 토목설계
○ 공사비 내역서 산출(복구예치금산정)
○ 도로점용에 따른 토목설계</td></tr>
<tr><td>사전환경성 검토
보고서 작성</td><td>○ 현 상태의 자연환경에 대한 조사
○ 공사에 따른 자연환경 영향조사
○ 공사완료시 자연환경영향 조사
○ 공장가동시 자연환경조사
○ 자연환경오염에 따른 저감방안 수립</td></tr>
<tr><td>사전재해영향성검토
보고서 작성</td><td>○ 현 상태의 재해 검토
○ 공사에 따른 재해검토
○ 공사완료 후의 재해검토
○ 재해예방에 따른 저감방안 수립</td></tr>
<tr><td>도시계획심의자료
작성 및 준비</td><td>○ 도시계획심의 자료 작성 및 준비</td></tr>
</table>

<table>
<tr><th colspan="3">절 차 도</th><th>세부수행내용</th></tr>
<tr><td rowspan="5">공
장
설
립
신
청

및

승
인</td><td colspan="3">4. 창업사업계획(공장 설립)승인신청</td></tr>
<tr><td rowspan="4"></td><td>인허가 관련 법령 세부 검토</td><td>○ 창업지원법상 창업해당유무검토
- 대표자의 업력, 업종 등
○ 국토의 계획 및 이용에 관한 법률
- 법상 개발행위허가대상 여부 검토
- 부지규모 1만㎡ 이하 및 연접개발 저촉여부 검토
○ 환경관련 법령검토
- 소음, 진동배출시설 해당여부
- 대기, 폐수 배출시설 해당여부
○ 농지법 검토
- 농지법상 제한시설여부 검토
- 대체농지조성비 감면 여부 검토
○ 산지관리법 검토
- 산지관리법상 허가기준 등 검토
- 대체조림비 감면 여부 검토
○ 입목벌채 허가 검토
○ 산업입지의 개발에 관한 지침 검토
○ 도로, 구거점용관련 검토
○ 오염총량제 저촉여부 검토
○ 문화재관련사항 검토
○ 사전재해영향성검토 관련 법령 검토
(창업지원법에 따른 사업계획승인시는 제외)
- 사회 인문환경 검토 등
○ 사전환경성검토 관련 검토
○ 세제감면 관련 검토 등
- 지방세(취득세, 등록세)감면 여부검토
- 국세감면 여부 검토
○ 기타 인허가 사항 등</td></tr>
<tr><td>현장조사검토</td><td>○ 연접개발저촉여부 검토
○ 진입도로 등에 대한 검토
○ 경사도 및 난개발에 따른 검토
○ 묘지 등에 대한 검토
○ 인접토지 및 인근주민에 관한 영향 검토 등</td></tr>
<tr><td>승인신청서·사업계획서 작성 및 신청</td><td>○ 창업사업계획서 작성
○ 시설물 및 건물배치도 작성
○ 농지전용허가에 따른 서류작성
○ 개발행위허가 관련 서류작성
○ 기타 인허가 관련 법적첨부서류준비 및 첨부
○ 관련부서 1차 협의 후 민원실접수
○ 사업자 등록</td></tr>
</table>

<table>
<tr><th colspan="2">절 차 도</th><th>세부수행내용</th></tr>
<tr><td rowspan="7">공장설립신청 및 승인</td><td>5. 사전환경성 검토 협의</td><td>○ 지방환경청에 사전환경성검토 협의요청</td></tr>
<tr><td>6. 사전재해영향성 검토 내부 협의</td><td>○ 시군구 재난안전관리과 내부 검토</td></tr>
<tr><td>7. 도시계획위원회 심의</td><td>○ 도시계획위원회 심의 개최
- 부지면적 1만㎡ 미만의 경우 해당(2008년 1월 1일부터 제외예정임.)</td></tr>
<tr><td rowspan="4">8. 창업사업계획 (공장 설립) 승인</td><td>○ 협의부서 : 공장담당부서, 농지과, 도시과, 건설과, 환경과, 문화제 관련 등
○ 환경관리청 : 사전환경성검토 심의결과 통보
○ 보완서류 작성 및 제출
○ 도시계획위원회 심의 계최 결과
○ 승인조건사항 확인 및 이행
- 농지보전부담금, 대체산림자원조성비, 기반시설부담금 감면 여부 확인
- 개발행위이행보증금 : 공사금액에 따라 차등 부과됨
- 기타 승인조건 사항 확인
○ 승인서 발급</td></tr>
<tr><td>○ 토지잔금 지급 및 소유권 이전 등기
○ 토지소유권이전에 따른 지방세감면 여부 검토
○ 지방세감면서류작성
○ 기반시설부담금 감면 확인
○ 지방세감면확인서 발급
- 등록세, 교육세, 취득세, 농특세 설립후 2년 이내 100%감면</td></tr>
<tr><td>○ 각종 부담금 납부 및 예치
- 개발행위허가 이행담보 예치
- 복구비예치
- 농지보전부담금, 대체산림자원조성비 납부 (창업 3년 이내 최초 공장 설립자는 면제)</td></tr>
<tr><td>○ 적지복구설계준공검사
○ 비산먼지방지계획 확인 및 신고</td></tr>
<tr><td rowspan="2">공장건축</td><td>9. 토목공사 (부지조성)</td><td>○ 부지조성공사 및 부지준공
○ 건축설계</td></tr>
<tr><td>10. 건축허가 및 착공신고</td><td>○ 건축설계 및 소방설계 검토
○ 오수정화조 설계 및 규격산출
○ 허가신청 및 허가서 수령
(건축면적 변동시 변경승인 필요함)</td></tr>
</table>

절 차 도		세부수행내용
공장건축	11. 공장건축	○ 건축공사 및 건축준공 ○ 공해방지시설공사 : 폐수, 대기 등 ○ 소방시설공사 및 상수도 설치 등 ○ 토지합필(필요할 경우에 한함)
	12. 건축사용허가 및 준공	○ 전기설비 검사 및 전기수용신청
		○ 건물소유권보전등기에 대한 지방세감면 ○ 법인장부 건물가계정 작성 ○ 과세과표 확정 및 감면신청 서류작성 - 시청 세무과 협의 및 접수 ○(산지)복구준공검사
		○ 건물소유권 보전등기 - 신축건물 소유권 보전등기 - 지역개발공채매입 및 할인 - 금융기관 권리설정
	13. 제조시설 설치	○ 기계장치설치 ○ 옥외크레인 설치 ○ 공해방지시설(수질, 대기, 소음)설치 및 신고 ○ 공해방지시설가동개시신고 ⇒ 환경신고 내용에 맞도록 공해방지시설을 설치완료하고 가동신고 ○ 제조시설 설치승인 신청
사용승인	14. 공장 설립 완료신고	○ 공장건설 완료보고 ○ 사용승인신청 (준공검사) ○ 지목변경(답 ⇒ 공장용지)
	15. 등록증 발급	○ 공장등록증 발급 (완료신고 접수 후 3일내 통보)

[사례 연구] 회사설립

경영 사례 기존기업으로부터 분리된 별도법인에 대한 창업인정 여부

Q. 기존기업으로부터 분리된 회사가 별도법인을 설립하였을 경우 분리설립 된 회사를 창업법인으로 인정가능한 지 여부를 알고 싶습니다.

A 기존기업으로부터 사업의 일부를 분리하여 별도법인을 설립하였을 경우에 는 다음의 요건을 갖추어야 창업기업으로 인정받을 수 있습니다(중소기업 창업 지원법 시행령 제2조 제1항 제1호, 같은 법 시행규칙 제2조).

1. 모기업과 분리된 기업 간에 사업분리에 관한 계약을 체결할 것
2. 분리된 기업의 대표자가 당해 기업의 최대주주 또는 최대출자자가 될 것

〈관련법령〉

「중소기업창업지원법시행령 제2조」 (창업의 범위) ① 「중소기업창업 지원법」(이하 "법"이라 한다) 제2조 제1호에 따른 창업은 다음 각 호의 어느 하나에 해당하지 아 니하는 것으로서 중소기업을 새로 설립하여 사업을 개시하는 것을 말한다.

1. 타인으로부터 사업을 승계하여 승계 전의 사업과 같은 종류의 사업을 계속하는 경우. 다만, 사업의 일부를 분리하여 해당 기업의 임직원이나 그 외의 자가 사업을 개시하는 경우로서 산업통상자원부령으로 정하는 요건에 해당하는 경우는 제외한다.

「중소기업창업지원법시행규칙 제2조」 (사업분리의 요건) 「중소기업창업 지원법 시행령」(이하 "영"이라 한다) 제2조 제1항 제1호 단서에 따라 창업으로 인정되는 경우는 사업을 개시하는 자가 다음 각 호의 요건을 갖춘 경우로 한다.

1. 사업을 하던 자와 사업을 개시하는 자 간에 사업 분리에 관한 계약을 체결할 것
2. 사업을 개시하는 자가 새로 설립되는 기업의 대표자로서 그 기업의 최대주주 또는 최대출자자가 될 것

경영 사례 500 m^2 미만인 소규모 공장의 창업사업계획승인 가능 여부

Q. 창업을 준비 중에 있습니다. 공장건축면적이 500 m^2 미만인 공장을 설립하고자 할 경우 창업사업계획 승인대상에 해당되는지요?

A 「산업집적활성화 및 공장 설립에 관한 법률」 제13조 제3항에 의하면 공장건축면적이 500 m^2 미만인 경우에도 같은 법 제13조의2에 따른 허가·신고·면허·승인·해제 또는 용도폐지 등의 의제(擬制)를 받으려는 자는 공장 설립 승인을 받을 수 있도록 규정되어 있으므로 동 규정에 따른 의제를 받으려는 자는 「중소기업 창업지원법」 상의 의제처리를 통하여 공장 설립을 할 경우에는 창업사업계획승인 적용대상에 포함됩니다.

〈관련법령〉

산업집적활성화 및 공장 설립에 관한 법률 제13조(공장 설립등의 승인) ③ 공장건축면적이 500 m^2 미만인 경우에도 제13조의2에 따른 허가·신고·면허·승인·해제 또는 용도폐지 등의 의제(擬制)를 받으려는 자는 제1항에 따른 공장 설립 등의 승인을 받을 수 있다.

경영 사례 공장등록을 하지 않고 사업을 영위하던 공장을 경락받은 경우

Q. 공장용지 및 건물을 경락받아 등기이전 완료하고, 공장 설립신고를 하고자 관할 시에 확인하니 경낙 전의 업체가 공장 설립은 완료하였으나, 공장완료보고를 하지 않은 상태인데 경락받은 본인이 이전의 완료업무는 무시하고, 공장등록 혹은 제조물 설치 허가를 새롭게 득한 후 사업 개시가 가능한 것인지요?

A. 창업사업계획승인을 받은 사업체를 경락받은 사업자가 창업자이고 한국표준산업분류표상의 세분류 업종의 변경을 하려는 경우에는 「창업사업계획의 승인에 관한 통합업무처리지침」 제18조에 의하여 사업계획승인변경신고와 공장완료 신고를 하여야 할 것입니다.

〈관련법령〉

창업사업계획의 승인에 관한 통합업무처리지침 제18조의2(변경 신고) ① 다음 각호의 어느 하나에 해당하는 사항이 있는 경우 변경이 있는 날부터 2월 이내에 별지 제1호의3 서식의 사업계획승인사항변경신고서에 변경사항을 증명할 수 있는 서류를 첨부하여 시장·군수 또는 구청장에게 신고하여야 한다.

1. 회사명 또는 법인의 대표자 성명을 변경한 경우
2. 「산업집적활성화 및 공장 설립에 관한법률」 제8조의 규정에 의하여 고시된 공장입지기준고시에 의한 업종분류 내에서의 업종(「통계법」 제22조제1항의 규정에 의하여 통계청장이 고시하는 한국표준산업분류표상의 세세분류 업종을 말한다)을 변경한 경우 <개정 2014.6.24>
3. 개인사업자의 법인으로 전환 및 법인 형태 변경

경영 사례 재택창업시스템을 이용한 법인설립등기

Q. 재택창업시스템을 이용한 법인설립등기를 하고 싶습니다. 준비해야 할 사항과 이용 방법에 대하여 설명해 주시기 바랍니다.

A 온라인 재택창업시스템이란 회사설립 시 상호 검색에서부터 4대보험 가입에 이르는 설립 전 과정을 온라인화 하여 창업자의 서류작성과 기관방문의 부담을 덜어주기 위해 구축한 회사설립 시스템입니다. 재택창업시스템에서 설립절차를 진행할 수 있으며 준비사항은 다음과 같습니다.

가. 공인인증서 만들기 : 법인설립 시 임원(이사, 감사, 발기인, 주주 등)은 범용 개인공인인증서를 만들어야 합니다.

나. 회원가입 : 이사, 감사는 재택창업시스템에서 회원가입을 하여야 합니다.

다. 회사명 정하기

라. 사업장 임대차계약서 준비

마. 법인인감도장 만들기와 법인인감도장 찍힌 이면지확인

바. 회사목적 결정하기

사. 주거래은행에 주금납입하기

아. 금액이 있는 통장이나 신용카드 준비하기

자. 컴퓨터에 스캐너 연결하기

<참고> 재택창업시스템(http://www.startbiz.go.kr)

경영 사례 유한책임회사의 형태와 성격

Q. 최근 상법에 유한책임회사제도가 새로 규정된 것으로 알고 있습니다. 유한책임회사에 관하여 설명해 주시기 바랍니다.

A 각 사원이 출자금액 범위에서만 대외적인 책임을 지게 되는 유한책임자(유한책임사원)로만 구성되어 있다는 점에서는 유한책임자로만 구성된 주식회사나 유한회사와 같습니다.

차이점은 주식회사나 유한회사는 주주총회, 사원총회, 이사 감사 제도가 있어 이들 의사결정기관들이 별도로 운영되고 있는데 유한책임회사는 총회, 이사, 감사 등의 제도가 없기 때문에 주식회사와 같은 주주총회가 없이, 유한책임사원들의 개별적인 합의에 의해 회사가 운영되는 것입니다.

업무집행자가 유한책임회사를 대표하게 되며 업무집행자는 주식회사와 같이 이사회 결의로 정하는 것이 아니라 사원들 간의 개별적인 합의로 업무집행자를 정하게 됩니다. 유한책임회사의 내부관계에 관해서는 정관이나 상법에 특별한 규정이 없으면 합명회사에 관한 규정을 준용하게 됩니다.

기타, 유한책임회사는 주식회사나 유한회사보다는 그 운영 면에서 훨씬 더 탄력적이고 융통성이 있기 때문에 중소규모의 기업이나 신속한 의사결정이 필요한 사업체에서 많이 이용될 수 있습니다.

많은 자본을 유치하거나 주주 간의 이동을 자유롭게 하고자 할 경우 그리고 주주총회나 이사, 감사제도와 같이 의사결정기관을 별도로 엄격하게 운영하는 것이 필요한 경우에는 기존의 주식회사제도를 이용하는 것이 유용할 것입니다.

〈관련법령〉

상법 제287조의18(준용규정) 유한책임회사의 내부관계에 관하여는 정관이나 이 법에 다른 규정이 없으면 합명회사에 관한 규정을 준용한다.

경영 사례 최소 자본금 규모와 임원의 주식소요 및 주주의 책임 한계

Q. (1) 주식회사를 설립하기 위한 최소 자본금은 얼마 이상이어야 하나요?

(2) 회사의 임원은 반드시 주식이 있어야 하나요?

(3) 소규모 법인에 투자를 하여 10%의 지분을 보유하고 있는 주주로 투자한 회사의 관리를 위해 임원으로 등재를 하게 되면 회사에 문제가 발생할 경우 법적인 책임한계가 어디까지 있는지 알고 싶습니다.

A (1) 상법상 주식회사는 100원 이상이면 설립이 가능합니다.

(2) 회사의 임원이라고 해서 반드시 주식을 가지고 있을 필요는 없습니다. 따라서 이사든 감사든 주식이 전혀 없어도 문제는 없습니다.

(3) 국세기본법 제 39조에 의거 상장법인을 제외한 법인의 국세 납부의무자는 1차적으로는 법인이지만, 부족할 경우 2차 납세 의무자가 있는데 1호 무한책임사원과 대주주(특수관계인)로서 100분의 50초과 과점주주인데, 귀하와 같이 10% 정도의 회사지분을 보유하고 있는 주주로 과점주주요건에 해당하지 않은 경우에는 법인에게 발생되는 금액에 대해 별도로 연대하여 책임을 지지 않습니다.

〈관련법령〉

국세기본법 제39조(출자자의 제2차 납세의무)

법인의 재산으로 그 법인에 부과되거나 그 법인이 납부할 국세·가산금과 체납처분비에 충당하여도 부족한 경우에는 그 국세의 납세의무 성립일 현재 다음 각 호의 어느 하나에 해당하는 자는 그 부족한 금액에 대하여 제2차 납세의무를 진다. 다만, 제2호에 따른 과점주주의 경우에는 그 부족한 금액을 그 법인의 발행주식 총수(의결권이 없는 주식은 제외한다. 이하 이 조에서 같다) 또는 출자총액으로 나눈 금액에 해당 과점주주가 실질적으로 권리를 행사하는 주식 수(의결권이 없는 주식은 제외한다) 또는 출자액을 곱하여 산출한 금액을 한도로 한다.

1. 무한책임사원
2. 주주 또는 유한책임사원 1명과 그의 특수관계인 중 대통령령으로 정하는 자로서 그들의 소유주식 합계 또는 출자액 합계가 해당 법인의 발행주식 총수 또는 출자총액의 100분의 50을 초과하면서 그에 관한 권리를 실질적으로 행사하는 자들(이하 "과점주주"라 한다)

경영 사례 상호의 양도가 가능한지 여부

Q. 저는 종업원 20여 명 정도의 중소기업을 운영하고 있습니다. 그런데, 최근 동종업종을 하는 A회사가 저희 회사의 상호를 사겠다고 요청해 왔습니다. 제가 상호를 팔 수 있나요?

A 상호는 일종의 무형재산으로, 당사자간의 계약에 의해 상호를 양도할 수 있습니다. 다만, 상법 제25조에서는 상호의 양도에 대해 일정한 제한을 두고 있습니다.

즉 '상호는 영업을 폐지하거나 영업과 함께 하는 경우에 한하여 양도할 수 있고, 상호를 양도한 경우에는 등기하여야 한다'고 규정하고 있습니다.

따라서 귀하의 경우 영업과 상호를 함께 양도하거나, 귀하의 영업을 폐지한 경우 상호를 양도할 수 있습니다.

경영 사례 공동대표이사 1인이 단독으로 한 법률 행위의 효력

Q. A주식회사는 B, C, D 3인이 공동대표로 되어 있으며 이는 등기까지 되어 있습니다. 그러나 저는 이를 모른 채 위 회사의 B와 3,000만 원 상당의 물품공급계약을 맺고 물품을 납품한 후 그 대금을 청구하였으나 위 회사는 계약이 대표이사 전원의 공동으로 체결되지 않았으므로 무효이고 따라서 그 대금을 지급할 수 없다고 합니다. 저는 대금을 지급받지 못하는 것인가요?

A 대표권행사는 공동으로 한다는 제한 규정이 법인등기부에 기재되어 있음에도 불구하고 단독으로 대표권을 행사하였다면(상법 제389조) 그 법률행위 효력의 무효가 되므로, 원칙적으로는 귀하는 물품대금을 받지 못할 것 같습니다.

다만, 위 회사가 B에게 대표이사라는 명칭을 사용하여 단독으로 법률행위를 하는 것을 용인하였거나 방임하였음을 귀하가 입증할 수만 있다면 표현대리 법리가 적용되어 위 회사를 상대로 물품대금청구를 해 볼 수 있습니다.

경영 사례 명의 대여자의 책임

Q. 저는 얼마 전 친구가 전자제품대리점을 내면서 제 명의를 빌려달라고 부탁하여 허락한 적이 있습니다. 그런데, 최근 A라는 회사로부터 물품대금지급을 구하는 소송이 저를 상대로 제기되었습니다. 알아보니, 친구가 어떤 경우는 저를 직원이라고 하고 거래를 하고, 또 어떤 경우는 동업자라고 하여 거래하고는 물품대금을 지급하지 않았다고 합니다. 저는 친구의 딱한 사정 때문에 부탁을 들어준 것뿐인데, 제가 A에게 물품대금을 지급하여야 하나요?

A 상법 제24는 '자기의 성명 또는 상호를 사용하여 영업을 하는 것을 타인에게 허락한 자는 자기를 영업주로 오인하여 거래한 제3자에 대하여 그 거래로 인하여 생긴 채무를 그 타인과 연대하여 변제할 책임이 있다'라고 규정하여 '명의대여자의 책임'에 관해 규정하고 있습니다.

친구가 귀하 명의로 설립된 회사의 직원 자격으로 물품공급계약을 체결하고, 물품대금을 지급하지 않아 상대방에게 손해를 발생하게 하였다면 민법 제756조의 사용자 책임 법리에 따라 귀하가 물품대금을 부담해야 하고, 만약 귀하가 친구와 동업관계였다면 다른 동업자는 그 업무집행자의 동업자인 동시에 사용자의 지위에 있다 할 것이므로, 업무집행과정에서 발생한 사고에 대하여 사용자로서 손해배상책임이 있다는 판례(대법원 2006.3.10. 선고 2005다 60562 판결 참조)에 의해 귀하가 물품대금 책임을 면하기는 어려울 것으로 보입니다.

다만 거래상대방이 명의대여사실을 알았거나 모른 것에 대해 중대한 과실이 있는 경우에는 명의대여자가 책임을 지지 않는 경우가 있기 때문에 귀하는 A가 명의대여사실을 알았거나 모른 것에 대해 중대한 과실이 있음을 입증한다면 면책될 수도 있습니다.

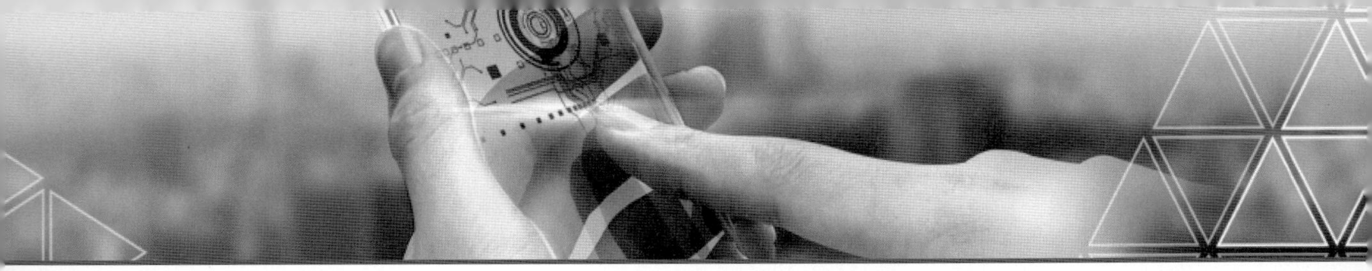

제2장 벤처기업

1. 벤처기업의 정의

1) 벤처기업의 용어상 정의

벤처기업은 벤처(Venture)와 기업(Company)의 합성어로서 벤처는 모험 또는 모험적 사업, 금전상의 위험을 무릅쓴 행위를 뜻하고 기업은 영리는 목적으로 생산요소를 종합하여 계속적으로 경영하는 경제적 사업이란 의미를 내포하고 있다.

2) 벤처기업의 일반적 개념

벤처기업의 정의는 학술적으로 명확히 정리된 개념은 없으며, 국가에 따라 정책대상으로 다양하게 사용되고 있다. 미국에서는 다른 기업보다 상대적으로 사업의 위험성은 높으나 성공하면 높은 수익이 보장되는 기업으로 일반적으로 벤처캐피탈(Venture Capital)로부터 투자를 받은 기업을 의미하나, 다른 나라에서는 이와는 다른 개념으로 신사업 기술집약기업, 첨단기술기업 등을 의미하는 것으로 사용하고 있다.

3) 벤처기업의 다양한 정의

(1) 미국

위험성이 크나 성공할 경우 높은 기대수익이 예상되는 신기술 또는 아이디어를 독립기반 위에서 영위하는 신생기업

(2) 일본

「중소기업의 창조적 사업 활동 촉진에 관한 임시조치법」에서 '중소기업으로서 연구개발투자 비율이 총매출액의 3%이상인 기업, 창업 후 5년 미만인 기업'

(3) OECD국가

'R&D집중도가 높은 기업' 또는 '기술혁신이나 기술적 우월성이 성공의 주요 요인인 기업'

4) 우리나라에서의 벤처기업의 개념

우리나라에서는 다른 기업에 비해 기술성이나 성장성이 상대적으로 높아, 정부에서 지원할 필요가 있다고 인정하는 기업으로서 「벤처기업 육성에 관한 특별조치법」의 3가지 기준 중 1가지를 만족하는 기업을 의미한다. 우리나라의 벤처기업은 성공한 결과로서의 기업이라기보다는 세계적인 일류기업으로 육성하기 위한 지원 대상으로서의 기업이라는 성격이 강하다고 볼 수 있다.

2. 벤처기업 요건

「벤처기업육성에 관한 특별조치법」 제2조에 따른 중소기업으로서 다음의 벤처투자기업, 연구개발기업, 기술평가보증기업·기술평가대출기업의 어느 하나에 해당되어야 한다.

1) 벤처투자기업의 요건

다음의 요건을 모두 갖추어야 한다.

① 벤처투자기관으로부터 투자받은 금액이 5,000만원 이상일 것

② 벤처투자기관의 투자금액이 자본금의 10%(문화상품제작자의 경우 자본금의 7%) 이상일 것

벤처투자기관
① 중소기업창업투자회사, ② 중소기업창업투자조합, ③ 신기술사업금융업자, ④ 신기술사업투자조합, ⑤ 한국벤처투자조합, ⑥ 산업은행, ⑦ 기업은행, ⑧ 법 제13조제1항에 따른 개인투자조합, ⑨ 은행법 제2조제1항제2호에 따른 은행, ⑩ 「자본시장과 금융투자업에 관한 법률」 제9조제18항제7호에 따른 사모투자전문회사, ⑪ 전문성과 국제적 신인도 등에 관하여 중소기업청장이 정하여 고시하는 기준을 갖춘 외국투자회사, 투자실적, 경력, 자격요건 등 대통령령으로 정하는 기준을 충족하는 개인.

벤처기업에 대한 투자의 정의
[중소기업창원지원법 시행규칙 제9조 中]
① 신규로 발행되는 주식의 인수. 다만, 증권시장에 상장하기 위하여 신규로 발행되는 주식의 인수는 제외한다.
② 신규로 발행되는 무담보전환사채 또는 무담보신주인수권부사채의 인수
③ 지분의 취득. 다만, 타인의 출자지분을 취득하는 경우는 제외한다.

③ 확인기관 : 한국벤처캐피탈협회

2) 연구개발기업의 요건

(1) 기업부설연구소 인증서 보유

기초연구진흥 및 기술개발지원에 관한법률 제14조 제1항 2호에 의해 한국산업기술진흥협회[1]에서 인증한 기업부설연구소 인증서를 보유하고 있어야 한다.

(2) 업력에 따라 아래기준을 충족할 것

① 창업 3년이상 기업 : 벤처확인 요청일이 속하는 분기의 직전 4분기의 연간 연구개발비가 5천만원 이상이고, 연간 매출액 대비 연구개발비 비율이 업종별 기준 이상일 것.

② 창업 3년미만 기업 : 확인요청일이 속하는 분기의 직전 4분기의 연간 연구개발비가 5천만원 이상일 것.(연구개발비 비율 적용제외)

③ 연구개발기업 사업성 평가기관으로부터 사업성이 우수한 것으로 평가 받을 것.(사업성 평가표 65점 이상)

(3) 확인기관 : 기술보증기금, 중소기업진흥공단

표 2-21 업종별 연구개발투자 비율

업 종	구분(매출액)		
	50억원 미만	50억원~ 100억원 미만	100억원 이상
① 의약품 제조(21)	6% 이상	6% 이상	6% 이상
② 기계 및 장비제조(29)<단, 사무용기계 및 장비(2918)제외>	7% 이상	5% 이상	5% 이상
③ 컴퓨터및주변장치(263)	6% 이상	6% 이상	5% 이상
④ 사무용기계및장비(2918)	6% 이상	6% 이상	5% 이상
⑤ 전기장비(28)	6% 이상	5% 이상	5% 이상
⑥ 반도체 및 전자부품(261,262)	6% 이상	5% 이상	5% 이상
⑦ 의료, 정밀, 광학기기 및 시계(27)	8% 이상	7% 이상	6% 이상
⑧ 기타제조업	5% 이상	5% 이상	5% 이상
⑨ 도매 및 소매업(45~47)	5% 이상	5% 이상	5% 이상
⑩ 통신업(61)	7% 이상	5% 이상	5% 이상
⑪ 소프트웨어개발 공급업(582)	10% 이상	8% 이상	8% 이상
⑫ 컴퓨터프로그래밍, 시스템통합 관리업(62)	10% 이상	8% 이상	8% 이상
⑬ 정보서비스업(63)	10% 이상	8% 이상	8% 이상
⑭ 인터넷산업	5% 이상	5% 이상	5% 이상
⑮ 기타산업	5% 이상	5% 이상	5% 이상

자료 : 벤처인(http://www.venturein.or.kr)

1 http://www.rnd.or.kr

| 표 2-22 | 연구개발기업 사업성 평가기관

평가기관	평가분야	홈페이지
기술보증기금	전분야	www.kibo.or.kr
중소기업진흥공단	전분야	www.sbc.or.kr
국방기술품질원	연구개발기업 사업성평가	www.dtaq.re.kr
농업기술실용화재단	연구개발기업 사업성평가	www.fact.or.kr
산업은행	연구개발기업 사업성평가	www.kdb.co.kr
전자부품연구원	연구개발기업 사업성평가	www.keti.re.kr
정보통신산업진흥원	연구개발기업 사업성평가	www.nipa.kr
한국과학기술정보연구원	연구개발기업 사업성평가	www.kisti.re.kr
한국발명진흥회	연구개발기업 사업성평가	www.kipa.org
한국보건산업진흥원	연구개발기업 사업성평가	www.khidi.or.kr
한국산업기술진흥원	연구개발기업 사업성평가	www.kiat.or.kr

자료 : 벤처인(http://www.venturein.or.kr)

| 표 2-23 | 연구개발기업 사업성 평가표

구 분	평가항목	심사항목	배점	해당 등급	득점
사업성 (100점)	신청기술(제품)의 경쟁력	인지도	30		
		대체품과의 비교우위성	30		
	사업계획의 타당성	판매계획의 타당성	20		
		판매처의 다양성 및 안정성	20		
합계			100		

자료 : 벤처인(http://www.venturein.or.kr)

3) 기술평가보증(대출)기업 요건

(1) 기술보증기금으로부터 기술성이 우수한 것으로 평가 받을 것

(2) 기술보증기금의 보증(보증가능금액 포함) 또는 중소기업진흥공단의 대출(보증가능금액 포함, 직접 취급한 신용대출에 한함)을 순수 신용으로 받을 것.

(3) 위의 (2) 보증 또는 대출금액 의 각각 또는 합산금액이 8천만원 이상이고, 당해기업의 총자산에 대한 보증 또는 대출금액 비율이 5% 이상일 것. 다만 창업후 1년 미만 기업은 보증 또는 대출금액 4천만원 이상이며, 총자산대비 비율은 적용 배제함.

(4) 확인기관 : 기술보증기금, 중소기업진흥공단

표 2-24 기술평가보증(대출)기업 기술성평가표

구분	평가항목	심사항목	배점
경영주 기술능력 (25 점)	기술지식 수준 및 경험수준	기술지식수준	6
		기술경험수준	9
	경영능력	기술인력관리	5
		경영의지 및 사업수완	5
소 계			25
기술성 (52 점)	기술개발환경	개발전담조직	7
		개발인력현황	7
	기술개발 실적 등	기술개발 및 수상(인증)실적	7
		지식재산권 등 보유현황	7
	기술의 우수성 및 제품화 능력	기술의 선도성	18
		기술의 완성도	
		기술의 확장성	
		생산시설확보수준	3
		생산인력확보수준	3
소 계			52
사업성 (32 점)	신청기술(제품)의 경쟁력	인지도	4
		대체품과의 비교우위성	6
	사업계획의 타당성	판매계획의 타당성	4
		판매처의 다양성 및 안정성	4
		글로벌 시장 진출 가능성	5
소 계			23
합 계			100

자료 : 벤처인(http://www.venturein.or.kr)

4) 예비벤처기업

창업 이전에 확인 가능한 예비벤처기업은 엄밀한 의미에서 벤처기업이 아니지만, 교수·연구원들이 벤처기업 창업 전 기관장들로부터 겸직 승인을 받기 위해 필요로 하는 벤처기업 유형이다. 예비벤처기업 확인을 받은 기업들은 창업 후 대부분 벤처기업 확인을 받는다.

(1) 법인설립 또는 사업자등록을 준비 중인 자

(2) 해당자의 기술 및 사업계획이 기술보증기금, 중소기업진흥공단으로부터 기술성이 우수한 것으로 평가 받을 것.

(3) 확인기관 : 기술보증기금, 중소기업진흥공단

| 표 2-25 | 예비벤처기업 기술성평가표

구분	평가항목	심사항목	배점
경영주 기술능력 (30 점)	기술지식 수준 및 경험수준	기술지식수준	9
		기술경험수준	9
	경영능력	기업가 정신 및 혁신역량	12
소 계			30
기술성 (40 점)	기술개발 실적 등	기술개발 및 수상(인증)실적	12
		지식재산권 등 보유현황	13
	기술의 제품화 능력	기술의 우수성	10
		자금조달능력	5
소 계			40
사업성 (30 점)	신청기술(제품)의 경쟁력	인지도	4
		대체품과의 비교우위성	4
	사업계획의 타성	판매계획의 타당성	7
		판매처의 다양성 및 안정성	5
	수익전망	사업추진일정의 적정성	6
		투자대비 회수가능성	4
소 계			30
합 계			100

자료 : 벤처인(http://www.venturein.or.kr)

3. 벤처기업 확인 절차

(1) 벤처기업 확인 진행 절차

벤처기업임을 확인받고자 하는 기업은 벤처기업 확인 신청서를 작성하여, 벤처인[2]을 통해 신청해야 한다.

2 www.venturein.or.kr

그림 2-2 벤처기업 확인신청 진행절차도

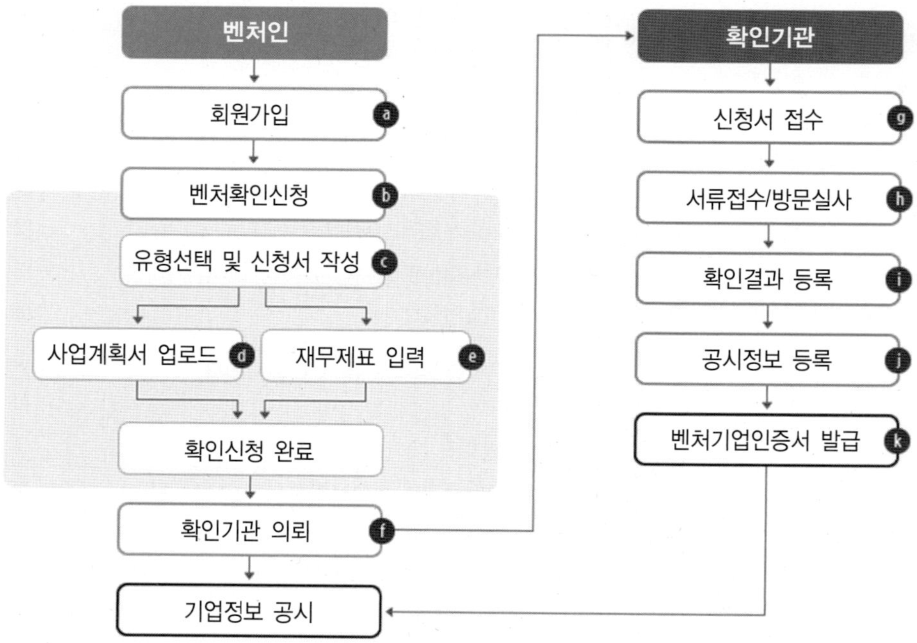

자료 : 벤처인(http://www.venturein.or.kr)

(2) 벤처기업 확인 평가 및 확인에 대한 수수료

(단위 : 천원, 부가세별도)

구분	벤처투자기업	연구개발기업	기술평가보증기업 예비벤처기업	기술평가대출기업
확인평가료	-	200	200	200
확인수수료	100			

자료 : 벤처인(http://www.venturein.or.kr)

(3) 벤처기업 확인의 취소 요건

벤처기업 확인 기관의 장은 벤처기업이 다음의 어느 하나에 해당하면 벤처기업의 확인을 취소할 수 있다.

① 거짓이나 그 밖의 부정한 방법으로 벤처기업임을 확인 받은 경우 반드시 확인을 취소

② 「벤처기업육성에 관한 특별조치법」 제2조의2의 벤처기업의 요건을 갖추지 아니하게

된 경우

③ 휴업·폐업 또는 파산 등으로 3개월 동안 기업 활동을 하지 아니하는 경우

④ 기업의 대표자·최대주주 또는 최대출자사원 등이 기업재산을 유용하거나 은닉하는 등 기업경영과 관련하여 주주·사원 또는 이해관계인에게 피해를 발생하게 하여 「민법」 제32조의 규정에 따라 산업통상자원부장관의 허가를 받아 설립된 벤처기업을 구성원으로 하는 법인이 벤처기업확인기관의 장 에게 벤처기업의 확인취소를 요청하는 경우

4. 벤처기업 우대제도

벤처기업으로 확인을 받은 기업들에 대한 우대제도는 다음 [표 2-26]과 같다. 세제 혜택의 경우 관련 법령의 개정으로 감면 기준이나 폭이 자주 바뀌기 때문에 수시로 해당 법령을 확인할 필요가 있다.

표 2-26 벤처기업 우대제도

구 분		주요 지원내용
창업	교수·연구원창업	• 교수·연구원(교육공무원등)이 벤처기업을 창업하거나 근무하기 위해 휴직 가능(3년 이내) • 교수·연구원(교육공무원등)이 벤처기업의 대표 또는 임직원 겸임·겸직가능
	산업재산권 출자	• 벤처기업에 대한 현물출자 대상에 특허권, 실용신안권, 디자인권 등의 권리 포함
세제	지원대상	• 창업 후 3년 이내에 벤처확인 받은 기업에 한함
	법인세, 소득세 50% 감면	• 창업벤처중소기업이 벤처확인 받은 이후 최초로 소득이 발생한 과세연도와 그 다음 과세연도부터 4년간 50% 세액감면 • 수도권과밀억제권역 이외의 지역에서 창업중소기업으로 중복세액 감면적용은 불가 • 감면기간 중 벤처확인이 취소된 경우 취소일이 속하는 과세연도부터 감면을 적용하지 않음
	취득세 75% 감면	• 창업벤처중소기업이 창업일로부터 4년 이내에 취득하는 사업용 재산에 대한 취득세 75%감면
	재산세 50% 감면	• 창업벤처중소기업이 당해사업에 직접 사용하는 사업용 재산에 대해 창업일로부터 5년간 재산세 50% 감면

구 분		주요 지원내용
금융	코스닥 상장	• 등록심사시 우대(자본금 및 자기자본기준 하향 적용, 설립연수, 부채비율 등 적용면제)
	정책자금	• 중소기업정책자금 심사시 우대
	신용보증	• 신용보증 심사시 우대 (보증한도 확대, 보증료율 0.2% 감면)
입지	실험실 공장	• 교수·연구원의 실험실공장설치 허용
	창업보육센터 입주 기업에 대한 도시 형공장 등록 특례	• 창업보육센터 입주 벤처기업의 경우 건축법 14조, 대덕연구단지관리법 6조의 규정에 불구하고 도시형공장을 설치할 수 있는 특례 인정
	벤처기업 전용단지의 건축금지에 대한 특례	• 건축법에서 건축제한하는 규정에도 불구하고 벤처기업 전용단지내에서는 건축물을 건축할 수 있는 특례 인정
	집적시설 입주 벤처기업특례	• 과밀억제권역내에서의 취득세, 재산세 중과세율 적용 면제
특허	우선심사	• 벤처기업이 특허 및 실용신안 등록 출원시 우선 심사대상
마케팅	방송광고	• 벤처기업에 대해 TV, 라디오 광고지원 (광고비 70% 감면)
기타	주식교환	• 벤처기업의 경우 주식교환 가능 (전략적 제휴 및 신주발행을 통한 주식교환)

자료 : 벤처인(http://www.venturein.or.kr)

[사례 연구] 벤처기업

경영 사례 벤처기업의 갱신과 확인취소 요건

Q. 벤처기업의 유효기간이 다가오고 있습니다. 유효기간을 연장할 수 있는지요? 또한, 벤처기업의 확인 후 취소요건에 해당할 경우 벤처기업의 확인이 취소된다고 들었습니다. 취소요건에 대하여 알려주시기 바랍니다.

A 벤처기업확인기관의 장은 벤처기업의 확인요청을 받은 경우 그 기업이 벤처기업에 해당될 때에는 유효기간을 정하여 벤처기업확인서를 발급하여야 하며, 벤처기업확인서의 유효기간은 확인일부터 2년입니다. 벤처기업확인서의 유효기간을 연장하기 위해서는 새롭게 벤처기업의 확인을 신청하는 사항과 같으며 벤처기업확인기관의 장은 벤처기업이 다음의 어느 하나에 해당하면 벤처기업의 확인을 취소할 수 있습니다. 다만, 아래의 ①에 해당하는 때에는 확인을 취소하여야 합니다.

① 거짓이나 그 밖의 부정한 방법으로 벤처기업임을 확인받은 경우
② 법 제2조의2의 벤처기업의 요건을 갖추지 아니하게 된 경우
③ 휴업·폐업 또는 파산 등으로 3개월 동안 기업활동을 하지 아니하는 경우
④ 기업의 대표자·최대주주 또는 최대출자사원 등이 기업재산을 유용하거나 은닉하는 등 기업경영과 관련하여 주주·사원 또는 이해관계인에게 피해를 발생하게 하여 「민법」 제32조의 규정에 따라 산업통상자원부의 허가를 받아 설립된 벤처기업을 구성원으로 하는 법인이 벤처기업확인기관의 장에게 벤처기업의 확인취소를 요청하는 경우

〈관련법령〉

벤처기업특별육성에 관한 특별조치법 제25조의2(벤처기업 확인의 취소) ① 벤처기업확인기관의 장은 벤처기업이 다음 각 호의 어느 하나에 해당하면 제25조제2항에 따른 확인을 취소할 수 있다. 다만, 제1호에 해당하는 경우에는 확인을 취소하여야 한다.

경영 사례 신생 기술창업기업의 벤처 유지방법

Q. 신생 기술창업기업입니다. 기술력은 있으나 인력 및 자본 등 모든 부분이 미약합니다. 벤처기업의 확인을 받고 계속적으로 유지하고 싶은데 효율적인 절차와 방법을 알려주시기 바랍니다.

A 벤처기업은 벤처투자기업, 연구개발기업, 기술평가보증·대출기업이 있으나 신생기업의 경우 인력, 자금, 기타 자원 등 모든 부문에서 열악하기 때문에 벤처기업의 확인을 받기 위한 조건을 충족하기가 쉽지 않습니다.

하지만 기술력이 있는 기업의 경우 기술력을 바탕으로 하여 기술평가보증 · 대출기업으로서 벤처기업의 확인을 받는 절차를 받는 것이 가장 접근이 가능한 방법이 될 것입니다.

그리고 벤처기업의 확인을 받은 다음, 벤처기업으로서 중소기업부설연구소를 설치한 다음 연구개발기업으로서의 벤처기업을 유지해 나가는 것이 지속적으로 벤처기업을 유지할 수 있는 방법이 될 것입니다.

경영 사례 산업재산권 등의 출자특례

Q. 벤처기업의 경우 현물출자 대상에 포함되는 산업재산권의 범위와 현물 출자 시의 기술평가에 대하여 알려주시기 바랍니다.

A 벤처기업에 대한 현물출자 대상에는 산업재산권(특허권·실용신안권·디자인권 그밖에 이에 준하는 기술과 그 사용에 관한 권리)을 포함하며, 법인의 현물출자 자산의 내용과 현물출자 이행은 공인된 감정인의 감정으로 검사인의 조사에 갈음할 수 있도록 되어 있으나 다음의 기술평가기관이 산업재산권 등의 가격을 평가한 경우 그 평가내용은 「상법」 제299조의2와 제422조에 따라 공인된 감정인이 감정한 것으로 봅니다.

① 한국산업기술진흥원
② 기술보증기금
③ 한국산업기술평가관리원
④ 「한국환경공단법」에 의한 한국환경공단(「환경기술 및 환경산업지원법」 제2조 제1호의 규정에 따른 환경기술에 대한 기술평가에 한한다)
⑤ 기술표준원
⑥ 「과학기술분야 정부출연연구기관 등의 설립·운영 및 육성에 관한 법률」에 의한 한국과학기술연구원 및 한국과학기술정보연구원
⑦ 정보통신산업진흥원

〈관련법령〉

「상법」 제299조의2 (현물출자 등의 증명)
「상법」 제422조 (현물출자의 검사)

경영 사례 벤처기업의 기업부설연구소 설립 시 혜택

Q. 벤처기업이 중소기업부설연구소를 설립할 경우 받게되는 혜택에 대하여 알려 주시기 바랍니다.

A. 중소기업부설연구소를 설립하기 위한 요건으로는 인적요건과 물적요건이 있습니다. 벤처기업의 경우 물적요건을 충족해야하는 것은 일반기업과 동일하나 인적요건의 충족에 있어서 혜택이 있습니다. 일반기업의 경우 연구전담요원 5명(소기업의 경우 3명) 이상을 충족해야 하나 벤처기업의 경우 2명 이상을 충족하면 됩니다. 그 밖에 국세와 지방세 및 관세 지원이 있습니다.

1. 국세와 지방세 지원

(1) 연구 및 인력개발비 세액공제(일반연구 · 인력개발비), <조세특례제한법 제10조>
(2) 연구 및 인력개발비 세액공제(신성장동력 · 원천기술연구개발비), <조세특례제한법 제10조>
(3) 연구 및 인력개발 설비투자세액공제 <조세특례제한법 제11조>
(4) 기업부설연구소용부동산지방세면제 <지방세특례제한법 제46조 제1항>
(5) 기술취득금액 세액공제 <조세특례제한법 제12조>
(6) 외국인기술자 소득세 감면 <조세특례제한법 제18조>
(7) 연구 및 인력개발 준비금 손금산입 <조세특례제한법 제9조>
(8) 연구개발관련 출연금 등 과세특례 <조세특례제한법 제10조의 2>
(9) 연구개발특구 첨단기술기업 등 법인세 감면 <조세특례제한법 제12조의 2>
(10) 연구전담요원 연구활동비 소득세 비과세 <소득세법 시행령 제12조 제12호 다목>

2. 관세 지원

(1) 산업기술 연구개발물품 관세 감면 <관세법 제90조 제1항 제4호>

경영 사례 중소기업에 취업하는 청년에 대한 소득세 감면

Q. 중소기업에 취업하는 청년에 대하여는 소득세를 감면해 주는 것으로 알고 있습니다. 그 대상과 요건 및 감면세액에 대하여 알려주시기 바랍니다.

A. 중소기업에 취업하는 청년이 「중소기업기본법」 제2조에 따른 중소기업(비영리기업을 포함한다)으로서 '중소기업체'에 2012년 1월 1일부터 2018년 12월 31일까지 취업하는 경우 그 중소기업체로부터 받는 근로소득으로서 취업일부터 3년이 되는 날(청년으로서 대통령령으로 정하는 병역을 이행한 후 1년 이내에 병역 이행 전에 근로를 제공한 중소기업체에 복직하는 경우에는 복직한 날부터 2년이 되는 날을 말하며, 그 복직한 날이 최초 취업일부터 3년이 지나지 아니한 경우에는 최초 취업일부터 5년이 되는 날을 말한다)이 속하는 달까지 발생한 소득에 대해서는 소득세의 100분의 70에 상당하는 세액을 감면합니다. 이 경우 소득세 감면기간은 소득세를 감면받은 사람이 다른 중소기업체에 취업하거나 해당 중소기업체에 재취업하는 경우에 관계없이 소득세를 감면받은 최초 취업일부터 계산합니다.

〈관련법령〉

「조세특례제한법」 제30조(중소기업에 취업하는 청년에 대한 소득세 감면)

「조세특례제한법 시행령」 제27조(중소기업에 취업하는 청년에 대한 소득세 감면)

경영 사례 폐업 후 다른 지역에서 같은 업종으로 창업한 경우 감면 적용여부

Q. **2015년 6월에 소프트웨어개발업 등을 영위하기 위하여 광주에서 개인사업자로서 사업을 개시하였으나 매출실적이 없어 2016년 3월에 폐업을 하고, 같은 해 6월에 여수에서 소프트웨어개발업 등을 목적으로 법인을 설립한 경우 「조세특례제한법」에 따른 창업 감면 적용이 되는지요?**

A. 「조세특례제한법」 제6조【창업중소기업 등에 대한 세액감면】 규정을 적용함에 있어서, 개인사업자가 사업을 폐지하고 다른 지역에 별도의 법인을 설립하여 사업을 새로이 개시한 경우 창업에 해당하는 것이나, 신설법인이 폐지한 개인사업의 인적·물적자원을 승계하는 등 같은 법 제6조 제6항 각호의 규정에 해당하는 경우에는 이를 창업으로 보지 않습니다.

경영 사례 영농조합법인의 취득세 감면 여부

Q. **영농조합법인을 창업 후 2년 내 영농에 사용하기 위한 농지와 도정공장을 취득하였습니다. 영농조합법인이 취득한 도정공장을 「지방세특례제한법」의 창업중소기업의 감면에 해당된다고 볼 수 있는지 알고 싶습니다.**

A. 영농조합법인이라도 「지방세특례제한법」 제100조 제6항에서 규정하는 업종을 영위하는 창업자에 해당할 경우 창업중소기업에 대한 감면(취득세의 경우 4년 이내 취득하는 사업용자산에 대한 취득세의 75% 감면)을 받을 수 있습니다.

창업중소기업에 해당하지 않을 경우에는 지방세특례제한법 제11조(농업법인에 대한 감면)에 따라 영농에 사용하기 위하여 법인설립등기일부터 2년 이내에 취득하는 부동산에 대하여는 취득세를, 농업법인의 설립등기에 대하여는 등록면허세를 각각 2017년 12월 31일까지 면제받을 수 있습니다.

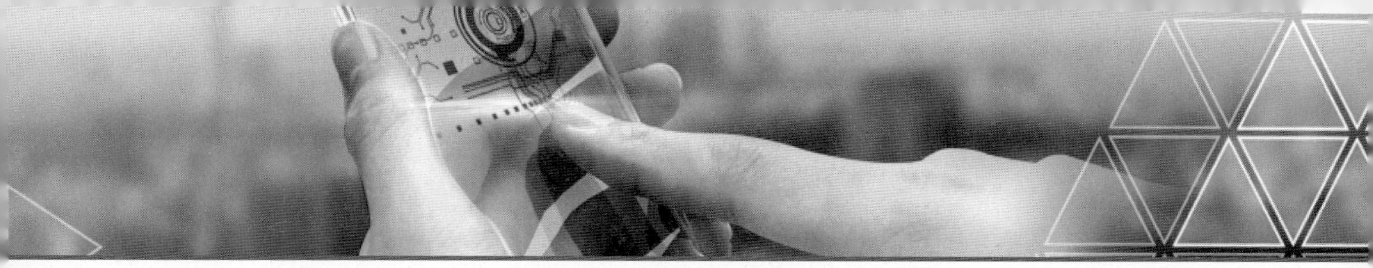

제3장 사업타당성 분석과 사업계획서

1. 사업타당성 분석

1) 사업타당성 분석절차

사업 아이디어는 기존 상품이 '소비자들의 욕구를 충족시키지 못하는 것'이 무엇인지를 탐구하는 과정에서 창출된다. 따라서 사업 아이디어를 토대로 하여 창업을 계획할 경우 사업타당성 분석이 선행되어야 한다.

사업타당성 분석이란 창업 아이템에 대한 시장성, 기술성, 수익성, 경제성 등에 대하여 객관적이고 체계적인 분석을 통해 창업에 있어서의 문제점과 위험 요소 등을 사전에 파악하여 이에 대한 적절한 대응책 및 해결방안을 마련하는 것이다.

이를 통해 시장의 요구를 감지하고 그 요구(제품 또는 서비스)의 공급이 기술적으로 가능한지를 검토하거나, 또는 이미 개발된 기술을 응용하여 제품 또는 서비스를 개발할 경우에 시장성이 존재하는지를 검토하는 방법이다.

사업성 타당성분석은 크게 예비 사업성 분석과 본 사업성 분석으로 나눌 수 있다.

예비 타당성 분석이란, 여러 개의 사업아이디어 중에서 소수의 사업 아이디어로 압축시키는 과정이다. 즉, 사업 아이디어를 탐색하고 몇 개의 사업 가능한 아이디어를 발견하는 과정이다.

본 사업타당성 분석은 예비적 분석과정에서 압축된 몇 개의 사업 아이디어를 심층적으로 비교하여 우선순위를 정하고 최종적으로 하나를 선택하는 과정이다. 즉, 각 대안별 시장성, 기술성, 수익성, 공공성 등의 분석을 통하여 사업 성공가능성을 확인하는 과정이다.

사업타당성 분석시 필수 고려사항

- 사업타당성 분석 절차와 내용은 표준화된 방법이 없으므로 분석 방법과 형식에 지나치게 얽매이지 말아야 한다.
- 사업타당성 분석은 분석자료를 활용할 사람이 누구냐에 분석 포인트를 맞춰야 한다.
- 사업타당성 분석을 단순히 사업계획서를 작성하기 위해 할 것인가, 투자를 받기 위해 할 것인가 등 사용 목적과 용도를 고려해야 한다.
- 사업타당성 분석 시 정보의 범위와 분석방법은 계획사업의 규모, 복잡성, 위험도 등의 특성에 따라 신축적으로 결정해야 한다.

(1) 사업아이디어 탐색

창업자는 그동안의 경험과 지식을 가지고 평소 관심 있는 분야의 아이템에 대한 정보 수집 및 전문가 상담을 통해 사업 아이템을 발굴한다.

| 표 2-27 | 사업아이디어 정보수집 방법

구 분	정보수집 경로	정보수집 방법
정보수집 및 검토	인적 네트워크	창업자가 보유한 인맥을 활용한 정보수집
	인터넷 및 미디어	창업정보 및 정책정보 사이트와 신문 등 활용
	박람회 및 전문기관	전시회나 박람회 및 창업상담회사 등 활용
사업자 및 전문가상담	사업경험자 상담	창업관련 업종 사업경험자 및 실소비자 면담
	전문가 상담	창업컨설턴트 등 전문가 상담

자료 : 한국창업보육협회(2014), 기술창업가이드

(2) 사업아이디어 발견

아이템 탐색 및 정보수집 과정을 통해 다수의 사업 아이템에서 아래 사항을 검토하여 3~5종의 예비사업 아이템을 발굴하고 그 중에서 가장 적합한 아이템을 최종 선정한다.

① 창업자 특성 분석으로 자신의 적성과 사업 조건에 맞는 업종과 사업규모 선택

② 경쟁업체보다 유리한 업종으로 자신이 따라 잡을 수 있는 업종

③ 생산기술 및 능력을 확보할 수 있는 업종

④ 지속적인 시장성이 있는 업종

⑤ 충분한 수익성이 확보되는 업종

⑥ 시대 변화에 따른 성장성이 있는 업종 선택

⑦ 자신의 사업조건에 맞는 업종 선택

그림 2-3 사업타당성 분석절차 및 평가요소

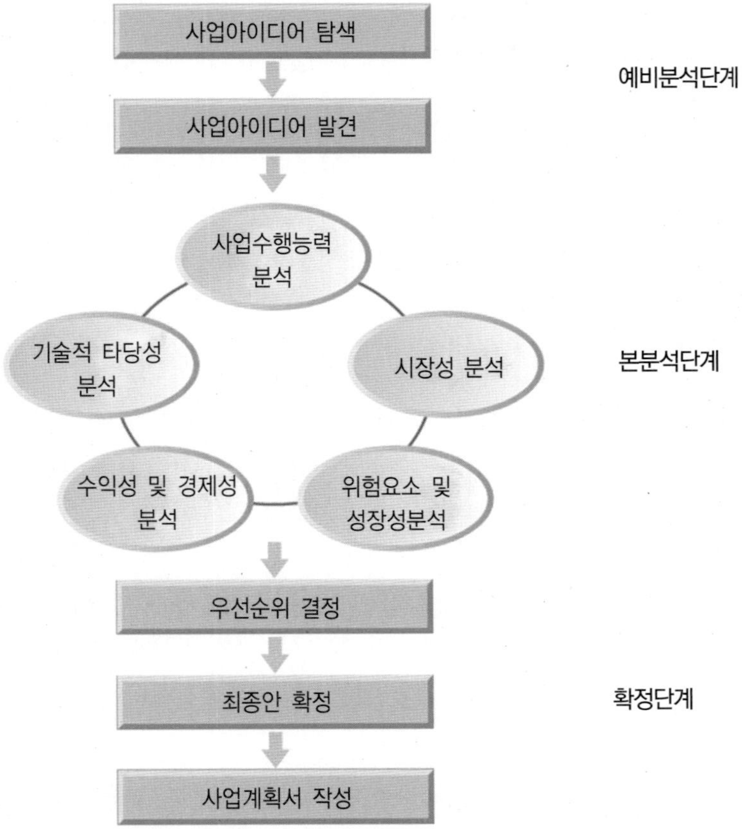

2) 사업타당성 평가요소

사업타당성 평가요소는 사안별 또는 분석목적별로 평가요소의 가중치가 달라질 수는 있지만, 일반적으로 다음의 5가지를 주요 평가요소로 한다.

① 새로운 사업에 대한 경영자(또는 창업자)의 수행능력 평가
② 계획된 제품의 생산에 필요한 기술의 해결가능성을 검토하는 기술성분석
③ 판매시장의 환경, 경쟁상태, 시장진입 가능성 및 중장기 수급전망 등을 검토하는 시장성 분석
④ 적정수익률 확보가능성을 검토하는 수익성(또는 경제성)분석
⑤ 위험 요소 분석과 성장 가능성 분석

(1) 경영자의 사업수행능력 및 적합성 평가

개인이든 기업이든 새로운 사업의 성공과 실패는 그 일을 추진하는 참여인력의 자질에

달려 있다. 특히 참여인력의 중심이 되는 경영자의 적성과 자질, 사업수행능력 및 해당 업종에 대한 적합성 등은 사업의 성패를 좌우한다.

그러면 경영자(특히, 창업자)의 사업수행능력 및 적합성을 누가 판정할 것인가? 사업이란 혼자서 영위하는 것이 아니기 때문에 주변의 아는 사람들이나 전문컨설턴트 등과 충분한 토론과 검토를 거쳐 최종 결론을 내리는 것이 바람직하다.

아래 표는 창업자가 갖추어야 할 능력 및 적합성을 평가하는 요소들을 요약한 것이다. 예를 들어, 도표상의 13개 세부평가항목을 종합적으로 평가하여 일정 수준 이하이면 창업자로 직접 나서는 것은 자제할 필요가 있다.

표 2-28 창업자가 갖추어야 할 능력 및 적합성

평가요소	세부 평가 항목
적성 및 자질	1. 모험심 2. 신념 및 의지 3. 스케일 4. 리더십 5. 체력
경험 및 지식	1. 창업관련 분야에서의 경험 2. 지식 3. 사회적 지위 및 신용 4. 인간관계
업무수행 능력	1. 창업멤버의 구성 및 통제능력 2. 서비스 및 기술혁신 능력 3. 환경적응능력 4. 경영분석 및 판단능력

(2) 기술성 분석

창업자는 자기가 만들 제품의 개념과 그것을 생산할 기술을 확보해야 비로소 상품을 내놓을 수 있다.

기술성 분석은 충분한 시장을 가진 좋은 아이템일 경우에도 시장이 원하는 가격과 창업자가 기대하는 수익이 확보되는 가격의 제품을 합리적인 기술로서 생산할 수 있는지의 여부를 검토하는 과정이다. 즉, 계획제품의 특성, 생산시스템, 공장입지, 생산시설 규모, 원재료 조달, 인력 조달 등에 대한 종합적 분석을 말한다.

특히 이미 개발된 기술을 응용하여 제품을 생산하는 경우에는 이론과 실제의 격차는 어느 정도인지, 예상되는 불량률은 어느 정도인지를 세밀하게 검토하여야 한다. 특허나 실용신안권 등에 의존하여 창업한 경우, 예상 외로 사업실패 확률이 높다는 의견이 많다.

| 표 2-29 | 기술성 분석 주요 검토 내용

기술성 분석 절차	주요 검토 내용
계획제품의 특성 분석	• 제품의 용도와 주요 소비처 • 제품의 주요 기능과 물리적, 화학적 특성 • 표준제품 및 요구제품의 품질 수준 • 경쟁제품과의 비교우위성 및 가격경쟁력
기술적 타당성 분석	• 생산기술의 존재여부 및 도입가능성 • 요구제품의 품질 수준에 대한 기술의 적정성과 기술적 대안 및 지식재산권의 확보 여부 • 대체기술의 출현가능성과 기술의 수명주기 • 환경성의 검토 및 공해방지시설 • 안정성의 확보 방안
생산시설의 입지검토	• 자연적, 경제적, 사회적, 정치적 입지인자 분석 • 업종(생산자원)의 입지인자 • 법규상의 제약요인과 정부시책 상의 촉진 요인
생산자원의 검토	• 원, 부재료의 수급가능성 • 필요한 인적자원의 조달 가능성 • 동력, 가스, 용수 등의 조달가능성
시설계획의 검토	• 필요시설의 검토 및 계획 시설의 적정성 • 계획시설의 효율성과 공사 진행 계획의 분석 • 계획시설의 유지가능성과 장래성
생산방법 및 공정의 검토	• 생산설비의 적합성 및 경제성 • 시설배치 및 작업환경의 합리성 • 생산방식과 공정의 효율성
생산능력의 검토	• 생산능력 및 가동률 • 생산조직 및 생산인력의 효율성 • 안전재고의 확보와 재고유지비용의 최적화

(3) 시장성 분석

아무리 훌륭한 기술이라도 소비자를 위하여 상품화되지 않으면 많은 판매를 기대할 수 없다. 사업성 평가의 1차적 관문은 계획된 제품 또는 서비스를 소비자들이 얼마나 많이 사줄 것인지를 평가하는 것이다.

그러나 새로운 사업일 경우에는 대체로 소비자들에게 낯선 상표이거나 낯선 제품이 기 때문에 시장성 평가가 쉽지 않다.

그럼에도 불구하고 시장성과 판매전망 요소의 정확한 분석은 사업타당성 검토의 핵심요소이다. 시장성과 판매전망에 관련되는 핵심요소는 국내외 수급동향(예를 들어, 중장기 수

급전망, 시장특성 및 구조, 유사제품과의 경쟁상태, 향후 경쟁제품의 출현가능성, 해외시장에의 수출가능성 등), 국내외 가격구조 및 가격변화 동향, 판매처 및 유통경로, 목표시장의 선정 및 판매전략 등이다. 시장성분석은 전문가에게 의뢰하여 진행시키는 것이 유리한 경우가 많다.

표 2-30 시장성 분석 주요 검토 내용

구분	분석 목적	평가 요소
시장성 분석	• 고객 정보 확인 • 시장구조 및 경쟁 현황 • 시장규모 및 판매예측	• 고객 특성 분석 • 시장규모 분석 • 경쟁제품 분석 • 수요예측 및 판매전략

(4) 수익성 분석

수익성 분석의 평가 항목은 크게 수익성 전망, 투자수익률 분석, 손익분기점 분석, 민감도 분석, 계획사업의 경제성 분석 등으로 분류할 수 있다.

표 2-31 수익성 분석 주요 검토 내용

구분	분석 목적	평가 요소
수익성 분석	• 예상 매출 파악 • 사업의 추정손익 검토 • 손익분기점 파악	• 매출액 추정 • 투자수익률 분석 • 손익분기점 분석 • 민감도 분석 • 경제성 분석

① 매출액 추정

연도별 매출액 및 증가율을 분석하며, 세부 평가 요소는 아래와 같다.

- 연도별 매출액 및 매출규모 적정성
- 경쟁사 대비 매출 증가율
- 매출액 대비 매출원가 규모

② 투자수익률 분석

창업을 위한 투자액의 수익률을 분석하는 것으로 세부 평가 요소는 아래와 같다.

- 투자수익률 수준 및 목표수익률의 실현 가능성
- 최소 금융수익 수준 이상의 수익실현 가능성

③ 손익분기점 분석

손익분기점은 일정기간의 총수익과 총비월고정비, 변동비)이 일치하므로 이익도 손실도 발생하지 않는 매출액을 달성하는 점으로써 매출목표 수립과 이익관리에 필요하다.

그림 2-4 손익분기점 분석방법

- 매출액이 BEP점보다 많으면 이익, 적으면 손실 발생
- BEP점의 위치가 높을수록 수익성이 낮고, 낮을수록 수익성이 높음
- 매출액이 전혀 없으면 고정비만큼 손실 발생

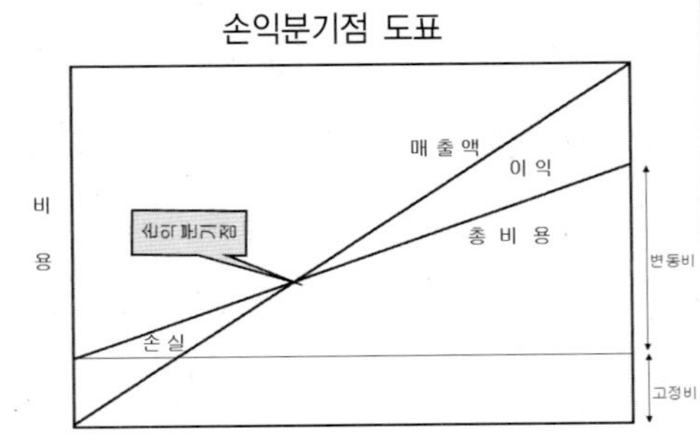

등식법에 의한 손익분기점 분석

- 단위당 공헌이익 = 단위당판매가격 - 단위당 변동비
- 공헌이익율 = $\frac{\text{단위당공헌이익}}{\text{단위당판매가격}} = \frac{\text{총공헌이익}}{\text{총매출액}}$
- 손익분기점 판매량 = $\frac{\text{총고정비}}{\text{단위당공헌이익}}$
- 손익분기점 매출액 = 손익분기점판매량 × 가격
  = $\frac{\text{총고정비}}{\text{공헌이익율}}$

등식법 적용사례

단위당판매가격 1,000원, 단위당 변동비 300원, 고정비 7백만원

- 단위당 공헌이익 = 1,000 - 300 = 700
- 공헌이익율 = $\frac{700}{1,000}$ = 0.7
- 손익분기점 판매량 = $\frac{7,000,000}{700}$ = 10,000개
- 손익분기점 매출액 = 10,000개 × 1,000 = 1천만원
  또는 7,000,000 ÷ 0.7 = 1천만원

자료 : 한국창업보육협회(2014), 기술창업가이드

창업자가 창업에 있어 반드시 손익분기점분석을 하여야 하나 대부분의 창업자는 계산이 복잡하여 이를 중요시 하지 않는 경우가 많다. 간단히 손익분기점 분석을 쉽게 할 수 있는 방법을 설명하면 아래와 같다.

- 먼저 창업 후 매월 소요되는 고정비(임차료, 급여 등)를 계산(예, 7백만원)
- 제품 1단위당 변동비(원재료 비, 부품 비 등)를 계산(예, 300원)
- 이때 본제품의 1단위당 판매 가격 1,000원이라고 하면 변동비를 공제한 700원이 공헌이익
- 본 사업의 경우 매월 7백만원의 고정비가 발생하므로 제품 1단위를 팔면 700원의 공헌이익이 발생하므로 매월 10,000단위를 팔아야 고정비 7백만원을 보전할 수 있어

수익과 비용이 일치하게 되는 것을 손익분기점매출이라고 한다.

④ 민감도 분석

민감도 분석은 기업의 경영환경에서 악조건으로 발생할 수 있는 제반 상황을 설정하여 계획사업의 결과의 변화여부를 분석, 검토하는 것으로 아래와 같다.

- 설정 1 : 시장점유율 하락, 경쟁사의 출현 등으로 매출액이 10% 감소된 경우
- 설정 2 : 물가상승의 제 요인으로 계획보다 인건비가 10% 증가 되었을 경우
- 설정 3 : 설정 1과 설정 2가 동시에 발생하는 경우

⑤ 경제성 분석

계획사업의 경제적 타당성을 분석하는 것으로써 순현재가치법, 회수기간법, 내부수익률법 등의 기법을 활용하며 돈의 가치는 시간의 흐름에 따라 변화함에 유의 하여 분석을 진행한다.

(5) 위험요소 및 성장성 분석

위험요소 및 성장성 분석 평가 항목은 기업의 위험요소 분석과 장기적인 기업 경영측면에서 지속적인 성장발전이 가능한지를 분석하는 것이다.

표 2-32 위험요소 및 성장성 분석 주요 검토 내용

구분	분석목적	평가요소
위험요소 및 성장성 분석	• 사업의 위험요소 파악 • 기업의 성장가능성 파악	• 위험요소 분석 • 업종 성장성 분석

표 2-33 환경변화에 따른 위험요소

위험의 종류	위험 요소
정부정책 변화	• 조세, 관세정책 및 금융지원제도의 변화 • 금리 및 환율의 변동 • 중소기업 고유업종의 제한 해제 및 수입개방 • 환경규제
시장경쟁의 변화	• 경쟁기업의 진입 • 판매가격의 변화
생산요소의 변동	• 주요 원자재 파동 • 인건비 상승
기 타	• 노사분규 • 공장건설의 지연 • 시설자금 또는 운전자금의 조달 실패 • 공장 주변지역의 환경악화

2. 사업계획서

1) 사업계획서의 의의

사업계획서란 사업에 대한 밑그림으로 성공적인 사업 추진을 위해 사업전반에 대한 내용을 문서화한 것이다. 즉, 사업의 목적 달성을 위해 기업 활동 범위, 자원의 활용 방법, 경영전략 등 사업에 관한 제반사항을 체계적으로 작성한 것이다. 따라서 정확한 목적을 가지고 체계적으로 잘 작성한 사업계획서는 사업 성공의 첫걸음이 된다.

사업계획서 작성은 말로 표현할 수 없을 만큼 중요하며, 사업추진 주체가 사업 추진 과정에서 발생 가능한 시행착오를 줄이는 길잡이 역할을 하고, 사업추진을 위한 세부계획 작성의 기본이 되는 틀로서의 역할을 한다.

또한, 사업계획서는 금융기관, 투자자 등 외부관계자에게 계획사업의 내용 및 성공가능성을 제시하여, 이들로부터 투·융자를 유도해 내는 목적으로도 사용하는 투·융자 제안서적인 성격이 강조되고 있다.

따라서 사업계획서는 사업 추진주체가 보유하고 있는 사업 아이디어를 투자, 생산, 판매 활동을 통해 구체화 해가는 과정을 나타내게 된다.

이렇듯 사업계획서는 자체 사업성 평가과정을 통해 계획사업의 성공가능성을 확인하고 사업성 평가 결과를 기초로 하여 계획사업의 성공가능성을 본인이 판단할 수 있는 자료로 삼을 뿐 만 아니라 이해관계자들을 설득할 수 있는 자료로도 활용할 수 있다.

표 2-34 사업계획서 작성 필요성

체계적 사업추진을 위한 설계	계획 사업을 위한 시뮬레이션 과정	이해관계자에 대한 설득자료	사업추진을 위한 소개자료
· 단순한 아이디어 또는 경험에 의한 주관적인 사업계획을 방지 · 인사 · 구매 · 생산 · 마케팅 · 재무 등의 기업 경영활동 전반에 대해 사전에 검토	· 사업수행을 사전에 연습함으로써 시행착오를 예방하고 사업기간과 비용 절약 · 계획 사업의 사전 점검을 통한 실패확률의 감소로 사업자에게 사업성공의 가능성 상승	· 이해관계자(투자자, 금융기관, 정부 및 지자체 등)를 위한 설득자료로 활용 · 사업자의 신뢰도를 증진시켜 자금조달이나 각종 정책지원을 받는데 활용	· 기업간의 사업제휴, 납품 또는 입점 계약, 대리점 또는 가맹점모집, 공공기관 입찰 서류제출, 인허가신청, 기술 및 품질 인증 등 사업 추진을 위한 회사소개 자료로 활용

2) 사업계획서의 작성 원칙

(1) 신뢰성

- 사업계획서가 외부 투·융자 관련자를 설득하기 위해서는 신뢰성을 확보해야 한다.
- 사업계획서에 대한 신뢰성은 객관적인 자료에 근거하여 전문가적인 분석과정을 통해 사업계획서가 작성되었음을 제시함으로써 확보할 수 있다.
- 사업계획서를 작성하기 위해서는 시장 수급자료, 경쟁업체 생산 판매자료, 동 업계 정보 등 다양한 객관적 자료의 입수가 요구되며 입수된 정보 및 자료를 과학적으로 해석하여 계획사업의 실현 가능성을 기술하여야 한다.

(2) 일관성

- 사업계획서를 작성함에 있어 각 부문 계획 간의 논리적 일관성이 유지되어야 하며 생산계획과 판매계획, 투자계획과 재무계획 등 각 부문 계획 간의 논리적 불일치가 존재할 경우 사업계획 전반에 대한 불신감을 증대시키게 되므로 사업계획서 전반에 걸친 일관성 유지는 사업계획서 작성 시 요구되는 가장 중요한 원칙이다.

(3) 이해가능성

- 사업계획서는 자기가 판단할 자료로 삼기도 하지만 외부 투자자나 금융기관에 제출하여 투·융자를 요청하는 자료로 사용되므로 외부 투자자나 금융기관이 이를 이해할 수 있도록 작성해야 한다.
- 최근의 계획사업은 기술의 중요성 때문에 기술적으로 비전문가인 금융기관 관계자가 계획사업을 이해하는 데는 어려움이 있다. 따라서 제조업의 사업계획서의 경우 제품생산 공정, 공법설비 등을 비전문가도 쉽게 이해할 수 있도록 작성하여야 한다.

(4) 독창성

- 사업계획서를 작성하는 경우에는 기존사업 또는 타 경쟁업체와는 품질·원가·용도·제법 등에서 어떤 특징을 갖고 있으며 그 특징으로 인해 계획사업의 성공가능성에 어떠한 영향을 주는지를 명확히 할 필요가 있다.
- 계획사업이 타 업체에 비해 독창성이 없을 경우 후발업체로서 성공할 가능성이 높지 못하므로 외부 투·융자 관련기관에서 관심을 갖지 않을 수 있으므로 계획사업이 갖는 특수성을 강조하여 사업계획서에 나타낼 필요가 있다.

(5) 낙관성

- 계획사업을 추진하는 주체는 계획사업의 대·내외 여건을 낙관적으로 보는 경향이 있다. 사업계획서도 낙관적으로 작성되는 경우가 많으며 비관적인 입장에서 보는 것보다는 낙관적인 경우가 설득력이 있다.
- 경우에 따라서는 지나치게 대내외 여건을 낙관적으로 인식하여 현재 또는 잠재적 문제점을 간과하는 경우에는 오히려 사업계획서의 신뢰성을 크게 저하시킬 수 있으므로 낙관적인 입장에서 사업계획서를 작성하되 발생 가능한 문제점을 지적하고 이에 대한 대응책을 제시하는 것이 신뢰성을 제고하는 방법이 될 수 있다.

3) 사업계획서 작성 절차

(1) 전체 목차 구성

- 목적 사업 내용에 맞는 전체적인 목차를 구성하여 나열
- 제품내용, 서비스 흐름, 사업모델 등에 관한 자료를 점검
- 목적에 따라 양식이 정해진 경우에는 작성에 필요한 내용을 확인

(2) 시장분석 및 계획수립

- 시장, 기술, 경쟁사 등의 동향 및 특징 조사를 실시
- 조사된 내용을 분석하고 사업의 방향 및 실행계획을 수립
- 사업내용과 유사한 참조할 수 있는 사업계획서를 확보

(3) 계량분석

- 투자계획, 매출 및 비용계획, 손익분석 등의 분석 실시
- 내용상 문제점 점검 및 피드백(실행계획 수정)
- 목표로 하는 수치가 나올 때까지 반복하여 분석 실시

(3) 내용작성 및 편집

- 목차순서에 상관없이 쉬운 항목부터 세부내용을 입력
- 유사 아이템의 사업계획서를 참고하여 내용 작성
- 내용 작성 후 서체, 글자크기, 색상 등을 통일하여 편집

4) 부문별 사업계획서 작성

(1) 표지 및 목차

표지는 밝고 깨끗하게 하여 처음부터 좋은 인상을 갖도록 하고 목차의 경우 검토자의

입장에서 목차를 개괄함으로써 사업계획서가 담고 있는 전반적인 내용을 짐작할 수 있게 하고, 사업계획을 작성한 기업의 준비성과 치밀성을 유추할 수 있는 좋은 기회이므로 일목요연하게 작성한다.

(2) 요약문

계획사업의 핵심내용과 그 가치를 집약해서 설명하는 페이지로 창업 아이템이 왜 존재해야 하고 누가 어떻게 실행하여 사업을 성공시킬 수 있다는 것을 간결하고 설득력 있게 기술한다.

요약 문서를 작성할 때 중점적으로 기술해야 할 부분
• 기업의 제품과 목표시장을 설명 : - 투자자가 투자할 것이 무엇인지 한 눈에 알 수 있게 함 • 기업이 성공할 수 있는 이유와 방법을 설명 - 왜 경쟁기업보다 성공할 수 있는지 설명 • 과거 재무자료 및 미래 추정치를 요약 - 미래 추정치는 사업계획 전체의 매력을 축약시킨 부분 • 경영진의 이력사항을 기술 - 사업추진에 현 경영진이 얼마나 적합한지 인식시킬 수 있어야 함

(3) 기업현황 및 사업개요

기업현황은 기업의 전반적인 상태를 요약한 정보를 전달하는 기능으로 회사의 주주, 주요 인력, 업종, 위치 등에 대한 전반적인 내용을 포함하고 있으며, 기업의 사업목적과 현황을 빠르게 파악하고 비전 및 경영이념을 볼 수 있다.

| 표 2-35 | 기업현황 및 사업개요 작성 세부 내용

구분	세부 내용
창업 초기기업	• 창업자와 주요 경영진의 비중이 크므로, 학력 및 경력 등 상세한 인물 정보를 제공. • 추진 사업에 적격자임을 객관적인 자료로 제시 • 사업계획의 미래 전망을 추정치를 근거로 요약하여 제공
계속기업	• 사업추진 성과와 목적사업 주요 내용에 대해 기술 • 요약된 재무상태를 대차대조표와 손익계산서 기준으로 3~5년 정도 요약 작성 • 이러한 실적은 기업 가치를 나타내는 가장 좋은 지표가 됨
가장 중요한 항목	• 주요 인력에 관한 사항 : 모든 기업의 경쟁력은 창업자와 경영진 등 인적자원에 의해 결정된다는 것을 명심 • 경영진 및 기술진에 대한 과거 업계 경험과 전공, 전문 분야를 반드시 기술 • 상세한 프로필 첨부

(4) 경영조직 및 인력

창업 조직은 부문별로 강력하고 짜임새 있도록 구성한다.

① 경영조직

- 회사의 예상 경영 조직도를 제시하고 부분의 역할 및 그 책임자를 소개

② 창업핵심인력

- 주요 핵심 관리자의 이력, 노하우, 직무능력 과거의 실적 등을 상세하게 기술

(5) 제품 및 서비스

상대방에게 제품을 알리는 것이므로 쉬운 용어로 이해를 쉽게 하여 제품과 서비스가 현재 어느 단계까지 개발되어 있는지를 설명한다. 제품과 서비스가 고객에게 전달되기 위해서는 해결해야 할 기술적, 제도적, 관습적, 문화적 장애요인들이 있는 경우 이를 명확히 하고 해결 방안을 제시한다.

(6) 시장 및 경쟁자

시장 및 경쟁자 분석은 가장 어려운 부문인 동시에 가장 중요한 부문 중의 하나로서, 다른 부문에 앞서 작성하는 것이 효과적이며 시장규모와 성장성, 시장세분화, 경쟁자에 대한 내용을 작성한다.

① 시장규모와 성장성

시장규모는 고객의 수, 단위 당 판매, 매출액 등의 숫자로 표시되어야 한다.

회사가치의 급격한 증가는 시장이 큰 잠재력을 가진 경우에만 가능하고, 시장의 성장에 대한 예측은 매우 중요하며 어떤 요소가 시장의 성장에 영향을 미치는지를 분석하여 제시한다.(예, 기술, 법적인 제약 등)

② 시장세분화

어떻게 시장이 세분화 되어 있으며 어떤 시장을 대상으로 하고 있는지를 분명히 제시하여야 하며 시장을 세분화하는 방법은 여러 가지가 있을 수 있으나, 아래 3가지는 지켜져야 한다.

- 각 세분화된 시장의 고객 수 및 구매력을 측정할 수 있어야 함
- 각 세분화된 고객의 행동 양식을 측정할 수 있어야 함
- 각 세분화된 고객은 동일한 마케팅 전략으로 공략할 수 있어야 함

표 2-36 시장세분화 방법

소비재 시장에서 가능한 시장세분화 방법	• 인구통계적 변수 : 나이, 성별, 라이프사이클, 소득, 직업, 종교, 교육수준 등 • 일반적 행동변수 : 라이프스타일(관심, 의견), 사회적계층, 관심사 • 제품관련 행동변수 : 제품사용 경험, 충성도, 구매성향, 혁신성, 현재고객 • 고객욕구변수
산업재 시장에서 가능한 시장세분화 방법	• 인구통계적 변수 : 지역, 기업규모, 산업종류 등 • 일반적 행동변수 : 구매구조, 구매상황 • 제품관련 행동변수 : 제품사용 경험, 충성도, 현재고객 • 고객욕구변수

③ 경쟁자

- 핵심가치, 목표 고객, 매출액, 가격, 시장점유, cost위치, 제품 수, 유통채널 등 비교
- 경쟁사의 강점과 약점을 비교하여 분석
- 경쟁우위의 요소, 무형의 자산 검토, 포지셔닝 점검

(7) 마케팅 전략

마케팅 계획에서 잠재고객이 누구며 그들과 어떻게 접촉하고 품질, 가격, 서비스 수준을 어느 정도로 책정할 것인지, 광고 및 홍보계획 등 4P요소를 중심으로 작성한다.

표 2-37 마케팅 4P요소 작성 방법

제품(Product) 및 서비스(Service)	가격(Price)
• 시장에 출시하고자 하는 제품 및 서비스에 대해 구체적으로 기술 • 소비자의 욕구 충족을 통한 만족도 확대를 위해 차별화 요소 작성 • 투자자들이 이해하기 쉽도록 알기 쉬운 용어를 사용	• 제품이나 서비스에 대해 고객이 지불할 의사가 있는 금액 수준 결정 • 기업이 제공한 가치와 고객이 느끼는 가치 사이에서 결정 • 사전에 고객과의 접촉을 통해 가격수준을 확인해 결정

유통경로(Place)	판매촉진(Promotion)
• 제품, 서비스를 최종 소비자에게 전달하는 지점 또는 조직 [주요 고려 요소] 고객의 잠재적인 숫자, 제품이나 서비스의 종류, 고객이 구매하는 장소, 제품에 대한 설명의 필요 정도, 가격의 수준, 구매빈도, 제도적·법적 제약 등	• 제품, 서비스를 사게 하는 다양한 방식으로 고객의 주목(attention)을 끌고, 알리고, 설득하고, 확신을 심어주는 과정이 필요 • 고전적인 광고 : 신문, 잡지, TV, 라디오 • PR : 보도자료, 출판, 기사 등 • 인적판매 : 영업 • 다이렉트 마케팅 : 카달로그, 우편, 전화, email

(8) 연구개발 계획

연구개발 목표, 자체개발·산학연협력·기술이전·아웃소싱 등 연구개발방법, 연구개발 인력, 연구개발 실적 등을 간략하게 기술하고 향후 연구개발 전략과 연구개발 계획 및 예산은 보다 구체적으로 작성 하여 제시한다.

(9) 시설 및 생산계획

시설 및 생산계획에 대해서는 공장입지, 설비투자계획, 생산계획 등에 대해 작성한다.

표 2-38 시설 및 생산계획 작성 방법

구분	세부 내용
공장입지	• 노동력을 이용할 수 있는 정도 및 질, 고객이나 공급자의 접근 용이성 • 교통편의, 물류비용, 원부자재 조달, 해당지역의 세금과 법규 등의 관점에서 점검
설비투자계획	• 생산에 필요한 설비를 언제 어떻게 도입할 것인가의 문제 • 설비도입 규모와 향후 3년간 설비투자계획 등을 제시
생산전략과 계획	• 제품의 생산과 관련된 제조과정의 설명으로 생산비용, 생산능력 등의 문제 • 자금조달, 이용 가능한 노동력, 기술적인 문제의 관점에서 제조 및 운영계획 설명 • 이용가능한 원자재, 노동력, 부품, 제경비 등에 대한 분석과 생산비 및 생산량에 관한 정보를 제시 • 품질관리, 생산관리, 재고관리 방법 및 서비스 불만의 최소화 방안

(10) 자금조달 및 운용

계획사업을 추진함에 있어 가장 중요한 부분의 하나인 자금조달계획은 우선 사업계획에 대한 총 소요자금을 추정하여 부족한 자금에 대한 조달계획을 수립하여 창업자 투자금과 투자자 투자금 등의 자기자본과 정책자금, 금융기관자금, 사 금융 등의 타인자금으로 구분하여 작성한다.

(11) 추진일정

계획사업의 실행일정으로 간트 차트(Gantt Chart) 등으로 현실성 있는 계획을 수립하여 지나치게 낙관적인 계획을 수립함으로써 발생할 수 있는 위험을 회피하고 일정지연 등 차질을 예방할 수 있게 하여야 한다.

(12) 추정재무제표 작성

재무계획은 사업계획서의 다른 모든 요소를 종합하여 사업이 어느 정도의 수익성을 갖고 있는지를 계수적으로 나타낸 것으로써 사업추진에 필요한 자금조달 규모를 예측하는데 기본 자료로 활용되며 이러한 재무계획은 아래의 5가지 요소를 반드시 갖추어야 한다.

① 추정재무제표(손익계산서, 대차대조표, 현금흐름표)의 작성

② 예측기간 5년 정도 작성(현금흐름이 플러스가 되는 시점 이후 1년까지 작성)

③ 최초 2년간의 상세한 재무계획(월별 혹은 분기별)을 작성하고 이후는 연간기준으로 작성

④ 모든 숫자는 합리적인 가정(assumption)에 근거해야 한다. (모든 가정은 사업계획 내에서 근거가 제시되어 있어야 함)

⑤ 경제성 분석결과 (NPV, IRR, Payback 기간) 및 주요 변수 변화에 따른 민감도 분석을 하여야 한다.

5) 용도별 사업계획서 작성 항목

사업계획서는 용도에 따라 내부용, 금융기관 등에 대한 자금신청용, 벤처캐피탈을 대상으로 하는 투자유치용, 사업제휴용, IR용, 입찰용 등으로 구분될 수 있다. 각 용도별 사업계획서 작성 항목에 대해서는 다음 표로 정리하였다.

| 표 2-39 | 용도별 사업계획서 작성항목

주요작성항목	내부운영용	자금신청용	투자유치용	사업제휴용	IR용	입찰제한용
회사개요		◎	◎	◎	◎	◎
사업개요		△		◎	◎	
제품 및 기술현황		◎	◎	◎	◎	◎
시장환경	◎	△	◎	△		
개발계획	◎	◎	◎		△	◎
투자계획	◎	◎	◎			◎
마케팅계획	◎	◎	△	◎		△
생산계획	◎					
조직 및 인원계획	◎	△		△		
이익 및 재무계획	◎	◎	◎	◎	◎	◎
투자제안			◎			

◎ 필수항목 △ 권장항목

참고자료 정부출연 과제용 사업계획서 작성 참고 사항

| 참고 2-1 | 정부출연 기술개발 과제의 일반적 지원 범위

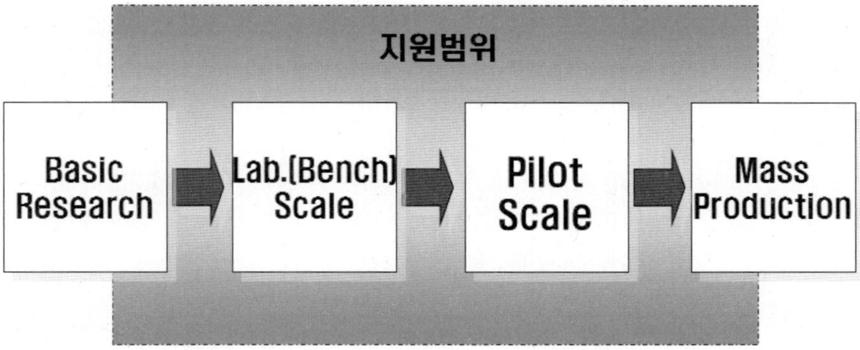

| 참고 2-2 | 과제 신청시 주요 고려 사항

주요 분야	고려 사항
개발기술 수준	• 국내최고(세계최고) 수준의 기술개발 : 수입대체, 품목개발 신청 가능 • 과제지원기업(약 2천개 : 연구수행가능 기업의 13~20% 수준)
사전 준비	• 충분한 사업준비 및 기반 구축 - 기초실험결과, 시료(샘플) 확보 및 분석 자료 - 인력, 시설 등 기본 Infra 구축 여부
기술 분야	• 해당 분야의 전문화, 특화 또는 융합된 기술 - 개발과제 : 14대 지식경제분야, 산업기술분류별, 융합산업 여부 등 - 정부지원 사업분야별, 수행기관별 전문성 고려
사업계획서 작성	• 목표 및 연구내용을 명확하게 설정하고, 실현가능한 R&D 계획 수립 • 연구내용과 조화되게 기술개발 사업비를 구성(규정에 맞게) • 국내외 경쟁 기술 및 기업과 차별화(우위성 확보) • 시장규모, 가격동향, 수요처 관련 자료 제시(객관성 확보) • 그림, 도표, 사진, 샘플 제시를 통한 가시적 내용 제시 • 발표 및 질의응답 시간 준수 가능한 내용 제시 및 자료 준비

| 참고 2-3 | R&D 사업계획서 과제명 작성 가이드라인

구분	세부내용
공통	① 한글 맞춤법에도 맞아야 함 (외래어 표기법 포함) ② 일반적이지 않는 약어는 되도록 사용을 삼가
과제명	① 과제명은 과제 핵심내용이 명확하고, 쉽고, 간결하며, 과학적·기술적으로 표현 가능한 쉬운 용어로 사용하며, 정보공개에도 적합해야 함 ② R&D 과제명은 5개 R&D 속성이 포함되는 것을 원칙으로 하여 작성하되, R&D 목표·기술수준, 적용대상은 과제명에 반드시 포함되어야 함 - 5개 R&D 속성 : R&D 목적, 적용대상, R&D목표, R&D목표(기술)수준, R&D단계 - 특별한 이유가 있지 않는 한, 5개 R&D 속성 중 R&D목표(기술)수준은 수치적으로 명확하게 제시하여야 함 ③ 과제명 및 부과제명 작성시, 의도적 모호성은 배제되어야 함 - 의도적 모호성 : 연구비를 쉽게 확보하기 위해 연구범위를 포괄적으로 제시한다든지, 과제명에 기술수준이나 목표가 분명하게 드러나면, 연구자간 비교가 쉬워지게 되므로 명확한 기준과 목표 제시를 하지 않는다든지 등 ④ R&D 결과물과 기술적·직접적으로 연관성이 적은 용어와 화려한 미사여구(고부가가치, 차세대, 첨단, 녹색, 그린 등) 등은 사용을 삼가되, 구체적인 규격이나, 범위 등을 함께 활용·작성하는 경우에는, 사용이 가능함 - 초고속 열차(×) → 400Km/hr 초고속 열차(○) - 저전력(×) → 시간당 10W 전력을 소비하는 등(○) ⑤ 주제어 중심으로 60자, 20단어 이내로 작성
부과제명	① 부과제명은 일부 과제에 대해서만 필요시, 선택적으로 작성·사용 - 과제명만으로 내용전달이 어려운 경우(개발하고자 하는 기술이 다양한 경우 등), 계속과제가 기술·시장 환경변화 등으로 인해 과제 개발목표의 변경·수정이 필요할 경우에만 사용 ② 주제어 중심으로 100자, 30단어 이내로 작성
요약문	① 요약문은 과제내용을 보다 명확하게 전달하기 위해 반드시 작성 ② '기본정보'와 '요약정보'로 구분하여 서술 - 기본정보 : 대상사업, 연구비, 협동연구 여부, 키워드 등을 기록 - 요약정보 : R&D목적 및 목표, R&D 주요내용, R&D목표수준 및 차별성 등

| 참고 2-4 | 5대 R&D 속성에 맞춘 사업계획서 과제명 작성 방법

속성	표현방법	작성방법	작성사례(예시)
R&D 목적	"~을 위한"의 형태	R&D를 통해 해결하고자 하는 과학적·공학적·사회적 목적이나 파급효과 등을 표현	㉮ 6G bps 무선멀티미디어 통신 서비스 제공을 위한 ㉯ Euro-6 배기가스 규제 대응을 위한 ㉰ IT조명 통신융합을 위한
적용 대상	"~용"의 형태 - 단, 적용되는 시장이 특정국가 및 산업시장을 지칭하는 어휘는 사용금지	R&D 결과의 1차 적용 대상이나 R&D 결과물이 적용될 시장·산업분야 등을 구체적으로 표현	㉮ 유무선 통합 중계기용 ㉯ 디젤자동차용 ㉰ LED용
R&D 목표	주로 "~기술"의 형태	R&D를 통해 구현될 기술을 표현	㉮ 트랜시버 원천기술 ㉯ 엔진시스템기술 ㉰ 가시광RGB 선별 무선통신 기술
R&D 목표수준	주로 "~급"의 형태	R&D기술의 수준, 핵심성능 및 사양 등을 정량적으로 표현	㉮ 60 GHz급 밀리미터파 기반 ㉯ 최고 효율 50%이상 증가된 2L급 ㉰ 380~780 나노미터
R&D 단계	'기초/응용/개발' 등 R&D단계 표현, 명확한 R&D 단계 표시가 불가능한 경우, 전체 과제명으로 파악 가능토록 작성		㉮ 기초단계 ㉯ 응용단계 ㉰ 개발단계

[사례 연구] 사업타당성 및 사업계획서

경영 사례 창업자가 창업 전에 고려할 사항

Q. 제조업 창업을 준비하고 있습니다. 창업 전에 고려해야 할 사항이 무엇이 있나요?

A. 창업은 희소한 경영자원을 배분하여 경쟁우위를 창출하고 지속적인 수익을 창출할 수 있도록 사전에 철저한 준비가 필요합니다. 따라서 창업자는 자기 자신이 창업을 하기에 얼마나 적합한가를 우선 판단한 다음, 사업목적과 사업 아이디어를 검토하고 자본 및 인적 · 물적 자원을 조직화하여 창업을 준비해야 합니다.

① 창업환경 예비분석 : 창업희망자는 먼저 자신의 자질 및 적성 등을 파악하여 창업이 바람직한 것인가를 알아보아야 합니다. 나아가 자신이 가진 창업환경자원이 창업하기에 충분한지 또 창업 시기가 적당한 지에 대해서도 미리 검토해야 합니다.

② 사업 아이디어의 모색 : 창업한 사업이 성공적으로 운영되는가의 여부는 사업 아이템이 얼마나 유망하고 창업자에게 적합한 업종을 선택하였는가에 따라 결정됩니다. 나아가 사업 아이디어가 얼마나 시장환경조건에 적합한가를 고려하여야 합니다.

③ 사업타당성 분석 : 모든 사업은 시행하기 전에 어떤 형태로든지 사업타당성분석을 통하여 발생 될 사업성에 관한 분석을 실시해야 합니다.

④ 사업계획서의 작성 : 사업성 분석에서 자신의 사업 아이디어가 유망한 것으로 판단되면 구체적으로 수행하게 될 사업실행계획을 수립해야 합니다.

⑤ 사업의 인 · 허가검토 : 인 · 허가 사항은 사업을 하기 전에 각 관계 법령의 규정에 따라 받아야 하는 행정절차입니다. 인 · 허가업종은 개별법령에 의하여 제조활동에 필요한 시설기준 및 자격요건 등을 갖추어야만 사업운영을 할 수 있는 업종으로 창업자는 관련법에 의해, 허가 · 승인 · 등록 또는 신고가 필요한 업종인지의 여부를 창업 준비단계에서 알아야 합니다.

경영 사례 대표자와 과제책임자 선택 전략

Q. 기술 과제 참여 시 대표자와 과제책임자에 대한 참여 제한 사항이 있는지 알고 싶습니다.

A. 중소기업이 대표자와 과제책임자를 전략적으로 선택하는 것은 한계가 있을 수 있으나 개발과제 또는 사업영역 관련 전문성과 사업화 능력 유무 판단에서 동업종 근무경력 및 업무노하우 보유 정도를 측정하는 대상이 됩니다. 그러므로 아래 사항을 고려하여 준비하신다면 더 좋은 평가를 받으실 수 있습니다.

1. 기술경영전략 기술혁신 및 이를 기반으로 한 마케팅, 제품화 기획 등 경영전략의 우수성
2. 기술이해도 : 신청 기술에 대한 전반적인 기술이해도의 우수성
3. 대표자 및 과제책임자의 동업종 경험 수준 : 신청과제의 주생산품이 속하는 업종 근무경력 일정수준 이상
4. 연구인력 관리 : 최근 1년 이내(과제접수 마감일 기준) 기술담당 임원, 핵심기술 인력의 퇴직 사실 여부

준비 자료는 다음과 같습니다.

1. 대표자와 과제책임자 이력서(규정 양식 제공)
2. 경력증명서, 법인등기부 등본, 면담 등으로 확인
3. 최근 3년간 과제책임자가 참여한 국가R&D 참여 실적
   (1) 국가과학기술지식정보서비스(www.ntis.go.kr) 시스템 출력물
   (2) 해당기관 과제 시스템 출력물 등
4. 과제책임자가 취득한 특허 및 실용실안, 최근 5년간 SCI급 논문 게재현황
5. 특허 및 실용신안 등록원부(발명자가 과제책임자인 것) 게재논문 전문

경영 사례 목표시장의 성장가능성

Q. 사업성 평가 항목 중 목표시장의 성장가능성의 평가 기준은 어떻게 되는지 알고 싶습니다.

A. 목표시장의 성장가능성은 사업성 평가 항목 중 배점이 큰 항목으로 고려할 사항은 다음과 같습니다.

1. 동업종 시장성장률, 시장규모의 성장가능성
2. 신규시장 개척 : 잠재수요

목표시장의 성장가능성 평가를 위한 준비서류는 당해 연도를 기준으로 직전 1년, 향후1년의 개발제품의 국내외 시장규모 자료이며 공인기관의 시장분석 자료가 필요하나 없을시 자체 시장 조사 자료를 준비하시면 됩니다.

경영 사례 제품(서비스) 시장경쟁력

Q. 시장성 평가 항목 중 개발제품의 시장경쟁력의 평가 기준은 어떻게 되는지 알고 싶습니다.

A. 사업성 평가 항목 중 개발 제품의 시장 경쟁력 평가를 위한 사항으로 사업성평가 항목 중 배점이 큰 항목입니다. 고려할 사항은 다음과 같습니다.

1. 대체품의 개수(적을수록 좋음)
2. 타사 경쟁제품 대비 가격경쟁력
3. 수요자가 기존제품을 해당제품으로 교체할 경우, 제품가격 이외의 추가 비용 발생 가능성
4. 타사 경쟁제품 비교 성능, 디자인 등에서 차별성, 경쟁우위 확보 가능성
5. 수입대체 및 수출증대 효과 기대 가능성

경영 사례 제품(서비스) 사업화 역량

Q. 시장성 평가 항목 중 사업화 역량 평가 기준은 어떻게 되는지 알고 싶습니다.

A. 시장성 평가 항목 중 사업화 역량 평가는 다음의 서류들로 평가하고 있으니 이에 대해 평상시 관리가 필요합니다.

준비 자료는 다음과 같습니다.

1. 신청 기술개발과제와 산업기술분류(대분류)가 일치하는 기술분야에 대해 주관기관 등이 최근 3년간 개발한 제품 건수(매출발생 전단계)
2. 최근 3년간 기술상용화 건수(매출발생한 실적)
3. 세금계산서 제품 홍보물(카달로그 책자, 홈페이지)
4. 제품(실물) 등 매출관련 증빙
5. 일반 제조분야의 경우 기존 거래중인 재료.부품공급업체 자료, 매입처별 세금계산서 합계신고서 등
6. S/W, 지식서비스, 설계기술의 경우 기존제품의 개발 절차서 및 매뉴얼
7. 사업화 추진시 예상 소요자금 및 조달계획
8. 투자계약서, 확약서 등의 자료
9. 서비스 사후관리를 위한 지원체계도 및 절차
10. 고객응대메뉴얼 및 A/S(고객불만접수)처리 관련 파일
11. 서비스 상용화 전 필드테스트 계획 등

경영 사례 대면평가 준비 방법

Q. 대면평가는 어떻게 준비해야 하는지 알고 싶습니다.

A. 대면평가 준비 방법은 다음과 같습니다.

1. 과제당 발표시간 : 총 60분(발표 20분, 질의응답 40분) (각 관리기관별로상이)
2. 발표자료 작성 : 평가표 참조하여 발표자료 작성하면 유리
3. 평가과제 : 기술분야별 분과 구성
4. 주관기관이 평가일정 안내
5. 참석자 : 참여기업이 있는 경우 참여기업의 대표(연구책임자)
6. 대리발표자(위임장 지참) : 참여기업의 대표자 또는 해당과제와 관련된 경력을 가진 주관기관의 전문인력(발표자 신분증 확인)
7. 평가위원 : 5~7인(발표자료 준비자료 부수 주관기관 안내)

다음은 발표요령입니다.

1. 기업소개 : 최대 2~3분 이내(간략히)
2. 기술트렌드 및 시장규모의 근거 제시
3. 개발 목표 및 내용 설정은 가장 눈에 들어오게 서술
4. 공동연구를 진행하는 경우 : 기술개발 추진체계 설명 시 명확한 역할분담 설명
5. 사업화 추진계획 및 예상되는 시장성, 경제성 설명 : 반드시 예상 답변 준비
6. 제품화 계획 및 판로확보 방안
7. 부풀려진 계획은 지양하고 현실적인 계획을 제시
8. 발표내용을 간략하게 정리하고 마무리

질의 응답 요령은 다음과 같습니다.

1. 질문의 요점을 파악하여 답변
2. 장황한 설명 지양
3. 부풀려진 답변보다는 솔직하게 답변

경영 사례 재무관리

Q. 벤처캐피탈로부터 투자를 받기 위해서는 재무관리를 어떻게 해야 하는지 알고 싶습니다.

A. 중소·벤처기업에 대한 벤처캐피탈의 투자적합 검증 기준 중 재무부분은 일반적으로 아래와 같습니다.

항목	기준
최대주주	지분 30% 이상 (핵심 창업 파트너 지분 합산 기준)
주주구성	핵심개발인력 지분 10% 보유여부 (스톡옵션 부여 포함)
부채	자기자본의 100% 이하
현금흐름	매출채권회전율 2회 이상
개발비	매출 없는 경우 20억 이하 매출 있는 경우 연간 매출액의 20% 이하
제품의 경쟁력	경쟁우위.차별화 요소 보유
	해당 시장의 성장성(연20%)
해당시장 예상규모	국내 기준 500억 이상(연관시장 포함)
원가구성	매출원가율 80% 이하
재고자산	전체 매출의 30% 이하
영업	최근 1년간 영업의 증가추세 여부
투자금 회수방안	향후 4년 이내에 보유지분 회수방안 보유 (IPO 및 M&A 통한 매각 가능성 포함)
투자금 예상수익률	투자금 회수 시 목표수익률 IRR 30% 이상

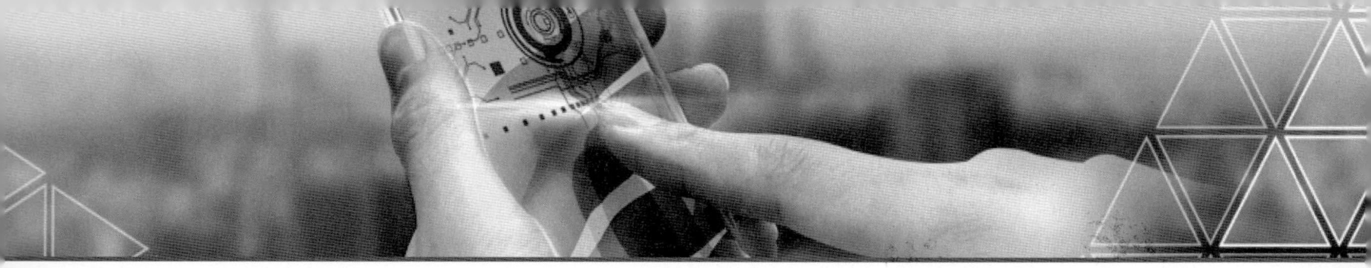

제4장 자금조달

1. 자금조달의 기본개념

1) 자금조달 원천

창업 및 기업 운영 과정에서는 다양한 이유로 자금이 필요하게 된다. 그러나 사업을 진행하면서 필요한 시기에 자금을 조달하는 것이 쉬운 일은 아니다. 창업자가 사업을 진행사키면서 접근할 수 있는 자금조달의 원천을 형태별로 구분하면 다음과 같다.

(1) 창업자 개인 자금

창업 준비 과정에서 소요되는 종자돈(Seed money)은 창업자 자신이 직접 투자하는 것으로서 가장 대표적인 자금이다. 일단 자신의 돈으로 사업을 시작하게 되면 다른 원천으로부터 자금을 끌어 쓰는 경우에 비해 몇 가지 이점이 있다. 가장 큰 이점은 자신의 돈이기에 지출에 있어 보다 신중을 기하게 된다. 그리고 사업이 진행되면서 만나는 다른 투자자들에게 신뢰를 줄 수 있다. 애플을 창업한 스티브잡스도 그의 낡은 폭스바겐을 팔아서 종자돈인 창업 자금을 마련하였다.

(2) 종업원 투자자금

창업자가 고용한 종업원의 투자 자금도 종자돈의 원천이 될 수 있다. 이 경우 창업회사는 투자한 종업원에게 주식을 주는 것이 일반적이다. 종업원의 투자를 이끌어 낸다면 자금의 조달효과뿐만 아니라 종업원의 회사에 대한 몰입도 증대시킬 수 있다. 또 기업을 성장시켜 가치를 높이는 것이 종업원 자신의 부를 증대시킨다는 동기도 부여될 수 있다.

(3) 지인 투자 자금

창업자 자신의 현금이 부족할 때 가장 먼저 필요로 하는 원천이 주변의 친척이나 친구이지만 또한 접근할 때 고민스러운 원천이기도 하다.

주변에서 친척이나 친구에게 돈을 빌린 창업자가 사업이 어려워져 그들의 투자금액을 날려버렸을 때 금전적 어려움뿐 아니라 인간적인 곤경에 처한 경우를 어렵지 않게 볼 수 있다. 하지만 접근하기 쉬운 자금원천임에는 분명하며 이들을 어떻게 설득하고 신뢰와 확신을 줄 수 있느냐가 문제일 것이다.

(4) 벤처캐피탈 투자 자금

벤처캐피탈은 일반적으로 기술력과 장래성은 있으나 자본이 부족한 벤처기업에 창업초기부터 자본과 경영자원을 지원하여, 기업이 성장한 후에 투자 자본을 회수하는 기관이다. 이러한 벤처캐피탈과 일반 금융기관은 지원형태나 회수방법 등에 있어 몇 가지 차이점을 보인다.

벤처캐피탈을 이용하면 경영자문이나 벤처지원팀의 구성 등 자금 이외의 다양한 측면에서 경영지원을 받을 수 있고 벤처캐피탈의 투자를 유치한 벤처기업은 사회적인 신뢰나 평가의 측면에서도 높은 평가를 받을 수 있다. 벤처캐피탈과 금융기관은 지원형태에서 투자와 차입, 담보의 유무, 투자금 회수방안과 성과보수의 유무, 회수의 위험에서는 높음과 상대적으로 낮음 등의 차이를 보인다.

(5) 엔젤 투자 자금

엔젤은 주로 창업회사만을 골라 투자하여 돈을 벌고자 하는 전문성을 가진 개인투자자를 의미한다. 이들의 특정은 매우 유망한 사업만을 골라서 투자하며, 창업자가 찾아오길 기다리는 것보다 다른 개인 투자자들과 연대하며 그들이 스스로 창업자를 찾아나서는 경향이 있다.

엔젤과의 만남이 창업자의 자본조달에 있어 행운이 되는 반면, 위험을 가져올 수도 있는데, 투자를 이유로 지나치게 경영에 간섭하려는 경우도 있고, 간혹 투자를 미끼로 접근하여 회사의 경영 기밀이나 기술을 훔치려는 사기성 투자자도 있다. 따라서 엔젤 투자를 받는다고 무턱대고 좋아할 것이 아니라 투자자에 대하여 신중히 알아보는 것이 바람직하다.

(6) 기타 투자자금

기타의 투자 자금으로 정부지원금, 정부 재정자금 및 공공기관의 직접투자 등이 있다.

2) 자금조달의 방식

벤처창업 및 경영과정에서 자금조달은 기업의 성공과 실패를 결정하는 가장 중요한 요소 중의 하나다. 적절한 시기에 적절한 원천으로부터의 자금조달은 기술이나 아이디어 못지않게 사업성과에 영향을 미친다. 창업과정에서 자금이 얼마나 필요할 것인지, 언제 필요할 것인지, 그리고 이러한 의사결정이 경영활동에 어떠한 영향을 미칠지를 알 수 있다면 창업은 보다 성공적으로 이루질 수 있을 것이다.

창업자들의 주요 관심 중 하나는 필요한 자금을 어디서, 어떻게 마련하는가의 문제이다. 자금을 어디서, 어떤 조건으로 조달하였는가는 창업자의 소유지분에도 영향을 미친다.

(1) 지분투자방식 자금 조달

창업 초기 지분투자방식 중심으로 자금을 조달하는 경우, 창업자의 지분비율은 급격히 줄어든다. 증자과정에서 어떠한 비율로 자금을 조달하는가에 따라 창업자에게 돌아올 수 있는 미래의 수익에 커다란 차이를 나타내게 된다. 불리한 조건으로 초기 자금조달을 하는 경우 자신의 노력과 기여에 비해 보상은 줄어들게 된다.

(2) 차입에 의한 자금조달

차입에 의한 자금조달을 하는 경우 금융비용(이자 등)의 부담이 커지게 된다. 부채비율이 증가하면 도산의 위험이 높아지게 되며, 사업실패의 경우 창업자의 개인적 채무가 되거나 신용불량상태에 빠질 수도 있다. 또한 창업초기에는 기업의 신용이 약하기 때문에 차입에 의한 자금조달 자체가 어렵고, 개인적인 담보에 의한 자금조달은 벤처사업과 같이 위험이 높은 경우 적절치 않은 경우가 많다는 점을 신중하게 고려하여야 한다.

2. 자금조달의 종류

자금은 사용기간 또는 상환만기의 장단에 따라 단기자금과 장기자금으로 구분한다.

단기자금은 만기가 1년 미만인 단기차입금 또는 어음차입금 등으로 구성되며, 장기자금은 만기가 1년 이상인 장기차입금, 회사채 등의 고정부채와 만기가 없는 자기자본인 주식발행자금 또는 내부 조성자금 등으로 구성된다.

단기로 조달된 자금으로 고정자산을 취득하면 자금부족의 악순환을 일으켜 지급능력 상실의 위험이 있다. 왜냐하면, 단기자금은 금방 만기가 도래되는데 그 자금으로 투자된 고정자산을 운영하여 투자된 자금을 회수하려면 장시간이 소요되기 때문이다. 즉, 단기자금을 상환하기 위하여 또 다른 부채를 일으켜야 하는 악순환이 될 수 있다.

우리나라 기업의 도산 원인 중의 첫째는 판매부진이고, 둘째는 단기자금에 의한 무리한 시설투자에 있음을 간과해서는 안된다.

자산취득과 자금조달의 균형관계는 고정자산, 장기자금 적합률[1]에 의하여 평가한다. 이 비율은 100%미만이 되어야만 건전하다고 평가할 수 있다.

1 고정자산 총액을 장기자금(=자기자본+장기부채) 총액으로 나눈 비율

1) 단기 자금

(1) 은행을 통한 단기 자금 조달

① 당좌대출

당좌대출이란 은행과 당좌예금거래를 체결한 고객이 은행과의 당좌대출약정에 따라 당좌예금 잔액을 초과하여 발행된 수표 약속어음을 일정한 약정한도액까지 은행이 지급하는 대출 제도이다.

당좌대출은 은행대출 중 차입절차가 가장 간편하고 신속하기 때문에 자금의 입출금이 빈번한 기업으로서는 일시 부족자금을 쉽게 조달할 수 있다는 점에서 대단히 편리한 제도라고 할 수 있다.

그러나 은행의 입장에서는 대출금액과 그 시기 및 대출기간 등을 사전에 예측하기 어렵기 때문에 자금을 효율적으로 운용하기 어려운 점이 있다. 따라서 거래관계가 긴밀하고 신용상태가 양호한 기업에 대한 당좌대출을 일반적으로 자금의 성격에 따라 일반당좌대출(회전당좌대출 포함)과 일시당좌대출 등 두 가지로 구분하여 운용하고 있다.

② 일반자금 대출

일반자금 대출은 대출금 과목이 따로 정해져 있지 않은 운전 및 시설자금 대출을 총칭하는 것으로서 금융기관이 취급하고 있는 대출 중 가장 전형적이고 일반적인 대출이다.

일반자금 대출은 융자 대상 업종이나 자금 용도 등에 대하여 특별한 제한이 없어 창업자의 신용이 양호하거나 담보조건만 충분하면 취급이 가능하므로 은행대출의 주종을 이루고 있다.

한편 운전자금 대출의 경우에는 신용상태가 양호한 기업에 대하여 일정 규모의 대출한도를 초과하지 않는 범위 내에서 수시로 차입 또는 상환할 수 있는 대출한도거래(line of credit)도 가능하다.

③ 상업어음 할인

상업어음 할인은 재화와 용역의 거래에 수반하여 발생 또는 양도 배서된 만기 미도래의 어음을 그 소지인으로부터 만기까지의 이자, 기타비용을 어음금액에서 공제[2]하여 매입하는 제도이다.

상업어음할인은 기업이 매출채권으로 보유하고 있는 어음을 지급기일 전에 현금화시켜 줌으로써 기업의 단기운전자금 조달을 원활히 해 주면서 기업간 신용거래를 촉진하는 역

---

2 금융기관은 상업어음 할인 시 어음금액에 어음매입일로부터 어음만기일까지의 기간에 상응하는 할인율을 곱하여 산출한 할인료를 징수한다.

할을 하고 있다. 또한 금융기관으로서도 상업어음할인을 통한 대출은 자금회수가 비교적 확실하고 대출기간이 단기이기 때문에 자금회전율이 높을 뿐 아니라 할인어음 중 적격어음을 한국은행으로부터 재할인 받음으로써 대출재원을 보전할 수 있다는 장점이 있다.

④ 신탁자금 대출

신탁이란 신탁을 설정하는 자(이하 "위탁자"라 한다)와 신탁을 인수하는 자(이하 "수탁자"라 한다) 간의 신임관계에 기하여 위탁자가 수탁자에게 특정의 재산을 이전하거나 담보권의 설정 또는 그 밖의 처분을 하고 수탁자로 하여금 일정한 자(이하 "수익자"라 한다)의 이익 또는 특정의 목적을 위하여 그 재산의 관리, 처분, 운용, 개발 그 밖에 신탁 목적의 달성을 위하여 필요한 행위를 하게 하는 법률관계를 말한다.

수탁자(은행)는 신탁자산 운용방법의 하나로 수탁 받은 금전을 자신의 명의로 수탁자 제3자에게 융자하게 되는데 이를 신탁자금대출이라 한다. 신탁자금대출은 담보물의 종류에 따라 부동산 저당 대출 수익담보대출, 적립식 신탁대출, 어음대출, 보증대출, 유가증권 담보대출, 동산담보대출 등으로 구분되는 것이 일반적이며, 특히 적립식 신탁 가입자에 대한 대출을 적립신탁대출이라 한다.

(2) 어음, 수표, 기업어음을 통한 단기 자금 조달

① 어음, 수표의 이해

어음은 발행인 스스로에 대하여, 혹은 거래관계가 있는 제3자에 대하여 일정금액의 지급을 의뢰하는 형식의 유가증권이다.

수표는 발행인이 은행 또는 기타의 금융기관에 대하여 일정금액의 지급을 의뢰하는 형식의 유가증권이다.

어음의 종류에는 상거래와 관련하여 약속어음과 환어음의 형식으로 발행한 일명 진성어음인 상업어음과 기업이 자금의 융통을 위래 발행하는 융통어음(financial bill)이나 기업어음(commercial paper, CP)이 있다.

수표의 종류에는 당좌수표, 자기앞수표(보증수표), 가계수표 등이 있고, 수표의 성격에 따라 횡선수표(일반횡선수표, 특정횡선수표), 선일자수표, 백지수표 등이 있다.

어음과 수표의 제반 차이점은 아래와 같다.

| 표 2-40 | 어음과 수표의 차이점

구 분	어 음	수 표
목 적	• 신용의 수단	• 지급의 수단(현금의 대응물)
지급제시기간	• 지급기일 및 그 이후 2거래일 이내	• 발행일자의 익일로부터 10일간 • 지급위탁의 취소가 없는 때에 지급제시, 지급 경과 후에도 지급가능
수취인	• 수취인이 기재되어야 함.	• 소지인 지급식이므로 수취인의 기재는 필요 없음
지급거절 시 제제	• 개인어음: 부도처분 없음 • 은행도어음: 부도처분	• 특별형법인 부정수표단속법에 의해 형사처벌가능 • 부정수표 발행 후 부도발생시 5년 이하의 징역 또는 수표금액의 10배 이하의 벌금
지급장소	• 개인어음: 지정된 장소 • 은행도어음: 거래은행	• 거래은행

② 은행거래와 어음, 수표

거래에서 발생한 지급해야 할 금액을 자기영업소나 주소에서 직접 지급하지 않고, 은행을 통해서 지급하려고 하는 약속어음의 발행인이나, 지급인의 자격을 은행으로 제한하고 있는 수표의 발행인은 그 약속어음 또는 수표의 지급위탁계약을 은행과 체결하여 업무를 수행해야 한다. 일례로 당좌거래약정은 어음 또는 수표의 발행인이 지급자금을 예치하고, 지급은행에게 자신이 발행한 어음, 수표를 그 소지인에게 지급하여줄 것을 위탁하고 지급은행이 승낙함으로써 성립하는 계약이다.

어음과 수표의 소지인에 대한 지급은 어음 수표의 제시와 추심에 의하여 이루어지는데, 제시는 어음과 수표의 권리자가 표기된 금액을 지급받기 위하여 어음과 수표를 의무자에게 보이는 행위를 말한다. 추심은 어음과 수표 및 기타 증권 상의 금전채권을 신청인을 대신하여 의뢰받은 은행이 지급은행에게 지급을 청구하는 행위를 말한다.

은행과의 당좌계정 거래에 따라 거래은행에게 지급을 위탁하는 어음과 수표는 반드시 그 당좌거래에서 지급하는 용지를 사용해야 한다.

한편 어음과 수표의 지급거절(부도)이란 어음과 수표의 소지인이 적법하게 지급제시를 하였음에도 불구하고 어음 및 수표의 채무지급이 이행되지 않는 경우를 말한다. 이는 당좌계정거래의 해지를 의미할 수도 있으며, 채무자가 자금력 부족으로 채무를 이행할 수 없어 파산했음을 뜻할 수도 있다. 당좌예금 또는 지급 자금의 부족, 파산, 계약불이행, 형식불비,

사고신고서 접수, 도난, 분실, 위조, 변조, 제시기간 경과, 인감서명 상이, 지급지 상이 등의 사유로 거래은행은 지급을 거절한다.

③ 기업어음

기업어음은 할인어음과 같이 상거래에서 구매대금을 결제하기 위해 발행된 어음(진성어음)이 아니라, 순전히 단기자금을 조달하기 위해 발행된 어음을 말한다. 이는 급여나 원자재 구매대금 등 단기적이고 계절적인 자금을 필요로 하는 기업이 상거래의 결제와 상관없이 약속어음을 발행함으로써 자금을 조달하는 단기자금 조달수단이다.

이러한 이유로 실무에서는 융통어음이라 부르기도 한다. 발행회사가 인수자 없이 투자자들 대상으로 직접 매출하는 방식을 직접발행이라 하고, 발행된 기업어음을 일단 인수자가 인수하였다가 판매하는 방식을 간접발행이라고 한다. 대부분의 경우 금융 중개 기관을 통하여 매출되고 있다.

(3) 판매를 통한 단기 자금 조달

① 개요

기업이 외상매출금이나 받을 어음과 같은 매출채권을 이용하여 단기자본을 조달하는 방법에는 팩터링(factoring)과 플레징(pledging)이 있다. 우선 팩터링은 외상매출채권을 은행이나 금융회사에 직접 매각하여 이들 채권에 투하된 자금을 회수하는 금융서비스로서, 매출채권을 인수하여 자금을 융통해 주는 금융기관을 팩터(factor)라 부른다. 매출채권의 플레징이란 기업이 매출채권을 담보로 은행이나 금융회사로부터 단기자금을 차입하는 금융방식을 말한다.

② 매출채권 팩터링(factoring)

판매기업이 팩터링을 이용하는 목적은 매출채권을 팩터에게 맡김으로써 매출채권의 회수를 촉진하고 대손의 위험에서 벗어나기 위해서이다. 이러한 팩터링제도의 장점을 이용하는 데에는 비용이 수반된다. 일반적으로 매출채권을 팩터에게 매각할 때에는 그 가치에 비해 낮은 가격으로 매각하게 되는데, 그 차이는 금리부담과 대손위험의 관리에 따른 수수료로 구성되어 있다.

미국에서 발달한 이 제도는 팩터(factor), 제품구매자(custom) 및 제품판매자(client)간의 거래관계이다. 즉, 고객이 어떤 제품을 외상으로 구매하고자 하면, 판매자가 먼저 팩터에게 구매자의 신용조사를 의뢰한다. 팩터는 신용평가결과 우량기업인 경우에 신용판매를 허가하고 판매자로부터 그 매출채권을 할인매입하며, 팩터는 매출채권의 만기일에 대금을 고객으로부터 직접 회수한다.

③ 매출채권 플레징(pledging)

플레징의 진행과정은 차입기업과 금융기관 사이에 법적인 계약이 선행되어야 하며, 계약이 체결된 후 차입기업은 상품매출에 대한 송장을 모아서 정기적으로 금융기관에 제출한다. 이때 금융기관은 섬사를 통해 신용기준에 적합한 상품매입자의 송장만을 인수하게 된다.

물론 대출자인 금융기관은 인수한 매출채권에 대손이 발생하면 상품매출자인 차입기업에 그 손실을 청구할 수 있으나, 대손의 가능성이 높은 매출채권을 담보로 하는 것은 바람직하지 않기 때문에 신용상태가 양호한 송장만 선택하여 담보로 삼는다.

그러나 다수의 상품매입자가 대금을 지급하지 못하고 동시에 상품매출자가 지급능력이 없어질 가능성에 대비하여, 금융기관은 담보된 매출채권의 액면가 중 일정비율에 해당하는 금액만을 대출해 주는 것이 일반적이다.

④ 재고자산 자금조달(inventory financing)

매출채권 금융과 같이 담보부 단기자금조달방식 외에 또 다른 방법으로서 기업이 보유하고 있는 재고자산을 금융기관에 담보로 제공하고 단기자금을 차입하는 자금조달 방식이 있다.

이는 위험이 크고 신용도가 낮은 기업들도 상품이나 원자재의 재고가치에 근거해 대출을 받을 수 있는 단기 자본조달 수단인데 그 대출한도는 금융기관의 신용정책과 재고자산의 성격에 따라 담보가치 중 50~90%의 범위 내에서 결정되는 것이 일반적이다.

은행이나 금융회사는 담보 대상인 재고자산의 가치하락 가능성, 보관 및 관리비용, 상품의 시장성, 보유기간 중 상품의 부패 및 피손 가능성 등을 평가하여 결정한다.

2) 장기 자금

(1) 주식

① 주식의 종류

주주의 권리는 주주평등의 원칙에 의해 소유주식수에 비례해서 정해지며 각각의 주식내용을 이루는 권리는 모두 평등한 것이 원칙이다. 그러나 회사는 정관의 규정에 따라 각기 권리의 내용을 달리하는 수종의 주식을 발행할 수도 있다. 이 경우 권리의 내용이 각기 상이한 주식의 내용과 수량은 정관에 기재할 뿐만 아니라 주식 청약시 등기부, 주주명부 및 주권 등에도 기재하도록 상법에 규정되어 있다.

2011년 4월에 개정된 상법에서는 다양한 종류의 주식을 도입하도록 하였다. 이는 이전에는 주주 평등의 원칙상 법에서 정한 주식만 발행하도록 허용했으나, 현행 주식의 종류만으로는 급변하는 시장 환경에 대응하여 효율적으로 자금을 조달하는데 어려움이 있기 때문이다. 또한 주식회사가 특정 사항에 관하여 의결권이 제한되는 다양한 주식을 발행할 수 있도록 하였다. 이와 같이 무의결권주 발행한도를 확대하고, 시장상황에 따라 다양한 종류주식을 발행할 수 있도록 함으로서 자금조달을 원활하게 할 수 있을 것으로 기대된다. 종류주식이란 이익의 배당 잔여재산의 분배, 주주총회에서의 의결권의 행사, 상환 및 전환에 관하여 내용이 다른 종류의 주식을 말한다.

② 주식의 발행

주식시장에서 주식을 발행하는 형태와 목적에는 여러 가지가 있다. 이를 회사의 재무활동의 관점에서 주식회사의 설립에 따른 주식발행, 실질적 증가(유상증자)에 의한 주식발행, 주식회사의 특수한 재무정책에 의한 주식발행 등으로 분류할 수 있다.

가. 주식회사 설립시의 주식발행

신규로 주식회사를 설립하는 경우와 개인기업 또는 그 외의 형태로 존재하는 기업이 주식회사 형태로 전환되는 경우에 행해지는 주식발행을 말한다.

신규로 주식회사를 설립하는 경우 발기인이 정관을 작성하고 공증인의 공증을 거쳐 설립등기를 하여야 한다. 그리고 정관에는 상법에 규정된 여러 사항과 함께 주식발행에 관한 사항이 규정된다.

나. 기존기업의 조직변경에 의한 주식발행

개인기업 또는 다른 기업형태로 존재하고 있던 기업이 조직을 주식회사 형태로 변경하는 때에는 기업의 법률적 형태가 변경되는 동시에 신규로 주식이 발행된다.

이와 같이 기업조직을 주식회사 형태별 변경, 설립하는 경우로는 다음과 같은 유형이 있다. 첫째는 기존의 자본금을 그대로 두고 주식회사로 변경되는 경우이다. 이때 현재의 출자자는 각각의 출자액에 비례하여 주식을 교부받아 주주로서의 지위를 획득한다.

둘째는 기존의 자본금을 증자해서 변경하는 경우로 이때 현 수준의 자본금에 대해서는 각 출자액에 비례하여 주식을 교부하고 증자되는 부분에 대해서는 추가적으로 출자자 지분에 비례하여 할당하거나 회사의 연고자들에게 인수시킨다거나 혹은 일반 공모를 하는 방법에 의한다.

셋째는 기존의 자본금을 감자하여 변경하는 경우이다. 이것은 기업규모의 축소를 의미하는데 감자되는 부분은 출자자의 출자액에 비례해서 부담시키고 그 나머지를 출자자 지분에 따라 주식으로 교부하게 된다. 이때 회사에 부채가 있을 경우에는 그것을 주식으로 대체함으로써 채권자를 주주로 참여시킬 수도 있다.

다. 증자에 의한 주식발행

증자에 의한 주식발행은 미발행 주식의 범위에서 그 일부 또는 전부를 이사회의 결의에 의해서 발행하는 것이다.

이러한 증자에는 회사의 재무정책 관점 에서 주금을 납입하는 실질적 증자인 유상증자와 주금을 납입하지 않고 잉여금을 자본 전입함으로써 신주를 발행하는 형식적 증자인 무상증자의 형태로 분류할 수 있다. 그러나 신주발행의 효력은 주금 납입일에 모두 발생하게 된다.

라. 특수한 재무정책에 의한 주식발행

주식회사의 설립 또는 협의의 증자(유상증자)의 경우 주식발행에는 반드시 주금납입이 행하여지며 그 결과 회사의 자산이 실질적으로 증가한다. 그러나 회사의 특수한 재무정책에 의하여 주금납입이 현실적으로 수반되지 않는 무상증자도 존재한다. 이 같은 무상증자는 자본전입에 의해 신주를 발행하는 경우이다.

(2) 채권

기업이 자금조달을 위해 발행하는 회사채는 상법상의 주식회사가 발행하는 채권으로서 국채와 함께 우리나라 채권시장의 주를 이루고 있다.

회사채의 종류는 원리금 지급의 보증유무에 따라 보증사채, 무보증사채, 담보부사채로 구분할 수 있고, 주식과 결부된 어떤 성격을 가지고 있느냐 아니냐에 따라 보통사채, 전환사채, 신주인수권부사채, 이익참가부사채, 교환사채 등으로 구분할 수 있다.

① 보증사채

발행회사 이외의 제3자가 원금의 이자지급을 보증하는 회사채를 말하며, 우리나라에서 발행하는 사채의 대부분을 차지하고 있다. 위험성이 적다는 이점 때문에 투자자들이 이를 선호하고 있는데 보증은 주로 금융기관이 하며 발행회사는 보증기관에 필요한 담보를 제공하고 보증료를 지급한다. 안정성이 높기 때문에 이자율은 비교적 낮다.

② 무보증사채

원리금의 상환과 이자지급에 대한 제3자의 보증이나 담보 없이 기업의 자기신용에 의하여 발행하는 사채로서 채권자 보호를 위하여 재무구조가 건전한 우량 기업(법인)에게만 발행을 허용하고 있다. 투자 측면에서는 보증사채보다 이율은 높으나 투자위험은 더 높은 편이다. 이 경우 기업의 신용도는 객관적인 신용평가기관에서 평가를 받아야 한다. 현재 우리나라에서 무보증사채를 발행하려면 2개 이상의 복수평가를 받아야 한다.

③ 담보부사채

담보부사채란 신용이 부족한 기업이 자금을 조달할 때 사채의 안전성을 강화하고 자금 조달 금리를 낮추기 위하여 사채 발행사에 물적 담보를 넣어 발행하는 채권이다.

일반적인 사채와 달라 담보부사채는 발행회사와 투자자 간에 사채관리회사를 개입시켜 사채관리회사로 하여금 담보를 관리를 하게 한다. 담보물건의 종류에 따라서 다시 부동산을 담보로 하는 부동산 담보부 사채와 주식이나 채권 등 유가증권을 담보로 하는 유가증권 담보부사채로 나눌 수 있다.

3) 정책 자금

창업 중소기업을 대상으로 정부에서 정책적으로 융자 및 출연해 주는 자금을 정책자금이라 한다.

(1) 창업 정책자금

정책자금을 창업기업과 일반기업으로 구분하여 지원하는 경우는 많지 않으나, 일반적으로 창업기업이 활용할 수 있는 정책자금을 정부 출연자금과 융자 자금으로 나누어서 정리할 수 있다.

① 정부 출연자금

정부 출연자금은 중소기업청 등 정부기관이 시행하고 관련 산하기관이 기획, 운영, 관리 및 평가 업무를 담당하여, 중소기업의 기술개발에 필요한 기술개발자금의 최고 90% 까지를 정부가 출연하여 지원하는 사업이다. 대부분 1~2억내의 소액이며, 기업의 매칭 펀드 방식으로 지원된다.

시설자금, 운전자금 위주가 아닌 개발자금을 대상으로 하므로 1개의 기업이 많은 지원금을 받게 되면 개발능력을 의심할 가능성이 있다. 이들 중소기업 기술개발사업 외에도 정부의 각 부처별로 정책적 목적을 수행하기 위한 출연자금 지원 사업이 연중 공고되므로 관련 부처 또는 유관기관의 홈페이지를 잘 살펴볼 필요가 있다.

정부 출연자금 사용 시 주의해야 할 사항으로 정부 출연자금은 중소기업의 연구개발을 목적으로 편성된 예산이므로 운영자금으로 사용할 경우 자금의 환수 등의 조치를 당할 수 있으므로 주의를 요한다.

② 융자자금

정책융자자금은 거치기간을 포함한 장기 분할상환, 그리고 저리자금이라는 특성을 가지고 있으므로 장기간 안정적으로 사용해야 하는 용도에 적합하다.

시설자금을 주 대상으로 하고 일부 운전자금을 취급한다. 예를 들면 공장을 신축하게 되면 건축공사 기간 설비 기간 시 운전 기간 등 비교적 장기간이 경과한 후 제품을 생산할 수 있으므로 제품판매로 인한 수익금이 발생할 때까지 소요되는 자금은 자기자본이거나, 차입금으로 충당하는 경우에는 장기간 안정적으로 사용할 수 있는 정책자금을 사용하는 것이 유리하다. 융자자금은 시설자금을 중심으로 구성되어 있으며, 일부 운전자금도 취급하고 있다.

| 표 2-41 | 정책자금의 종류와 특징

분류	내용	지원 금액	지원기간	기술성격	상환
출연	출연자금을 지원 받는 경우 연구기간이 만료된 후 기술료로 납부	수천 ~ 수억	1~2년 이내의 단기	• 요소기술개발 및 상용화 • 기술수준 높음 • 경쟁률 높음 • 지원규모는 중간	기술료 (정액, 정률)로 상환
융자	담보(물적담보/기술담보)를 취득하고 은행권 이자보다 낮은 이자율로 장기 대출	수억 ~ 수십억	5년 정도의 장기	• 상품화, 기술수준 등 이하 • 경쟁률 낮음 • 지원규모 큼	지원금 및 상환
투자	정부에서 투자하는 벤처케피탈 자금	수억 ~ 수십억	3년 정도의 중기, 성장 단계별로 다수 지원 가능	• 전 단계로 수익모델, 아이디어 중심 • 경쟁률 아주 높음 • 지원규모 적음	IPO, M&A 등을 통한 회수

자료 : 한국창업보육협회(2014), 기술창업보육론

(2) 창업정책자금의 활용

정부출연자금은 개발목적으로만 사용할 수 있도록 해야 한다. 기술개발자금인 정부 출연자금을 기업의 경상자금으로 사용하려는 경우를 흔히 볼 수 있으며 이러한 생각은 정상적인 기업성장을 저해하는 결과를 초래할 수도 있다.

정책자금 융자는 설비투자와 그것을 운영하는 자금으로만 사용할 수 있도록 해야 한다. 무리한 정책자금 신청은 융자도 불가능하지만 이자비용 지급능력 의 부족으로 인해 도산의 가능성이 있다. 정책자금은 기업의 자금 운영에 있어서 보조적인 역할을 할 수 있도록 해야 한다. 창업부터 자기자금 없이 정책자금에만 의존하려고 하면 자금조달이 계획대로 되지 않을 경우 사업 자체가 어려워질 수도 있음을 유념해야 한다.

4) 벤처캐피탈

(1) 벤처캐피탈의 의의

창업 벤처기업들은 고도의 기술력과 장래성은 있으나, 아직 역사가 일천하고 경영기반이 취약하다. 따라서 일반 금융기관에서는 위험부담이 커서 융자하기 어려운 벤처기업 등 중소기업에 대하여 자금을 공급하고 그 성장을 지원하고자 하는 기업 또는 투자 그룹을 벤처캐피탈이라고 한다.

이들은 벤처기업의 특성인 높은 위험을 부담하면서 높은 수익을 추구하며 이들 기업에 자금을 공급하고 사업화 및 성장을 지원하는 기업과 투자자 그룹이다.

① 벤처캐피탈은 유형의 담보를 요구하는 것이 아니라 투자기업의 기술력, 성장성을 평가하여 무담보 주식투자를 원칙으로 한다.

② 벤처캐피탈은 투자기업이 성장하지 않으면 이득을 얻을 수 없으므로 투자기업과 위험부담을 함께 한다.

③ 벤처캐피탈은 신제품이나 신기술개발을 추진하는 초기성장 단계의 기업 또는 사업의 성공가능성이 인정되는 경우에 자금지원과 기술개발, 기술도입, 인력훈련 등 기술개발 및 기업화 관련자금의 투자까지도 포함하며 그 성장을 돕는 각종 경영지원으로 투자이득을 얻는 금융활동이다.

④ 벤처캐피탈의 금융수단 혹은 금융활동은 주식의 인수, 전환사채나 신주인수권부사채의 인수, 약정투자 등 투자뿐만 아니라 투자기업의 성장지원을 위한 경영관리, 기술지원 등 각종 컨설팅 활동을 포함한다.

(2) 벤처캐피탈의 지원

① 벤처기업에 대한 자금지원

기업의 성장 과정에서 자금수급상의 갭이 크게 발생하는데, 이때 벤처캐피탈은 벤처기업에 자금을 공급함으로써 이러한 자금수급상의 갭을 메워주는 기능을 담당한다.

이와 같이 벤처캐피탈은 미공개기업이 기업의 공개나 자력에 의하여 은행으로부터 자금을 조달할 수 있는 단계에 이를 때까지 지속적으로 지원한다. 전통적인 벤처캐피탈의 자금공급 형태는 주로 미공개주식의 취득 또는 전환사채의 인수이지만, 경우에 따라서 이미 자본참여를 하고 있는 회사에 대하여 융자를 하기도 한다. 이 경우 융자는 이자소득보다는 투자기업의 주식의 가치를 유지하거나 높이기 위한 수단으로 사용된다.

② 벤처기업 경영지원

창업자는 연구개발에는 유능한 반면, 제품의 판매, 재무, 노무 등 기업의 경영에는 그다지 익숙하지 못할 수도 있다. 또한 신생기업에는 창업자를 도와줄 수 있는 인재가 부족할 수도 있다. 벤처캐피탈은 이러한 경우에 적합한 인재를 알선해 주고 판매, 금융 등에 대한 조언을 함으로써 투자기업의 성장을 지원해 주기도 한다.

벤처캐피탈이 투자기업을 육성, 지원하는 것은 더 많은 자본이득을 얻기 위해서도 그리고 불확실성이 높은 신생기업에 대한 투자를 더욱 안전하게하기 위해서도 필요하다. 그러나 현실적으로 벤처캐피탈이 어느 정도의 성장 지원기능을 발휘하는가는 벤처캐피탈 자체의 역량 및 벤처캐피탈과 투자기업간의 신뢰관계 등에 달려 있다.

③ 상장시의 주식공개

미공개기업이 주식공개를 추진할 때, 규정에 의하여 구주주가 일정지분의 주식을 공개할 필요가 있다. 그러나 대주주간의 경영권문제, 공개시기와 주가에 대한 예상 등의 문제로 인하여 필요한 주식수가 공개되지 못하는 경우가 있다. 이러한 경우에 벤처캐피탈은 기업의 요청에 따라 필요한 주식을 공개함으로써 원활한 기업 상장에 기여할 수 있다.

(3) 벤처캐피탈의 투자대상 선발기준

벤처캐피탈은 자신들의 투자심사 기준을 가지고 벤처기업을 평가하여 투자의사결정을 한다.

일반적으로 사업기회, 경쟁관계, 경영진 기술적 타당성, 재무계획의 타당성, 투자회수 가능성 및 투자수익률 등이 평가기준이다. 벤처캐피탈이 가장 이상적인 투자대상으로 보는 것은 고수익의 산업주도기업의 설립에 투자하여 4~7년 내에 상장 또는 매각하여 높은 투자수익률을 실현하는 것이다.

벤처캐피탈이 투자하는 방법으로는 주식투자, 전환사채, 신주인수권부 사채, 자금대여, M&A투자, 기업인수투자 등으로 다양하게 활용되고 있다.

하지만 최근의 우리나라 벤처 캐피탈의 투자형태는 초기 창업투자보다는 Pre-IPO성 투자가 대부분이며, 보통주식의 투자보다는 일정기간 후 보통주식으로 전환하거나 회사의 잉여금으로 상환할 수 있는 상환 전환부 우선주식에 투자하고 있다. Pre-IPO성 투자가 상대적으로 증가함에 따라 다수의 벤처캐피탈이 공동으로 투자하는 형태가 대다수이다. 이는 위험 분산의 목적도 있지만 절대적인 투자규모의 증대에 의한 결과로 보인다.

3. 자금 확보 방법

1) 기업의 은행을 통한 자금 확보

기업이 은행을 통해 자금을 확보하기 위해서는 담보능력과 높은 신용도가 필수라 할 수 있다. 창업기업의 경우 담보력 및 신용도가 취약하기 때문에 은행을 통한 직접 대출보다는, 기술보증기금 등의 보증기관과 연계하여 자금 확보하는 것이 유리하다.

표 2-42 은행을 통한 자금 확보 포인트

구분	내용
은행차입 포인트	• 은행은 원리금 상환능력을 가장 중요시 하므로 담보능력과 신용도를 모두 감안하여 대출 • 2008년부터 바젤II(신 BIS기준)의 적용으로 은행거래에서의 기업신용도는 그 중요성 증가 • 기업의 신용도는 재무항목의 평가와 비 재무항목의 평가를 병행하여 이루어지기 때문에 창업시점부터 신용도 관리가 필요
은행 창업자금 예시	• 창업기업이 담보 없이 은행에서 자금을 차입하는 것은 쉬운 일이 아니므로 어느 정도 성장한 후의 은행거래를 위한 준비가 필요 • 구체적인 내용은 각 은행 홈페이지 참조

은행의 신용평가 항목 예시

- 안정성 : 부채비율, 자기자본비율, 차입금의존도, 비유동장기적합률, 유동비율, 당좌비율
- 수익성 : 총자산세전이익률, 매출액영업이익률, 금융비용부담률, 이자보상배율
- 활동성 : 총자산회전율, 영업자산회전율, 매출채권회전율, 재고자산회전율
- 생산성 : 설비투자효율, 부가가치
- 성장성 : 유형자산증가율, 매출액증가율
- 현금흐름 : 영업활동조달현금, 투자활동 후 현금흐름
- 기타 검토항목 : 경영능력, 업계 평판, 지분구조(경영권의 안정성), 기술력(연구개발비율, 특허, 조직, NET, NEP등), 인증(ISO, 벤처기업, 이노비즈기업, 유망중소기업, 경영혁신형중소기업 등), 기업형태(법인, 개인, 상장여부, 일반, 등록), 소속 산업의 경제적 지위, 임원의 평균 재직기간, 우발채무, 부외부채, 소송 등의 여부, 추정매출액 및 추정이익 증가율, 금융권 연체·부도 여부, 세금체납 여부, 신용조사 자료의 신뢰성, 구매 안정성, 생산 효율성(인력확보, 환경, 설비, 기술), 시장점유율, 제품 인지도, 시장 지배력, 거래처의 분산 정도, 주거래처 신용도, 고정거래처 비중, 제품의 수요기반 안정도, 대금회수 조건

2) 기술보증기금을 통한 자금 확보

기술보증기금은 담보력이 취약한 기업을 대상으로 기술평가를 통해 보증서를 발급해준다. 기술평가는 기술 및 경영능력, 시장성, 수익성, 성장 가능성을 종합적으로 평가하게 되며, 담보력이 부족한 기술력 중심의 창업기업들이 주로 이용하고 있다.

그림 2-5 일반적인 신용평가와 기술보증기금의 기술평가 방향 비교

일반적인 평가		기술평가
매출액, 자본금, 기타 재무사항 등 기업의 과거 실적 위주 평가	→	기술 및 경영능력, 시장성 및 수익성 사업계획 타당성, 미래 성장 가능성

- 기술평가보증 : 기술가치평가, 기술사업 타당성 평가, 종합 기술평가
  - 80백만원 이상 보증 시 벤처기업 지정 가능(창업 1년 미만은 40백만원)
- 기술평가를 통한 투자
  - 투자방법 : 보통주, 우선주, 전환사채 및 신주인수권부 사채
  - 투자한도 : 일반10억, 특별30억
  - 경영권 보호장치 : 지분 50% 미만, 1대 주주 지분율 미만(지분취득 상한 제한) 등
    ※ 구체적인 내용은 기술보증기금 홈페이지 참조

3) 신용보증기금을 통한 자금 확보

신용보증기금은 다음과 같이 창업보증 프로그램을 운영하고 있다.

| 표 2-43 | 신용보증기금의 유망 창업기업 성장 지원 프로그램

구분	예비창업보증	신생기업보증	창업초기보증	창업성장보증
지원 대상	창업 전 6개월	창업 후 1년 이내	창업 후 1~3년	창업 후 3~5년
보증한도	10억원(시설 포함)	10억원(운전자금)	20억원(운전자금)	30억원(운전자금)
보증료	0.7% 고정	0.4%p 차감	0.3%p 차감	0.2%p 차감
보증비율	100%	100%	95%	90%

자료 : 신용보증기금

4) 정부 출연 연구개발 사업을 통한 자금 확보

정부출연 연구개발 자금은 대부분 기업이 일정비율의 대응자금을 부담하는 Matching Fund 방식으로 운영되고 있다. 초기 창업기업들이 활용할 수 있는 사업은 대표적으로 '창

업성장기술개발사업'이 있다. 중소기업청에서는 정부 출연 연구개발 사업을 전용 종합관리시스템[3]을 운영하고 있다.

표 2-44 정부의 창업지원사업 예시

사업명	지원대상
• 스마트 벤처창업학교	앱, 웹, SW, 콘텐츠 등 유망지식서비스 분야의 만 39세 이사의 예비창업자 및 3년 미만 창업기업
• 선도벤처연계 기술창업	2인 이상의 예비창업자 및 3년 미만 창업기업
• 창업도약패키지	3년이상 7년 미만 창업기업
• K-Global 스타트업 다국적화 지원	예비 창업자, 재직자, 1인창조기업
• 기술가치평가 지원	우수기술(특허권, 품종보호권 등의 지식재산권)을 보유하는 농식품분야 벤처창업기업
• 민·관 공동창업자 발굴·육성	TIPS창업팀 중 3년 미만 창업기업
• 창업선도대학 육성사업	제조 및 지식서비스분야 예비창업자 및 창업 후 3년 미만기업

자료 : 창업넷

5) 정책자금 차입을 통한 자금 확보

융자 방식의 정책자금은 우수 기술력과 사업성을 보유한 7년 미만의 창업기업을 대상으로 시설자금 및 운전자금을 지원하며, 매월 1~10일 중소기업진흥공단에 온라인으로 신청하면 된다. 정책자금 융자의 경우 담보 또는 보증서를 필수로 하고 있으며, 은행과 연계하여 융자하거나, 중소기업진흥공단에서 직접 대출하기도 한다. 은행권 융자와 비교하여 대출금리가 저렴하고, 대출기간이 정해져 있는 특징이 있다.

표 2-45 정책자금 융자 구분

구분	대출금리	대출한도	대출기간
시설자금	변동금리 (2014년 1/4분기 3.14%)	기업당 연간 45억원 (운전자금은 5억원)	8년 이내 (거치기간 3년 포함)
운전자금			5년 이내 (거치기간 2년 포함)

3 중소기업 기술개발사업 종합관리시스템(http://www.smtech.go.kr)

4. 투자유치

1) 투자유치 준비 사항

벤처캐피탈 및 엔젤 등으로부터 투자를 받기 위해서는 사업계획서 작성에 신중을 기해야 한다. 투자유치를 위한 사업계획서는 투자제안서 역할을 하기 때문에 추진하고 있는 사업에 관련된 제반사항(수익성, 기술적 특성, 생산설비, 입지조건, 생산계획, 마케팅역량, 투자의 경제성, 소요자금 규모 및 조달 계획, 차입금 상환 계획, 조직, 인력 계획 등) 을 객관적·체계적으로 작성해야 한다.

| 표 2-46 | 투자유치를 위한 준비 사항

구분	내용
사업계획서 준비	• 일반적으로 사용되고 있는 사업계획서 서식을 활용하되, 현재가치 보다는 미래가치를 부각시켜야 함
지분에 대한 개념 정립	• 투자유치 후 경영권에 문제가 발생하지 않도록 지분을 어떻게 할 것인가를 미리 계획해야 함
기업의 투명성 확보	• 정기적으로 주주에게 경영성과를 공개할 수 있도록 준비 • 1차 투자유치가 2차, 3차로 이어지기 위해서는 투명경영이 필수

자료 : 한국창업보육협회(2014), 기술창업가이드

2) 투자자의 관심 사항

벤처캐피탈을 비롯한 투자자의 관심사항은 아래와 같다. 따라서 투자를 희망하는 기업은 경영자 및 제품, 사업성에 대한 철저한 검토와 준비가 필요하다.

| 표 2-47 | 벤처캐피탈의 투자 대상기업에 대한 관심 사항

구분	내용
경영자	• 경영자의 경험 및 경력 • 경영자의 도덕성 • 경영능력
제 품	• 기술에 대한 독점적 소유권 여부 • 경쟁사와의 차별성
사업성	• 성장산업 여부 • 합리적인 수익성 수반 가능성 • 투자금 회수 가능성(배당, IPO 등)

자료 : 한국창업보육협회(2014), 기술창업가이드

3) 창업기업의 투자유치 요령

창업기업이 벤처캐피탈 등으로부터 투자유치를 받을 때는 창업 초기 보다는 기업의 가치가 극대화 될 수 있는 매출 실현 시기에 투자를 받는 것이 유리하다. 그리고 투자 받은 대가로 발행하는 주식은 경영권 보호를 위해 보통주보다는 우선주를 중심으로 발행하고, 보통주는 최소한으로 부여하는 것이 바람직하다. 또한 벤처캐피탈은 투자받은 기업의 성장 단계에 따라 2차, 3차 투자를 진행하기 때문에, 이를 고려한 지분 전략 수립이 필요하다.

4) 벤처캐피털이 투자하는 기업과 투자하지 않는 기업

벤처캐피탈이 투자하는 기업의 특징은 다음과 같다.

- 독자적인 기술을 보유한 기업
- 경쟁사 대비 우수한 제품을 생산할 수 있는 시스템을 갖춘 기업
- 독창적인 판매망을 갖춘 기업
- 경영자의 경영능력이 우수하고 투명경영을 실천할 수 있는 기업

이와 반대로 벤처캐피탈이 투자하지 않는 기업은 다음과 같다.

- 평범한 사업을 영위하는 기업
- 너무 혁신적이어서 아직 시장이 형성되지 않은 사업을 영위하는 기업

[사례 연구] 자금조달

경영 사례 업체별 정책자금의 융자한도

Q. 금형 제조 관련업종을 영위 중이며 정책자금의 신청을 준비하고 있습니다. 정책자금의 업체별 융자한도는 어떻게 되나요?

A. 정책자금의 융자한도와 금리는 취급하는 정부부처 및 유관기관별로 다소차이가 있습니다. 개별 기업 당 융자한도는 중소기업청 소관 정책자금의 융자잔액 기준으로 45억 원(수도권을 제외한 지방소재기업은 50억 원)까지이며, 매출액의 150% 이내에서 지원하고 있습니다.

다음과 같은 잔액기준 한도 예외 적용의 경우에도 최대 70억 원 이내에서 지원하고 있습니다.

1. 잔액기준 및 매출액 한도 예외 적용 : ① 신성장기반자금 중 혁신형기업의 시설자금 및 고성장(가젤형)기업지원자금의 시설자금, ② 협동화·협업사업 승인기업 지원자금, ③ 긴급경영안정자금 중 재해로 인한 피해복구비용, ④ 고용창출 100대 우수기업, 중소기업회계기준 준수기업, 지방중소기업특별지원지역 입주기업 사업전환의 업종전환 승인기업에 대한 사업전환자금, ⑧ 글로벌 강소기업, ⑨ 산업혁신3.0에 참여한 중소기업 중 산업통상자원부 장관이 인정한 우수기업, ⑩ 해외진출기업 국내복귀 지원법령에 의한 국내복귀기업, ⑪ 직전년도 정책자금 지원 후 10인이상 고용창출기업, ⑫ 고용부인증 시간선택제 우수기업, ⑬ 명문장수기업
2. 매출액 한도 예외 적용 : ① 신성장기반자금 중 시설자금 및 기초제조기업성장자금, ② 개발기술사업화자금, ③ 창업기업지원자금 중 시설자금, ④ 재도약지원자금 중 시설자금, 무역조정지원기업, ⑤ 업력 5년 미만 기업, ⑥ 창업을 준비 중인 자, ⑦ 협동화사업 승인을 받은 중소기업협동조합법상의 협동조합

   정책자금의 지원내역은 한국은행 경제통계시스템(ecos.bok.or.kr)에서 상세히 확인하실 수 있습니다.

경영 사례 정책자금 신청 시 보증이 아닌 순수 신용대출 방법

Q. 중소기업진흥공단의 정책자금을 지원받으려고 고려중이나 보증한도의 여유가 없고 담보 제공 또한 어려운 상황인데 현재 관련기관으로부터의 순수 신용으로 받을 수가 있나요?

A 중소기업 정책자금은 사업성 및 기술성은 우수하나 담보력이 부족하여 민간 금융권이 대출을 기피하는 창업, 개발기술사업화, 장기시설투자, 사업전환 기업 지원 등 특정 정책목표를 달성하기 위하여 지원하는 자금입니다.

따라서 담보력이 미약한 중소기업의 경우 중소기업진흥공단(www.sbc.or.kr)의 직접대출 또는 신용대출을 통해 시설 및 운전자금을 지원받을 수 있습니다.

순수 신용으로 대출을 받기를 원하신다면 정책자금 융자신청서 제출 시 담보종류에 '신용'으로 구분해서 신청하시면 이후 관할 중소기업진흥공단 지역본부에서 사업성, 기술성, 사업 타당성, 상환능력, 경영능력 등을 종합 평가하여 신용 지원 여부를 결정하게 됩니다.

그리고 신용보증기금(www.kodit.co.kr)과 기술보증기금(www.kibo.or.kr)에서도 순수 신용으로 정책자금 지원이 가능합니다.

경영 사례 저리의 정책자금으로 대환대출 가능 여부

Q. 이자부담 가중되는 상황에 금리가 낮은 정책자금으로 대환대출이 가능한가요?

A. 정책자금은 대환대출 용도로 활용할 수 없습니다.

중소기업 정책자금은 창업기업 육성, 개발기술 사업화, 장기 시설투자, 사업전환 기업 지원 등 특정 정책목표를 달성하기 위해 운영하고 있습니다.

따라서 정책자금의 신청 대상, 융자 범위 등을 시중은행과 달리 제한하여 운영하고 있습니다. 특히, 정책자금 융자범위는 시설자금의 경우 생산설비 및 시험검사장비 도입 등에 소요되는 자금, 정보화 촉진 및 서비스 제공 등에 소요되는 자금, 공정설치 및 안정성평가 등에 소요되는 자금, 사업장 건축자금, 임차보증금, 사업장 확보자금, 부지매입비 및 조성공사비 등이며 운전자금은 시설 도입 후 소요되는 초기 가동비 및 원부자재 구매 자금 등입니다.

경영 사례 인수공장 시설 및 운영자금 지원

Q. D공단에 있는 공장을 인수하여 창업을 하고자 합니다. 일부시설의 노후화로 인하여 활용이 어려워 처분하고 일부는 신규로 구입하고자 합니다. 중고시설자금 및 운영자금에 대해 안내 바랍니다.

A. 중소기업진흥공단과 광역지자체에서는 창업기업 및 운영기업의 시설자금을 다음과 같이 지원하고 있습니다.

1. 창업자금은 우수한 기술력과 사업성은 있으나 자금력이 부족한 중소 · 중소벤처기업을 활성화하고 고용창출을 도모하기 위하여 시설 및 운영자금을 융자 지원하는 제도입니다.
2. 창업 7년 미만 중소기업 및 창업을 준비 중인 자의 경우에는 창업자금지원이 가능합니다.
3. 창업자금은 창업기업과 청년창업기업으로 구분하여 개별기업당 융자한도는 중소기업청 소관 정책자금의 융자잔액 기준으로 45억 원(운전자금은 연간 5억 원, 10억 원 이상 시설투자기업의 운전자금은 10억 원), 청년전용창업자금은 1억원) 한도 내에서 지원하고 있습니다.
4. 대출기간

   (1) 시설자금 : 8년 이내(거치기간 3년 이내 포함)(청년전용 6년 이내(거치 3년 이내)

   (2) 운전자금 : 5년 이내(거치기간 2년 이내 포함)(청년전용 5년 이내(거치 2년 이내)

   단, 지원기관의 예산 한도에서 지원이 가능합니다.
5. 융자방식

   중진공이 자금 신청·접수와 함께 기업평가를 통하여 융자대상 결정 후, 중진공(직접대출) 또는 금융회사(대리대출)에서 대출을 통하여 융자

〈관련법령〉

중소기업진흥공단(www.sbc.or.kr) 각 지역본(지)부

경영 사례 청년창업 특례보증

Q. 항온 항습기 관련 제조업을 창업예정인 30세 청년입니다. 청년창업 특례보증에 제반 조건 및 신청절차가 궁금합니다.

A 보유 기술을 활용하여 창업을 준비 중인 경우 기술보증기금(www.kibo.or.kr)의 청년창업 특례보증을 활용하시기 바랍니다. 이러한 활용을 위한 신청대상은 창업후 5년 이내로, 경영주가 만 17~39세 이하인 기술창업기업입니다.

창업 및 운영을 위한 운전자금, 사업장 임차자금 및 시설자금을 보증 지원기업당 3억 원 이내로 보증 지원하며, 보증료는 0.3%(고정)로, 청년창업 기업의 부담을 경감하고 보증 비율 95%(창업 후 1년 이내 또는 1억 원 이하는 전액보증) 적용으로 은행의 부담을 최소화시켜 적극적인 대출을 유도하고 있습니다.

신청절차는 다음과 같습니다.

단 계	주요 내용
보증신청	인터넷 및 영업점 방문 신청
예비검토	고객과의 면담을 통한 예비검토
기술사업계획서 제출	기술사업계획서 제출
기술평가	현장평가를 통한 기술평가
심사 승인 후 보증서 발급	종합심사 후 승인 시 보증 약정

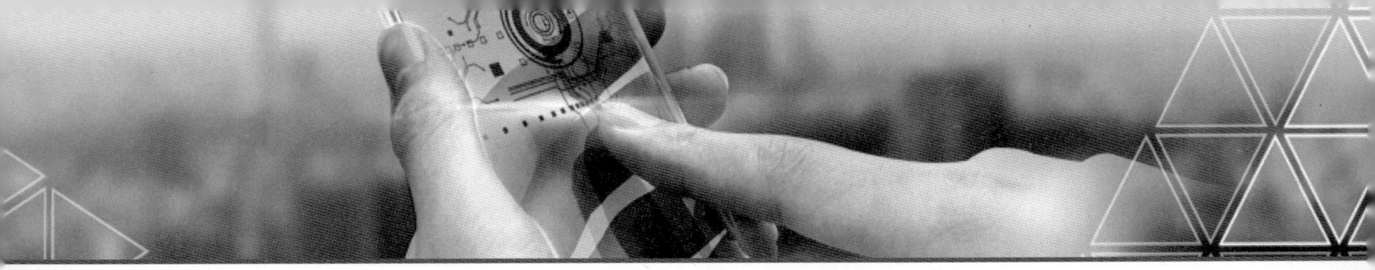

제5장 창업보육센터

1. 창업보육센터의 개요

1) 창업보육센터의 정의

「중소기업창업지원법」 제2조 제7항에 의하면, "창업보육센터는 창업의 성공가능성을 높이기 위하여 창업자에게 시설·장소를 제공하고 경영·기술 분야에 대하여 지원하는 것을 주된 목적으로 하는 사업장"으로 정의되고 있다. 다시 말해 창업보육센터는 기술과 사업성은 있으나 자금·사업장 및 시설 확보에 어려움이 있는 (예비)창업자에게 기술개발에 필요한 범용기기 및 작업장 제공, 기술 및 경영지도, 자금조달 등의 지원을 통해 창업에 따른 위험부담을 줄이고 원활한 성장을 유도함으로써 창업을 촉진하고 성공률을 높이는 것을 주목적으로 하는 사업수행 기관이다.

창업보육센터의 기본적인 기능은 '보육(incubate)'이다. '부화하다'라는 의미를 가진 'incubate'는 배태조직으로서 새로운 사업의 성공적인 개발을 위해 적절하고 통제된 조건을 유지시켜 주는 '창업 인프라'라고 할 수 있다. 이는 대학, 공공연구기관, 지방정부, 민간기관 등이 신생 기술창업을 촉진하고 육성하기 위해 창업보육센터를 설립하여 새로운 아이디어나 신기술을 보유한 (예비)창업자들을 입주시켜 제반 혜택 및 서비스를 제공함으로써 신생 중소기업의 생존율 및 성공률을 제고하는 역할을 한다.

즉 창업보육센터의 운영 목표는 기술혁신 결과의 실용화 촉진, 신사업 창출, 고용창출, 지역경제 활성화, 기술인력 양성, 대학 및 연구기관 연구기능의 활성화 등 공공과 민간의 개발 목표를 동시에 만족시키는 창업보육 정책사업의 일환이다. 다시 말하면 창업보육센터는 기술과 아이디어는 있으나, 제반 창업 여건이 취약하여 사업화에 어려움을 겪고 있는 창업 초기 기업(예비창업자)을 일정 기간[1] 입주시켜 물적 자원, 인적 자원, 재무적 자원

---

1 창업보육센터 입주기간은 입주 개시일로부터 6개월 이상 3년 이내로 하고 있으며, 다만 생명공학, 나노공학 등 장기 보육이 필요한 첨단기술 업종을 영위하는 입주자 또는 생산형 입주자에 대하여는 입주자가 창업한 때로부터 7년을 초과하지 않은 범위 내에서 최대 2년간 입주기간을 연장하여 보육할 수 있도록 하고 있다(「창업보육센터 운영요령」 제25조 제1항).

등 창업에 필요한 종합적인 지원을 통하여 중소 · 벤처기업 육성의 전진기지 역할을 수행하는 전문보육기관을 말한다.

이러한 창업보육센터의 유형은 설립 및 운영 주체, 보육대상의 특성화 여부, 지리적 위치, 운영방침 등의 차이에 따라 아래와 같이 분류할 수 있다.

표 2-48 창업보육센터 유형

구 분		특 성
기 준	유 형	
설립 및 운영 주체	공공 및 비영리 단체 센터	• 중앙정부/지방자치단체 등 공공기관이 설립 • 경제의 다각화 및 지역경제 활성화가 주된 목표 • 고용 창출 및 과세 대상의 확대
	대학 및 연구기관 센터	• 대학 및 연구기관이 설립 • 연구 결과의 상업화 및 기술 이전 • 사업화 결과에 따른 대학 재정 수입 강화 • 지역 사회에의 기여 및 대학(연구소) 이미지 제고 • 연구 기회 부여 등 실질적인 산학 협동 • 소속원 및 졸업생에게 창업 기회 제공
	민간 센터	• 개인 및 민간기업이 비즈니스를 위해 투자 운영 • 영리 추구 및 기업의 구조 개편 등이 목적 • 신기술 확보 및 기술 이전에 투자, 부동산 개발 목적
	민간/공공 합작 센터	• 민간, 대학 및 공공단체 등에서 공동 설립 • 정부의 보조금과 지원 및 민간의 전문기술과 자본의 결합으로 시너지 효과 기대
특화 여부	특화 센터	• 특정 분야 또는 특정 대상에 해당되는 전체 입주자의 100분의 70 이상이거나 중소기업청과 협약에 따라 전체 보육실 면적 중 일정 면적 이상을 확보하여 보육 지원 • 기업의 성장 단계에 따라 서비스를 특화(Post-BI) • 지원 인력의 해당 업종 전문가 확보 필요
	비특화 센터	• 다양한 업종을 대상으로 복합형 보육 • 전반적인 경영능력을 보유한 전문경영인 확보 필요
지리적 위치	대학(인접) 센터	• 대학의 축적된 인적 자원, 기술 및 설비 활용 • 첨단기술 산업의 육성에 적합 • 연구 결과의 조속한 사업화 가능
	도시지역 센터	• 건물, 설비 등 물적 자산에 접근 용이 • 시장 근접, 마케팅 활동 유리
	농촌지역 센터	• 지역 고유의 자원 획득 유리 • 입주 공간 사용료 등 고정 경비가 상대적으로 저렴
운영 방침	자립운영 센터	• 센터 설립 목적에 충실한 운영 정책 시행 • 지원 서비스의 전문화, 특화 운영 가능
	비자립운영 센터	• 운영비 지원기관의 정책 반영 • 운영기관의 이익 배제로 공공이익 반영

자료 : 한국창업보육협회(2013), 창업보육센터 운영가이드

2) 국내 창업보육 사업/창업보육센터의 발전 과정

국내의 창업보육 사업은 1990년 12월 제10회 창업지원심의회에서 처음으로「창업기업 보육센터 설립 운영지원 계획」이 의결되고, 1991년 11월「창업기업 보육센터의 설립 및 업무운용 준칙」의 고시로 창업보육사업의 법적 근거가 마련되었다.

국내에서 창업보육 사업이 본격적으로 확산되기 시작한 것은 지난 1996년 중소기업청 개청과 함께 1997년 외환위기를 겪은 이후부터라고 할 수 있다. 이는 외환위기를 계기로 전통산업 중심에서 지식 기반 산업 중심으로 경제구조를 전환시켜야 할 필요성이 제기되고 또한 당시 심각한 실업사태로 고용 문제가 당면 과제로 부각되었기 때문이다. 우리나라의 창업보육사업의 발전 과정을 요약하면 다음 [표 2-49]와 같다.

표 2-49 창업보육센터의 발전과정

년도	창업보육사업/센터 시행 내역
1991년	창업기업보육센터의 설립 및 업무운용 준칙 고시(11월) 산업자원부 신기술창업지원사업: 생산기술연구원 역외기업지원 형태
1993년	중부산업컨설팅 영동창업보육센터 설립: 국내 최초 민간 창업보육센터
1994년	산업자원부: 중소기업진흥공단 안산창업보육센터 개소 과학기술부: 기술창업보육사업 실시 (KAIST 내 TIC/TBI 설립)
1996년	중소기업청 개청 정보통신부: S/W 창업보육사업 실시(각 지역 S/W지원센터 주관) 서울특별시, 충청남도: 창업보육사업 실시
1997년	정보통신부: 대학 정보통신 창업보육사업 실시 산업자원부: 테크노파크(창업보육사업 개시) 설립
1998년	중소기업청: 창업보육사업 확대 실시
2000년	문화관광부: 문화사업지원센터 설립으로 창업보육사업 실시 중소기업청: 인터넷 정보망 '창업넷' 구축
2001년	환경부: 환경신기술창업보육센터 설립으로 창업보육사업 실시
2003년	창업 활성화 5개년 계획 수립 국방부: 국방품질관리소에 국방벤처센터 설립으로 창업보육사업 실시
2005년	창업보육사업 효율성 제고 방안 의결 - 경제정책조정회의(7월) 중소기업청: 각 부처 창업보육센터 통합·관리 추진
2006년	창업보육센터 신규 사업자 지정 폐지, 센터 확장사업 지원 전환
2007년	벤처기업 육성에 관한 특별조치법 10년 연장 중소기업청: '창업보육사업 활성화 방안' 발표
2008년	창업진흥원 설립
2009년	의료, 녹색성장기업 운영센터 신규 사업자 지정(~2011년) 9개 부처 공동으로 '기술창업 활성화' 대책 마련
2011년	중소기업청: '창업보육센터 활성화 방안' 발표
2017년 2월 현재	267개 창업보육센터 운영(중소기업청 지정: 대학 199개, 연구소 17개, 지자체 11개, 공공기관 9개, 민간 7개, 재단(협회) 24개)

자료 : 한국창업보육협회(2013), 창업보육센터 운영가이드

3) 창업보육센터의 기능 및 발전 방향

(1) 창업보육센터의 기능

미국 경제학자인 슘페터는 신기술과 신제품의 개발, 새로운 시장의 발견과 유통 경로의 창안, 새로운 공급원, 신공정(조직)의 개발 등의 혁신을 통한 창조적 파괴로 부가적인 가치를 창출할 수 있다고 했다. 이러한 혁신 활동은 시장에 있어 경쟁을 심화시키는 요소가 된다. 경쟁이 심화되면 창의적이고 도전적이며 모험적인 창업가는 창업의 기회를 발견하게 되고, 창업을 유도하는 사회적 분위기를 포함한 인프라가 창업을 이끌어 대학이나 연구소의 교수, 연구원 및 기업 종사자 및 발명가 등이 창업자로 변신하게 되는 것이다.

이러한 창업자는 기회를 중심으로 사고하고 행동하게 되므로 사업화에 필요한 자원의 부족 현상을 겪게 된다. 이때 부족한 부분들인 물리적 공간, 네트워크, 경영 능력 및 사무지원 서비스 등을 지원하는 기능을 수행하는 것이 바로 창업보육센터이다. 창업보육센터는 일반적으로 새로 창업하여 자생력이 미약한 창업 초기단계의 기업들에게 다양한 자원 및 서비스를 제공하여 창업자의 재능, 기술, 자본, 노하우 등을 효과적으로 연계시킴으로써 신생기업의 성장을 지원하는 조직이다.

창업보육센터의 가장 핵심적인 기능은 다양한 자원을 제공하여 기업의 성장을 돕는 한편, 기업가 정신 함양 교육, 네트워크 형성의 지원 등을 통해 창업기업이 창업보육센터 졸업 후 스스로 기업을 영위할 수 있는 능력을 배양하도록 하는 것이다. 창업보육센터는 시설 및 설비의 제공, 사무·행정지원, 일반 경영, 마케팅, 회계, 재무, 법률 등 각종 경영 자원, 그리고 다양한 기술자원을 제공함으로써 창업자가 그들의 에너지를 조직의 경영이나 자금조달에 쏟기보다는 제품 및 서비스 개발에 더욱 박차를 가할 수 있도록 지원하고 있다.

창업보육센터의 운영은 설립 주체에 따라 다양하며, 설립 목적에 따라 기대 효과도 다양하게 나타난다. 이상의 창업 과정과 창업자(예비창업자 포함) 및 이들을 지원하는 창업보육센터의 기능을 정리하면 다음 [그림 2-6]과 같다.

그림 2-6 창업보육센터의 기능

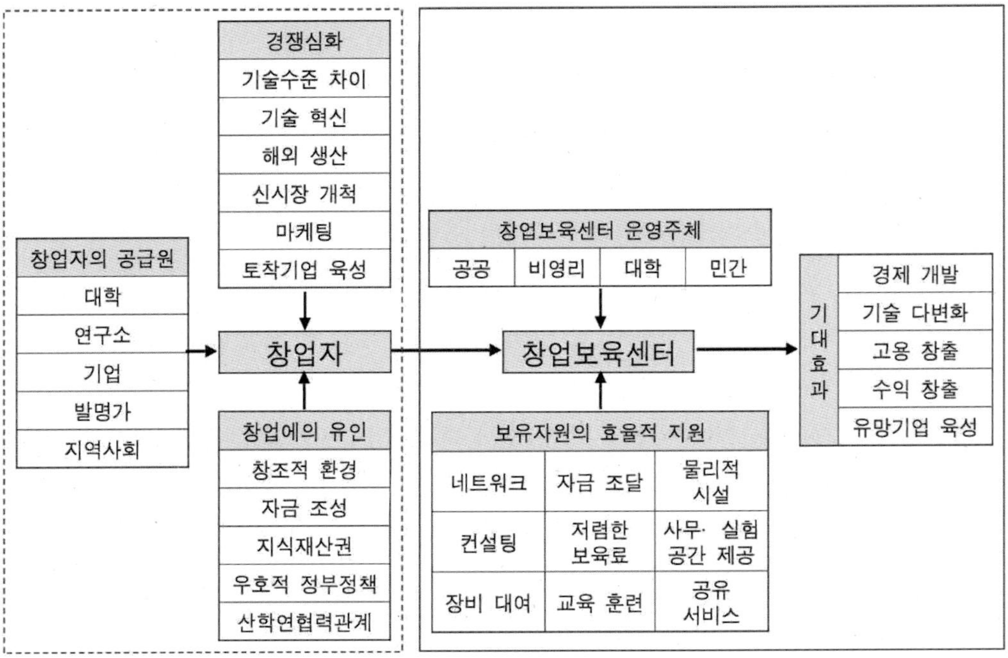

자료 : 한국창업보육협회(2013), 창업보육센터 운영가이드

(2) 창업보육센터의 역할 및 기대 효과

창업보육센터의 역할은 설립 목적에 따라 다르게 설명할 수 있는데, 설립의 목적은 매우 다양하다. 예시하면 지역경제의 다각화를 포함하여 고용 창출, 도심 재개발, 대학 및 연구기관 등으로부터의 기술 이전 등이 있다. 이러한 목적을 달성하기 위해 창업보육센터는 입주기업의 형태와 자신의 조직구조에 따라 서비스 제공 방법을 다양화하고 있다.

창업보육센터의 기본적인 역할은 보다 다양한 세부적인 역할로 구분할 수 있으며, 이를 개념적으로 크게 구분하면 일반적인 경제적 역할과 벤처기업 활성화 역할로 나눌 수 있다.

전자의 경우 창업 활성화를 통해 나타나는 다양한 파급적 역할로서 미시적으로는 기업의 생존율 및 성장률 제고에서부터, 거시적으로는 고용 창출과 지역경제 발전 등을 들 수 있다. 후자의 경우는 넓은 범위에서 보면 경제적 역할도 포함하는 것이지만, 신기술 기반의 벤처기업 육성을 창업보육센터의 보다 큰 역할로 보는 측면이라 할 수 있다. 이는 창업보육센터가 벤처기업의 특성인 모험성의 위험을 완화시키고 혁신성을 강화하는 역할을 말한다.

2. 창업보육센터 운영시스템

1) 창업보육센터 운영시스템

운영자는 창업보육센터의 사업자를 말하며 투자자로부터 재정적인 지원을 받아 창업보육센터의 운영과 입주기업에 필요한 서비스를 제공하는 등 실제 운영을 수행하는 관리기술센터와 같은 업무조직이다. 입주자는 기술적 능력이 뛰어나고 지역 또는 국가 경제발전에 기여할 수 있는 기술집약적 예비창업자 또는 초기 창업기업들이다.

창업보육센터 운영시스템의 구성요소 중 투자자는 중앙 및 지방정부, 대학, 상공회의소, 민간 등으로 창업보육센터를 건립하고 운영자금을 지원하고, 중소기업의 창업과 관련된 지원활동과 기술지도 사업을 하며 운영위원회를 통해 창업보육센터 운영을 감독한다. 이러한 투자자는 공공투자자인 경우 경제 활성화 등 거시적인 효과를 기대하며, 민간투자자의 경우는 유망한 기업의 주식을 보유함으로써 향후 배당수익 또는 주가 상승에 의한 수익을 기대한다.

| 표 2-50 | 창업보육센터 운영시스템 구성요소

주요 요소	운영시스템 세부 특성
목표/미션	창업보육센터가 추구하는 목표의 명확성 및 수치화, 운영기관별 목표의 구체화 등
운영정책	미션을 달성하기 위한 실행정책으로 미션과의 적합성, 특성화(업종/보육단계), 입주/선정 및 퇴출/졸업 정책의 공정성 등
조직 구조	창업보육센터의 실행 조직으로 조직 형태와 관심도, 참여자의 다양화 및 참여도, 관리팀/스태프의 양적 · 질적인 측면과 관련 기관과의 우호적 관계성
자원	지원자로부터의 자금 지원, 창업보육센터의 시설과 규모 및 예산의 자립도 등
지원 서비스	기본 공유 서비스는 공간 제공, 확장 지원, 경영 지원, 기술 지원, 재무 지원, 전문서비스 지원 등
	대학연계 서비스 지원은 교수 및 학생 참여, 부대시설 이용, 실험실과 작업장 이용, 관련 R&D 활동, 기술 이전 프로그램, 교육훈련 등의 참여 용이성 및 지원 등
외부와 연계	입주기업 간 및 졸업기업과의 연계와 타 창업보육센터와의 연계 및 유관기간과의 연계 등 다양한 내 · 외부 네트워킹 활동

자료 : 한국창업보육협회(2013), 창업보육센터 운영가이드

2) 창업보육센터의 조직구조

창업보육센터 조직구조의 주요 구성요소는 센터장, 매니저, 운영위원회/이사회, 자문위원회, 스태프 등이 있다.

이 중에서 가장 중요한 요소는 센터장이다. 센터장은 창업보육센터의 사업지원 프로그램을 총괄관리 및 조정하고 입주기업들에게 일대일 카운슬링을 해 주거나 다른 서비스를 소개하기도 하며, 창업보육센터의 자금유치 등 여러 가지 업무를 담당한다. 특히 대부분의 입주기업 경영자들이 기업경영 경험이 없는 경우가 많기 때문에 창업보육센터를 성공적으로 운영하기 위해서는 센터장은 기업경영 경험이 많고, 창업 관련 지원업무에 능통하며, 정부나 금융기관 등 외부기관과의 연계 등 대외적 활동을 성공적으로 수행할 수 있는 능력이 있어야 하며, 창업가적인 열성도 갖추어야 한다.

매니저는 기업의 니즈에 맞는 비즈니스, 마케팅 및 관리자원을 개발하고 결집시켜 주는 사람 또는 사업화를 가능케 해 주고 도와주는 사람이다. 즉, 매니저는 신기술 또는 아이디어를 가진 예비창업자 및 성장잠재력을 갖춘 초기 창업기업을 입주에서 졸업까지 지원 및 관리하면서 경쟁력 있는 기업으로 육성할 수 있는 노하우, 지식 및 네트워크를 갖춘 전문가로 정의할 수 있다.

3) 창업보육센터 매니저

법률적 정의로는「창업보육센터 운영요령」제19조 제2항에 매니저에 대한 자격 요건을 구체적으로 제시하고 있으며, 제3항에서는 역할을 분명하게 제시하고 있다. 이는 매니저의 역량이 창업보육사업의 성과에 매우 중요한 역할을 하기 때문이다.

이러한 매니저의 핵심 역할은 첫째로 입주기업을 위한 서비스, 둘째로 창업보육센터 프로그램과 재정관리, 셋째로 행정 및 프로그램 지원, 넷째로 마케팅과 홍보의 4가지로 분류될 수 있다. 국내・외 문헌에 의한 매니저의 필요 역량을 요약 정리하면 다음 [표 2-51]과 같다.

표 2-51 창업보육매니저의 필요역량

요인	지식 차원	스킬 차원
마케팅 관련 역량	· 시장조사 방법 · 홍보 · 광고 기법 · 마케팅 전략 수립 · 수출 · 수입 관련 지식 · 전략적 제휴 개발 기법 · 외국어 사용	· 해외시장 정보 제공 · 해외 BI 및 투자자 연계 · 대외 신뢰도 확보 및 투자자유치 · 사업타당성 분석 · 시장(제품)에 대한 타당성 검증 · 마케팅 지도
자금 및 지식재산권 관련 역량	· 지식재산권 관리 지식 · VC의 기업가치평가 기법 · 벤처금융에 대한 지식 · 투자관리 및 자금관리(세무실무)	· 정책자금 활용 기법 · 기술발전 동향에 대한 이해 · 기술개발 및 이전 과정 절차 · 특허분쟁의 극복 기법
사업화 관련 역량	· 창업 관련 법규 및 절차 · 창업보육기능에 대한 이해 · 사업계획서 작성 지식 · 계약 및 부동산 관련 지식	· 벤처기업의 특성에 대한 이해 · 성공사례를 이용한 벤치마킹 · 창업 법규 숙지 · 창업보육센터관리 행정 업무
의사소통· 네트워킹 역량	· 상담심리 · 컨설팅 기법(방법론) 일대일 카운슬링 기법 · 입주 · 졸업기업 네트워킹 구축	· 멘토로서 실무경험 전수 원만한 대인관계를 위한 기술 타 창업보육센터와의 연계 전문가그룹 네트워크 구축
기업관리 역량	· 인적자원관리 · 개발 기법 · 기업관리 운영 지식 · 기술연구소 설립 절차 · 재무관리 지식	· 교육기획 스킬 · 리더십 개발

자료 : 한국창업보육협회(2013), 창업보육센터 운영가이드

4) 창업보육센터의 지원서비스

창업보육 사업을 매우 좁게 정의한다면 창업보육센터의 중점 지원 사업이라고 할 수 있을 정도로 창업보육센터 운영의 핵심적인 구성요소이다. 창업보육센터에서 지원하는 서비스는 물리적 시설/설비 및 장비 제공, 경영 지원, 기술 지원, 행정 지원, 자금 지원 등 매우 광범위하고 다양하며 창업보육센터에서 직접 지원할 수도 있고 외부 서비스의 연계 및 알선, 중계를 통해 지원할 수도 있다.

이는 성장 단계별로 상이한 보육업체를 위한 체계적인 지원계획을 수립하고, 지원 프로그램을 시스템화함으로써 효율적인 창업보육 지원서비스를 제공하는 데 목적이 있다. 창업보육센터에 입주한 업체는 대부분 사업 아이디어만을 가지고 사업을 시작하는 초보자로서 사업화계획을 수립하는 창업 단계에서부터 기술개발 단계, 상품화 단계, 사업화 단계를

걸치게 되는데, 성장 단계별로 부딪치는 각종 애로사항에 대한 문제점을 해결하도록 한다. 이는 창업보육센터와 정부/지방자치단체 및 유관기관을 통해 지원서비스를 제공받고 문제를 해결함으로써 성공기업으로 나아가는 것이 보편화되어 있다. 이에 창업보육센터 지원서비스 흐름을 살펴보면 아래 [그림 2-7]과 같은 흐름을 나타낸다.

그림 2-7 창업보육센터 지원 흐름도

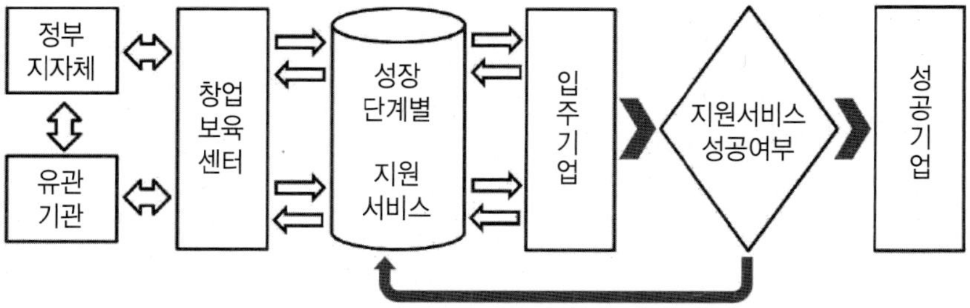

자료 : 한국창업보육협회(2013), 창업보육센터 운영가이드

위의 지원서비스 흐름을 설명하면, 먼저 입주기업은 각종 문제점 및 애로사항에 대한 해결을 위해 창업보육센터 또는 정부/지방자치단체, 유관기관(창업진흥원, (사)한국창업보육협회, 중소기업진흥공단, 벤처기업협회 등)에 신청하고, 이들 기관은 각종 정보를 수집하고 전문가, 관련 기관 등에서 지원할 수 있는 현황을 분석하는 등의 여러 가지 방법을 통해 입주기업에게 각자의 성장 단계에 맞는 지원서비스를 제공한다.

이를 통해 문제점 및 애로사항을 해결하며 지원서비스의 성공 여부에 따라 향후의 단계를 밟게 되는데, 지원서비스에 실패한 경우에는 지원내역을 분석하여 다시금 지원서비스를 제공받을 것인지를 결정하여야 하며, 지원서비스가 성공했을 경우는 다음 보육 단계로 성장해 나갈 수 있다.

창업보육센터 입주기업을 위한 보육단계에 따른 통합적 주요 지원 분야로는 기술, 경영, 행정, 자금 등으로 구분할 수 있다.

| 표 2-52 | 창업보육센터의 단계별 지원 프로그램

구 분	분야	지원 내용
창업 단계 (창업 직전, 창업 초기)	기술	기술타당성 검토, 기술동향 파악 및 기술시장조사
	경영	사업계획검토, 경영컨설팅, 창업강좌
	행정	법인설립, 사업자등록, 공장등록, 각종 인허가, 벤처기업 인증
	자금	예비기술창업자육성사업(중소기업청) 소상공인창업자금(소상공인지원센터) 기업부설연구소 설립 지원사업(지자체) 창업초기기업육성자금(중소기업진흥공단) 창업경쟁력강화사업(지자체)
기술개발 단계	기술	애로기술 컨설팅, 선행기술조사, 기술개발 서포터즈(멘토)
	경영	특허지도 및 출원, 기술교육훈련
	행정	연구장비공동활용지원(중소기업청) 특허 출원비용지원정보 등 기술개발정보 제공
	자금	선행기술조사지원(지자체) 기술이전사업화자금지원(자자체) 핵심소재원천 기술개발사업(산업통상자원부) 소재 · 부품 기술개발사업(산업통상자원부) 중소기업기술개발지원사업(중소기업청) 사업화연계기술개발사업(산업통상자원부) 민 · 관공동투자 기술개발사업(중소기업청) 구매조건부 신제품개발사업(중소기업청) 국내외특허 확보지원사업(특허청) 투자 · 보증연계 특허기술평가지원(특허청)
상품화 단계	기술	디자인개발, 제품화지원
	경영	제품에 필요한 인증, 제품프로모션 기업인증(ISO, 이노비즈, 경영혁신형기업 인증 등)
	행정	각종 행정서식지원, 제품생산 공간 및 시설 확보
	자금	산업융합기반구축사업(산업통상자원부) 시제품제작지원(지자체, 중소기업청) 브랜드 · 디자인 R&D 지원사업(중소기업청)
사업화 단계	기술	제품애프터서비스, 기술보완, 제품업그레이드
	경영	광고, 홍보를 위한 지원(홍보물제작 등) 전시회 및 박람회 참가, 수출시장개척 지원(창업진흥원) 인사 · 노무관리지도, 법무 · 규제 등 법률지도
	행정	진행도평가 및 성과분석, 성과의 관리, 활용방안 점검
	자금	기술닥터 사업(지자체) 기술이전 · 사업화 지원사업(지자체) 기술거래촉진 네트워크 사업(기술거래사회) 중소기업간 융합 및 협력활동 지원사업(중소기업청) 건강진단연계형 제품/공정개선 기술개발 사업(중소기업청)

자료 : 한국창업보육협회(2013), 창업보육센터 운영가이드

[사례 연구] 창업보육센터

경영 사례 창업보육센터 입주기업의 공장확장 시 적용혜택

Q. 대학의 창업보육센터에 공장을 등록하여 입주하고 있는 회사입니다. 그동안 사세가 확장되어 개별입지에 새로운 공장을 건설할 경우 「중소기업 창업지원법」의 규정에 따른 창업사업계획의 승인대상이 되나요? 또한 창업사업계획의 승인대상이 될 경우 조세감면을 받을 수 있나요?

A 타인의 공장을 임차하여 사업을 영위하던 창업자가 다른 장소에서 새로운 공장을 건설하고자 하는 경우 공장등록여부에 관계없이 창업일로부터 7년 이내인 경우에는 「중소기업창업 지원법」 상의 사업계획승인을 받을 수 있으므로 창업보육센터에 공장을 등록하여, 입주하고 있는 회사의 경우에도 자가공장이 없는 경우로서 창업일부터 7년 이내인 경우에는 「중소기업창업 지원법」 상의 창업사업계획승인을 받을 수 있습니다. 다만, 창업사업계획승인 제도는 중소기업창업자의 공장설립에 관한 인·허가를 일괄처리해 주는 제도이므로 조세의 감면은 당초의 창업일을 기준으로 하여 조세감면기간 내에 있는가의 여부와 감면요건의 충족여부를 판단하여야 합니다.

경영 사례 창업보육센터 입주업체의 도시형공장 설립 가능 여부

Q. 창업보육센터에 입주하여 사업을 수행하려는 창업기업입니다. 이러한 경우 창업보육센터에 도시형공장을 설치할 수 있나요?

A. 「중소기업창업 지원법」 제6조 제1항에 따라 중소기업청장이 지정하는 창업보육센터나 중앙행정기관의 장 또는 지방자치단체의 장이 인정하는 창업보육센터에 입주한 벤처기업이나 창업자는 「건축법」 제19조 제1항, 「국토의 계획 및 이용에 관한 법률」 제76조제1항 및 「연구개발특구의 육성에 관한 특별법」 제36조 제1항에도 불구하고 「산업집적활성화 및 공장설립에 관한 법률」 제28조에 따른 도시형공장을 창업보육센터 운영기관에 장의 승인을 받아 설치할 수 있습니다. 이 경우 「산업집적활성화 및 공장설립에 관한 법률」 제13조에 따른 공장설립 등의 승인이나 같은 법 제14조의3에 따른 제조시설설치승인을 받은 것으로 봅니다. 또한 시장, 군수 또는 구청장은 창업보육센터에 입주한 벤처기업이나 창업자로부터 공장등록신청을 받으면 「산업집적활성화 및 공장설립에 관한법률」 제16조에 따라 공장의 등록을 하여야 합니다.

제3편
벤처경영

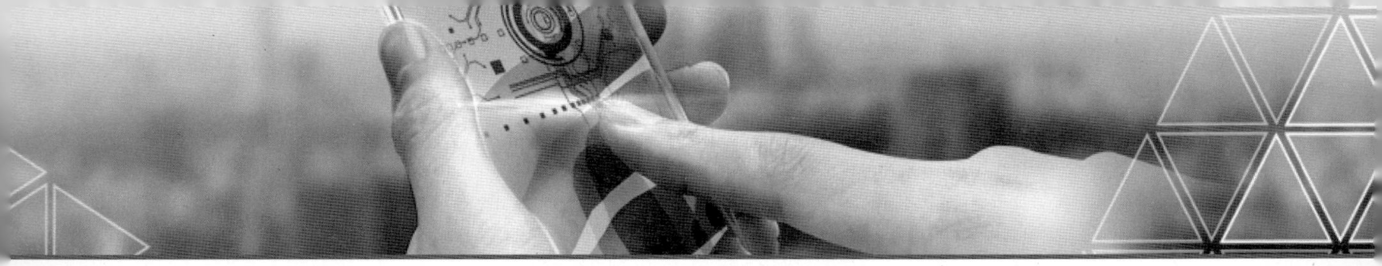

제1장 산업재산권

1. 지식재산권과 산업재산권

1) 지식재산권 정의

지식재산권이란 인간의 지식활동으로 얻어진 정신적, 무형적 결과물에 대하여 전통적인 재산권인 물권이나 채권과는 달리 별도의 재산권으로써 법으로 보호받는 권리의 총칭이라고 말할 수 있다.

세계지식재산권 기구[1] 설립 협약에 의하면 지식재산권이란 문학, 예술, 및 과학 작품, 연출, 예술가의 공연 음반 및 방송, 모든 분야에 있어서의 인간노력에 의한 발명, 과학적 발견, 공업디자인, 등록상표, 서비스표, 상호 및 기타 명칭, 부당경쟁에 대한 보호에 관한 권리, 공업, 과학, 문학 또는 예술 분야의 지적활동에서 발생하는 모든 권리를 포함한다고 정의하고 있다.

따라서 지식재산권은 동산, 부동산 등의 유체물에 대한 유체재산권과는 반대되는 인간의 지적 정신적 산물 즉 외형적인 형태가 없는 무체물에 대한 재산권으로 일종의 무체재산권에 속한다. 지식재산권은 일반적인 재산권과 마찬가지로 사용, 수익, 처분 권한이 부여됨은 물론이고 자산적 가치가 높아 국가산업발전과 기업의 경쟁력을 결정짓는 요체로서 국가간 국경 없는 무한 경제전쟁으로 세계 각국은 자국의 생존전략 차원에서 지식재산권의 창출과 보호에 사력을 다하고 있다.

2) 지식재산권의 종류

지식재산권은 사상(idea)의 보호를 목적으로 하는 산업재산권과 표현의 보호를 목적으로 하는 저작권으로 대별되고 여기에 신지식재산권을 추가하는 것이 오늘의 경향이다.

지식재산권은 특허, 실용신안, 디자인, 상표 등에 관한 권리인 산업재산권(특허청), 문학 · 예술분야의 창작자 및 음반 제작자 · 방송사업자의 권리인 저작권(문화체육관광부), 컴

1 http://www.wipo.int

퓨터프로그램(교육과학기술부), 영업비밀(특허청) 등의 신지식재산권으로 대별할 수 있다.

지식재산권의 종류를 포괄적으로 나타내면 다음 [그림 3-1]과 같다.

그림 3-1 지식재산권의 종류

분류	종류	내용
산업재산권	특 허	기술적 창작인 원천 핵심기술(대발명)
	실용신안	Life-Cycle이 짧고 실용적인 주변 개량 기술(소발명)
	디 자 인	심미감을 느낄 수 있는 물품의 형상·모양
	상 표	타 상품과 식별할 수 있는 기호·문자 도형
저 작 권	협의의 저작권	문학, 예술분야 창작물
	저작 인접권	실연자, 음반제작가, 방송사업자 권리
신 지 식 재 산 권	첨 단 산업재산권	반도체집적회로배치설계, 생명공학, 식물신품종
	산업 저작권	컴퓨터프로그램, 인공지능, 데이터베이스
	정보 저작권	영업비밀, 멀티미디어, 뉴미디어 등

(지식재산권 체계)

자료 : 특허청(http://kipo.go.kr)

3) 산업재산권

산업재산권이란 지식재산권의 한 유형으로 인간의 정신적 창작의 결과물로서 산업에 이용되는 무형의 재화에 대하여 별도의 재산권으로 보호하는 권리를 말한다.

일반적으로 산업재산권이라 함은 인간의 정신적 창작물에 대하여 보호되는 권리 중 산업과 관련한 권리를 지칭하는 것으로 기술적 사상의 공개 대가로 국가가 공권력으로 일정 기간 동안 독점적, 배타적 권리를 부여하여 기술적 재산권으로 인정하는 것으로서, 산업재산권은 그 보호 객체에 따라 특허권, 실용신안권, 디자인권, 상표권으로 분류된다.

산업재산권의 특허권은 아직까지 없었던 물건 또는 방법을 최초로 발명 하였을 경우 그 발명자에게 주어지는 권리이다.

실용신안권은 이미 발명된 것을 개량하여 보다 편리하고 유용하게 사용할 수 있도록

한 물품의 형상, 구조 또는 조합에 부여되는 권리이다.

디자인권은 물품의 형상, 모양이나 색채 또는 이들을 결합한 것으로서 시각을 통하여 미감을 일으키게 하는 것이다.

상표권은 상품을 업으로서 생산·가공·증명 또는 판매하는 자가 자기의 상품을 타 업자의 상품과 식별시키기 위하여 사용하는 기호, 문자, 도형, 입체적 형상 또는 이들의 결합과 이들 색채가 결합한 것으로서 타인의 것과 명확히 구분되는 것에 부여되는 산업재산권이다.

산업재산권은 그 권리를 사용·처분하여 경제적 수익을 올릴 수 있으며, 동산·부동산 등 유체물에 대한 재산권과는 달리 인간의 지적, 정신적 산물로써 유형적인 형태가 없는 무체물에 대한 재산권이므로 무체재산권으로 보는 것이 일반적이다.

그림 3-2 산업재산권간의 특징 비교

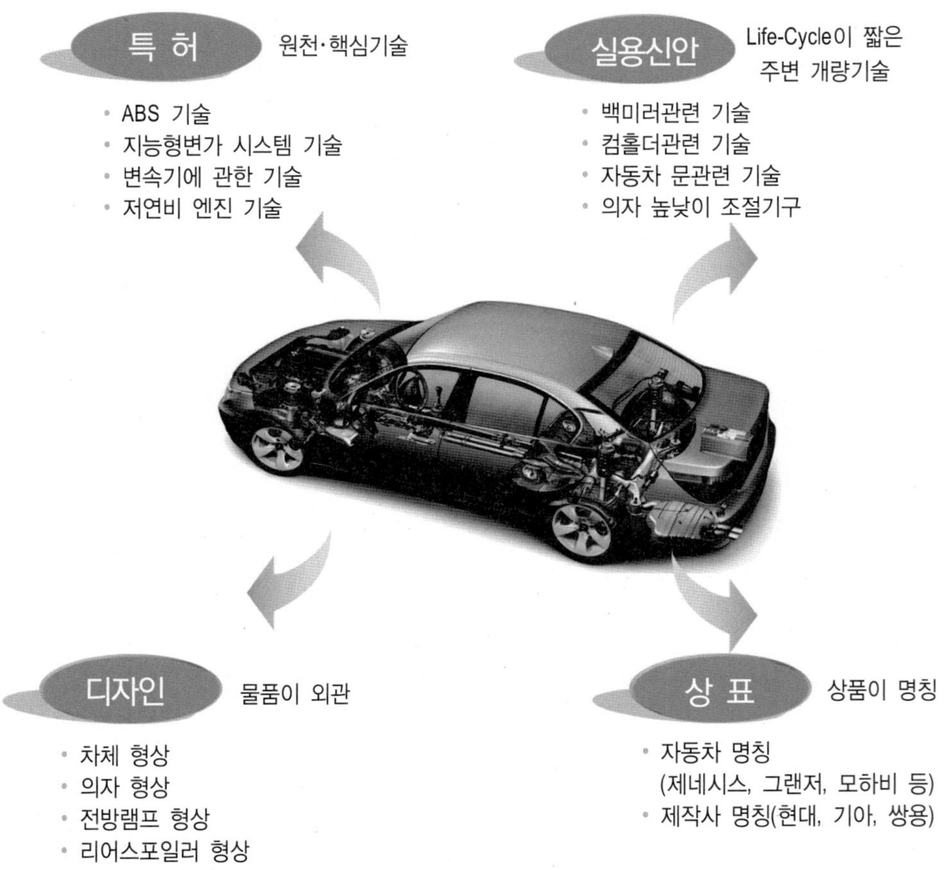

다음 표는 산업재산권의 제도에 관한 것으로 정의, 보호대상, 등록요건, 존속기간 등을 간략하게 나타내었다.

| 표 3-1 | 산업재산권의 제도

구 분	특 허	실용신안	디자인	상 표
정 의	자연법칙을 이용한 기술적 사상의 창작, 고도의 것 (아직까지 없었던 물건 또는 방법으로 최초로 발명한 것)	자연법칙을 이용한 기술적 사상의 창작 (이미 발명된 것을 개량해서 보다 편리하고 유용하게 쓸 수 있도록 한 물품)	물품의 형상, 모양 색체, 또는 이들의 결합으로 미감을 갖는 것	타인의 상품과 식별 되도록 사용하는 기호, 문자, 색체, 또는 이들의 결합
보 기	벨이 전자를 응용하여 처음으로 전화기를 생각해 낸 것과 같은 발명	분리된 송수화기를 하나로 하여 편리하게 한 것과 같은 형상이나 구조에 관한 것	탁상전화기를 반구형이나 네모꼴로 한 것과 같이 물품의 외관에 대한 형상 모양, 색체에 관한 것	전화기 제조회사가 자사 제품의 신용을 유지하기 위해 제품이나 포장 등에 표시하는 표장으로써 상호, 마크 등
보 호 대 상	물건(물질, 장치), 방법 (사용, 제조방법)	물품의 형상, 구조 또는 이들의 조합에 관한 고안	물품의 형상, 모양, 색체 또는 이들의 결합을 통한 심미감	상표사용자의 업무상의 신용, 수요자의 이익
등 록 요 건	• 산업상 이용가능성 • 신규성 • 진보성	• 산업상 이용가능성 • 신규성 • 진보성	• 공업성 • 신규성 • 창작성	자타상품의 식별력 여부
부등록 대 상	공서약속, 공중위생을 해치는 발명	• 국기 훈장과 동일 유사한 고안 • 공서양속, 공중위상을 해치는 고안	• 국기, 국장 등과 동일 유사한 디자인 • 공서양속 위배 디자인 • 타인 업무와 혼동 우려가 있는 디자인	• 국기, 국장 등과 동일, 유사한 상표 • 공서양속문란 상표 • 타인의 성명명칭, 상호 • 타인의 등록상표와 유사한 상표
존 속 기 간	출원일로부터 20년	출원일로부터 10년	등록일로부터 15년	등록일로부터 10년 (10년마다 갱신가능, 반영구적 권리)
출 원 공 개	유	무	출원인이 공개 신청	무
심 사 청 구	유	기술평가제도 도입	무	무
이 의 신 청	유	유	무	유

자료 : 특허청(http://kipo.go.kr)

2. 특 허

1) 특허의 목적

「특허법」 제1조에서 '이 법은 발명을 보호, 장려하고 그 이용을 도모함으로써 기술의 발전을 촉진하여 산업발전에 이바지함을 목적으로 한다.' 라고 규정한 바와 같이, 특허제도는 발명자에게는 특허권이라는 독점 배타적인 재산권을 부여하여 보호하는 한편, 그 발명을 공개하게 함으로써 그 발명의 이용을 통하여 산업발전에 이바지함을 그 목적으로 한다.

만약, 발명이 법으로 보호되지 않는다면, 발명자는 자기의 발명이 타인으로부터 모방당할 것을 우려하여 자기 발명을 비밀리에 실시하려 할 것이므로 발명이 사회에 공개되지 않게 되어 기술발전 촉진을 기대할 수 없다. 따라서 특허제도는 기술개발촉진에 의한 산업발전을 도모하기 위하여 필요하다. 이런 점에서 특허제도를 신기술 보호제도, 발명 장려제도, 또는 사적 독점보장제도 라고 부르기도 한다.

(1) 독점권 및 민·형사 제재방법

새로이 개발된 발명 기술을 일반에게 공개하도록 하기 위하여 발명의 권리 승계자에게 발명에 대한 독점적 권리를 부여하여 발명을 보호하고 있다. 「특허법」 제94조에 '특허권자는 업으로서 그 특허발명을 실시할 권리를 독점한다.'라고 규정하여 발명자가 그 특허발명을 독점적으로 실시할 권리를 보호하고 있다.

발명을 보호하기 위한 구제 방법은, 특허권이 발생한 후 특허발명을 무단으로 침해한 경우 침해에 대하여 민·형사상으로 제재를 가할 수 있다.

민사상으로는 권리침해금지 청구권, 손해배상 청구권, 신용회복 청구권, 부당이득반환 청구권 등이 있으며, 형사상으로는 특허권이 고의로 침해된 경우 특허권자는 경찰 및 검찰에 고소하여 특허권 침해자를 형사 처벌할 수 있다(친고죄).

(2) 발명의 공개 및 실시

발명을 산업에 이용하거나 또는 연구개발에 이용하는 것을 말하며 이것은 발명의 공개와 실시에 의하여 이루어 져야 하며 적법절차에 따라 국가(특허청)가 기술내용을 일반에 공개하는 것을 의미, 개인이 일반에 임의로 직접 공개하는 것을 뜻하지는 않는다.

또한 발명이 산업계에서 실질적으로 실시되는 것으로서, 특허권자가 독점적으로 실시하거나 특허권자의 허락 하에 제3자도 실시 가능하며 발명을 보호하고 장려 그 이용을 도모하는 것은 그 자체가 목적이 아니라 궁극적으로 국가의 산업발전에 이바지하기 위함이다.

2) 특허 등록의 요건

발명이 특허를 받을 수 있기 위해서는 아래에서 요구하는 몇 가지의 요건을 충족하여야 한다. 일반적으로 특허요건은 출원인이 갖추어야 할 '주체적 요건' 특허법에서 규정하고 있는 산업상 이용가능성·신규성·진보성을 갖추어야 하는 '객체적 요건' 및 출원 절차 시 충족되어야할 '절차적 요건'으로 구분된다.

① 주체적 요건 : 정당한 발명자로 특허를 받을 수 있는 자는 발명자 또는 그 승계인이어야 하며 권리능력의 소유자로 권리·의무의 주체가 될 수 있는 법률상의 지위 또는 자격을 말한다. 민법은 모든 살아있는 사람(자연인)과 법인에게 권리능력을 인정하고 있으며 특허법 상으로도 특허에 관한 권리능력이 인정된다.

② 객체적 요건 : 객체적 요건이란 발명이 갖추어야 될 요건과 해당 되어서는 안될 요건을 포함한다. 전자의 요건을 '적극적 특허요건'이라 하고, 후자의 요건을 '소극적 특허 요건'이라 한다. 적극적 특허 요건으로서는 발명의 성립성, 산업상의 이용가능성, 신규성, 진보성 등을 들 수 있다.

③ 절차적 요건 : 발명이 특허를 받을 수 있기 위해서는 이상의 주체적·객체적 요건이외의 특허법이 요구하는 다음의 출원 절차적 규정에도 적합하여야 한다.

- 특허 출원절차가 방식에 적합할 것
- 특허 출원 명세서의 기재가 법규에 적합할 것
- 특허 출원의 범위에 요건을 충족할 것
- 최선출원일 것 등

(1) 발명의 성립성

특허법상의 발명이란 '자연법칙을 이용한 기술적 사상의 창작으로서 고도한 것'을 의미하며, 발명의 성립성 판단 시기는 출원날짜를 기준으로 하며, 판단기준은 특허 출원서에 최초로 첨부된 명세서·도면을 참고하여 특허 청구 범위에 기재 된 사항을 근거로 파악한다.

발명이 아닌 것은 계산법, 작도법, 암호작성방법, 컴퓨터프로그램(리스트)자체, 과세방법, 영구 기관에 관한 발명 등이 있다.

(2) 산업상 이용가능성

특허제도의 목적이 산업발전에 있으므로 발명은 산업상 이용 가능해야 한다.

산업상 이용가능성은 공업, 광업, 농업, 수산업, 어업 등 산업에서 실제 활용되거나 이용될 가능성을 의미하는데 산업상 이용가능성에는 '발명이 성립되기 위한 요건'과 '산업상 이용되기 위한 요건'을 포함하는 것을 해석된다(특허법 제29조 제1항 본문).

그러나 '보험업', '금융업', '의료업'은 산업에서 제외되며, 따라서 진단방법 · 치료 방법 등은 산업상 이용할 수 없는 발명으로 특허 받을 수 없다. 단 의료기기나 의약의 발명은 이것의 생산자체가 산업(기계공업, 제약업)상의 이용이 되므로 특허의 대상이 된다.

산업성이 없는 발명은 학술적 및 실험적으로만 이용될 수 있는 발명, 발명 개념에 해당되지 않는 발명, 반복 생산이 불가능한 발명 등이다.

(3) 신규성

신규성이란 발명이 '새로움'을 갖추어야 한다는 것을 말한다. 즉, 발명이 사회 일반에 알려지지 않은 것을 의미하는데 신규성을 상실한 발명은 특허를 받을 수 없다.

신규성이 상실되는 사유는 ① 특허 출원 전에 국내에서 공지되었거나 공연히 실시된 발명이거나, ② 특허 출원 전에 국내 또는 국외에서 반포된 간행물에 기재되거나 대통령령이 정하는 전기통신회선을 통하여 공중이 이용가능하게 된 경우이다.

신규성이 있는 것으로 보는 경우는 발명이 출원 전에 공지된 경우라도 그것이 특허법에서 규정한 다음의 사유에 해당하면 신규성이 있는 발명으로 본다.

① 발명의 시험, 간행물에의 발표, 학술단체가 개최하는 연구집회에서의 서면으로 발표하여 공지된 경우, 대통령령이 정하는 전기통신회선을 통하여 발표된 경우

② 의사(意思)에 반하여 공지된 경우

③ 박람회에 출품한 경우.

위의 경우라도 발명이 신규성이 있는 것으로 인정받기 위하여서는 ① 신규성 상실일부터 6월 이내에 출원해야 하며, ② 신규성이 있는 것으로 인정받고자 하는 취지를 기재한 서면을 특허 출원과 동시에 제출하여야 하며, ③ 신규성이 있는 것으로 보는 경우에 해당함을 증명할 수 있는 서류를 특허 출원일로부터 30일 이내에 제출하여야 한다.

(4) 진보성

진보성(Inventive Step)이란 발명의 창작 수준의 난이도를 말하여, 산업상 이용가능하고 신규성을 갖춘 발명이 다음 단계로서 갖추어야 될 특허요건이다.

진보성이 없는 발명에 특허를 인정하면 특허권의 난립으로 인하여 오히려 산업발전의 저해요인이 될 수 있으므로 진보성이 요구된다.

진보성은 특허 출원한 발명이 당해 발명이 속하는 기술 분야에서 통상의 지식을 가진 자가 특허 출원시의 기술수준(공지발명)으로부터 용이하게 발명할 수 없을 정도의 창작의 난이도를 갖춘 발명을 말한다. 진보성의 판단 방법에는 발명의 목적, 구성, 효과를 종합적으로 대비하여 구성의 곤란성, 효과의 현저성, 목적의 특이성이 있는 경우 진보성이 있는

것으로 본다. 공지 발명들의 단순한 '집합(aggregation)발명'은 진보성이 없으나, 공지 발명들의 '조합(combination)발명'은 진보성이 있는 경우가 있다.

(5) 소극적 특허요건

이상의 적극적 특허요건을 갖춘 발명이라 하더라도 공공의 질서 또는 선량한 풍속을 문란하게 하거나 공중의 위생을 해할 염려가 있는 발명의 경우에는 그 발명은 특허를 받을 수 없다. 소극적 요건은 공익적 측면에서 요구되는 사항이다.

3) 특허 출원 절차

(1) 특허 출원의 의의

특허 출원이란 발명에 대하여 특허를 받을 수 있는 권리를 가진 자가 국가에 대하여 발명의 공개를 조건으로 특허권의 부여를 요구하는 의사표시행위를 말한다. 이상의 의미가 실현되기 위해서는 발명자는 본인의 발명에 대하여 특허 출원절차를 행해야하며, 특허 출원은 특허법령이 정하는 서식에 따라 작성되어야 함은 물론 요구하는 제 원칙에 부합되게 다음 [그림 3-3]과 같은 특허(실용신안)출원 및 심사절차가 행해져야 한다.

따라서, 특허 출원은 '서면'에 의하여 되어야 하며, '국어'를 사용하고 '양식'에 적합해야 하는 한편 '수수료(출원료 등)'을 납부해야 한다.

(2) 특허 출원 서류 작성 요령

특허 출원 서류는 출원서, 명세서, 필요한 도면 및 요약서로 구성된다.

① 출원서

특허 출원서에는 특허 출원인의 성명, 주소, 대리인의 표시, 발명의 명칭, 발명자의 성명, 주소 등을 기재한다.

② 명세서

명세서는 기술개발의 성과인 발명을 문장을 통하여 표현하는 부분으로서 발명을 구체적으로 기재하여 공표 시키고 거기에 기재된 공표 발명 중에서 보호 대상을 특정하여야 한다. 이것이 공개된 경우 공중에게는 기술문헌으로 이용되는 한편 발명자에게는 권리서로서 기능하는 부분이다.

명세서에는 「발명의 명칭」, 「도면의 간단한 설명」, 「발명의 상세한 설명」 및 「특허청구범위」가 기재되어야 한다. 「발명의 상세한 설명」은 기술문헌으로서의 소임을 달성하고 그리고 「특허청구범위」는 특허발명의 보호범위를 특정하는 일을 한다.

그림 3-3 특허(실용신안) 출원 및 심사절차

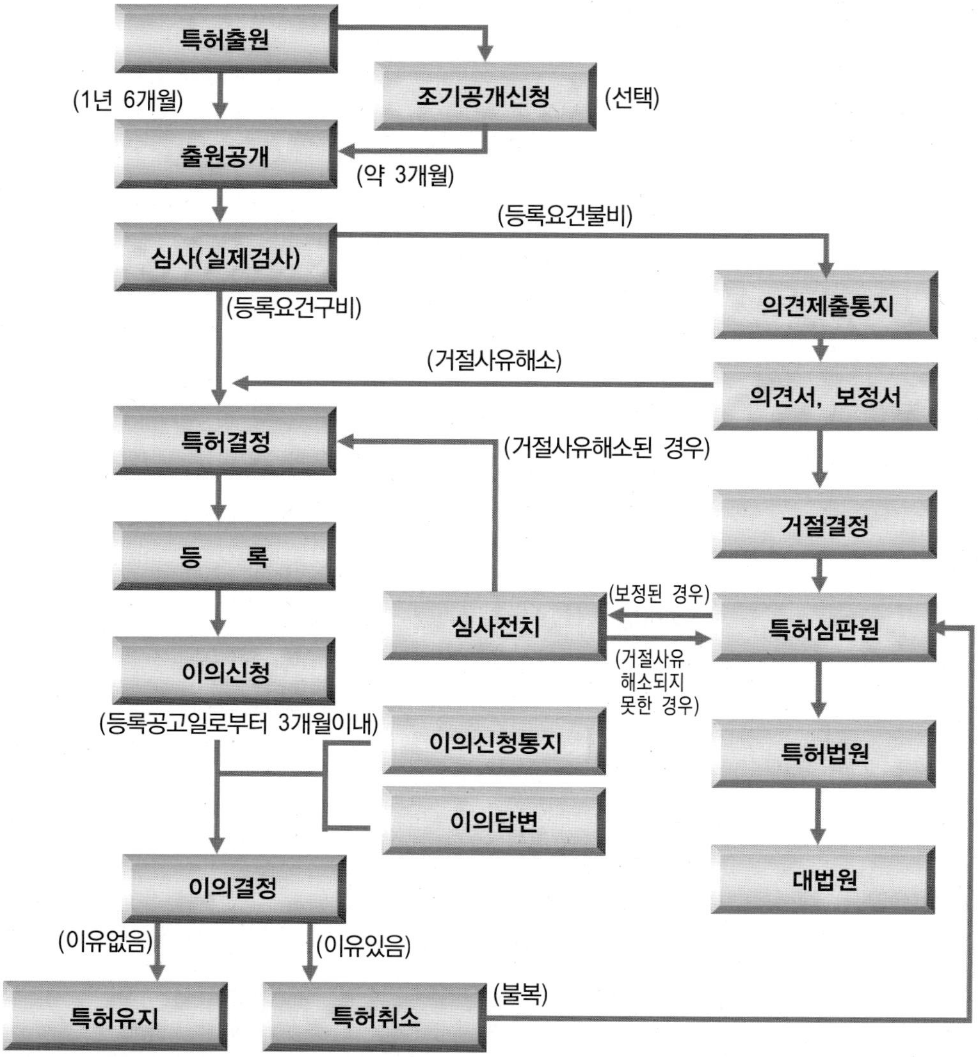

자료 : 특허청(http://kipo.go.kr)

③ 도면

특허 출원서 작성 시 도면은 필요한 경우 명세서 기재내용의 이해를 돕기 위하여 첨부하며, 발명의 성질상 도면이 필요하지 않은 경우(방법발명, 화학 발명은 도면이 필요 없다)에는 제출하지 않는다.

④ 요약서

요약서는 명세서가 기술정보로서 쉽게 활용될 수 있도록 하기 위하여 발명을 요약 정리하는 서류로서 출원 서류에 첨부한다.

⑤ 기타 구비서류 첨부

우선권을 주장하는 자, 신규성 의제의 주장을 하는 자, 미생물을 기탁한 자, 대리인에 의하여 출원 절차를 행하는 자들은 관련서류들을 출원서에 첨부하여 제출하여야 한다.

4) 특허제도의 주요원칙

(1) 선원주의

선원주의라 함은 동일한 발명에 대하여 가장 먼저 출원한 자에게 특허를 부여하는 주의를 말하며(특허법 제36조), 같은 날에 2이상의 출원이 경합하는 경우에는 협의에 의하여 하나의 출원만이 특허를 받을 수 있다. 협의가 성립되지 아니한 경우에는 모두 특허를 받을 수 없다.

(2) 출원 공개 제도

출원 공개란 특허 출원 후 일정기간이 경과된 출원 계속 상태의 발명을 심사 진행 여부에 관계없이 조기에 공개하는 제도를 말한다(법 64조). 즉, 새로운 기술을 공개함으로써 기술개발촉진, 중복 연구 방지 등을 도모하기 위한 원칙이다.

(3) 심사 청구 제도

출원 심사 청구란 특허 출원과는 별도로 '실체심사'의 개시를 요구하는 의사표시절차를 말한다. 특허 출원에 대한 실체 심사는 종전과는 달리 심사청구가 있을 때에 한하여 그 청구의 순서에 따라 행하고 심사청구가 되지 않은 특허 출원은 일정기간(출원일로부터 5년)이 경과하면 취하로 간주하여 심사의 대상에서 제외시킨다.

(4) 변경 출원 제도

실용신안등록 출원인은 그 실용신안등록 출원의 출원서에 최초로 첨부된 명세서 또는 도면에 기재된 사항의 범위 안에서 그 실용신안등록 출원을 특허 출원으로 변경할 수 있다. 다만, 그 실용신안등록 출원에 관하여 최초의 거절결정 등본을 송달받은 날부터 30일이 경과한 때에는 특허 출원으로 변경할 수 없다. 변경 출원은 원칙적으로 원 출원(특허 출원 또는 실용신안등록 출원)을 한 때에 출원한 것으로 본다. 이 경우 원출원은 취하된 것으로 본다.

(5) 등록 공고 제도

등록공고 제도는 공중에게 심사의 결과를 알려 의견제시의 기회를 부여함으로써 심사의 완전성 · 공정성을 담보시키고자 함에 그 제도적 의미가 있으며, 공고기간은 등록공고일로부터 '3개월' 간으로 등록공고가 되면 공고기간 중 공중은 당해 특허에 대하여 특허 이의신청 기회를 부여하여 이의신청을 할 수 있다.

(6) 우선 심사 제도

타인이 무단 실시하거나 긴급처리가 필요한 출원을 심사청구 순서에 관계없이 타 출원에 우선하여 심사하는 제도를 말한다.

① 우선 심사의 대상

우선 심사의 대상이 되는 발명은 특허법 제61조 및 시행령 제9조에서 규정하고 있는 것으로 방위산업분야, 공해방지에 유용한 출원, 수출 촉진 관련 출원, 정부 또는 지방자치단체의 직무 출원, 벤처기업 확인을 받은 기업의 출원, 국가의 신기술개발지원사업 또는 품질인증사업의 결과물에 관한 출원, 해외 출원으로 외국특허청에서 절차가 진행 출원, 자기실시 또는 자기실시 준비 중인 출원, 전자상거래와 직접관련이 있는 출원 등이다.

② 우선 심사의 결정 및 효과

특허청장은 우선 심사신청이 있는 경우 우선 심사여부를 결정하여야 하며 우선 심사할 것으로 결정되면, 그 출원에 대하여는 출원일이나 심사청구 순서에 관계없이 즉시 심사절차가 진행된다.

(7) 우선권 주장 제도

① 조약에 의한 우선권 주장

파리협약 동맹국 등 조약당사국 1국에 출원한 후, 그 발명을 다른 동맹국에 출원하는 경우, 신규성, 진보성 등 특허 요건의 판단을 1국 출원일을 기준으로 하여 판단하는 제도이다.

우선권주장기간은 최초 출원일로부터 1년 내이며, 우선권출원 효과는 제1국 출원일을 기준으로 출원일을 소급하여 인정한다(특허법 제29조, 제36조 등의 적용).

② 국내우선권 주장

우리나라에 먼저 한 특허 출원 또는 실용신안등록 출원(선출원)을 기초로 하여 주장하는 우선권을 말한다.

우선권주장 기간은 선출원일로부터 1년 이내이며, 우선권 출원의 효과는 선출원일을 기준으로 출원일을 소급 인정한다.(특허법 제29조, 제36조 등의 적용)

(8) PCT 국제 출원 제도

특허 협력 조약(Patent Cooperation Treaty; PCT)에 의한 국제 출원은 출원인이 자국 특허청(수리관청)에 특허를 받고자 하는 국가를 지정하여 PCT 국제 출원서를 제출하면 각 지정국에서 정규의 국내 출원으로 인정해 주는 제도로서 2016년 11월 현재 151개국이 가입되어 있다.

① PCT 국제출원 절차

국제출원이 접수되면 수리관청에서 서류작성의 적정여부 등에 대한 방식심사(접수 후 1월 이내, 우선일 부터 13월경)를 한다.

국제조사기관에서 선행기술조사 및 특허성에 관한 검토를 하여 그 결과를 국제조사보고서 및 견해서로 작성하여 출원인 및 국제사무국에 통보한다. 이후 국제사무국에서는 국제출원 일체 및 국제조사보고서에 대하여 국제공개를 한다.

② PCT 국제출원에 필요한 서류

PCT 국제출원을 하기 위해서는 Request(국제출원서), 명세서, 청구범위, 요약서, 도면(있는 경우), 서열목록(해당하는 경우)으로 이루어진 국제출원 관련 서류를 별도로 제출해야 한다. 국내출원시 제출한 서류를 그대로 제출하는 것이 아니다.

명세서도 국내출원과 달리 PCT규칙에서 규정하는 기술순서에 따라 작성하여야 하며, 국내 출원과 달리 명세서와 청구범위를 구분하여 별도로 작성하여야 한다. 국제출원서(Request)는 반드시 한국어, 영어 또는 일본어(일본어 출원의 경우)로 작성해야 한다.

그림 3-4 PCT 국제출원 방법

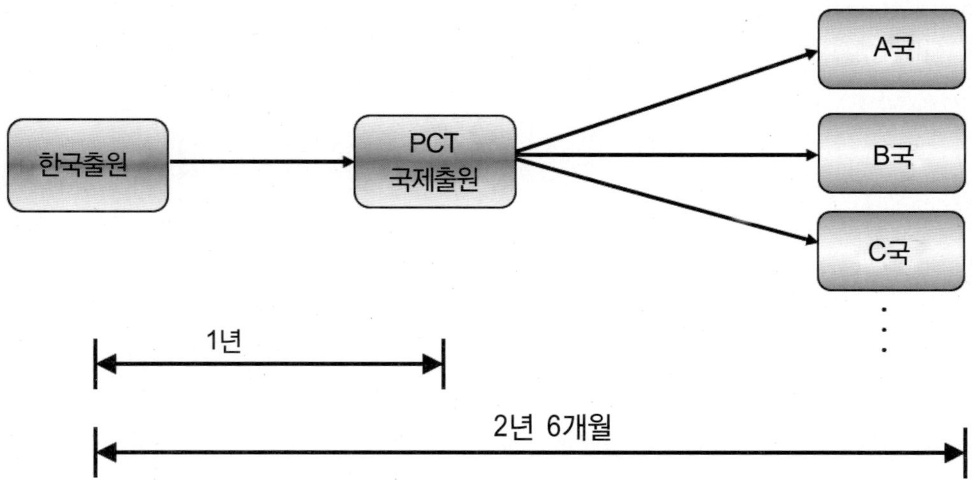

5) 특허권

(1) 특허권의 특성

특허를 받을 수 있는 권리를 가진 자가 소정의 법정방식에 따라 특허 출원을 하고 그 출원에 대한 심사 또는 심판의 결과 특허사정 또는 등록 심결되어 소정의 절차에 의거 특허료를 납부함으로써 특허권을 결정 등록하는 특허처분이 행해지면 특허권이 발생된다.

특허권은 형체가 없는 무체재산이며 동산, 부동산 등 유체적 객체를 대상으로 하는 민법상의 소유권과 구별된다. 또한 특허권자는 법률의 범위 내에서 그 특허발명의 실시를 독점하므로 타인이 이를 실시할 때에는 침해금지청구, 손해배상청구, 신용회복청구는 물론 특허 침해죄로서 고소할 수 있다.

(2) 특허권의 효력

특허권자는 '업으로서 그 특허발명을 실시할 권리를 독점' 할 수 있는 특허권을 법으로서 보호받게 되며, 특허권은 출원국의 국내에만 그 효력이 인정(속지주의) 되며, 특허권의 존속기간 중에만 그 효력이 인정되고, 특허청구범위에 기재된 발명에 한하여 효력이 발생된다.

(3) 특허권 존속기간

특허권의 존속기간은 특허권의 설정등록이 있는 날부터 특허 출원일 후 20년이 되는 날까지로 한다.

단, 예외로 특허발명을 실시하기 위하여 다른 법령의 규정에 의하여 허가 또는 등록 등을 위하여 필요한 시험으로 인하여 실시할 수 없었던 특허발명에 대하여 5년의 기간 내에서 존속기간을 연장할 수 있다. 여기에 해당되는 발명은 '의약품발명' 또는 '농약이나 농약원제의 발명' 이다.

(4) 특허권의 소멸

특허권의 소멸이란 특허권이 일정사유에 의하여 그 효력을 상실하게 되는 것을 말한다. 그리고 특허권의 소멸사유로는 ① 특허료 불납 ② 존속기간의 만료 ③ 특허권의 포기 ④ 특허권의 취소 ⑤ 특허권의 무효 ⑥ 상속인의 부존재 등의 사유로 소멸한다.

(5) 실시권의 개념

실시권이란 타인의 특허발명을 적법하게 실시할 수 있는 권리를 말하며, 일정한 경우 특허권자 이외의 자도 특허발명을 실시할 수가 있다. 그 실시할 수 있는 권능에 따라 전용실시권과 통상 실시권으로 구별한다.

특허권 실시의 범위는 지역적 범위로서는 국내에 한정되며, 시기적 범위로서는 특허권 존속기간 내에 한정되며, 실체적 범위로서는 특허 청구 범위에 기재된 사항(발명)에 한정된다. 특허권의 업으로서의 독점실시는 사업적으로 실시를 의미한다.

(6) 전용 실시권

전용 실시권이란 일정범위 내에서 타인의 특허발명을 업으로서 독점실시 할 수 있는 권리를 말한다. 전용실시권이 설정된 범위 내에는 특허권자도 전용 실시권자의 허락 없이 특허발명을 실시할 수 없다.

(7) 통상 실시권

통상 실시권이란 타인의 특허 발명을 일정 조건하에서 업으로 실시할 수 있는 권리를 말한다. 통상 실시권은 전용 실시권과는 달리 채권으로 본다.

특허 출원시 유의해야 할 10가지
1. 제품 출시/논문 발표보다 특허 출원이 우선이다.
2. 의료행위 발명은 특허대상이 아니다.
3. 특허 출원 전에 선행기술 검색은 필수다
4. 공동발명, 출원 전에 권리관계를 명확히 하라
5. 출원명세서를 충실하게 기재하라.
6. 우선심사제도를 적극 활용하라
7. 외국에서 특허를 향유하려면 외국에도 출원하라.
8. 해외출원에도 기한이 있다.
9. 정부 지원정책을 적극 활용하라.
10. 특허 출원 시 상표출원도 함께 고려

3. 실용신안

1) 실용신안 제도의 목적

실용신안제도는 독일에서 특허제도를 보완할 목적으로 성립되었다.

특허제도 운용과정에 있어서 경우에 따라서는 소위 개량발명 또는 소발명(micro-invention)이 경시되어 독점권이 부여되지 않는 일이 생기게 되었으며, 따라서 산업정책상 중소기업이나 개인발명가의 소발명을 보호·장려하는 일이 필요함을 인식하였다.

그 결과 독일 이외의 몇몇 국가들에 있어서도 특허 제도를 보완하려는 취지하에 실용신안 제도를 마련하였으며 그 제도 내용과 운용 형태는 국가마다 다소 상이하다.

우리나라는 1908년 특허령을 공포함으로써 특허제도를 도입한 이래 1946년에 와서 일본 실용신안법을 모법으로 하는 실용신안법을 제정하였다.

그 후 실용신안법은 수차례의 개정을 거쳐 오늘에 이르고 있으며, 우리나라 실용신안제도는 그 동안 선진공업국의 기본발명을 도입하는 과정에서 이룩한 개량발명이나 소발명을 실용신안으로 출원 등록하여 독점배타적 권리를 향유하도록 제도적인 뒷받침을 제공해 왔다고 볼 수 있다.

2) 심사 전 등록 제도를 심사 후 등록 제도로 전환

실용신안의 선등록제도(심사전 등록제도)는 출원 후 짧은 기간내에 사업화 되고, 제품의 생명주기가 짧은 출원에 대하여 신속한 권리를 부여하기 위하여 1999년 7월 1일 도입되었다.

그러나 그 이후 심사처리기간이 2006년 말 10개월 수준으로 대폭 단축되어 출원 공개전 심사가 일반화됨에 따라 심사전 등록제도의 효용성이 급감하리라 예상되었다. 그리고 심사없이 등록된 권리의 오남용으로 인한 민원의 불편증대, 복잡한 심사절차로 인한 출원인의 부담 증가 등 심사전 등록제도가 가지고 있던 권리의 불안정성이 상대적으로 부각되어 2006년 10월 1일 심사후 등록제도로 전환하게 되었고, 이에 대한 등록 출원 및 처리절차이다.

3) 특허법과 상이점

우리나라 실용신안법은 기술적 사상의 창작을 보호한다는 점에서 특허법과 그 이념이 같으며, 실용신안법을 제정, 운용하는 목적에 있어서도 특허법의 그것과 일치한다.

즉, 특허법과 마찬가지로 실용신안법도 기술적 사상의 창작을 보호, 장려하고 그 이용을 도모함으로써 기술 발전을 촉진하여 산업발달에 이바지하는데 있다는 점에서 특허법과 동일하다.

(1) 보호대상

실용신안은 발명과 같이 고도성을 요하는 것이 아니라, 그것은 고안해낸 창작이면 족하다. 특허법의 보호대상은 '물건(물품, 물질)'과 '방법'에 관한 발명이나, '물건'은 다시 일정한 형태를 가지는 '물품'과 일정한 형태가 없는 '물질'로 구분해 볼 수 있다.

실용신안법은 '물품'에 관한 고안만을 보호대상으로 하고 '방법'에 관한 고안은 보호대상으로 하고 있지 않다. '물품'은 현행 특허법과 실용신안법상 모두 보호대상이 된다.

'물품'의 정의는 여러 가지로 논의될 수 있으나 현행 실용신안법에 의하면 일정한 형태, 즉 형상, 구조 또는 이들의 조합에 관한 고안이라고 할 수 있다.

(2) 등록요건

발명의 특허 요건과 고안의 실용신안 등록 요건은 각각 산업상 이용성, 신규성, 진보성으로 동일하게 규정하고 있지만, 진보성에 관한 등록 요건은 특허법과 실용신안법에서 각각 달리 규정하고 있다.

특허법상 발명의 진보성은 선행기술에 대비하여 고도해야 한다. 그러나 실용신안법상 고안의 진보성은 선행기술에 대비하여 고도할 필요는 없고, 그것이 출원시 기술진보 속도에 들어 있으면 족하다는 점이다.

(3) 권리존속기간

실용신안권의 존속기간은 등록일로부터 등록 출원 후 10년으로 실용신안권의 존속기간이 짧은 것은 고안이 발명보다 일반적으로 모방이 용이하여 제품수명이 짧다는 점에 기인한다.

(4) 출원 및 심사절차

실용신안법상 출원 및 심사절차에 있어서도 특허법상 그것들에 비하여 아래 몇 가지 점에서 상이하다.

① 특허 출원서에는 필요한 경우에만 도면이 첨부되지만 실용신안등록 출원서에는 반드시 도면이 첨부되어야 한다.

② 출원료, 등록료 등이 특허에 비해 상대적으로 저렴하다.

③ 심사청구기간의 경우 특허는 출원일로부터 (우선권주장이 있는 경우는 그 우선일로부터) 5년 이내이며, 실용신안은 3년 이내이다.

(5) 권리의 실시요건

실용신안은 물품을 생산, 사용, 양도, 대여, 수여, 수입 또는 그 물건의 양도 또는 대여의 청약행위에만 한정하고 있는 점이다.

표 3-2 특허제도와 실용신안제도의 주요내용 비교

구 분		실용신안	특 허
등록	보호대상	물품의 형상·구조 또는 조합에 관한 자연법칙을 이용한 기술적 사상의 창작	자연법칙을 이용한 기술적 사상의 창작으로서 고도한 것
	등록요건	신규성, 진보성 등 실체적 요건	신규성, 진보성 등 실체적 요건
	명세서등 보정시기	특허와 동일	특허결정등본을 송달하기 전 또는 최초 거절이유 통지 받기 전 거절이유통지 의견서제출기간이내 거절결정 불복심판청구일
	결정방법	실용신안등록결정 또는 실용신안등록거절결정	특허결정 또는 특허거절결정

구 분		실용신안	특 허
권리행사	권리존속 기간	10년	20년
	권리행사의 요건	특허와 동일	설정등록
	침해자의 과실추정	특허와 동일	설정등록 후
권리취소무효	이의신청	이의신청제도가 무효심판제도로 통합	이의신청제도가 무효심판제도로 통합
	심사청구	출원부터 3년이내 누구든지 가능, 취하할 수 없음	출원부터 5년 이내 누구든지 가능, 취하할 수 없음
	무효심판	특허와 동일	• 설정등록이 있는 날부터 등록공고일 후 3월 이내에는 누구든지 가능 • 등록공고일 후 3월 이후에는 이해관계인 또는 심사관만 가능
기타	우선심사제도	있음(출원과 동시에 심사청구를 하고 그 출원 후 2월이내에 우선심사 신청이 있는 경우도 가능)	있음(특허청장이 외국특허청장과 우선심사 하기로 합의한 특허 출원도 가능)
	진보성	극히 용이하게 고안가능한지 여부	용이하게 발명가능한지 여부
	정정가능절차	특허와 동일	무효심판, 정정심판, 정정의 무효심판

자료 : 특허청(http://kipo.go.kr)

4. ❙ 디자인

1) 디자인 보호제도

과거에는 '의장'이라고 칭하여 왔으나, '디자인'으로 개정된 디자인보호법 제2조 제1호에서 '디자인이라 함은 물품의 형상・모양・색채 또는 이들을 결합한 것으로서 시각을 통하여 미감을 일으키게 하는 것을 말한다'고 규정하였다.

즉, 과거 '의장' 제도를 발전시켜, 디자인의 정의 규정에 글자체를 포함시켜 물품으로 의제함으로써 보통의 디자인과 동일하게 보호하도록 하였다. 그러나, 인쇄 등 통상적인 과정에서의 글자체의 사용 및 그 사용으로 생산된 결과물에 대해서는 디자인권의 효력이 미치지 않는다.

디자인보호법 제1조는 '이 법은 디자인의 보호 및 이용을 도모함으로써 디자인의 창작을 장려하여 산업발전에 이바지함을 목적으로 한다.' 라고 하여 이 법의 목적을 규정하고 있다.

2) 디자인의 출원 및 심사처리 절차

디자인 등록 출원에는 디자인 심사 등록 출원과 디자인 무심사 등록 출원이 있으며, 물품의 특성상 유행성이 강하고 라이프 사이클이 짧은 의복류, 침구류, 사무용지 제품류, 포장지, 포장용 용기, 직물지, 편물지, 합성수지지 등에 대해서는 디자인 무심사 등록 출원으로 하여야 되며, 기타 물품에 대해서는 디자인 심사 등록 출원으로 하여야 한다.

(1) 디자인 심사등록 출원인 경우

- 출원서가 접수되면 일정 방식심사 후 심사관이 출원 순서에 따라 실체심사.
- 심사결과 거절이유를 발견할 수 없을 때에는 등록결정을 하며, 출원인은 등록료를 납부하여 디자인 등록 절차를 밟음.
- 거절이유 발견 시 그 이유를 출원인에게 통보하고 기간을 정하여 의견서 제출기회를 부여.

(2) 디자인 무심사 등록 출원인 경우

- 기본요건 및 용이 창작 여부를 심사하여 등록결정이 되고 출원인이 등록료를 납부하면 특허청장은 설정등록을 하고 등록공고를 함.
- 누구든지 설정등록일로부터 등록공고일후 3개월 이내에 공고된 당해 디자인 무심사 등록.

3) 디자인 성립 요건

디자인보호법 제2조제1호에서는 '디자인이라 함은 물품(물품의 부분(제12조를 제외한다) 및 글자체를 포함한다. 이와 같다)의 형상 · 모양 · 색채 또는 이들을 결합한 것으로서 시각을 통하여 미감을 일으키게 하는 것을 말한다' 라고 규정하고 있다.

따라서 디자인법의 보호객체로서 디자인으로 성립되기 위한 요건으로는

① 디자인의 대상이 되는 물품이 지배와 이동이 가능한 물품(물품성)

② 물품(또는 물품의 부분)의 형상 · 모양 · 색채 또는 이들 결합(형태성)

③ 인간의 시각을 통하여 볼 수 있는 것(시각성)

④ 미감을 일으키게 하는 것(미감성 또는 심미성) 이어야 한다.

(1) 물품성

디자인보호법에서 물품이라 하면 독립거래가 가능한 구체적인 물품으로서 유체동산을 말한다. 따라서 ① 독립하여 거래될 수 있고 소유권의 객체로서 지배와 이동이 가능해야 하며(독립성), ② 일정한 형태를 가진 구체적인 물품이어야 하고(구체성 또는 일정성), ③

형체가 있는 유체물이어야 하며(유체성), ④ 부동산을 제외한 동산이어야 한다(동산성).

따라서 독립거래가 불가능한 물품의 부분과 전기, 열, 빛, 기체 등의 무체물 및 토지, 가옥, 도로, 화단, 정원 등의 부동산은 디자인 보호법의 보호대상이 아니다.

(2) 형태성

디자인은 물품의 외관에 관한 디자인이고, 디자인보호법은 이를 형상, 모양, 색채의 3가지의 세부 요소로 나누어 파악하고 있다. 따라서 디자인은 물품의 형상, 모양, 색채이거나 또는 이들의 결합이다. 이들의 개별 요소 또는 개별 요소들의 결합을 형태성이라고 한다.

① 형상(Shape)

물품의 형상(Shape, Form)이란 물품이 공간을 점하고 있는 윤곽을 말한다. 따라서 물품이 일정한 형체가 존재하는 유체동산인 경우에는 형상은 필히 존재한다.

② 모양(Pattern)

「모양(Pattern 또는 Ornament)」이란 형상의 표면에 나타나는 「선도」, 「색구분」, 「색흐림」 등을 말한다. 여기서 선도라고 하는 것은 선으로 그린 도형을 말하는 것이고, 색구분이란 공간이 선이 아닌 색채로써 구획되어 있는 것을 말하는 것으로 색과 색을 선으로 구분하지 않고 색칠로서 구분하는 것을 말하며, 색흐림이란 색과 색의 경계를 흐리게 하여 색이 자연스럽게 옮아가는 것 같이 보이게 하는 것을 말한다.

③ 색채(Colour)

색채(Colour)라 함은 물체에 반사되는 빛에 의하여 인간의 망막을 자극하는 물체의 성질로서 빛깔 또는 색깔을 의미한다. 따라서 물품의 외관에서 느끼는 빛깔은 형태성의 구성요소인 것이다. 색채에는 흑색, 회색, 흰색의 계통에 속하는 무채색이 있고, 그 이외의 모든 빛깔을 나타내는 유채색이 있다. 금속색(금색, 은색, 동색 등), 투명색(빛의 투과정도가 100%에 가까운 것)은 색채학 상의 색채는 아니지만 디자인보호법에서는 색채에 준하여 취급하고 있다.

(3) 시각성

디자인보호법 제2조의 정의 규정에서 「시각을 통하여 미감을 일으키는 것」을 디자인이라고 하고 있다. 디자인은 형태에 관한 미, 즉, 조형미를 의미하고 조형미는 시각을 통하여 감지할 수 있기 때문에 시각성을 요구하고 있다.

시각성이 의미하는 내용은 ① 시각에 의하여 파악되는 것, ② 확대경, 현미경 등 광학기기를 이용하지 않고 육안으로 판별할 수 있는 것, ③ 외부로부터 보이는 곳만이 디자인으로 성립된다는 것을 의미한다.

시각 이외의 감각에 의하여 인식 가능한 것, 육안으로는 식별할 수 없는 것, 외부에서 볼수 없는 것은 디자인보호의 대상이 될 수 없다.

(4) 심미성(미감성)

디자인보호법에서는 미감을 일으키는 것이어야 디자인이 될 수 있다고 규정하고 있다. 디자인보호법상 요구되는 미감은 순수한 미(美)나, 작자의 개성을 반영한 순수미술품과 같이 고상한 미(美)를 요구하는 것이 아니라, 지역, 시대, 민족 및 개인을 초월하여 일반적으로 공통되는 정도의 범위에서 미감을 일으킬 수 있으면 족하다.

4) 디자인의 등록요건

출원된 디자인의 성립요건은 타인이 이미 창작하여 공지된 디자인이 아닐 것을 요구하는 객관적 창작성이 인정되어야 하고, 소비자의 수요에 충분히 공급할 수 있도록 양산성이 있어야 하며, 당해 디자인의 업계에서 용이하게 창작할 수 없는 디자인이어야 한다.

이를 신규성, 공업상 이용가능성(공업성), 창작성(창작용이성)이라 하며 이 세 가지 요건에 관해서는 디자인보호법 제5조제1항 및 제2항에서 규정하고 있다.

그러나 이와 같은 요건을 충족한 디자인 또는 이와 유사한 디자인이 2이상 출원된 경우에는 가장 먼저 출원한 자만이 등록 받을 수 있다.

디자인 무심사 등록 출원 된 디자인에 대해서는 위의 등록요건 중 ① 신규성, ② 창작성, ③ 확대된 선출원주의, ④ 선출원주의 등을 심사하지 않고 방식심사와 ① 성립요건, ② 공업상 이용가능성, ③ 부등록 사유 해당여부 등만을 심사하여 등록을 하고 있다.

(1) 공업상 이용가능성

공업상 이용가능성이라 함은 공업적 생산방법에 의하여 동일한 물품의 양산이 가능한 것을 의미한다.

공업적 생산방법이란 원료에 화학적·기계적 인공을 가하여 새로운 물품을 생산하는 방법을 말하며 기계에 의한 생산방법은 물론 수공업적 생산방법도 포함한다. '동일물품이 양산 가능하다'는 것은 동일한 형태의 물품을 대량 생산하는 것이 가능하다는 것으로 이때 동일의 의미는 물리적으로 형태가 완전히 동일한 물품을 의미하는 것이 아니고 일견하여 동일하게 보이는 정도의 동일성을 의미한다.

따라서 '공업상 이용가능성'의 요건을 충족하기 위해서는 출원한 디자인에 관한 물품의 반복생산이 가능하여야 하고, 처음부터 양산을 의도했어야 하며, 단순한 아이디어에 불과한 것이 아니라 기술적으로 충분히 달성할 수 있을 정도의 물품이어야 한다는 의미이다. 그러나 공업상 이용가능성이 없는 경우는 다음과 같다.

① 다량 생산할 수 없는 것

자연물을 그대로 디자인의 구성주체로 사용한 것으로써 다량 생산할 수 없는 것으로 농업적, 어업적 생산방법에 의하여 양산되는 농산물, 수산물 등을 디자인의 구성주체로 사용한 것은 공업상 이용가능성이 없다.

② 자연물 자체

수석, 분재, 박재 등 천연상태의 자연물은 물론이고 인공이 가미된 개량종의 쌀, 개량종의 꽃, 개량종의 잉어 등 자연물 자체는 공업상 이용가능성이 없다.

③ 순수미술 창작물

순수미술의 분야에 속하는 저작물은 작가의 사상이나 감정을 표현한 창작물로써 산업상의 이용을 목적으로 양산을 의도하여 창작된 것이 아니므로 공업상 이용가능성이 없다.

(2) 신규성

① 개념

신규성은 객관적 창작성을 말하는 것으로 법이 규정하고 있는 지역적 범위 내에서 어느 누구도 먼저 창작한 디자인이 아니어야 한다. 따라서 디자인 등록 출원 전에 국내 또는 국외에서 공지되었거나 공연히 실시된 디자인, 디자인 등록 출원 전에 국내 또는 국외에서 반포된 간행물에 게재된 디자인, 기존의 디자인에 유사한 디자인은 객관적 창작성이 없는 디자인으로 신규성이 없는 디자인이 된다.

② 신규성 상실의 예외

신규성 상실의 예외란 디자인 등록을 받을 수 있는 자의 디자인이 디자인 등록 출원 전에 자기의사에 의하여 또는 자기의사에 반하여 국내·외에서 공지·공용되었거나 국내·외에서 반포된 간행물에 기재되어 신규성을 상실한 경우 그 디자인과 그 디자인에 유사한 디자인에 대하여 일정한 요건과 절차에 의하여 신규성이 상실되지 않은 것으로 간주하는 것을 말한다.

신규성 상실의 예외를 인정받기 위해서는 신규성을 상실한 날로부터 6월 이내에 출원한 디자인이어야 한다. 그리고 디자인 등록 출원시 디자인 등록 출원서에 신규성의 제신청의 취지를 기재하여 특허청장에게 제출하여야 하고 이를 증명할 수 있는 서류를 디자인 등록 출원일부터 30일 이내에 제출하여야 한다.

(3) 창작성(창작 비용이성)

① 개념

창작성이란 디자인 등록 출원 전에 그 디자인이 속하는 분야에서 통상의 지식을 가진 자가 국내에서 널리 알려진 형상·모양·색채 또는 이들의 결합에 의하여 용이하게 창작할 수 없는 디자인이어야 함을 요구하고 있다.

한편, 개정 디자인보호법에서는 국내외에서 공지된 디자인을 창작성 판단의 기초에 추가하여 디자인의 창작성 요건을 강화하였다. 이를 창작성 또는 창작 비용이성이라고 한다.

② 용이하게 창작될 수 있는 디자인

· 주지의 형상, 모양 등에 의한 용이 창작이 아닐 것(TV, 간행물 등을 통하여 널리 알려진 것)
· 자연물, 유명한 저작물, 유명한 건조물, 유명한 경치 등을 기초로 한 용이 창작
· 주지 디자인을 기초한 용이 창작은 첫째, 이종 물품간의 디자인의 전용이 그 업계의 관행으로 되어 있는 경우에 주지의 이종 물품의 형태를 전용한 디자인은 용이 창작에 해당된다. 둘째, 이종 물품 간에 있어 물품의 용도, 기능, 형태 등의 관련성으로 인하여 디자인의 전용이 당업계의 상식으로 이루어지는 경우에는 주지의 이종 물품의 형태를 전용한 디자인은 용이 창작에 해당된다. 셋째, 2 이상의 주지디자인이 결합하여 하나의 새로운 물품의 디자인을 이루는 경우에 도 창작성은 인정되지 않는다.

(4) 디자인 등록을 받을 수 없는 디자인

디자인의 등록요건을 갖춘 디자인이라 할지라도 다음의 경우에는 등록될 수 없다.

① 국내외에 국기·국장·군기·훈장·포장·기장 기타 공공기관 등의 표장과 국제기관 등의 문자나 표지와 동일 또는 유사한 디자인
② 공공의 질서나 선량한 풍속을 문란하게 할 염려가 있는 디자인
③ 타인의 업무에 관계되는 물품과 혼동을 가져올 염려가 있는 디자인

(5) 디자인권의 발생

무형의 재화인 디자인은 설정등록에 의하여 디자인권이 발생한다.

설정등록은 ① 창작자의 지적능력을 이용한 물품의 미적 창작의 완성, ② 디자인 등록을 받을 수 있는 권리의 발생, ③ 디자인 등록의 청구절차인 출원, ④ 독점지배권을 부여할 가치의 존부에 대한 심사, ⑤ 독점지배권을 향유할 수 있음을 확인하는 행정관청의 디자인 등록결정처분, ⑥ 출원인의 등록료 납부 등의 절차를 거쳐 이루어진다.

(6) 디자인권의 성질

디자인권은 무체재산권의 일종으로서 그 성질은 다음과 같다.

① 재산적 이익의 향유를 목적으로 하는 사권이고, ② 권리의 객체는 무체의 재산인 디자인이며, ③ 객체를 전면적으로 사용・수익・처분할 수 있는 전면적・지배적 권리이고, ④ 타인의 지배를 배제하는 배타적 권리이며, ⑤ 그 효력이 사회의 모든 사람에게 미치는 절대권이고, ⑥ 존속기간이 유한하며, ⑦ 국가의 행정행위에 의하여 발생하고, ⑧ 등록료 납부의 의무를 수반하며, ⑨ 산업적, 공익적 견지에서 일정한 제한이 따르는 준물권적 권리이다.

(7) 존속기간

디자인권의 존속기간은 디자인의 설정등록일로부터 15년이다. 다만, 유사디자인권의 존속기간은 기본 디자인권과 함께 소멸한다.

(8) 디자인권의 효력

① 디자인권의 효력내용

디자인권의 효력이란 등록디자인에 관한 권리의 내용을 실현하기 위하여 법적 힘이 미치는 범위를 말하는 것이다.

디자인권자가 자기의 등록디자인 또는 이와 유사한 디자인을 업으로 실시할 권리를 독점하는 적극적 효력과 등록디자인 또는 이와 유사한 디자인을 타인이 등록하거나 정당한 권원(權原) 없이 업으로 실시하는 것을 배제하는 소극적 효력을 포괄하는 개념이다.

디자인권의 효력에는 적극적 효력과 소극적 효력이 있다. 적극적 효력은 업으로서 등록디자인 또는 이와 유사한 디자인을 실시할 권리를 독점하는 하는 법적인 효력을 말한다. 소극적 효력은 등록디자인 또는 이와 유사한 디자인을 타인이 등록 받는 것을 배제하고, 또한 업으로 실시하는 것을 배제하는 효력을 말한다.

② 디자인권의 효력범위

디자인권의 효력범위로서는 지역적 범위는 국가의 영토 내에 한정되며, 시간적 범위로서는 디자인권의 설정등록이 있는 날부터 15년으로 한정된다. 디자인권의 효력은 등록디자인과 동일한 디자인뿐만 아니라 이와 유사한 디자인에 미친다.

(9) 디자인권의 제한

디자인권의 적극적・소극적 효력은 디자인권자의 의사와는 무관하게 산업정책상 또는 공익상의 이유로 일정한 제한을 받는다. 또한, 특정인과의 관계에서 일정한 사유의 존재 또는 발생에 의하여 디자인권의 효력은 일정한 제한을 받는다.

① 적극적 효력의 제한

디자인권의 적극적 효력은 전용실시권 설정에 의하여 제한되고, 선출원하여 등록된 타인의 디자인권 등과 이용·접촉관계에 있는 경우에 제한되며, 국방상 필요에 의하여 정부가 디자인권을 수용하는 경우 등에 제한된다.

② 소극적 효력의 제한

디자인권의 소극적 효력은 연구 또는 시험을 하기 위한 등록디자인의 실시, 국내를 통과하는데 불과한 선박·항공기·차량 또는 이에 사용되는 기계·기구·장치 기타의 물건, 디자인 등록 출원 시부터 국내에 있는 물건의 경우에 미치지 않는다.

또한 소극적 효력은 타인이 갖는 실시권에 의해서도 제한을 받는다. 즉, 타인과 실시권을 설정한 경우의 약정실시권, 산업정책적·공익적 견지에서 법적으로 발생하는 법정실시권, 또는 국방상 필요에 의한 행정관청의 처분 또는 통상 실시권 허여심판에 의하여 발생하는 강제실시권에 의하여 디자인권의 소극적 효력은 제한된다.

개정 디자인보호법에 따르면 글자체가 디자인권으로 설정 등록된 경우 출판인쇄 등 일반 사용자에게 미치는 영향력이 큰 글자체의 사용 및 그 사용으로 생산된 결과물에 대해서는 그 효력이 미치지 않는다.

5) 디자인보호법의 특유제도

(1) 디자인 무심사 등록제도

① 개요 및 배경

디자인 무심사 등록제도란 유행성이 강하고 수명주기가 짧은 직물지, 벽지, 합성수지지, 의복류, 침구류 및 등록률이 높은 일부 물품에 대하여 방식요건과 일부 실체적 등록요건만을 심사하여 등록하는 제도이다.

이 제도는 1998년 3월 1일부터 시행되고 있으며, 출원 후 등록까지 별다른 거절이유가 없는 한 약 4개월이 소요된다.

유통기술의 발달과 생활문화의 급속한 변화에 따라 제품의 수명주기가 급속히 짧아지고 있어 이들 물품의 디자인에 대하여는 우선적으로 신속하게 등록받을 수 있도록 할 필요가 있고, 또한 계절마다 제품디자인 패턴이 변화하는 물품에 대한 산업계의 신속한 권리보호 요청에 부응하기 위하여 디자인 무심사 등록제도를 도입하였다.

② 무심사 등록대상물품

(디자인보호법 시행규칙 별표4의 물품 중 다음에 해당하는 물품)

· B1 : 의복류

· C1 : 침구, 마루깔개, 커튼 등

· F3 : 사무용지제품, 인쇄물 등

· F4 : 포장지, 포장용 용기 등

· M1 : 직물지, 편물지, 합성수지지 등

③ 복수 디자인 등록 출원제도

복수 디자인 등록 출원제도란 다수의 복수디자인을 1출원으로 할 수 있는 제도이다. 우리나라에서는 디자인 무심사 등록 출원으로 할 수 있는 물품에 한하여 20이내의 디자인을 1디자인 등록 출원으로 할 수 있도록 하고 있다.

④ 등록 후 이의신청제도

무심사로 등록된 디자인권중에는 실체적 등록요건이 결여된 디자인이 다수 존재할 가능성이 있으며, 이러한 부실권리를 많은 비용과 장기간의 처리기간이 소요되는 심판이나 소송절차에 의하지 아니하고 간편한 행정절차에 의하여 등록을 취소시킬 수 있도록 디자인 무심사 등록 이의신청제도를 1998년 3월 1일부터 시행하고 있다.

무심사로 등록된 디자인권에 대하여는 누구든지 설정등록이 있는 날부터 디자인 무심사 등록 공고일후 3월이 되는 날까지 이의신청을 할 수 있다. 이의신청제도는 이미 설정된 디자인권에 대한 취소여부를 결정하는 중요한 사안이므로 공정성 확보를 위해 심사관 3인의 합의체에서 결정하도록 하고, 이의신청이 이유가 있다고 인정될 때에는 합의체의 취소결정으로 등록 디자인권을 조기에 취소할 수 있다.

(2) 유사디자인제도

유사디자인제도란 디자인권자 또는 디자인 등록 출원인이 자기의 등록디자인이나 디자인 등록 출원한 디자인에만 유사한 디자인에 대하여 유사디자인만으로 디자인 등록을 받을 수 있도록 하는 제도를 말한다.

유사디자인의 등록요건으로서는 ① 기본디자인이 존재할 것. ② 자기의 기본디자인에만 유사할 것. ③ 주체가 동일할 것(기본디자인의 디자인권자 또는 출원인과 동일인). ④ 유사디자인에만 유사한 디자인이 아닐 것 등이 있다.

(3) 한 벌 물품 디자인제도

2이상의 물품이 한 벌의 물품으로 동시에 사용되는 경우 당해 한 벌의 물품의 디자인이 한벌 전체로서 통일성이 있는 때에는 1디자인으로 디자인 등록을 받을 수 있는 제도를 한 벌 물품의 디자인제도라고 한다.

한 벌 물품 디자인으로 출원할 수 있는 물품은 한 벌의 끽연 용구 세트, 한 벌의 커피세트,한 벌의 오디오 세트, 한 벌의 응접세트 등 31개 물품이 있다.

(4) 비밀 디자인제도

비밀 디자인제도란 디자인 등록 출원인의 청구에 의하여 설정등록일로부터 일정기간동안 그 디자인을 공개하지 않고 비밀로 하는 제도를 말한다.

이는 디자인은 모방이 용이하고, 유행성이 강하므로 디자인권자가 사업실시의 준비를 완료하지 못한 상황에서 디자인이 공개되는 경우에는 타인의 모방에 의한 사업상 이익을 모두 상실할 우려가 있기 때문이다.

디자인 등록 출원인 또는 디자인권자는 지정한 비밀기간을 청구에 의하여 단축하거나 연장할 수 있으며 당해 기간을 연장하는 경우에는 디자인권의 설정 등록일부터 3년을 초과할 수 없다.

다만 다음의 경우에는 비밀디자인임에도 열람이 가능하다.

① 디자인권자의 동의를 받은 자의 청구가 있는 경우

② 심사, 심판, 소송의 당사자나 참가인의 청구가 있는 경우

③ 디자인권 침해의 경고를 받은 사실을 소명할 자의 청구가 있는 경우

④ 법원의 청구가 있는 경우

(5) 출원 공개 제도

① 도입 배경

출원 공개 제도라 함은 디자인 등록 출원인의 신청에 의하여 디자인 등록 출원의 내용을 출원 공개 공보를 통하여 일반 공중에 공표하고, 그 결과로 출원인에게 일정한 법률적 효과를 부여하는 제도를 말한다.

디자인제도에서는 특허제도와는 다르게 출원인의 신청이 있는 경우에만 출원을 공개한다. 이는 출원 공개를 하게 되면 출원인은 보상금청구권 등을 담보로 조기에 출원 디자인을 실시할 수 있다는 장점이 있는 반면에 타인에 의한 모방의 위험이 크다는 단점이 있으므로 출원 공개여부를 출원인이 선택하도록 한 것이다.

출원 공개의 대상은 디자인 심사등록 출원에 한하며 최초의 디자인 등록여부결정의 등본이 송달되기 전까지 출원 공개신청이 가능하다. 출원 공개가 있는 경우에는 출원인은 그 디자인 등록 출원 된 디자인 또는 이와 유사한 디자인을 업으로 실시하는 자에게 경고할 권리와 보상금을 청구할 수 있는 권리를 갖는다.

한편, 개정 디자인보호법에 의하면 현행 디자인 심사등록 출원에 대해서만 출원 공개

신청을 할 수 있도록 하던 것을 디자인 무심사 등록 출원의 경우에도 적용함으로써 출원 공개에 따른 법적 효과에 형평성을 유지하였다.

② 제도내용

디자인 등록 출원 시 또는 출원 이후 출원인의 출원 공개신청이 있는 경우에는 등록전이라도 디자인의 출원내용을 공보를 통하여 공개하고, 공개 후 제3자로부터의 모방실시가 있는 경우에는 모방자에게 경고할 권리가 발생하며, 그 디자인이 등록된 후에는 디자인권자는 모방자에게 보상금청구권을 행사할 수 있다. 또한 제3자의 무단모방이 있는 경우에는 우선심사를 청구할 수 있도록 하여 조기에 보상금청구권을 행사할 수 있도록 하였다.

5. 상표

1) 상표제도의 개요

상표법은 상표권의 설정, 보호 및 규제에 관한 절차와 실체에 관한 법률이다.

상표는 상품의 표식(symbol)이며 상품의 얼굴이라고 한다. 이러한 상품의 표식은 상품생산이 이루어져온 고대국가시대로부터 존재한 것으로 볼 수 있지만 현대적 의미의 상표제도 즉, 상표보호에 관한 일반법은 1857년 6월 23에 제정된 프랑스의 제조표 및 상표에 관한 법률로 볼 수 있다.

상표에 관한 국제조약은 1883년에 파리에서 체결된 공업소유권보호를 위한 파리조약이 그 효시를 이루고 있다. 동 조약은 특허, 실용, 디자인, 상표의 보호 및 원산지표시 또는 원산지명칭 및 부정경쟁방지에 관한 내용으로 되어 있으며 동 조약의 주요 원칙으로는 속지주의 원칙, 내외국인 동등대우의 원칙, 우선권 제도를 들 수 있다.

(1) 상표제도의 목적

상표 제도의 목적은 상표를 보호함으로써 상표사용자의 업무상 신용유지를 도모하여 산업발전에 이바지하고 수요자의 이익을 보호함을 목적으로 하고 있다.

(2) 상표의 정의

상표는 상품에 있어서 출처의 동일성을 나타내기 위하여 상품, 서비스업 등(이하 '상품'이라 한다.)에 사용되는 모든 표현수단을 말하는 것이므로 거래사회의 변천에 따라 변동되는 상대적인 개념이다.

상표법에서 상표의 정의를 '상표'라 함은 상품을 생산·가공·증명 또는 판매하는 것을 업으로 영위하는 자가 자기의 업무에 관련된 상품을 타인의 상품과 식별되도록 하기 위하여 사용하는 기호 · 문자 · 도형 · 입체적 형상 또는 이들을 결합한 것과 이들의 각각에 색채를 결합한 것'으로 규정하고 있다. 따라서 최근 논의되고 있는 소리상표나 냄새상표 등은 우리상표법 상의 상표의 범주에서는 제외된다.

(3) 상표의 성립요건

① 상표의 주체가 있어야 할 것

상품을 생산, 가공, 증명 또는 판매를 업으로 영위하는 하는 자

② 상품에 대하여 사용하는 것

상품이란 단독으로 상거래의 대상이 되는 교환가치를 가지는 유체동산으로서 반복거래의 대상이 되어 유통과정에 놓이는 것을 말한다.

③ 자타상품 식별의도가 있을 것

자타상품 식별기능은 상표의 본질적 기능이므로 상품식별의 주관적 의사가 없는 표장은 상표가 아니다. 또한, 단순한 산지명, 수량등급 표시는 상표가 아니다.

④ 표장일 것

표장이라 함은 특정의 물 또는 사상을 표현하기 위하여 감각적으로 파악할 수 있는 수단을 말하며 상표법은 기호 · 문자 · 도형 · 입체적 형상 또는 이들을 결합한 것과 이들의 각각에 색채를 결합한 것을 표장으로 규정하고 있다.

(4) 상표의 기능

① 자타 상품의 식별 기능

상표를 상품에 표시하여 사용하는 경우 그 상표의 표시로 인하여 자기의 상품과 타인의 상품을 식별할 수 있는 기능이다.

② 출처 표시 기능

동일한 상표를 표시한 상품은 동일한 출처에서 나온다는 것을 수요자에게 나타내는 기능이다.

③ 품질 보증 기능

동일한 상표를 표시한 상품은 그 품질이 동일한 것으로 수요자에게 보증하는 기능이다.

④ 광고 선전 기능

상표의 상품에 대한 심리적인 연상작용을 동적인 측면에서 파악한 것으로 상품거래사회에서 판매촉진수단으로서의 상표의 기능이다.

⑤ 재산적 기능

상표가 갖는 재산적·경제적 가치로서의 기능으로서 상표의 재산적 기능은 상표권의 자유양도 및 사용권 설정 등을 통해 구현된다.

2) 상표의 개념

(1) 상표의 개념

① 상표법상 상표의 개념

상표란 자기의 상품과 타인의 상품을 식별하기 위하여 사용하는 표장(標章)을 말한다. (제2조제1항제1호).

표장이란 '기호, 문자, 도형, 소리, 냄새, 입체적 형상, 홀로그램·동작 또는 색채 등으로서 그 구성이나 표현방식에 상관없이 상품의 출처(出處)를 나타내기 위하여 사용하는 모든 표시'를 말한다.

상표법상의 상품에는 지리적 표시가 사용되는 상품의 경우를 제외하고는 서비스 또는 서비스의 제공에 관련된 물건을 포함된다. 이는 2016년 개정법에서 서비스표를 상표에 통합한 규정한 것을 반영한 것이다.

또한 자기의 상품과 타인의 상품을 식별하기 위하여 사용되지 않는 표장은 상표가 아니므로 상품에 사용된 것이라 하여도 그것이 단순히 상품의 심미감을 불러 일으키게 하기 위하여 사용된 디자인이거나 자타상품식별의사와 무관한 가격표시 등은 상표법상 상표가 아니다. 광의의 상표개념으로서는 상표 외에 단체표장, 증명표장, 업무표장을 포함한다.

② 단체표장의 개념

단체표장이란 상품을 생산·제조·가공·판매하거나 서비스를 제공하는 자가 공동으로 설립한 법인이 직접 사용하거나 그 소속 단체원에게 사용하게 하기 위한 표장이다.

③ 업무표장의 개념

업무표장이란 YMCA, 보이스카웃 등과 같이 영리를 목적으로 하지 아니하는 업무를 하는 자가 그 업무를 나타내기 위하여 사용하는 표장이다.(예: 대한적십자사, 청년회의소, 로타리클럽, 한국소비자보호원 등)

④ 증명표장의 개념

증명표장이란 상품의 품질, 원산지, 생산방법 또는 그 밖의 특성을 증명하고 관리하는 것을 업(業)으로 하는 자가 타인의 상품에 대하여 그 상품이 품질, 원산지, 생산방법 또는 그 밖의 특성을 충족한다는 것을 증명하는 데 사용하는 표장이다.

(2) 상표의 인접개념

① 상표와 상호

상표는 자타상품을 식별하기 위하여 상품에 부착하는 표장으로서 상품의 동일성을 표시하는 기능을 가지는 것이나, 상호는 상인(법인 · 개인)이 영업상 자기를 표시하는 명칭으로서 영업의 동일성을 표시하는 기능이 있다.

즉, 상호는 상인이 영업에 관하여 자기를 표시하는 명칭으로서 인적 표지의 일종이며, 문자로 표현되고 호칭되며 회사기업의 경우 상호의 사용은 강제적이지만, 상표는 자타상품을 식별하는 기호로서 문자뿐만이 아니라 기호, 문자, 도형 등과 이들의 결합 또는 이들과 색채의 결합으로 구성될 수 있으며, 상표의 사용에 있어서는 강제성이 없다는 점이 상이하다.

다만, 기업이미지 통일화 전략에 따라 상호와 상표를 일치시키고 있는 것이 국제적 추세인 점(상표의 상호화 또는 상호의 상표화 현상)과 상호가 상품표지로 사용되고 상표로서 등록요건을 갖추어 등록된 경우에는 법률상 상표로서 보호되는 상호 상표가 점차 늘고 있어 상호간의 기능이 중첩되는 경우가 많다.

② 상표와 지리적 표시

상표와 지리적 표시는 양자 모두 출처표시 기능 및 품질 표시적 기능, 영업상의 이익과 관련되며 지식재산권의 범주 내에서 보호되는 표장이라는 점에서는 상표와 유사한 점이 있다. 이러한 유사점 때문에 지리적 표시를 상표제도 내로 포괄하여 상표 및 지리적 표시 보호법으로 규정하는 나라가 있는가 하면 지리적 표시를 상표법상 단체표장 내지 증명표장으로 보호하는 나라도 있다.

그러나 상표는 상품 또는 서비스업을 제공하는 '특정 사업주체'를 식별시켜 주는 표장인데 반하여 지리적 표시는 당해 표시가 사용되고 있는 제품을 생산하는 사업주체들이 위치하고 있는 '특정지역'을 확인시켜 주는 표장이므로 지리적 표시는 상표와 같이 하나의 업자가 다른 경업자들을 사용으로부터 배제시킨다는 의미에서의 '독점적 소유자'는 없는 점에서 차이가 있다고 볼 수 있다.

③ 상표와 도메인 네임

상표는 자타상품을 식별하기 위하여 상품에 부착하는 표장이며, 도메인 이름의 경우 인터넷상 호스트컴퓨터의 주소에 해당하는 숫자로 된 주소(IP Address)에 해당하는 알파벳 및 숫자의 일련의 결합을 의미한다. 따라서 상표의 경우 상품출처 표시의 기능, 도메인 이름의 경우 인터넷상 호스트컴퓨터의 장소표시의 기능이라는 별개의 기능에서 출발되었지만, 전자상거래의 활성화로 도메인 이름 그 자체가 상품이나 서비스업의 출처표시로서의 기능도 하게 되었으며, 타인의 상표를 부정한 목적으로 등록하여 정당한 상표권자에게 비싼 값에 되팔려는 사이버 스쿼팅(Cyber squatting) 행위가 증가함에 따라 상표와 도메인 이름간의 분쟁이 증가하고 있는 추세에 있다.

원칙적으로 국내에 상표를 등록하였다고 하여 당해 상표에 상당하는 도메인 이름을 등록할 권리가 부여되지 않으며, 도메인 이름을 등록하였다고 하여 당해 상표를 등록할 권리를 부여하지는 않는다.

3) 상표의 등록요건

상표등록을 받기 위해서는 인적요건과 실체적 요건이 적법하게 구비되어야 한다.

인적 요건(상표등록을 받을 수 있는 자)은 상표권자가 될 수 있는 자격을 갖는 자(개인 또는 법인)로서, 국내에서 상표를 사용하는 자(법인·개인·공동사업자) 또는 사용하고자 하는 자는 상표법이 정하는 바에 의하여 자기의 상표를 등록받을 수 있다.

상표권자가 될 수 있는 자격은 우리나라 국민(법인포함)은 모두 해당되며, 외국인은 상호주의원칙과 조약에 의거하여 그 자격이 결정된다.

상표의 등록 요건은 출원의 형식 등 절차적 요건과 상표의 구성자체가 자타상품의 식별력을 가진 것인지(적극적 요건), 부등록 사유에 해당되지 않는지에 관한 실체적 요건(소극적 요건)으로 나누는데 상표법상 중요한 것은 실체적인 요건이다.

(1) 상표 등록을 위한 적극적 요건

상표의 가장 중요한 기능은 자타상품식별기능이기 때문에 상표로 등록되기 위해서는 우선 식별력을 가져야 한다.

상표법상 식별력이라 함은 거래자나 일반 수요자로 하여금 상표를 표시한 상품이 누구의 상품인가를 알 수 있도록 인식시켜 주는 것이다.

일반적으로 식별력 유무의 판단은 지정상품과 관련하여 판단하고 있으며, 상표법 제33조제1항 각호에서는 자타상품의 식별력이 없는 상표들로서 상표등록이 불허되는 사유를 다음과 같이 제한적으로 열거하고 있다.

① 상품의 보통명칭 : 상표가 특정상품과 관련하여 그 상품의 명칭을 나타내는 상표
(예 : 스낵제품-Corn Chip, 과자-호두과자, 자동차-Car)

② 관용상표 : 동종업자들 사이에서 특정 종류의 상품에 관용적으로 쓰이는 표장
(예 : 과자류-깡, 청주-정종, 직물-Tex)

③ 성질 표시적 상표 : 산지표시, 품질표시, 원재료표시, 효능표시, 용도표시, 수량표시, 형상표시, 생산방법·가공방법·사업방법표시, 시기표시

④ 현저한 지리적 명칭, 그 약어 또는 지도 : 수요자에게 현저하게 인식된 지리적인 명칭(예 : 금강산, 백두산, 뉴욕 등)

⑤ 흔한 성 또는 명칭 : 흔히 있는 자연인의 성 또는 법인, 단체, 상호임을 표시하는 명칭(예 : 이씨, 김씨, 사장, 상사, 조합, 총장 등)

⑥ 간단하고 흔히 있는 표장 : 상표의 구성이 간단하고 또한 흔히 있는 표장(예 ; 123, ONE, TWO, ß 등)

⑦ 기타 식별력이 없는 표장 : 일반적으로 쓰이는 구호, 표어, 인사말 등(예 : Believe it or not, I can do, www 등)

(2) 상표 부등록 사유(소극적 요건, 상표법 제7조 제1항 각호)

상표가 자타상품의 식별력을 가지고 있다 하더라도 독점배타적 성질의 상표권을 부여하는 경우 공익상 또는 타인의 이익을 침해하는 경우에는 당해 상표의 등록을 배제할 필요가 있다. 상표법 제34조에서는 이를 제한 열거적으로 규정하고 있다.

(3) 기타 부등록 사유에 해당하지 아니할 것

1상표 1출원일 것, 선출원 일 것, 재등록 금지기간 내 출원이 아닐 것

(4) 등록요건에 대한 판단의 기준시기

일반적으로 결정 또는 심결시가 표준이다. 예외적으로 출원시를 기준으로 판단할 필요가 있는 경우는 법률에 특별히 규정하고 있다.

(5) 등록요건 흠결 시의 효과

등록거절 또는 무효사유가 되며, 상표등록이 허여되었다 하더라도 상표권의 효력이 제한된다.

4) 상표등록 출원

우리 상표법은 상표권의 성립의 기초를 상표의 등록사실에 두는 등록주의를 원칙으로 하면서 사용주의적 요소를 일부 가미하고 있다. 따라서 우리나라에서 상표권을 획득하기 위해서는 상표를 먼저 출원하여 등록 받은 자에게 상표권이 주어진다. 이러한 선출원주의 및 등록주의를 기초로 하여 우리 상표법은 출원 및 심사에 관한 사항 등을 상표법에 규정하고 있다.

(1) 1상표 1출원주의 원칙

상표등록 출원은 상품류 구분 내에서 상표를 사용할 1 또는 2개 이상의 상품을 지정하여 상표마다 출원하여야 하는데 이를 1상표 1출원주의 원칙이라고 한다. 이는 하나의 출원서로 동시에 2이상의 상표를 출원하는 것이 허용되지 않는다는 의미이다. 1상표 1출원주의 원칙은 신규 상표등록 출원, 지정상품의 추가등록 출원, 상표권의 존속기간 갱신등록 출원에 적용되는 기본 원칙이다.

(2) 상표를 사용할 상품의 지정

상표등록 출원을 할 때에는 보호받고자 하는 상표와 아울러 상품류 구분 내에서 그 상표를 사용할 상품을 1개류 또는 다류의 상품을 지정할 수 있다. 상표법 시행규칙 별표에서는 제1류부터 제 34류까지의 34개류의 상품류 구분과 제 35류부터 제 42류까지 8개류의 서비스업류 구분이 명시되어 있다.

(3) 지정상품추가등록 출원

상표권자 또는 상표등록 출원인은 출원 또는 등록 후의 결정변화에 따라 지정상품의 범위를 확대할 필요가 있는 경우 등록상표 또는 상표등록 출원의 지정상품에 상품을 추가하는 지정상품의 추가등록을 받음으로써 상표권의 권리범위를 확장하여 상표권자의 이익을 보호받을 수 있다.

상표등록 출원인은 상표등록 출원 시에 1 또는 2개 이상의 상품을 일시에 지정할 수 있으나, 상표등록 출원 후 또는 상표등록 후에 지정상품을 추가할 필요가 있을 경우 별도로 지정상품의 추가 등록 출원서를 제출하여 지정상품을 추가할 수 있도록 하기 위한 제도이다.

(4) 상표권의 존속기간갱신등록 출원

상표권의 존속기간은 설정등록일로부터 10년이나 10년간씩 몇 번이고 계속하여 갱신할 수 있으므로 상표권은 반영구적인 권리이다.

상표권의 존속기간을 갱신하고자 할 경우에는 상표권의 존속기간 만료전 1년 이내에 상표권 존속기간갱신등록 출원을 하여야 하며, 존속기간이 만료된 후라도 6개월이 경과하기 이전에는 상표권의 존속기간갱신 등록 출원을 할 수 있으나 일정액의 과태료를 납부하여야 한다.

(5) 상표 심사절차

① 상표 심사절차

그림 3-5 상표 심사절차

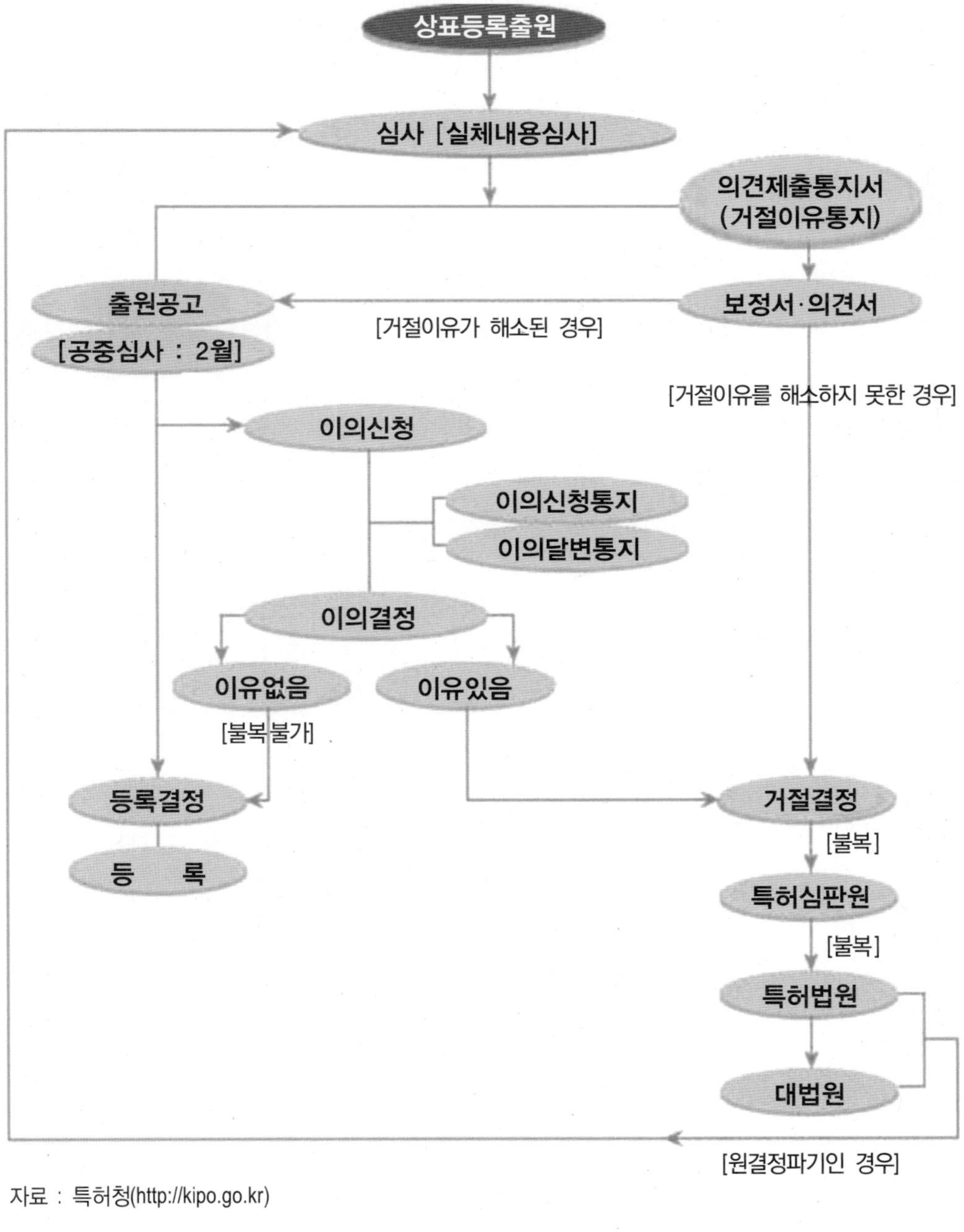

자료 : 특허청(http://kipo.go.kr)

② 상표의 출원공고제도

상표의 출원공고제도는 상표등록 출원에 대하여 심사관이 실체심사를 한 결과 거절이유를 발견할 수 없거나, 거절이유가 해소된 경우에 그 출원 내용을 공중에 공고함으로써 심사의 협력을 구하는 제도이다.

출원인은 원칙적으로 출원공고 후 타인이 무단으로 당해 출원된 상표와 동일·유사한 상표를 동일·유사한 상품에 대하여 사용함으로 인하여 출원인에게 업무상의 손실이 발생하는 경우 그 타인에게 경고를 하고 업무상의 손실에 상당하는 보상금을 청구할 수 있다. 그리고 상표등록 출원의 사본(국제상표등록 출원의 경우에는 국제출원의 사본)을 제시하고 경고하는 경우에는 출원공고 전에도 보상금을 청구할 수 있도록 규정하고 있다. 다만, 상표권의 설정등록된 이후에만 당해권리를 행사할 수 있도록 규정하고 있다.

③ 상표의 이의신청제도

출원공고 된 상표에 대하여 이의가 있을 때에는 누구나 출원공고일로부터 30일 이내에 이의신청을 할 수 있고 이의신청서는 소정의 양식에 의거 작성하되 반드시 이의신청의 이유를 기재하고 이에 필요한 증거를 첨부해야 한다. 이미 제출한 이의신청에 대한 이유나 증거를 보정하고자 하는 경우에는 이의신청기간의 경과 후 30일 이내에 하여야 한다.

(6) 상표의 사용권제도

① 전용사용권

상표권자는 타인에게 상표권에 관하여 전용사용권을 설정할 수 있으며(다만 업무표장권자, 단체표장권자 및 지리적 표시 단체표장권자는 전용사용권을 설정할 수 없음), 전용사용권자는 설정행위로 정한 범위 내에서 지정상품에 관한 등록상표를 사용할 권리를 독점하게 된다.

전용사용권의 설정 · 이전 등은 등록하여야 효력이 발생하며(등록은 효력발생요건), 전용사용권자는 등록상표를 사용하는 상품에 자기의 성명 또는 명칭을 표시하여야 한다.

② 통상사용권

상표권자 또는 전용사용권자는 타인에게 그 상표권에 관하여 통상사용권을 설정할 수 있으며(다만 업무표장권자, 단체표장권자, 지리적 표시 단체표장권자 및 각 전용사용권자는 통상사용권을 설정할 수 없음), 통상사용권자는 설정행위로 정한 범위 내에서 지정상품에 관하여 등록상표를 사용할 권리를 가지게 된다. 또한 상표권자 및 전용사용권자의 동의를 얻어 그 통상사용권을 타인에게 이전할 수 있다.

통상사용권의 설정 · 이전 등은 등록하지 아니하면 제3자에게 대항할 수 없으며(등록은 제3자 대항요건), 통상사용권자는 등록상표를 사용하는 상품에 자기의 성명 또는 명칭을 표시하여야 한다.

또한 통상사용권자는 지정상품에 등록상표를 사용할 권리만 가지므로 권리침해에 대한 금지청구권은 없으며, 상표권자나 전용사용권자만이 권리침해에 대한 금지청구 등을 할 수 있다.

(7) 상표권자의 보호

① 상표권의 효력

상표를 등록할 경우 상표권자는 적극적으로 지정상품에 관하여 그 등록상표를 사용할 권리를 독점하는 독점권과 타인이 등록상표와 동일 또는 유사한 상표를 사용하는 경우 그 사용을 금지할 수 있는 금지권을 행사할 수 있다. 그리고 타인이 자기의 등록상표 또는 등록상표와 유사한 상표를 사용하는 등 상표권을 침해하는 경우 상표권자는 그 자를 상대로 하여 침해 금지청구권·손해배상청구권 등을 행사할 수 있는 소극적인 효력을 갖는다.

② 상표권의 침해로 보는 행위

상표권은 상표권자만이 등록상표를 지정상품에 관하여 사용할 권리를 독점하므로 상표권자 이외의 자가 정당한 권한 없이 등록상표와 동일 또는 유사한 상표를 그 지정상품과 동일 또는 유사한 상품에 사용하는 경우는 물론 등록상표와 동일 또는 유사한 상표를 그 지정상품과 동일 또는 유사한 상품에 사용하거나 사용하게 할 목적으로 교부·판매·위조·소지 및 보관하는 행위인 예비적 행위도 상표권을 침해하는 것으로 규정하고 있다.

③ 상표권침해에 대한 구제방법

타인이 자기의 등록된 상표와 동일하거나 이와 유사한 상표를 동일하거나 이와 유사한 상품에 사용하고 있음이 명백하여 사업상의 손해를 입었을 경우에는 상표권자는 상표법이 정하는 바에 따라 정당한 보호를 받을 수 있다.

6. 산업재산권 출원

산업재산권의 출원이란 특허권, 실용신안권, 디자인권 혹은 상표권을 취득하기 위하여 새롭게 개발된 발명, 고안, 디자인 혹은 상표에 대한 자세한 내용을 일반에게 공개하는 조건으로 특허청에 관련 서류를 제출하는 절차를 의미한다.

1) 출원전 준비사항

(1) 출원인 등록

특허 출원 등의 절차를 밟고자 하는 자 혹은 법인은 먼저 특허청에 출원인코드 부여 신청을 하여 자신의 고유번호인 출원인코드를 부여받아야 한다.

출원인 코드를 부여받은 이후부터는 출원 및 중간서류 제출 등 특허청에 대한 모든 절차 수행의 출원인 기재 란에 반드시 출원인 코드를 기재하여야한다. 출원인코드부여 신청 및 변경관련 서식은 서면 혹은 온라인으로 제출가능하다.

출원인코드 등록 시 출원인란 작성방법은 출원인이 자연인(개인)일 경우에는 주민등록번호와 성명을 기재하며, 사업자등록은 되었으나 법인등록이 되어있지 않을 시는 자연인으로 신청하여야 한다. 출원인이 법인일 경우 법인등록번호와 법인 명칭으로 기재한다.

(2) 전자문서 이용신고

전자문서(온라인 또는 FD)로 출원하고자 할 경우에는 먼저 전자문서 이용신청서(인장날인)를 제출하여 등록을 하고, 전자문서 작성용 소프트웨어(CD)를 지급 받아 전자서명 및 암호화를 하여야 한다. 전자출원을 위해서는 반드시 전자문서 이용신청을 하여야 한다. 단, 서면 출원은 전자문서 이용신고 없이도 가능하다.

2) 출원 방법

산업재산권의 출원 방법은 출원 관련 서류를 서면으로 제출하는 서면 출원과 특허청에서 제공하는 전자문서 작성용 소프트웨어를 이용하여 출원 관련 서류를 작성하여 제출하는 전자출원이 있다.

(1) 전자 출원

전자 출원에는 특허청에서 지급 받은 전자문서 작성용 소프트웨어(CD)를 이용하여 작성된 출원서 및 중간서류 등을 특허청 전자출원 시스템을 이용하여 인터넷으로 온라인으로 전송한 후 접수번호(출원번호)를 확인하면 절차 종료되는 온라인 출원과 전자문서 작성용 소프트웨어(CD)를 이용하여 작성된 출원서 및 중간서류 등을 FD에 수록하여 특허청에 제출하면 접수증이 교부되는 FD 출원이 있다

(2) 서면 출원

소정의 양식에 의해 출원서 등을 서면으로 작성한 후 특허청에 직접 또는 우편으로 제출하면 접수증이 교부된다.

3) 특허 출원의 서류

발명에 대한 특허권을 신청하기 위한 특허 출원의 경우에는 특허 출원서 및 명세서와 필요한 도면 및 요약서를 첨부하여 제출하여야 한다. 각종 출원서 양식은 특허청 홈페이지[2]의 전자출원 온라인 민원서식에서 필요한 문서를 다운받아 사용할 수 있다.

(1) 특허 출원서

발명에 대하여 정당한 권리를 가진 자가 특허를 받고자 할 때에는 소정양식의 특허 출원서를 작성하여 필요한 서류를 첨부하여 특허청장에게 제출하여야 한다. 특허 출원서에 기재되어야 할 사항은 출원인의 성명 및 주소, 발명의 명칭, 발명자의 성명 및 주소, 우선권 주장(해당 경우에만) 등으로서 특허법 제42조 1항에 규정되어 있다.

(2) 첨부 서류

특허 출원서에는 특허법 제42조 2항 규정에 의하여 명세서와 필요한 도면 및 요약서가 첨부되어야 한다. 명세서에는 발명의 명칭, 도면의 간단한 설명, 발명의 상세한 설명, 특허 청구 범위가 기재되어야 한다.

여기서 유의하여야 할 점은 특허법에 명문화되어 있는 명세서는 특허 출원서에 첨부되는 서류로서 도면과 요약서를 제외한 협의의 명세서만을 대상으로 한다는 것이다.

4) 명세서 작성방법

(1) 명세서 개요

특허 제도는 발명을 보호·장려하고 그 이용을 도모함으로써 기술발전을 촉진하여 산업의 발달에 기여함을 목적으로 하고 있다.

즉, 새로운 기술을 개발하여 그것을 공개한 자에 대하여 일정기간·일정한 조건하에서 특허권이라는 독점권을 부여함으로써 발명의 보호를 도모하고 한편, 제3자에 대해서는 그 공개에 의해 기술내용을 알려서 그 발명을 이용할 수 있는 기회를 제공하는 것이다.

따라서 발명에 관한 이와 같은 보호 및 이용은 출원인이 자기가 발명한 기술내용을 소정의 서류에 기재하여 공개하는 기술문헌으로서의 사명과 특허발명의 기술적 범위를 정확히 명시하는 권리서로서의 사명을 가진 명세서에 의해 이루어지게 된다.

(2) 명세서 성격

명세서는 그 출원이 공개된 경우, 공중은 그것을 기술문헌의 자료로서 자유롭게 이용할

---

2 http://www.kipo.go.kr

수도 있다. 이렇게 볼 때 명세서는 공중의 입장에서는 '기술문헌'으로서 기술내용의 설명서와 공개의사 표시기능을 지니고 있어 기술개발상 유용하게 활용될 수 있고, 특허권자 입장에서는 보호대상과 범위를 특정하는 독점권을 표시하는 '권리서'로서의 기능을 담당한다고 할 수 있다.

(3) 명세서의 내용

특허 출원서에 첨부되는 명세서는 기술문헌자료로서 일반 공중에 공개되는 대세적인 기능과 심사 대상 발명의 설명서를 겸한 기능을 하고 있으므로 특허법에서는 명세서를 작성하는 데 일정한 형식을 요구하고 있다.

명세서의 중요도에 비추어 볼 때 명세서에는 이상의 기능이 충분히 발휘될 수 있도록 발명을 적절히 표현하여야 하므로 발명의 내용 파악에 필요한「발명의 명칭」,「도면의 간단한 설명」,「발명의 상세한 설명」및「특허 청구 범위」부분으로 구분하여 관계 법 규정의 취지에 적합하게 기재하여야 한다.

이들 명세서의 구성 부분 중에서「발명의 상세한 설명」란은 상술한 명세서의 기능 중에서 기술문헌으로서,「특허 청구 범위」란은 권리서로서의 역할을 한다.

① 명세서의 기재사항

명세서의 기재사항은 발명의 명칭, 도면의 간단한 설명, 발명의 상세한 설명, 특허 청구 범위 등이 있다.

발명의 상세한 설명은 ㉠ 발명의 목적으로서 발명이 속하는 기술 분야 및 그 분야의 종래 기술, 발명이 이루고자 하는 기술적 과제, ㉡ 발명의 구성으로 과제를 해결하기 위하여 채택한 기술수단(청구범위에 기재되는 권리범위의 기초가 됨), ㉢ 발명의 효과로 발명의 기술적 효과(진보성 판단의 중요한 요소가 됨)등을 기재하여야 한다.

특허법 제42조 3항에 '발명의 상세한 설명에는 그 발명이 속하는 기술 분야에서 통상의 지식을 가진 자가 용이하게 실시할 수 있을 정도로 그 발명의 목적·구성 및 효과를 상세히 설명하여야한다' 라고 규정하고 있다.

② 특허 청구 범위(특허법 제42조 제4항, 제5항의 규정)

청구범위는 보호를 받고자 하는 사항을 기재한 것(청구항)으로, 발명의 상세한 설명으로 뒷받침되어야 하며, 발명이 명확하고 간단하게 기재되고, 발명의 구성에 없어서는 아니되는 사항만으로 기재되어야 한다.

청구범위는 보호를 받고자 하는 청구항을 1 또는 2 이상으로 기재된다.

③ 요약(제42조 제6항, 제43조)

기술정보로서의 용도로 사용되며, 특허발명의 보호범위를 정하는 데에는 사용할 수 없다.

④ 도면

상세한 설명의 기술내용을 입체적으로 도시한 것으로, 실용신안등록 출원에서는 필수적 요소이다.

(4) 특허명세서의 구성

특허명세서의 구성과 주요 내용은 다음과 같다.

표 3-3 특허 명세서의 구성

<table>
<tr><th>구 성</th><th>주요 기능</th></tr>
<tr><td>[발명의 명칭]
[도면의 간단한 설명]
[발명의 상세한 설명]
  [발명의 목적]
    [발명이 속하는 기술분야 및 그 분야의 종래기술]
    [발명이 이루고자하는 기술적과제]
  [발명의 구성 및 작용]
    [과제를 해결하기 위한 기술적 수단]
    [작 용]
    [실시예]
  [발명의 효과]</td><td>· 기술문헌
· 당해발명의 특허성(신규성, 진보성)을 주장, 입증하는 서면</td></tr>
<tr><td>[특허청구범위]
  [청구항1]</td><td>· 권리서</td></tr>
<tr><td>[도 면]
[요약서]</td><td></td></tr>
</table>

자료 : 특허청(http://kipo.go.kr)

[사례 연구] 산업재산권

경영 사례 특허와 실용신안의 차이점

Q. 저희 B사는 기존에 알려진 난로보다 열효율이 매우 우수한 기계적 구조를 가진 난로를 개발하였는데, 주변에서 특허로 출원해야 한다고도 하고 실용신안으로 출원해야 한다고도 하여 혼란스럽습니다. 특허와 실용신안은 어떻게 다른지, 개발된 기술을 보호받기 위한 최적의 방안은 무엇인지 알고 싶습니다.

A 특허와 실용신안은 모두 자연법칙을 이용한 기술에 대한 권리라는 점에서 유사하지만 다음과 같은 점에서 상이하다고 할 수 있습니다.

1. 고도성 유무 : 특허의 대상이 되는 "발명"의 특허법상 정의는 "자연법칙을 이용한 기술적 사상의 창작으로서 고도한 것"이고, 실용신안등록의 대상이 되는 "고안"의 실용신안법상 정의는 "자연법칙을 이용한 기술적 사상의 창작"으로 되어 있습니다. 그 결과 기술적 사상의 창작인 점에서는 발명과 고안이 같지만 발명은 고도해야 하고 고안은 고도하지 않아도 되는 것으로 해석될 수 있습니다.
2. 보호대상의 범위 : 특허의 보호대상이 되는 발명은 일정한 형태를 가지는 물건뿐만 아니라 방법 및 물질까지 포함되지만, 실용신안의 보호대상이 되는 고안은 이들 중 일정한 형태를 가진 물품만이 보호대상입니다.
3. 존속기간의 상이 : 특허권의 존속기간은 설정등록 후 출원일로부터 20년, 실용신안권의 그것은 설정등록 후 출원일로부터 10년으로 되어 있어 실용신안권의 존속 기간이 단기간인데, 고안이 발명보다 일반적으로 모방이 용이하여 제품수명이 짧기 때문입니다.
4. 기타 차이점 : 특허 출원서에는 필요한 경우에만 도면이 첨부되지만 실용신안등록 출원서에는 반드시 도면이 첨부되어야 합니다.

기술력의 우수성을 영업시 활용하기 위해서는 실용신안보다는 특허로 출원하는 것이 바람직할 수 있습니다.

경영 사례　특허 출원 시 대리인 선임여부

Q. 저희 D사는 IT기업인데, 아직 규모가 작아서 특허비용이 부담이 됩니다. 비용을 절감하기 위해 당사는 변리사를 선임하지 않고 직접 특허 출원을 하려고 합니다. 이처럼 당사가 직접 출원해도 특별한 문제가 없을지 문의합니다.

A. 원칙적으로 변리사를 선임하지 않더라도 특허청에 직접 출원절차를 진행하는 것이 제한되지 않습니다. 다만, 비용이 들더라도 가치 있는 특허권을 갖고 싶다면 가급적 변리사를 통해 출원절차를 진행시키는 것을 추천합니다.

특허는 새로운 기술을 공개한 대가로 주는 독점권으로 정의할 수 있어, 특허청에 제출된 명세서는 기술공개문헌으로 역할을 수행해야 하며, 특허권의 권리범위는 특허 청구 범위에 기재된 기술내용이기 때문에 추후 권리행사를 할 수 있으려면 특허 청구 범위가 잘 작성되어야 하는데, 비전문가가 작성하게 되면 가치 있는 특허권을 얻기 어렵습니다. 하지만 대리인을 선임하게 되면 전문성 있는 출원 서류를 작성하실 수 있어 비전문가가 작성할 때 발생하는 기재불비 등으로 인한 거절결정을 예방할 수 있을 뿐만 아니라 특허로 등록된 후 권리범위까지 고려하여 명세서가 작성될 수 있습니다.

더욱이 특허 출원 명세서를 작성해 본 경험이 전혀 없는 비전문가가 작성하는 경우 기술내용을 잘 알더라도 명세서에 대한 전문지식이 없으므로, 명세서 미비로 인해 거절될 확률이 매우 높습니다. 현재 보정범위가 매우 좁고 일단 출원되고 나면 신규사항을 추가할 수 없어 직접 특허 출원한 후 이와 같이 거절된 후에는 대리인을 선임하시더라도 보정을 통해 거절이유를 극복하기 어려운 경우가 다수 발생할 수 있습니다. 따라서 중요한 기술이라면 비용에도 불구하고 전문가를 선임하시는 것이 바람직합니다.

경영 사례 물질조성물 특허 출원 시 필요한 기술내용 및 데이터의 객관성 정도

Q. 저희 F사는 화장품회사입니다. 피부에 좋은 작용을 하는 해조류에서 추출한 물질에 대한 연구결과에 대해 특허를 내려고 하는데 기술내용은 어떤 것들이 구체적으로 필요한지, 효과를 입증하기 위한 결과 데이터는 공증된 연구기관의 데이터만이 가능한지, 저희 회사의 연구결과데이터만으로도 가능한지 문의합니다.

A. 해조류에서 추출한 물질이 피부에 좋은 작용을 하여 이것을 특허로 보호받고자 하는 경우 특허출원 대상이며, 구체적인 기술내용이 없어 정확한 판단은 어렵지만 물질이 신규한 경우는 물질발명이고, 신규한 물질이 아니라면 생산방법의 발명과 용도발명에 해당할 수 있습니다.

여기서 필요한 기술내용은 물질발명이라면 물질을 특정할 수 있는 구조식, 분자식, 분자량 등 각종 물리, 화학적 특성에 대한 내용을, 생산방법의 발명이라면 추출방법의 처음부터 끝까지의 구체적인 내용을, 용도발명이라면 추출된 물질이 무슨 효과로 인하여 피부에 어떠한 좋은 작용을 하는지에 대한 객관적인 데이터가 필요합니다.

또한, 명세서 작성 시 발명의 내용 중 [효과]에 구체적인 데이터가 필요한 데, 제3자(특허청 심사관)가 객관적으로 봤을 때 서술한 효과에 인정을 할 수 있어야 합니다. 따라서 준비된 개인적인 연구데이터가 관련 종사자가 봤을 때 수긍을 할 수 있는 수준 즉, 특허조성물의 효과를 입증하기 족한 실험데이터라면 그 정도로 서술해도 가능하고 반드시 공인된 인증기관의 연구결과 자료가 요구되는 것은 아닙니다.

경영 사례 외국 제품을 국내에서 특허 출원하여 등록이 가능한지 여부

Q. 저희 B사는 일본에 출원되어 공개된 상태인 스티로폼 재활용관련 기술을 이용하여 한국에서 사업을 하려고 합니다. 일본에 출원되어 공개된 기술을 당사가 한국에 출원하여 등록받을 수 있나요?

A. 특허는 새로운 기술을 공개한 대가로 주는 독점권입니다. 그런데, 귀사가 출원하려고 하는 기술은 이미 일본에서 출원되어 공개된 상태이므로 새로운 기술이라 할 수 없어 한국에 출원하더라도 특허 등록될 수 없습니다.

즉, 특허청 심사관이 출원일 전에 알려진 선행문헌과 출원서에 기재된 출원 발명을 비교하여 특허성이 있는지 여부를 판단함에 있어, 심사관이 고려하는 특허 출원일 전에 알려진 선행문헌의 대상이 국내에서 알려진 것뿐만 아니라 외국에서 알려진 것까지도 대상으로 하기 때문입니다.

다만, 귀사가 사용하려는 기술이 일본에만 출원된 것이고 한국에 출원되지 않았다면 귀사는 특허권 침해의 우려 없이 일본특허기술을 사용하여 국내에서 자유롭게 사업하실 수 있습니다. 참고로, 인터넷을 통해 검색되는 선행문헌에 대해 이전에는 대통령령이 정하는 전기통신회선으로 제한되던 것이 2013년 개정특허법에 의해 "모든 전기통신회선을 통하여 공중이 이용할 수 있는 발명"으로 변경되어, 인터넷을 통해 확인되는 모든 문헌이 선행문헌으로 인정받게 되었으므로 특허성을 판단하기 위한 선행문헌의 범위가 넓어졌음을 알려드립니다.

경영 사례 외국제품을 그대로 모방한 것이 특허권 침해에 해당되는지 여부

Q. 저희 Y사는 얼마 전 일본에서 히터를 구입해서 외형이나 내부를 보고 유사하게 제품을 만들었는데, 제품 속의 부품이나 조작기판 등은 전혀 다른 제품을 사용했지만, 제품디자인이나 배선 등의 구조가 완전히 같기 때문에 이런 것이 특허법에 저촉되어 향후 국내영업활동에 지장이 발생할 수 있을지 문의합니다.

A 일단, 귀사가 일본에서 구입한 히터에 대한 특허 및 디자인이 국내에 출원된 후 등록되어 국내에서 유효한 특허권 및 디자인권으로 존재하는지를 확인할 필요가 있습니다.

확인 결과, 상기 히터에 관한 기술 및 디자인이 국내에서 특허나 디자인 등록을 받지 않은 것이라면, 귀사가 국내에서 모방 제품을 제조하여 판매하는 것은 전혀 문제가 되지 않습니다.

그런데, 동일하거나 유사한 기술 또는 디자인에 대해 국내에서 등록된 특허권 및 디자인권이 존재한다면 이때는 등록된 권리범위에 귀사의 모방 제품이 속하는지 여부를 검토하여 침해여부를 판단하여야 합니다. 즉, 침해가 되지 않는다면 전혀 문제가 되지 않겠지만 침해가 된다면 침해가 되지 않도록 회피설계 하여 사업을 진행하는 것이 바람직하기 때문입니다.

경영 사례 10년 동안 사용한 상표를 타인이 상표 출원한 경우 대처 방법

Q. 저희 D사가 수입 판매하던 주방용품브랜드인 상표A를 특허청에 출원하려고 할 때 타인이 상표A와 동일한 상표를 특허청에 이미 출원한 사실을 알았습니다. 상표A가 사용된 주방용품을 저희 회사가 수입 판매한지 10년이 넘은 상황에서 타사의 선출원에도 불구하고 상표A에 대한 상표권을 당사가 확보할 수 있는 대처방법에 대해 문의합니다.

A 타인의 출원 상표가 아직 등록된 상태가 아니므로 타인의 상표등록을 저지할 수 있는 법적조건을 충족하고 있는지 검토한 다음, 저지할 수 있는 조건을 충족하고 있다면 일단 귀사의 상표출원을 진행한 다음, 이미 출원된 타인의 상표가 출원공고 결정되면 이의신청을 하여 타인의 상표가 등록되지 않도록 절차를 진행하여 귀사가 상표권을 확보할 수 있습니다.

단, 상술된 바와 같이 귀사가 이의신청을 통해 타인의 상표등록을 저지하려면 적어도 귀사의 상표가 국내에서 지정상품에 대해 주지성을 확보하였거나, 국내 또는 외국의 수요자 간에 특정인의 상품을 표시하는 것이라고 인식되어 있는 상표(지리적 표시를 제외한다)로서 타인이 부당한 이익을 얻으려 하거나 그 특정인에게 손해를 가하려고 하는 등 부정한 목적을 가지고 사용하고 있음을 입증하여야 합니다.

〈관련법령〉

상표법 제7조(상표등록을 받을 수 없는 상표)

상표법 제25조(상표등록이의신청)

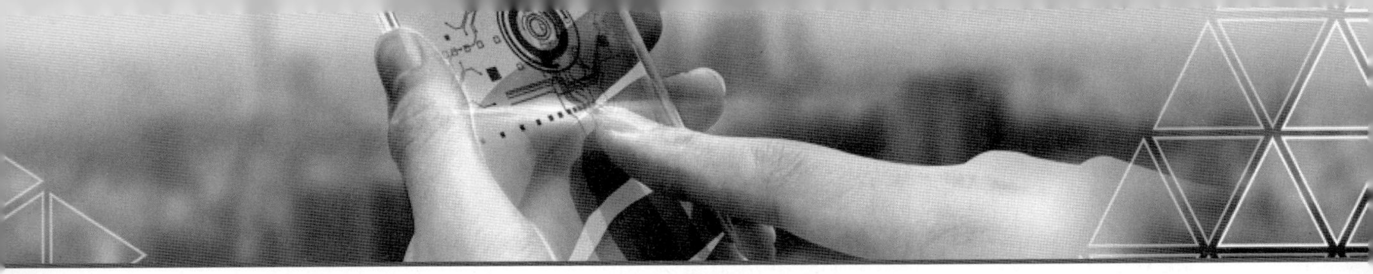

제2장 인증제도

1. 기업 인증 개요

인증(Certification)이란 기업, 기술, 제품 등과 같은 평가대상이 정해진 표준이나 규정 등에 적합하다는 평가를 받음으로써 그 사용 및 출하가 가능하다는 것을 입증하는 행위를 말한다.

이러한 인증은 인증대상 및 목적에 따라 혁신형기업 인증, 기술인증, 제품인증, 시스템 인증 등으로 구분되며, 특히 제품을 대상으로 한 인증은 규격에 따라 제작되었다는 의미에서 규격인증으로도 불린다.

창업 기업의 인증 필요성은 개발 기술 및 제품의 신뢰성 확보는 물론 제품 판매를 위한 자격 요건 충족이라 할 수 있다. 그리고 법적인 요구사항과 국제적인 시장의 요구사항이 또한 인증 취득의 원인이다.

인증 취득의 효과로는 기업의 제품 및 기술의 신뢰성 확보와 이를 통한 경쟁력 향상, 그리고 금융, 세제 등의 다양한 혜택을 받을 수 있다.

최근 세계 각국이 국민의 안전과 산업보호를 위해 표준, 기술규정 등 무역 기술 장벽을 경쟁적으로 강화하고 있고, 제품의 인증 획득을 의무화하고 있어 인증은 기업의 제품 판매에 필수요인이라 할 수 있다.

| 표 3-4 | 주요 기업 인증 종류

혁신형기업 인증	기술 인증	제품 인증	시스템 인증
벤처기업 확인 이노비즈기업 인증 메인비즈기업 인증 기업부설연구소 인정	신기술(NET) 신제품(NEP) 우수재활용(GR) 환경표지 녹색인증 성능인증	KC국가통합마크 조달우수제품 K마크 GH마크	ISO9001 ISO14001 OHSAS18001 ISO22000 HACCP

2. 혁신형기업 인증

1) 벤처기업 확인

(1) 벤처기업 확인제도의 정의

우리나라의 벤처기업은 다른 기업에 비해 기술성이나 성장성이 상대적으로 높아, 정부에서 지원할 필요가 있다고 인정하는 기업으로 「벤처기업 육성에 관한 특별조치법」에서 벤처기업으로의 확인을 위한 요건을 제시하고 있다.

벤처기업 확인 제도는 1998년 처음 시행하여 몇 번의 개정을 거쳐 오다가 2006년 6월 전면적인 제도 개편을 통해 벤처기업 확인 유형을 3가지로 재편하였다.

(2) 벤처기업 확인 절차

절 차	담당기관	주요 내용
벤처확인신청	신청기업	기업이 벤처인(www.venturein.or.kr)에서 유형선택 및 신청서 작성
현장평가 및 평가결과등록	확인기관	확인기관에서 서류검토 및 현장 평가 수행
벤처기업 인증서 발급	확인기관	확인요건을 충족하고 기술성이 우수한 기업

※ 벤처기업 확인기관 : 기술보증기금, 중소기업진흥공단, 벤처캐피탈협회

(3) 벤처기업 확인 우대제도

| 표 3-5 | 벤처기업 우대제도 요약

분 야	주요 내용
창 업	교수·연구원창업 지원 및 산업재산권 출자 혜택
세 제	법인세, 소득세, 재산세 50% 감면, 취득세 75% 감면
금 융	코스닥 상장시 우대, 정책자금 및 신용보증 심사시 우대
입 지	실험실 공장 허용, 도시형공장 등록, 벤처기업전용단지 및 집적시설 입주 특례
특 허	벤처기업의 특허 및 실용신안 우선 심사대상
마케팅	TV, 라디오 광고비 지원
기 타	주식교환 허용

자료 : 벤처인(http://www.venturein.or.kr)

2) 이노비즈 기업 인증

(1) 이노비즈기업(기술혁신형 중소기업)의 정의

기술혁신형 중소기업이란 혁신(Innovation)과 기업(Business)의 합성어로 기술우위를 바탕으로 경쟁력을 확보한 기술혁신형 중소기업을 지칭한다. 정부에서는 연구개발력을 통한 기술경쟁력과 미래의 성장성을 갖춘 이노비즈기업에 기술, 자금, 판로 등을 연계지원 함으로써 국제경쟁력 있는 우수기업으로 육성하고 있다.

(2) 신청자격

이노비즈 인증 신청자격은 「중소기업 기본법」상의 중소기업으로서, 신청일 현재 설립 후 3년 이상이며, 정상 가동 중인 기업이다.

(3) 기술혁신형 중소기업의 확인절차

절 차	담당기관	주요 내용
신청 및 온라인 자가진단	신청기업	기업스스로 온라인 자가진단 후 650점 이상인 기업이 신청, 이노비즈넷(www.innobiz.net)
⇩		
현장평가 및 평가결과등록	평가기관	Inno-Biz평가모형 기술혁신시스템 및 기술보증기금의 기술평가시스템에 의해 현장평가
⇩		
Inno-Biz기업 선정	지방중소기업청	기술혁신시스템 700점 이상이고, 기술평가 B등급이상인 기업(수시선정)

(4) 기술혁신형 중소기업의 우대제도

표 3-6. 기술혁신형 중소기업 우대제도 요약

지원제도	주요 내용
금융지원	• 기술평가보증으로 100% 전액보증 지원 • 보증지원한도: 50억원
기술보증 우대지원	• 보증지원 최고한도를 50억원 까지 확대 • 기술평가보증 취급시 1억원까지 소요자금 사정 생략
정책자금 및 지원사업	• 중소기업정책자금, 지원사업 참여시 가점부여 등 우대 • 기술개발제품 우선구매제도의 우선구매 대상으로 선정
공공기관 지원사업	• 조달청 물품구매 적격심사 우대 • 병무청 병역지정업체 심사 우대 • 특허청에 특허 출원시 우선심사

자료 : 이노비즈 인증시스템(http://www.innobiz.net)

3) 메인비즈 기업 인증

(1) 메인비즈기업(경영혁신형 중소기업)의 정의

경영혁신형 중소기업이란 벤처기업, 이노비즈와 같은 높은 기술력을 보유하지 않아도 마케팅, 조직관리, 생산성 향상 등 경영혁신활동을 통해 탁월한 경영성과를 나타내는 기업을 의미한다.

(2) 신청자격

신청일 현재 설립 후 3년 이상이며 정상 가동 중인 중소기업으로서, 자가진단결과 경영혁신시스템 자가진단 점수 600점 이상인 기업이다.

(3) 경영혁신혁신형 중소기업의 확인절차

절차	담당기관	주요 내용
신청 및 온라인 자가진단	신청기업	기업스스로 온라인 자가진단 후 600점 이상인 기업이 신청, 메인비즈넷(www.mainbiz.net)
⇩		
현장평가 및 평가결과등록	평가기관	경영혁신형 중소기업 평가지표에 의해 현장평가
⇩		
Main-Biz기업 선정	지방중소기업청	현장평가결과 700점 이상인 기업

(4) 경영혁신형 중소기업의 우대제도

표 3-7 경영혁신형 중소기업 우대제도 요약

지원제도	주요 내용
금융지원	• 보증료, 매출채권보험료 차감 우대 • 각 은행 연계 금리 우대
판로 수출	• 조달청 물품구매 적격심사 우대 • 중소기업진흥공단 지원사업 우대
인력	• 산업기능 요원제도 추천 우대 • 신용보증기금 Job Cloud 참여 우대
R&D	• 중소기업 생산현장디지털화사업 가점 • 기술유출 방지시스템 구축사업 가점

자료 : 메인비즈 인증시스템(http://www.mainbiz.go.kr)

4) 기업부설연구소 설립

(1) 기업부설연구소/연구개발전담부서 제도

연구소/전담부서 설립신고 제도는 일정요건을 갖춘 기업부설연구소와 연구개발전담부서를 신고·인정함으로써 각종 조세·관세·자금지원 및 병역특례 등의 혜택을 부여하고 기업의 기술개발을 적극적으로 촉진·유도하는 동시에 이들 연구조직을 효율적으로 육성·지원하기 위하여 1981년부터 제정되었으며, 先설립 後신고 제도이다.

(2) 기업부설연구소/연구개발전담부서의 요건

구 분			신고 요건
인적 요건	연구소	연구원/교원창업 중소/벤처기업	연구전담요원 2명 이상
		소기업	연구전담요원 3명 이상 (창업일 부터 3년까지는 2명이상)
		중기업	연구전담요원 5명 이상
		국외에 있는 기업연구소 (해외연구소)	연구전담요원 5명 이상
		중견기업(직전 3개 사업연도 평균 매출액 5,000억원 미만)	연구전담요원 7명 이상
		대기업	연구전담요원 10명 이상
	연구개발 전담부서	기업규모에 관계없이 동등적용	연구전담요원 1명 이상
물적 요건	연구시설 및 공간요건		연구개발 활동을 수행해 나가는데 있어서 필수적인 독립된 연구공간과 연구시설을 보유하고 있을 것

자료 : 연구소/전남부서 관리 시스템(http://www.rnd.or.kr)

(3) 기업부설연구소/연구개발전담부서의 설립 및 신고 절차

절차	담당기관	주요 내용
신청 및 온라인 자가진단	신청기업	기업스스로 온라인 자가진단 후 600점 이상인 기업이 신청, 메인비즈넷(www.mainbiz.net)
⇩		
현장평가 및 평가결과등록	한국산업기술진흥협회	서류검토(인적/물적 요건 확인) 필요시 현지 실사 및 종합평가
⇩		
연구소/전담부서 인정	한국산업기술진흥협회	인적/물적 요건 충족기업

(4) 신고서 및 구비서류

기업부설연구소, 연구개발전담부서 신고서 등 4개 지정서식을 온라인상에서 작성하고, 구비서류를 첨부하여 제출한다.

구분	세부 내용
지정서식	• 기업부설연구소/전담부서 신고서(별지 제1호 서식) • 연구개발활동 개요서(별지 제2호 서식) • 연구시설 현황(별지 제3호 서식) • 연구개발인력 현황(별지 제4호 서식)
구비서류	• 사업자등록증 사본 • 회사 및 기업부설연구소 조직도 • 연구소가 위치한 층의 전체도면 및 기업부설연구소 내부도면(전용출입구 현판 및 내부사진 포함)
	※ 해당기업에 한해 제출서류 • 중소기업기준검토표 • 교원 · 연구원창업 중소기업 인원(해당기업에 한함) • 벤처기업 확인서 사본(벤처기업에 한함) • 안전 및 유지관리비 내역서(연구전담요원, 보조원의 총수가 10인 이상의 기업에 한함) • 보험가입보고서(연구전담요원, 보조원의 총수가 10인 이상의 기업에 한함

자료 : 연구소/전남부서 관리 시스템(http://www.rnd.or.kr)

(5) 기업부설연구소/연구개발전담부서 우대제도

지원제도	주요 내용	연구소	전담부서
조세	• 연구 및 인력개발준비금의 손금산입 • 연구 및 인력개발비 세액공제 • 연구 및 인력개발을 위한 설비투자에대한 세액공제	O	O
	• 기업부설연구소용 부동산에 대한 지방세 감면	O	×
관세	• 학술연구용품에 대한 관세감면	O	O
자금	• 국가연구개발사업	O	△
병역특례	• 전문연구요원제도	O	×

자료 : 연구소/전남부서 관리 시스템(http://www.rnd.or.kr)

3. 기술 인증

1) 신기술(NET) 인증

인증명	NET(New Excellent Technology)
시행근거	기술개발 촉진법 6조, 시행령 28조, 신기술(NET)인증 및 사후관리 시행세칙
신청대상	• 이론으로 정립된 기술을 시제품으로 제작해, 시험 또는 운영(실증화)함으로써 정량적 평가지표를 확보한 개발완료된 기술로 향후 기존제품의 성능을 현저히 개선시킬수 있는 기술 • 제품생산성이나 품질을 향후 현저하게 향상시킬수 있는 공정기술
인증주관기관	• 정부부처 : 산업통상자원부 기술표준원(www.kats.go.kr) • 운용기관 : 한국산업기술진흥협회 (www.koita.or.kr)
지원제도	• 판로지원 : 신기술제품 수의계약/ 국가,지방자치단체, 정부투자기관 공공단체 우선구매 추천 / 우수 조달품 선정 우대 • 자금지원 : 기금평가 등급 산출시 가점부여 / 보증 전결권 우대(기술보증기금) / 소요자금 사정시 우대지원 • 세제 지원 : 인증기술을 기업화하기 위한 투자자산 세액공제(설비투자의 7/100) • 기타 : 국가기술개발사업 지원시 우대
인증신청,접수	• 접수시기 : 년 3~4회 • 절차 : 산업기술 진흥협회 신청 공고(사전 방문하여, 상담 후 신청) - 부서 : 산업기술진흥협회 심사평가팀 - 홈페이지 : www.netmark.or.kr • 심사비 - 1차심사 20만원(접수시 납부) - 2차심사 50만원(2차심사 확정시 납부,시험분석 필요시 신청자 부담)
구비서류	• 신기술 인증 신청서 • 신청기술 설명서 • 신기술성을 증명하는 자료 사본 1부 • 특허법에 따라 지정받은 전문기관의 선행기술 조사 결과 1부 • 품질경영체계 설명자료, 국제표준화기구(ISO) 인증서사본

2) 신제품(NEP) 인증

인증명	NEP(New Excellent Product)
시행근거	산업기술혁신 촉진법 16조,동법시행령 18조(신제품 인증절차)
신청대상	• 국내에서 최초로 개발된 기술 또는 이에 준하는 대체기술로서 기존기술을 혁신적으로 개선, 개량한 신기술이 적용된 제품으로 사용자에게 판매되기 시작한 지 3년을 경과하지 않은 신개발제품
인증주관기관	• 총괄분야 - 정부부처 : 산업통상자원부 기술표준원 - 운용기관 : 한국산업기술진흥협회 • 건설분야 - 정부부처 : 국토해양부 - 운용기관 : 한국건설교통기술평가원 • 환경분야 - 정부부처 : 환경부 - 운영기관 : 한국환경산업기술원
인증(기술, 제품) 지원제도	• 판로지원 : 공공기관 20% 의무구매 / 우수제품 등록시 가점 / 공공기관 우선구매 대상(중소기업청) • 자금지원 : 산업기반자금 융자신청시 우대 / 기술보증기금 기술평가 가점 적용 우대 / 혁신형 중소기업 기술금융지원 • 기타 : 중소기업 기술혁신개발사업 가점 / 자본재 공제조합 입찰보증, 계약보증 차액보증, 지급보증, 하자보증시 우대
인증신청, 접수	• 접수시기 : 수시접수 • 절차 - 주관 : 산업통상자원부 기술표준원(신청전 사전 상담이 효과적임) - 부서 : 기술표준원 신기술인증 지원과 - 홈페이지 : www.kats.go.kr • 평가비용 : 무료) 단, 기술표준원 이외기관에서 시험분석 의뢰시 해당비용 신청자가 부담)
구비서류	• 신제품 인증 신청서(별지서식) • 신청제품 설명서(별지서식) • 신기술성을 증명하는 자료 사본 1부 • 특허법에 따라 지정받은 전문기관의 선행기술 조사 결과 1부 • 품질경영체계 설명자료 및 국제표준화기구(ISO) 인증서사본 • 다른 법률에서 해당제품 사용전 검사, 검증을 요하는 경우 결과 증빙자료1부

3) 우수재활용(GR)

(1) 우수재활용 인증제도

기술표준원에서 인증하는 GR(Good Recycled Mark)는 품질이 우수한 재활용품에 부여되는 인증으로 1997년 5월부터 제도를 시행해 왔다. GR마크는 재활용 업체의 신청에 의해 기술표준원의 제품검사 및 공장심사 등을 거쳐 우수재활용 제품을 계속 생산할 수 있는 시스템을 갖춘 업체를 대상으로 부여하고 있다.

(2) 인증 근거

- 자원의 절약과 재활용촉진에 관한 법률제33조 및 동법 시행규칙 제2조
- 산업기술혁신 촉진법 제15조제2항 제6호 및 동법 시행령 제17조제1항 제3호
- 우수재활용제조제품 인증요령 기술표준원 고시

(3) 인증 절차

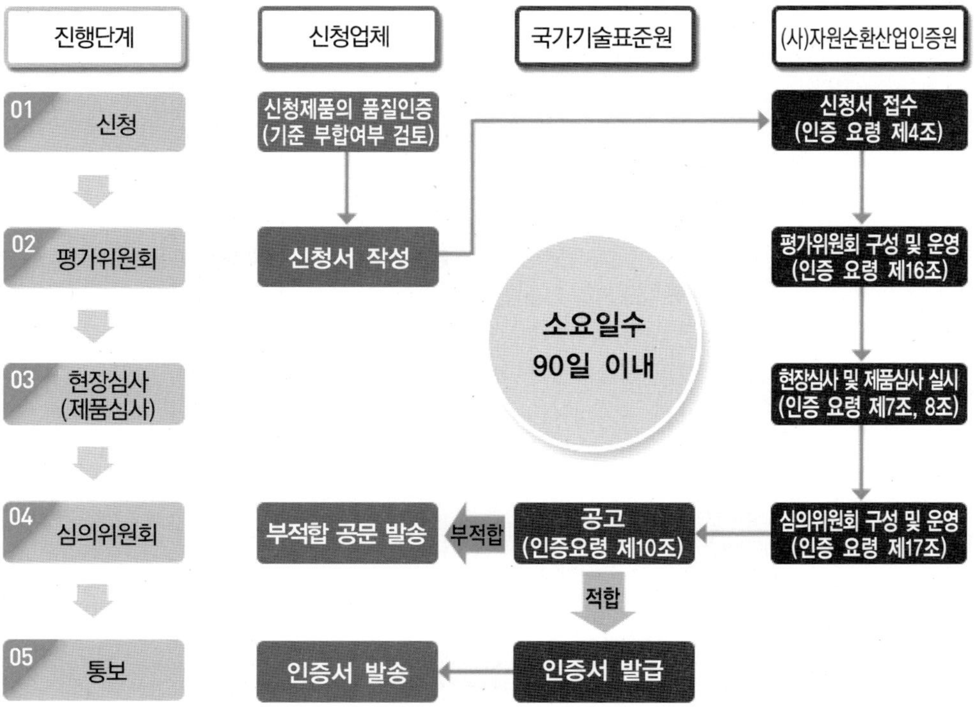

(4) 주요 인증 혜택

- 친환경상품 구매촉진에 관한 법률에 의거 공공기관 의무구매 제품 자격 부여
- 조달청 우수제품선정 시 가점부여, 수의계약 대상 반영, 판로 지원

4) 환경표지

(1) 환경표지제도

환경표지제도는 동일 용도의 제품 중 생산 및 소비자과정에서 오염을 상대적으로 적게 일으키거나 자원을 절약할 수 있는 제품에 환경표지인증 마크를 부여하는 제도이다.

1979년 독일에서 처음 시행되었으며, 유럽연합(EU), 북유럽, 캐나다, 미국, 일본 등 40여 개 국가에서 시행되고 있다. 우리나라는 1992년 4월부터 시행하고 있다.

(2) 인증 근거

- 「환경기술 및 환경산업 지원법」제17조(환경표지의 인증)
- 환경부 고시 - 환경표지 인증심사 신청수수료 및 사용료
- 환경부 고시 - 환경표지대상제품 및 인증기준
- 환경표지인증에 관한 업무 규정

(3) 대상 품목

- 사무용 기기·가구 및 사무용품, 주택·건설용 자재·재료 및 설비, 개인용품 및 가정용품, 가정용 기기·가구, 교통·여가·문화 관련 제품, 산업용 제품·장비, 복합용도 및 기타, 서비스 등

(4) 인증 절차

환경마크 인증신청서 제출

↓

서류 검증

↓

현장심사

↓

인증 심의위원회 개최

↓

인증심의 결과 통보

↓

인증서 교부

(5) 주요 인증 혜택

- 조달청 입찰심사시 가산점 적용
- 공공기관의 의무구매
- 조달청 우수제품 등록 지원

5) 녹색인증

(1) 녹색인증제도

녹색인증제도는 금융, 세제 등의 지원을 통해 녹색산업의 민간참여 확대와 기술시장 산업의 신속한 성장을 유인하기 위한 필요성이 대두되어 도입된 인증제도이다.

(2) 인증 근거

- 저탄소 녹색성장 기본법
- 녹색인증제 운영요령
- 녹색인증제 수행지침

(3) 인증 대상

① 녹색기술 인증

- 대상 : 에너지와 자원을 절약하고 효율적으로 사용하여 온실가스 및 오염물질의 배출을 최소화하는 기술 10개 분야
- 인증기준 : 100점 만점(기술우수성 60점, 녹색성 40점)으로 70점 이상

② 녹색기술제품 확인

- 대상 : 인증된 녹색기술을 적용한 제품으로 판매를 목적으로 상용화한 제품
- 확인기준 : 녹색기술 인증 확인, 제품생산가능여부, 품질 경영, 제품 성능을 모두 만족

③ 녹색사업 인증

- 대상 : 녹색성장과 관련하여 경제적, 기술적 파급효과가 큰 사업 9개분야
- 인증기준 : 100점 만점(환경 기대효과 50점, 녹색기술 활용성 30점, 정책 적합성 20점)으로 70점 이상이면 인증

④ 녹색전문기업 확인

- 대상 : 전년도 총 매출액에서 인증 받은 녹색기술에 의한 매출이 20% 이상인 기업
- 인증기준 : 아래 항목을 모두 만족

(4) 운영체계

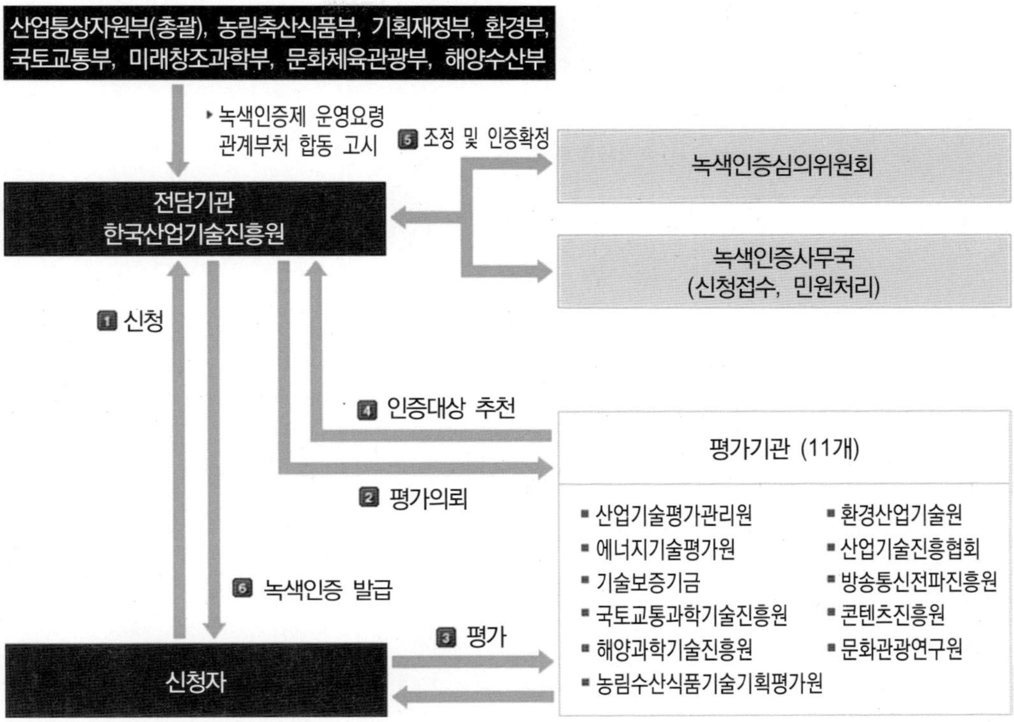

자료 : 녹색인증 시스템(https://www.greencertif.or.kr)

(5) 제출 서류

구 분	세부 내용
녹색기술	1) 신청 기술 설명서 2) 사업자등록증 사본 3) 법인등기부 등본 4) 소유권 또는 실시권을 증빙할 수 있는 서류 5) 관련 지식재산권 현황에 관한 증빙 6) 외부기관의 시험·인증에 관한 증빙
녹색기술제품	1) 신청 기술제품 설명서 2) 사업자등록증 사본 3) 법인등기부 등본 4) 품질 경영 및 제품의 성능증빙자료 5) 공장등록증 또는 생산현장 증빙 및 생산시설 증빙 (OEM제조 증빙 또는 직접생산증명서로 대체 가능)
녹색사업	1) 신청 사업 설명서 2) 사업자등록증 사본 3) 법인등기부 등본

구 분	세부 내용
녹색전문기업	1) 매출비중 내역서 2) 사업자등록증 사본 3) 법인등기부 등본 4) 공인회계사 확인서 5) 회계사/세무사 확인서(등록증) 6) 재무제표 7) 녹색기술인증서 5

(6) 주요 인증 혜택

- 녹색산업융자지원 5개 분야
- 사업화촉진 시스템 지원 8개 분야
- 판로 지원 9개 분야
- 기술사업화 기반조성 5개 분야
- 기타지원 4개 분야

6) 성능인증

(1) 성능인증제도

중소기업의 기술개발제품이나 신기술인증제품 등에 대해 성능검사를 거쳐 성능이 확인된 제품을 공공기관이 우선구매 할 수 있도록 지원함으로써 중소기업의 기술개발 촉진 및 공공구매 확대하기 위해 도입된 제도이다.

(2) 대상품목

- 신청대상 : 중소기업자가 개발한 기술개발제품으로 공공기관에 납품하고자 하는 제품
- 신청제외 : 의약품(동·식물용 포함), 미생물, 농·수산물, 총포·화약류, 사행성제품, 비가공제품, 식·음료품(동·식물용 포함), 핵심부품일체가 수입품인 제품 및 반제품

(3) 인증 절차

① 신청접수 : 중소기업 → 지방중소기업청 → 시험연구원(필요시)

② 기술적합성심사 : 제품의 분야별 실무평가위원회

③ 현장기술개발여건심사 : 지방중소기업청, 시험연구원

④ 성능검사 : 지방중소기업청, 시험연구원

(4) 주요 준비서류

- 신청제품에 대한 기술자료(제품소개서 등)

- 업체 자체 규격이 적용된 제품규격서
- 각종인증서(ISO, 벤처/이노비즈, 기업부설연구소 등)
- 신청제품 관련 시험성적서(시험 규격이 기재된 시험성적서)

(5) 주요 인증 혜택

- 성능인증, 성능보험 가입제품 구매로 발생하는 손실에 대해서는 구매자 면책
- 성능인증을 받고 성능보험에 가입된 제품을 생산, 공급하는 중소기업자에게는 제한 입찰, 지명 경쟁 입찰에 우선 참가자격 부여
- 조달청 우수제품 등록 시 가점 부여

4. 제품 인증

1) KC국가통합인증마크

(1) 제도 개요

KC국가통합인증마크란 국민의 생명과 재산을 지키기 위한 안전 · 보건 · 환경 · 품질 등의 법강제 인증마크를 국가적으로 단일화한 것으로 현재 법정인증과 민간인증을 모두 포함해 총 158개가 있다.

(2) 강제인증 필요제품 및 주관부처

마크	이름	분야	주관부처
	공산품 안전인증마크	유모차, 압력솥, 보행기 등	산업통상자원부 (국가기술표준원)
	자율안전확인 마크	등산용로프, 건전지, 보안경 등	산업통상자원부 (국가기술표준원)
	승강기 인증 마크	조속기, 완충기, 비상정지장치 등	산업통상자원부 (국가기술표준원)
	전기안전인증마크	전선, 전원코드, 청소기, TV 등	산업통상자원부 (국가기술표준원)
	고압가스용기(검마크)	안전밸브, 압축기, 증발기 등	산업통상자원부
	어린이보호포장	방향제, 세정제, 광택제, 얼룩제거제 등	산업통상자원부 (국가기술표준원)
	정보통신기기 인증	전화기, 모뎀, PC 등	방송통신위원회

마크	이름	분야	주관부처
	에너지소비효율등급	냉장고, 냉방기, 형광램프, 승용차 등	산업통상자원부
	품질검사필증 물마크	정수기	환경부
안	안전인증	프레스, 전단기 등	고용노동부
검	가스용품(검마크)	가스레인지, 압력조정기, 연소기 등	산업통상자원부
검	계량기 검정마크	전기계량기, 체온계, 저울 등	산업통상자원부 (국가기술표준원)
KFI	소방용품 검정마크	소화기, 방염재 등	소방방재청

2) 조달우수제품

(1) 조달우수제품제도

조달청우수제품제도는 조달물자의 품질향상을 목적으로 '96년에 도입하여 중소기업이 생산한 제품 중 기술 및 품질이 우수한 제품을 대상으로 우수제품으로 인정하는 제도로서 우수제품으로 선정된 제품은 국가계약법령에 따라 계약을 체결하여 각급 공공기관에 조달하는 제도이다.

(2) 인증대상

- 중소·벤처기업이 생산한 물품 및 소프트웨어로서 신제품(NEP) 또는 신기술(NET)이 적용된 인증제품으로 품질이 우수한 제품, 특허· 실용신안이 적용된 제품으로 품질이 우수한 제품, 저작권 등록된 S/W제품으로 품질이 우수한 제품
- 지정분야 : 전기전자/정보통신/기계장치/건설환경/화학섬유/사무기기/과기의료 분야 등

(3) 우수제품 지정심사

- 1차심사 : 분야별 대학교수, 변리사, 특허전무가, 연구기관의 연구관 등으로 구성된 5~10인의 외부 전문심사위원에 의해 기술·품질에 대하여 평가
- 2차심사 : 1차 심사 결과 70점 이상의 평점을 얻은 제품을 대상으로 조달청 계약심사협의회에서 조달품목으로서의 타당성, 계약 관리시 문제점 등을 심사하여 우수제품 지정 여부를 결정

(4) 우수제품 지정 혜택

- 중소기업 기술개발제품 우선구매 제도
- 판로지원법령 상의 기술개발제품으로 우선 구매 수의계약으로 각급 공공기관에 공급
- 제3자 단가계약을 체결하여 나라장터 종합쇼핑몰에 등재
- 구매책임자의 구매 손실에 대한 면책 적용
- 건설공사 소요 관급자재 우수제품 우선공급

3) K마크

(1) K마크 품질인증 제도

K마크 품질인증 제도는 공산품의 품질수준을 평가(시험.검사)하여 인증하는 제도로서 기술개발 촉진, 품질향상과 소비자 선택의 편리성 및 부실 제작 및 시공으로부터 사용자 보호를 위한 목적으로 한국산업기술시험원에서 운영하고 있다.

(2) 인증 근거

- 산업기술혁신 촉진법 제41조 1항 및 제41조 2항

(3) 대상 품목

- 기계류
- 전기전자 기기
- 측정 및 계측기기류
- 재료 및 화학 제품류
- 토목 · 건축 기자재류
- 도로교통 시설물
- IT기기 및 의료기기

(4) 인증 절차

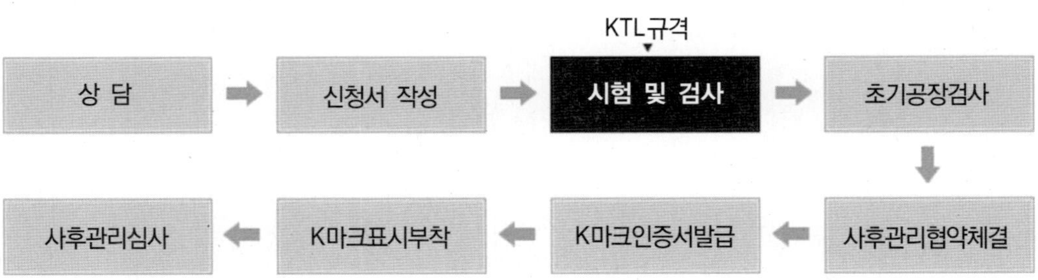

자료 : 한국산업기술시험원(http://www.ktl.re.kr)

(5) 주요 인증 혜택

- 조달청 우수제품 선정 가점, 국방조달본부 및 각공기관 입찰시 가점
- 기술보증기금의 기술평가 가점 적용 우대
- 제조물 책임 배상보험에 단체가입시 보험료 할인

4) GH마크

(1) 우수보건제품(GH) 품질인증제도

우수 보건제품(GH) 품질인증제도는 보건산업분야의 품질인증 제도로 국내 보건산업 제품의 품질 및 안전성 평가 및 인증이다.

(2) 인증 근거

- 한국보건산업진흥원법 제6조 8항

(3) 대상 품목

- 식품, 의약품, 화장품, 의료기기

(4) 인증 절차

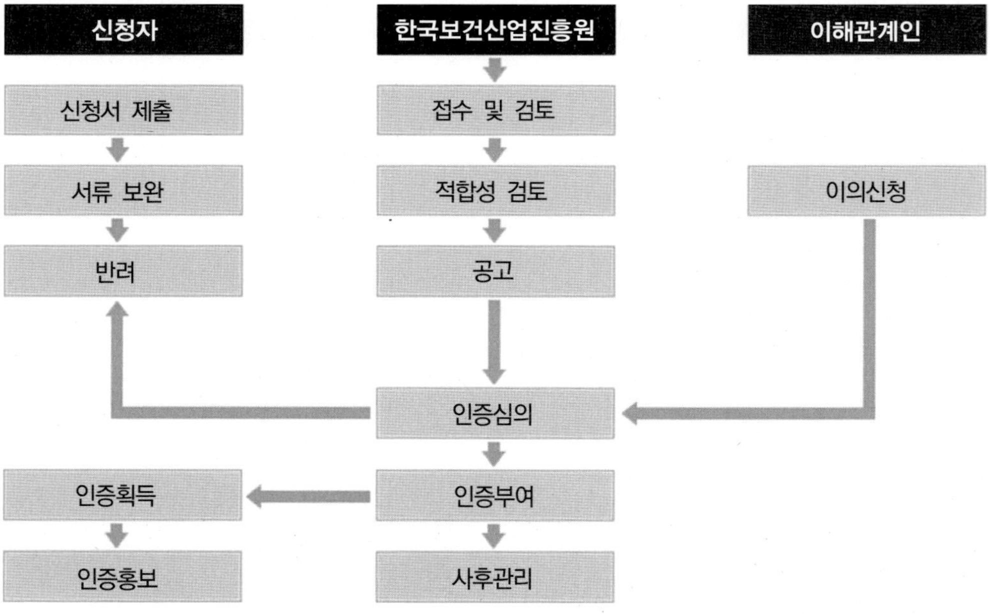

자료 : 한국보건산업진흥원(https://www.khidi.or.kr)

(4) 주요 인증 혜택

- 품질인증서 발급 및 제품에 GH 마크 사용

- 인증제품에 대한 적극적 홍보활동 지원
- 공동광고, 우수사례집 발간, 보건산업관련 전시회 제품홍보관 운영
- 인증업체의 투자유치 및 신용보증 추천

5. 시스템 인증

1) ISO

(1) ISO 인증제도 개요

ISO는 국제표준화기구로서 International Organization For Standardization의 약자이며, 전 세계 161개국 75만개 기업이 참여하고 있다. ISO는 모든 제품(서비스, 소프트웨어 포함)의 생산과정에 대해 국제표준으로 계약설계, 구매, 생산, 설치, 서비스의 품질보증 규격을 제정하여 운영하고 있다.

(2) 주요 ISO 인증

① ISO9001(품질경영시스템) : 제품이나 서비스 실현 체계가 규정된 요구사항을 만족하고 있음을 제3자 인증기관에서 객관적으로 평가하여 인증해 주는 제도

② ISO14001(환경경영시스템) : 조직이 구축한 환경경영시스템이 이 규격에 적합한지를 제3자 인증기관에서 객관적으로 평가하여 인증해 주는 제도

③ OHSAS18001(안전보건경영시스템) : 사업장에서 발생할 수 있는 위험에 대한 사전예측, 예방조치를 통해 조직원의 산업보건 및 안전 활동을 평가하여 인증해주는 제도

④ ISO22000(식품안전경영시스템) : 식품산업의 위생관리를 품질경영시스템 차원에서 접근하여 국제표준화한 규격이며, 식품산업의 안전경영 시스템을 국제적으로 인증받는 제도

표 3-8 ISO 인증별 특징 비교

구분	ISO 9001	ISO 14001	OHSAS 18001	ISO 22000
목표	고객만족	이해관계자 만족 (주로 외부)	이해관계자 만족 (주로 내부)	이해관계자 만족 (내외부)
규격구조	PDCA Cycle	PDCA Cycle	PDCA Cycle	HACCP+QMS
관리대상	제품 또는 서비스	제품 또는 서비스/부산물	작업장 상태/작업자 행동	Food Chain

(3) ISO 인증 효과

- 경영시스템의 객관적 검증으로 회사 이미지 제고, 신뢰감 향상
- 경영체질의 개선으로 기업경쟁력 강화 및 외부환경 변화에 신속대응
- 결함 예방 및 지속적 개선을 통하여 고객만족

2) HACCP

(1) HACCP 제도

HACCP(해썹)은 위해요소분석(Hazard Analysis)과 중요관리점(Critical Control Point)의 영문약자로서 식품안전관리인증기준이라 한다. HACCP은 식품을 만드는 과정에서 생물학적, 화학적, 물리적 위해요인들이 발생할 수 있는 상황을 과학적으로 분석하고 사전에 위해요인의 발생여건들을 차단하여 안전한 제품을 공급하기 위한 시스템 규정이다.

(2) HACCP 7원칙 12절차

구분	12절차	
준비단계	① HACCP팀 구성	
	② 제품설명서 작성	
	③ 용도 확인	
	④ 공정흐름도 작성	
	⑤ 공정흐름도 현장확인	
7원칙	⑥ 위해요소분석	원칙 1
	⑦ 중요관리점(CCP)결정	원칙 3
	⑧ CCP 한계기준 설정	원칙 4
	⑨ CCP 모니터링체계 확립	원칙 4
	⑩ 개선조치방법 수립	원칙 5
	⑪ 검증절차 및 방법 수립	원칙 6
	⑫ 문서화, 기록유지방법 설정	원칙 7

자료 : 한국식품안전관리인증원(http://www.haccpkorea.or.kr)

(3) 인증 절차

① 법적근거 : 식품위생법 제48조 및 식품위생법시행규칙 제62조부터 제68조

② 접 수 처 : 한국식품안전관리인증원

③ 준비서류

- 식품안전관리인증기준(HACCP)적용업체 인증신청서
- 적용대상 식품별 식품안전관리인증계획서

④ 처리절차

- 서류검토 : 적용대상 식품별 식품안전관리인증계획서
- 현장심사
- 보완요구 및 보완결과 현장 조사
- 인증서 발급(적합) 또는 부적합 통보

6. 법정 강제인증제도

구분	관련부처	대상분야		관련 법률	대상품목
안전	산업통상 자원부	전기용품		전기용품안전 관리법	전선/전동기등
		공산품	안전인증	품질경영 및 공산품안전관리법	유모차 등
			자율안전확인	품질경영 및 공산품안전관리법	등산용로프 등
		승강기		승강기시설 안전관리법	승강기 등
		가스용품		액화석유가스의 안전관리 및 사업법	가스렌지 등
		고압가스용기		고압가스 안전관리법	고압가스용기 등
		열사용기자재압력용기		에너지이용 합리화법	1,2종 압력용기 등
		전기용품		전기용품 안전관리법	전기용품
		어린이보호포장대상 공산품		품질경영 및 공산품안전관리법	광택제 등
		항공기부품		항공우주산업개발 촉진법	고정익 소형비행기 등
	국토 교통부	기계식주차장		주차장법	기계식주차장치 등
		내화구조		건축법	건축용 벽체 등
		건설기계		건설기계관리법	불도저 등
		자동차		자동차관리법	자동차
		자동차부품		자동차관리법	제작자동차
		항공기		항공법	항공기 등
	미래창조 과학부	무선설비기기		전파법	무전기기류 등
		전자파적합등록		전파법	정보기기류 등
	해양수산부	선박 및 선박용 물건		선박안전법	구명정 등
	고용노동부	유해/위험기계기구		산업안전보건법	프레스/전단기 등
		방호장치 및 보호구		산업안전보건법	방호장치 등
	국민안전처	소방용품		소방시설설치·유지 및 안전관리에 관한 법률	소방용품
식품	식품의약 안전처	축산물 HACCP		축산물 위생관리법	축산물가공업 등
		식품 HACCP		식품위생법	어묵류 등

구분	관련부처	대상분야	관련 법률	대상품목
성능	산업통상자원부	계량기	계량에 관한 법률	전기계기 등
		에너지효율	에너지이용 합리화법	형광램프 등
	환경부	정수기	먹는물 관리법	정수기구조/재질 등
		교정용품	환경분야 시험·검사 등에 관한 법률	측정기기교정가스 등
품질	국토교통부	벽체의 차음구조	건축법	건축물의 경계벽, 간막이벽 등
		바닥충격음 차단성능 인정	주택법	공동주택 바닥슬라브
		주택성능등급인정	주택법	공동주택
환경	환경부	환경측정기기	환경분야 시험·검사 등에 관한 법률	원동기동력계와 그 부속기기 등
		자동차소음	소음진동규제법	제작자동차
		자동차배출가스	대기환경보전법	제작자동차
		고형연료제품	자원의 절약과 재활용촉진에 관한 법률	생활폐기물 고형연료제품
	해양수산부	해양오염방제자재	해양환경관리법	해양오염방지설비 등
		해양오염방지설비	해양환경관리법	기름여과장치 등
		해양환경측정기기	해양환경관리법	용존산소측정기 등
보건	식품의약안전처	의약품	약사법	의약품/마약류 등
		화장품	화장품법	기능성화장품, 신원료심사
		의료기기	의료기기법	지정대상 고시품목 의료기기

7. 해외 인증

지역	인증마크	인증명	인증대상
유럽	CE	CE Marking	• EU의 공동규격에 상품 • 안전, 건강 그리고 소비자의 보호와 관련된 규정 준수 • EU, EFTA 지역 및 터키 내에서 추가 인증없이 자유로이 유통가능함을 나타내는 유럽의 적합성평가인증마크
유럽	e 1	e-Mark	• 승용차 및 트레일러 등(총 60개 품목) • 자동차 및 그 부품에 적용되는 EU의 강제인증으로 회원국중 어느 한 국가에서 부여받은 인증은 모든 회원국에서 인정
독일		GS	• 운영체계 소프트웨어 등(총 125개 품목) • GS마크는 안전과 품질을 보증하는 마크로서 한국의 "KS마크" 혹은 "품"자 마크와 유사하며, 독일 시장에 통용되는 각종의 공산품에 대하여 독일의 DIN 혹은 EN규격에 따라 요구되는 검사를 마치면 GS 마크가 부여
폴란드	B	B mark	• 가정용 전기기기류 등(총 40개 품목) • 폴란드의 EU가입에 따라 폴란드 B마크는 자발적 테스트 마크가 되었고 EU의 강제인증제도인 CE마킹을 따름 • 현재의 PCBC는 폴란드내의 인증기관중 하나로서의 기능을 유지하고 있음
스위스	S	SEV	• 누전차단기 등(총 26개 품목) • 교류 50V이상 1000V이하, 직류 75이상 1500V이하의 전기제품에 적용되고, 새로운 규정은 제삼자 또는 제조업자의 자기 인증제도를 기본으로 하여, 전기제품에 대한 인증제도
벨기에	CEBEC	CEBEC	• 낮은 전압(1000V) 전기제품 인증 • 교류 50V에서 1000V,직류 75V에서 1500V까지의 전압에 사용되는 전기기계 기구 및 전선은 반드시 해당 지침을 따르도록 함. 벨기에는 EC 및 EFTA 가맹국의 인증마크 부착기기 및 부품의 시장 판매를 허용
덴마크	D	DEMKO	• 덴마크 전기 규격 • DEMKO는 규격 안을 작성할 책임을 가지고 있음. 덴마크 전기 규격의 대부분은, EN, HD, IEC 등의 국제 규격에 근거하고 있으며, 또한, 유럽 혹은 덴마크의 규격차이점(deviation)이 반영된 경우도 있음
노르웨이	ISO 9001 DNV REGISTERED	DNV	• 노르웨이선급협회 공장승인 규격, 강제규격 • 제품을 노르웨이 선급협회의 검사 선박에 설치하기 위해서는 제품의 테스트 및 공정, 생산설비 및 검사 및 시험 장비까지 심사를 받아야 인증이 가능한 강제적용 규격
그리스		ELOT	• 가정용 전기기기류 등(총 40개 품목) • 그리스 표준규격이나 기타 국제기준에 합당하게 제조된 상품에 대하여 품질을 인증하고 품질인증마크 부여

지역	인증마크	인증명	인증대상
슬로바키아		ESS	◦ 가정용 기기 등(총 13개 품목) ◦ EVPÚ에 의해 인정된 ESS 적합성 마크는 관련 규격과 제품의 적합성을 나타내고 제품안전상징. 안전 및 EMC 요구사항을 포함하고 다양한 시장에 제품을 판매하는 기초로서 제공
체코		ESC	◦ 가정용 전기기기류 등(총 38개 품목) ◦ 체코의 자율 규제제도로서 EZU인증제도의 ESC마크는 전기 안정성을 인증하는 체크의 고유마크
프랑스		NF	◦ 프랑스 내에서만 유용하며, 프랑스에 수출을 위해 강제적으로 취득해야 하는 인증제도는 없음 ◦ 프랑스에서도 유럽전역에 효력을 발휘하는 CE가 적용되나, 프랑스가 독자적으로 시행하는 강제인증은 없음. 반면 강제성이 없는 자율인증인 NF마크가 품질보증제도로 시행
이탈리아		IMQ	◦ 환경 보호 및 안전 등(총 57개 품목) ◦ IMQ마크는 특정의 IEC규격에 적합함을 나타내는 전자·전기 제품에만 적용되는 마크
네덜란드		KEMA	◦ 개폐기류 등(총 122개 품목) ◦ KEMA의 KEUR마크는 N.V.KEMA가 관리. KEMA-KEUR 마크는 전기제품만의 인증마크임 ◦ KEMA는 세계적인 규격 기관 중 하나로써 대용량 전기기계 및 전기부품에 대한 명성을 가지고 있어서 인증을 획득했을 때 품질의 신뢰성(우수성)을 인정받을 수 있음
영국		Kitemark®	◦ 신체 보호용 기기 등(총 37개 품목) ◦ 제품 또는 서비스에 대해서 인증을 받은 제조자는 품질관리 프로세스가 엄격하게 관리되고 품질과 안전에 대한 의지를 갖고 있다는 것을 고객에게 호소할 수 있음
스페인		AENOR	◦ 가정용 전기기기 기류 등(총 53개 품목) ◦ AENOR를 통해 국제적으로 공인된 인증을 받을 수 있으며, 64,000여개의 품목에 대하여 12,000여개의 인증 조직에 대한 보증을 받을 수 있음
헝가리		MEEI	◦ 가정용 전기기기류 등(총 45개 품목) ◦ 헝가리에서는 전기설비, 기기, 제품 및 부속품은, 시험을 받아, 생명, 건강, 재산에 대한 안전성과 전기안전규격과의 적합성이 승인된 후에야 유통 및 제조가 가능함 ◦ MEEI는 부품, 전기 제품, 가정용품, 그리고 공업용 장비에 대한 승인마크임
터키		TSE Mark	◦ 터키 시장 진입을 위한 필수 요건임 ◦ 터키내에서 생산되거나, 외국으로부터 수입되는 식품, 의약품, 신발 및 섬유와 같은 소비재를 제외한 공산품에 대해서 인증을 받도록 규정 ◦ TS규격에 일치함이 확인된 제품은 TSE로부터 라이센스가 허용됨

지역	인증마크	인증명	인증대상
호주	Certified Product Australian Standard	Standards Mark	• 비디오 등(총 244개 품목) • 다른 인증에 비해 호주 내의 거주민들의 인지도가 굉장히 높음 • SAI-Global의 인증마크를 직접 제품에 부착하도록 규정하고 인증에 대한 사용권한이 제조자(Manufacturer)에게 부여된다는 점이 특징
오스트리아	ÖVE	OVE	• VE 마크는 오스트리아 전기 기술법에 의거한 전기기기, 통신용 기기 등에 대한 강제 인증임 • VE 마크는 국제전기표준의회(IEC)와 유럽 전기기기 통일안전규격 위원회(CEE)의 안전규격과 무선간섭, 전원시스템에 관한 외란, 일부 기기의 성능(오븐, 냉장고) 항목을 포함
스웨덴	INTERTEK S	SEMKO	• 스웨덴 전기 안전 규격 • 스웨덴은 전기법(Electrical Act)에 의해서 별도로 선정된 기기에 대하여 시험검사를 하여 스웨덴 전기안전규격에 적합하지 않으면 판매, 전달, 획득 등이 금지 • SEMKO는 Nordic/EMKO 협정의 회원국으로 S-mark를 활용하여 기타 스칸디나비아 국가의 규격 획득이 가능함
핀란드	FI	FIMKO	• 내부장착용 전원공급장치 등(총 50개 품목) • 핀란드 전기안전 규격 • 강제성이 전혀 없으며 단순히 FI에서의 시험검사에 합격한 제품임을 표시함 • Nordic/EMKO 협정의 회원국으로 Fi-mark를 활용하여 기타 스칸디나비아 국가의 규격 획득이 가능
호주		A-Tick	• 가정용기기 등(총 34개 품목) • 기본적인 승인절차는 제품의 종류 및 적용 기술기준에 따라 수준(level)1, 2, 3으로 구분되어 각 수준에 따른 절차를 약간씩 달리하고 있으며, 해당되는 label을 부착하도록 규정 • 제품이 비적합성을 나타내는 경우 제품에 경고문구와 함께 Non-compliance label을 부착
일본	PSE	PSE	• 고무절연전선 등(총 453개 품목) • 국내는 제조자가, 수입품의 경우는 경제산업성에 신고된 수입업자가 인증을 받아야 함 • 인증 대상은 특정전기용품(115개 품목)과 특정전기용품 이외의 전기용품(338개 품목)으로 구분
중국	CCC	CCC	• 전자, 전기통신 등 132개 품목 인증 • CCEE인증과 국가수출입검험검역국의 CCIB인증으로 이원화되어 운영되어 오던 제품인증제도를 CCC인증제도로 통합 • 중국내에서 유통되거나 중국으로 수입되는 제품 중 CCC인증대상 품목은 반드시 동 인증을 취득하여 CCC인증마크를 부착하여야 함 • 대리상 및 수입상은 동 인증마크가 부착되지 않은 제품은 중국내 판매 및 수입이 금지됨

지역	인증마크	인증명	인증대상
말레이시아		ST& SIRIM	• Two pole plug with supply cord (max. 2.5A)등 (총 143개 품목) • 강제규격에 해당되는 제품은 SIRIM 인증을 받아야 제조 및 수입이 가능하며 임의 규격에 해당되는 제품이 SIRIM 인증을 받은 경우 제품의 안전성을 보장하는 마크로 시장 진출에 용이
필리핀		PS	• Air conditioners/Electric heat pumps, Dehumidifiers 등(총 92개) • 품질 경영시스템 표준을 지속적으로 준수하는 국내·외 제조업자에게 마크 부여 • PS마크가 없는 경우 판매를 할 수 없음 • 제품신뢰성 향상 및 시장 경쟁력 확보
태국		Mandatory Standard Mark	• Incandescent lamps 등(총 95개 품목) • 태국산업규격 (Thai Industrial Standards)에 따른 제품 인증제도로 태국에 제조 혹은 수입되는 강제규격에 해당되는 제품은 반드시 Mandatory Standard Mark 인증을 받고 마크를 부착해야 함 • 강제규격으로 반드시 인증을 받아야 만 태국 내에서 제조, 수입, 판매가 가능
미국		UL	• 가전기기 등(총 295개 품목) • UL은 미국의 대표적인 비영리 안전시험기관이며, UL에서 제정한 UL규격은 미국의 안전규격으로 사용되는, 미연방정부의 강제 승인 사항은 아닌 비강제 규격 • 미국내에서 UL의 신뢰성은 높이 평가되고 있으며, 소비자들의 선호도가 높기 때문에 생산업자, 판매상, 수입업자 대부분이 요구하고 있어, 실제로 미국에 수출하기 위해서는 반드시 필요한 강제규격과 같음
아르헨티나		Safety Mark (S-Mark)	• 전선 및 케이블류 등(총 13개 품목) • 아르헨티나 내에서 판매되는 AC50-1000 V 및 DC50-1500V에 속하는 모든 전기전자 제품은 아르헨티나 인가기관인 OAA(The Argentine Organsation of Crediting)에서 인가받은 인증기관에서 발행한 강제인증을 받을 것을 요구
멕시코		NOM	• Household appliances 등(총 57개 품목) • 약 800여개의 NOM 규격이 있으며 이중 일부 규격들은 인증기관이 정해져 있지 않음. 인증기관이 정해진 NOM 규격은 해당 인증기관에서 인증을 받아야 하며 인증기관이 정해지지 않은 NOM 규격의 경우 정부기관인 DGN을 통해 인증을 받아야 함
캐나다		CSA	• 가정용 가스기기 등(총 260개 품목) • CSA의 인증을 받을 경우, 각 주는 물론 캐나다 전역에 걸쳐 효력이 있음 • Gas 사용기기의 경우, 안전검사는 세계적 수준이므로 북미 전 지역에서 CSA 인증이 UL 인증보다 안전성 보장의 측면에서 신뢰도가 높고 북미지역 외에도 호주, 뉴질랜드 등의 국가에서도 인지도가 높음

[사례 연구] 인증제도

경영 사례 신제품 인증과 신기술 인증의 차이점

Q. 당사는 국가연구개발사업을 통하여 제품개발을 완료하였고 시제품 제작 및 판매를 준비하고 있습니다. 아울러 조달 우수제품 등록을 위하여 신제품 또는 신기술 인증을 진행하고자 하는데 각 인증이 어떠한 차이가 있나요?

A. 신제품(NEP : New Excellent Product) 인증은 국내 최초로 개발된 신기술 또는 기존 기술을 혁신적으로 개선한 기술이 적용된 제품으로 실용화한지 3년이 경과하지 않은 제품에 한하여 심사를 통하여 인증을 내주는 제도입니다.

신기술(NET : New Excellent Technology) 인증은 기존제품의 성능을 크게 개선시킬 수 있거나, 제품의 생산성과 품질을 크게 향상시킬 수 있는 공정기술 등에 대하여 심사를 통하여 인증을 내주는 제도로 두 가지 인증의 가장 큰 차이점은 기술이 적용된 제품의 판매실적이 있느냐 없느냐이며, 판매실적이 있으면 신제품(NEP) 인증을, 판매실적이 없으면 신기술(NET) 인증을 신청하셔야 합니다.

■ NET와 NEP 인증개요 및 비교

구 분	신기술(NET) 인증	신제품(NEP) 인증
명 칭	New Excellent Technology	New Excellent Product
인증대상	신기술 : 국내 최초로 개발된 기술 및 이에 준하는 대체기술로서 실용화 시 경제적 기술적 파급효과가 큰 기술	신제품 : 신기술을 이용하여 실용화에 성공한 제품
인증주체	산자부(한국산업기술진흥협회) 국토교통부(건교평) 환경부(환경관리공단)	산자부(기술표준원) 정통부(전파연구소)
유효기간	3년 이내(2회 연장신청 가능)	3년(최대3년 연장신청 가능)
지원방안	인증기술의 실용화 지원 등	인증제품의 판로확보 지원 등

경영 사례 이노비즈와 벤처의 차이점

Q. 이노비즈인증을 획득할 예정인데 특혜나 지원면에서 이노비즈와 벤처인증의 차이점이 있는지와 두 가지를 모두 가지고 있을 때 혜택이 더 큰지요.

A 벤처기업 또는 이노비즈기업인증에는 금융, 인력, 기술, 입지, M&A, 세제 등의 지원이 있으며 또한, 기관(타기업, 금융기관 등)과의 접촉 시 기술혁신형 중소기업으로 인정받아 기업 이미지 개선에도 상당한 효과가 있습니다.

1. 벤처인증의 효과는
   (1) 연구벤처기업 인가 필수요소
   (2) 이노비즈기업인증 평가 시 우대
   (3) 설립 5년 미만 기업의 경우 법인세 감면
   (4) 국가 R&D사업 신청 가점
   (5) 병역특례 추천 심사시 가점
   (6) TV, 신문 광고비 할인 등 다양한 혜택이 존재합니다.

2. 이노비즈인증의 효과에 대해서는
   (1) 정책자금 지원 시 금리 및 보증 우대
   (2) 대외적인 기업 신인도제도
   (3) 벤처기업의 요건이 되지 않는 기술기반기업의 지원
   (4) 광고비 할인, 국가연구개발자금지원, 병역특례 추천 심사 시 가점 등이 있습니다.

만약 업력이 3년 미만의 기업은 벤처기업만 가능하며 업력이 3년 이상의 기업은 이노비즈인증이 가능합니다. 세금혜택을 보기 위해서는 설립 후 바로 벤처인증을 받는 것이 유리하며 회사의 보증한도 및 대출한도 증액을 위해서는 이노비즈인증이 필요합니다.

또한, 두 가지를 동시에 갖출 경우 일부 지원혜택은 중복되기 때문에 반드시 그 효과가 두배가 되는 것은 아닙니다.

경영 사례 해외규격인증

Q. 해외에서 중소기업 제품의 신뢰도를 높여 수출을 원활히 할 수 있도록 수출대상 국가에서 요구하는 해외규격인증마크 획득에 드는 비용을 지원하는 사업이 있다는 설명을 들었습니다. 자세한 설명을 부탁드립니다.

A 중소기업 제품이 해외에서 신뢰도를 높여 수출을 원활히 할 수 있도록 수출대상 국가에서 요구하는 해외규격인증마크 획득에 드는 비용의 일부를 지원하는 사업입니다. 중소기업을 대상으로 제품인증(CE, NRTL, RoHS 등), 시스템인증(ISO9001, ISO14001, ISO 22000, TS16949, TL9000 등) 등의 해외규격인증 획득을 위한 컨설팅 및 인증비용을 지원하는 사업정보를 제공합니다. CE, NRTL 등 세계 160개 인증획득 비용의 40~60%를 지원합니다.

기업규모별, 지원규벽별, 제품분야별 시장가격을 반영한 정부출연금 차등지원과 업체당 1회 3개 인증까지 신청 가능(최대 연 3회 참여 가능, 해외규격 획득 완료 후 사후정산 방식)

<용어해설>

CE : 유럽 내에서 유통되는 상품 중 소비자의 건강, 안전, 위생 및 환경보호 차원에서 위험성이 내포되어 있다고 판단되는 제품에 적용되는 인증

NRTL : 미국의 산업현장에서 사용되는 산업용품에 대하여 작업자의 안전을 위하여 27개 분야의 공인시험소 인증

경영 사례 해외녹색규제대응

Q. 완제품을 해외에 수출하는 중소기업으로 해외녹색규제에 대응능력을 향상하기 위한 지원 제도는 있나요?

A 그린 SCM은 중소기업이나 중견 모기업이 보유하고 있는 녹색경영체제 구축 노하우를 청정생산 기술 등을 협력업체에 제공하여 녹색경영 능력을 강화시키기 위한 시스템 구축을 지원하는 Supply Chain Management의 약어이며, 중소기업진흥공단 녹색경영확신 지원단에서 지원하는 해외 녹색규제 대응 중 · 소 그린 SCM 지원사업이 적절할 것 같습니다. 본 지원사업은 완제품을 수출하는 중소 · 중견기업에 부품소재를 공급하는 협력업체 간 녹색 공급망 관리 체계 구축을 지원하여 수출중소기업의 해외녹색규제 대응능력을 높이고 협력업체의 전반적인 환경경영 능력을 향상시키는 사업입니다.

<지원내용>

① 기후변화 대응, 제품환경 규제대응을 위한 환경경영교육 및 전문가 양성, 환경경영진단시스템 현장진단, 생산설비 공정진단 및 개선, 유해물질 관리시스템 구축에 대한 컨설팅 지원
② 총 비용의 75% 이내, 2억 원 한도, 기업부담금은 현금 15% 이상 현물 10% 이내
③ 지원대상 : 완제품 또는 부품 · 소재를 수출하는 중소 · 중견기업으로 10개 내외의 협력업체와 컨소시엄을 구성하여 신청한 주관기업
④ 협력업체 : '중소기업기본법' 제2조에 의한 중소기업으로 상시 종업원 10인 이상

<관련 사이트>

중소기업 그린넷 : www.greenbiz.go.kr, 국번없이 1357

경영 사례 사회적기업 인증 요건

Q. 사회적 기업 인증요건에 대하여 궁금합니다.

A 사회적 목적을 우선적으로 추구하면서 영업활동을 수행하는 기업 조직을 말하며 사회적 기업 인증요건은 아래의 7가지입니다.

1. 조직형태
   민법에 따른 법인·조합, 상법에 따른 회사, 특별법에 따라 설립된 법인 또는 비영리민간단체 등 대통령령으로 조직형태를 갖출 것
2. 유급근로자 고용
   유급근로자를 고용하여 재화와 서비스의 생산·판매 등 영업활동을 할 것
3. 사회적 목적 실현
   취약계층에게 사회서비스 또는 일자리를 제공하거나 지역사회에 공헌함으로써 지역주민의 삶의 질을 높이는 등 사회적 목적의 실현을 조직의 주된 목적으로 할 것
4. 이해관계자가 참여하는 의사결정 구조
   서비스 수혜자, 근로자 등 이해관계자가 참여하는 의사결정 구조를 갖출 것
5. 영업활동을 통한 수입
   영업활동을 통하여 얻는 수입이 노무비의 50% 이상일 것
6. 정관의 필수사항
   사회적기업육성법 제9조에 따른 사항을 적은 정관이나 규약 등을 갖출 것
7. 이윤의 사회적 목적 사용
   회계연도별로 배분 가능한 이윤이 발생한 경우에는 이윤의 3분의 2 이상을 사회적 목적을 위하여 사용할 것 (상법 상 회사·합자조합 등)
   자세한 사항은 한국사회적기업진흥원(www.socialenterprise.or.kr)
   통합정보시스템 031-697-7750~1 로 문의하시면 됩니다.

경영 사례 중소기업확인서, 소상공인 확인서

Q. 중소기업, 소상공인 확인요령에 대하여 궁금합니다.

A. 공공기관의 경쟁 입찰에 참여하고자 하는 중소기업, 소상공인에 대해 부여하는 확인서입니다. 확인서를 발급받은 기업이 경쟁 입찰에 참여하면 중소기업청 계약이행능력심사 기준에 따라 신인도 가점을 부여받을 수 있습니다.

지원대상은 중소기업기본법 제2조에 의한 중소기업, 소기업 및 소상공인 지원을 위한 특별조치법 제2조에 의한 소상공인입니다.

지원혜택으로는 첫째 확인서를 발급받은 기업은 경쟁 입찰 참여 시 조달청, 중소기업청 등에서 정한 심사기준에 따라 심사 시 신인도 가점 부여 둘째 중소기업청 계약이행능력심사 기준에 따라 신인도 가점 부여합니다.(소상공인 : 0.5점, 소기업 : 0.25점)

신청 및 접수는 공공구매종합정보망(www.smpp.go.kr)를 통한 온라인 신청을 하시면 됩니다.

-회원가입 → 로그인 → 마이페이지 → 중소기업소상공인 신청 → 동의 후 기본 정보 입력하고 “저장”

자세한 사항은 중소기업청 홈페이지 www.smba.go.kr와 전담정보사이트 www.smpp.go.kr를 참고하시면 됩니다.

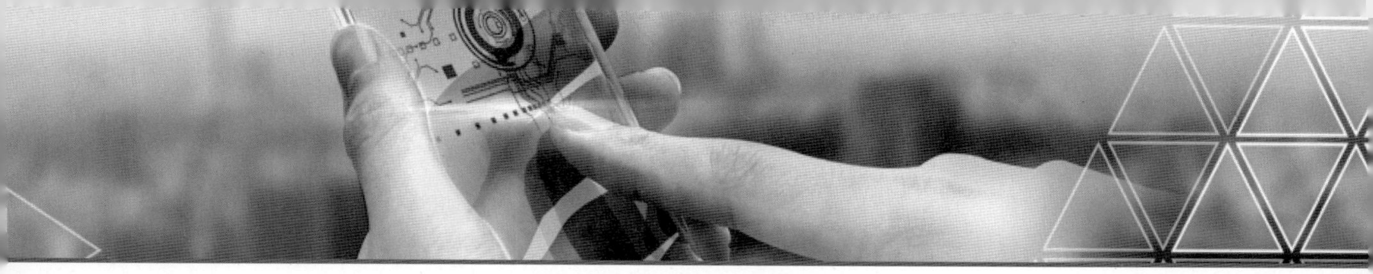

제3장 세무회계

1. 회계관리

1) 회계의 기초

(1) 회계의 정의

회계란 기업의 경제적 활동에 대한 정보를 인식, 측정, 기록하여 회계정보의 이용자가 합리적으로 판단과 의사결정을 할 수 있도록 기업의 경영활동 성과와 재정상태의 변동 상황을 화폐단위로 파악하여 그 결과를 기업의 이해관계자에게 전달하는 과정이라고 할 수 있다.

정보이용자란 경영자를 비롯하여 주주, 종업원, 채권자, 투자자, 정부 등 다양한 이해관계자를 말하는 것이고, 합리적인 의사결정이란 기업에 대한 정보를 통하여 그 회사의 장래를 예측함으로써 투자자의 경우는 그 회사의 주식을 살 것인지, 채권자의 경우는 그 회사에 돈을 빌려줄 것인지를 여부를 결정하는 것이다.

표 3-9 회계가 제공하는 정보

회계가 제공하는 정보	보고서 형식
경제적 자원에 대한 재고(Stock)에 관한 정보	재무상태표(대차대조표)
경제적 흐름(Flow)에 관한 정보	손익계산서와 현금흐름표

자료 : 한국창업보육협회(2014), 기술창업가이드

(2) 회계의 분류

① 재무회계

투자자나 채권자 등 기업의 외부이해관계자에게 회계정보를 제공하기 위한 회계이다. 기업회계기준의 적용을 받으며 기업의 재무상태, 경영성과, 자본변동, 현금흐름을 표시한다.

② 관리회계

내부이용자인 경영자의 의사결정을 위한 정보를 제공하기 위한 회계로 회계원칙 등에 구속 받지 않는다. 경영계획, 통제, 내부보고를 위한 회계이다.

③ 세무회계

기업의 일정기간의 과세소득을 산정하기 위한 것으로 세법의 규정에 의한다.

(3) 회계에 대한 올바른 인식

회계에 대한 잘못 된 인식은 회계정보에 대한 왜곡을 가져 오게 되고 결국은 잘못된 의사결정을 하게 된다.

표 3-10 회계에 대한 잘못된 인식

회계에 대한 잘못된 인식	회계에 대한 사실
회계는 복잡하고 골치 아픈 것이다	상시적이고 일반적인 일에 속함
전문가에게 맡겨서 처리하면 된다	기업의 현장에서 처리해야 하며 필요시 자문을 받거나 위탁 처리할 수 있는 일
담당직원이 알아서 하면 된다	경영자가 이해하고 경영의사결정에 활용해야 함
장부정리만 잘하면 된다	산출된 결과를 자금의 차입 및 투자유치 등 다양한 곳에 사용할 수 있음
세금을 내기 위해서 하는 일이다	경영관리와 경영의사결정에 필요한 정보를 산출하는 일
이익은 얼마든지 조정할 수 있다	회계처리 상 선택 가능한 방법이 있을 수 있음

(4) 회계처리를 잘못할 경우

- 사실에 근거한 정확한 의사결정을 하기가 어려워진다.
- 회계장부와 실재현황이 일치하지 않게 된다.
- 산업 표준 또는 동종업계와의 비교가 불가능하게 되는 경우가 많다.
- 회사가 제대로 가고 있는지 알 수 없는 경우가 많다
- 재무관리의 부실로 인하여 신용평가 등급이 하락될 수 있다.
- 자금 조달 시 어려움이 발생할 수 있다.

2) 기장의무의 구분

법인세법 및 소득세법에서는 납세자에게 다음과 같이 기장의무를 부여하고 있다.

| 표 3-11 | 사업자별 기장의무

<table>
<tr><th>수입금액</th><th>법인사업자</th><th>개인사업자</th></tr>
<tr><td>기준금액 이상</td><td rowspan="3">복식부기의무자</td><td>복식부기의무자</td></tr>
<tr><td>기준금액 미만</td><td>간편장부대상자</td></tr>
<tr><td>4,800만원 미만</td><td>기장의무 없음</td></tr>
</table>

개인사업자의 직전연도의 수입금액이 업종별로 아래의 기준금액 이상인 경우에는 복식부기의무자에 해당하며, 동 기준금액에 미달하지만 4,800만원 이상인 경우에는 간편장부대상자에 해당한다. 만약 복식부기의무자가 기장을 하지 않고 추계에 의하여 소득금액을 신고하는 경우에는 '수입금액 조사대상'으로 우선 선정될 수 있다.

| 표 3-12 | 개인사업자의 업종별 복식부기 의무 기준금액

업종별	기준금액
농업·수렵업 및 임업(산림소득을 포함한다), 어업, 광업, 도·소매업, 부동산매매업, 제2호 및 제3호에 해당하지 아니하는 업	3억원
제조업, 숙박 및 음식점업, 전기·가스 및 수도사업, 건설업, 소비자용품수리업, 운수·창고 및 통신업, 금융 및 보험업	1.5억원
부동산임대업, 사업서비스업, 교육서비스업, 보건 및 사회복지사업, 사회 및 개인서비스업, 가사서비스업	7,500만원

3) 재무제표의 개념

재무제표는 사업자가 사업을 영위하는 과정에서 발생하는 모든 거래 즉, 현금의 입출금, 매출거래의 발생, 매입거래의 발생 등을 복식부기의 원리에 의하여 작성한 장부를 말한다. 재무제표는 재무상태표(대차대조표), 손익계산서, 이익 잉여금 처분 계산서 및 현금흐름표로 구성되어 있다.

- 대차대조표 : 기업의 일정시점의 재무상태에 관한 정보를 제공하는 정태적 보고서
- 손익계산서 : 기업의 일정기간 동안의 경영성과에 관한 정보를 제공하는 동태적 보고서

| 표 3-13 | 재무비율 계산법

재무비율	계산방법	의미
유동비율	$\frac{\text{유동자산}}{\text{유동부채}}$	단기채무의 지급능력 측정
부채비율	$\frac{\text{총 부 채}}{\text{자기자본}}$	자기자본에 대한 총부채의 크기 측정
자기자본비율	$\frac{\text{자기자본}}{\text{총 자 본}}$	총자본 중 자기자본이 차지하는 비율 측정

4) 재무제표 읽는법

(1) 재무상태표(대차대조표)를 읽는 법

① 재무상태표(대차대조표)

재무상태표는 일정시점의 기업에 관한 재무상태를 알려주는 재무제표이다.

재무상태표(대차대조표)

제×기 20××년×월×일 현재

제×기 20××년×월×일 현

회사명 (단위 : 원)

과 목	당 기	전 기
자 산		
1. 유동자산		
당좌자산		
재고자산		
2. 비유동자산		
투자자산		
유형자산		
무형자산		
기타비유동자산		
자 산 총 계	xxx	xxx
부 채		
1. 유동부채		
2. 비유동부채		
부 채 총 계	xxx	xxx
자 본		
1. 자본금		
2. 자본잉여금	xxx	xxx
3. 자본조정		
4. 이익잉여금(또는 결손금)		
자 본 총 계	xxx	xxx
부채 및 자본 총계	xxx	xxx

② 재무상태표(대차대조표)의 구성과 주요내용

구 분	주요 내용	과목 유형
유동자산	1년 이내에 현금화되거나 실현될 것으로 예상되는 자산	당좌자산, 재고자산
당좌자산	재고자산에 속하지 않는 유동자산	현금 및 현금성자산, 단기투자자산, 매출채권, 선급비용, 미수수익, 미수금과 선급금 등
재고자산	사업과정에서 판매하기 위하여 보유하거나 생산과정에 있는 자산과 생산 또는 용역 제공 과정에 투입될 자산	상품, 제품, 반제품, 재공품, 원재료와 저장품 등
비유동자산	회계연도 말부터 1년 이내에 현금화되거나 실현될 것으로 예상되지 않는 자산	투자자산, 유형자산, 무형자산, 기타 비유동자산
투자자산	장기적인 투자 수익 등과 같이 주된 영업활동이 아닌 부수적인 활동의 결과로 보유하는 자산	투자부동산, 장기투자증권과 장기대여금 등
유형자산	사업을 하기 위하여, 또는 타인에게 임대하거나 직접 사용하기 위하여 보유한 물리적 형체가 있는 자산으로 1년을 초과하여 사용할 것으로 예상되는 자산	토지, 건물, 구축물, 기계장치, 차량운반구와 건설중인자산 등
무형자산	사업을 하기 위하여, 또는 타인에게 임대하거나 직접 사용하기 위하여 보유한, 물리적 형체가 없는 비화폐성자산	지식재산권, 개발비, 컴퓨터소프트웨어, 광업권, 임차권리금과 영업권 등
기타의 비유동자산	투자자산, 유형자산 및 무형자산에 속하지 않는 비유동자산	임차보증금,장기매출채권, 장기선급비용과 장기미수금 등
유동부채	회계연도 말부터 1년 이내에 상환 등을 통하여 소멸할 것으로 예상되는 부채	단기차입금, 매입채무, 미지급법인세, 미지급비용, 미지급금, 선수금, 선수수익, 예수금과 유동성장기부채 등
비유동부채	유동부채 이외의 부채	장기매입채무, 사채, 장기차입금과 퇴직급여충당부채 등
자본금	사업의 수행을 위해 출자한 금액의 총액	자본금
자본잉여금	주주와의 자본거래에서 발생하여 자본을 증가시키는 잉여금	주식발행초과금, 자기주식처분이익과 감자차익 등
자본조정	자본거래에 해당하지만 자본금 또는 자본잉여금으로 분류할 수 없는 항목과 당기에 손익으로 인식되지 않은 평가차손익의 누계액	자기주식, 주식할인발행차금, 감자차손, 자기주식처분손실, 해외사업환산손익 등
이익잉여금	손익계산서에 보고된 손익에 다른 자본항목에서 이입된 금액을 가산한 금액에서 주주에 대한 배당, 자본금 전입과 자본조정 항목의 상각 등으로 처분된 금액을 차감한 잔액	법정적립금, 임의적립금, 미처분 이익잉여금

③ 재무상태표(대차대조표)를 읽을 때 유의할 사항

과 목	주요 내용
현금 및 현금성자산	• 자금수지계획에 따라 단기적으로 필요한 적정자금의 보유가 요구 • 자금의 유형에 따라 이자율 등을 고려한 효율적인 자금운용 필요
매출채권	• 매출액 대비 매출채권 잔액의 증감여부를 전년도와 비교 • 매출채권의 증가는 단기운용자금의 압박요인이 되며 즉, 증가한 금액만큼의 금융비용부담이 증가하는 것을 의미하므로 외상매출금의 조기회수를 위한 부단한 노력 필요 • 매출처별, 기간별로 회수주기를 계산하여 매출채권의 적시 회수 여부를 확인하고 회수가 불가능할 것으로 추정될 경우 대손처리를 하여야 함
재고자산	• 판매 및 생산계획에 연동된 적정재고의 유지 및 관리가 필요 • 적정재고량을 초과한 재고자산의 증가는 재고관리의 문제를 의미 • 적정재고의 보유는 금융비용의 절감 및 재고의 진부화, 가치소멸 등의 비효율을 방지할 수 있음
투자자산	• 안전성과 수익성을 전제로 운영하는 것이 바람직 • 사업 관련 회사의 주식취득이나 M&A 또는 전략적 사업제휴 등 필요한 경우가 있음 • 자금수지계획에 따른 여유자금을 활용하는 것이 필요
유형자산	• 투자계획에 따른 올바른 집행에 의하여 실행된 자산의 증감 확인
매입채무	• 전년 대비 증가할 경우 현금흐름에 양(+)의 효과를 나타냄 • 적절한 상환 스케줄을 통해 안정적인 구매처 확보 필요
단기차입금	• 적시상환을 대비하여 현금흐름을 유지 • 흑자기업도 단기의 현금부족으로 인한 도산의 가능성이 있기 때문에 단기의 자금운용상 항상 유의해야 할 부채
비유동부채	• 전년대비 증가한 경우 자금소요의 원인과 정확한 사용여부를 확인 • 사업계획의 수립 시 적절한 상환계획을 수립
기타	• 부분이 아닌 전체를 파악 • 전기와 비교 • 유동자산과 비유동자산의 배분이 적정한지 파악 - 자산구조의 왜곡현상이 자금운용상의 문제를 일으키므로 자금능력을 고려한 적절한 자산투자가 필수적인 자산운용의 조건 • 자기자본과 부채를 비교 - 자기자본에 비해 부채가 많다는 것은 차입에 의한 경영을 하고 있다는 의미이며 이자비용이나 상환의 압력을 받게 됨 • 유동부채와 유동자산을 검토 - 유동자산이 유동부채보다 적을 경우 단기유동성 부족으로 인한 지급불능이 될 수 있음 - 유동자산 중에서도 재고자산이나 유동성이 낮은 자산의 비중이 크다면 유동비율이 높다 하더라도 지급불능의 상태에 이르게 됨 - 적절한 유동성의 확보는 계속기업을 위한 필수 조건

(2) 손익계산서를 읽는 법

① 손익계산서

일정기간 동안 기업의 경영성과에 관한 정보를 제공하여 주는 재무제표이다.

손 익 계 산 서

제×기 20××년×월×일부터 20××년×월×일까지
제×기 20××년×월×일부터 20××년×월×일까지

회사명 (단위 : 원)

과 목	당 기	전 기
1. 매출액		
2. 매출원가		
기초제품(또는 상품)재고액		
당기제품제조원가		
(또는 당기상품매입액)		
기말제품(또는 상품)재고액		
3. 매출총이익(또는 매출총손실)		
4. 판매비와관리비		
5. 영업이익(또는 영업손실)		
6. 영업외수익		
7. 영업외비용		
8. 법인세비용차감전순이익		
(또는 법인세비용차감전순손실)		
9. 법인세비용		
10. 당기순이익(또는 당기순손실)		

이 손익계산서는 중소기업회계기준에 따라 작성되었습니다.

② 손익계산서의 구성과 주요 내용

구분	주요 내용
매출액	회사의 주된 영업활동에서 발생한 제품, 상품 또는 용역 등의 총매출액에서 매출에누리, 매출할인과 매출환입을 차감한 금액
매출원가	제품, 상품 또는 용역 등의 매출액에 직접 대응되는 원가
매출이익	매출액에서 매출원가를 차감하여 산출
판매비와 관리비	제품, 상품 또는 용역 등의 판매활동과 회사의 관리활동에서 발생하는 비용을 말하며, 매출원가에 속하지 아니하는 모든 영업비용이 포함(급여, 퇴직급여, 복리후생비, 임차료, 접대비, 감가상각비, 무형자산상각비, 세금과공과, 광고선전비, 연구비, 경상개발비와 대손상각비 등이 포함)
영업이익	매출총이익(또는 손실)에서 판매비와관리비를 차감하여 산출
영업외수익	회사의 주된 영업활동이 아닌 활동에서 발생한 수익과 차익을 말하며 이자수익, 배당금수익(주식배당액은 제외), 임대료, 단기투자자산처분이익, 단기투자자산평가이익, 외환차익, 외화환산이익, 장기투자증권손상차손환입, 유형자산처분이익, 사채상환이익과 전기오류수정이익 등이 포함
영업외비용	회사의 주된 영업활동이 아닌 활동에서 발생한 비용과 차손을 말함. 이자비용, 기타대손상각비, 단기투자자산처분손실, 단기투자자산평가손실, 재고자산감모손실 (비정상적으로 발생한 부분에 한정), 외환차손, 외화환산손실, 기부금, 장기투자증권손상차손, 유형자산처분손실, 사채상환손실과 전기오류수정손실 등이 포함
법인세비용차감전 순이익	영업이익(또는 손실)에 영업외수익을 가산하고 영업외비용을 차감하여 산출
법인세비용	법인세법에 따라 납부하여야 할 금액인 법인세와 이에 부가되는 세액을 말하며, 과거 회계연도와 관련된 법인세 추납액 또는 환급액 포함
당기순이익	법인세비용차감전순이익(또는 손실)에서 법인세비용을 차감하여 산출

③ 손익계산서를 읽을 때 유의사항

구분	유의할 사항
매출액	• 전반적으로 전년대비 증감상황을 분석하며, 매출처 별, 제품 별 증감사항이나 그 사유 등의 분석을 통해 매출증대 방안을 수립
매출원가	• 전년 대비 원가율의 증감과 원가 명세서를 통해 세부적인 증감사유를 분석하여 매출원가율을 줄이는 것이 필요(기초재고+당기증가-기말재고)
매출총이익	• 매출액에서 매출원가를 차감한 금액으로 상품, 제품 등에 직접 관련된 비용을 고려하여 산출된 이익
판매비와 관리비	• 예산수립을 통해 전체적인 비용규모를 사전에 계획하여 수립 • 예산 대비 실적분석을 통해 초과된 부분에 대한 사유를 정확하게 분석하여 필수 불가결한 비용 이외의 것은 절감하도록 함 • 계획적인 비용관리를 수행
영업이익	• 기업 본연의 영업활동에서 창출되는 수익성 검증의 척도이며 기업가치를 평가하기 위한 최우선적인 이익항목 • 최소한의 이익기준을 볼 경우 영업이익이 기업경영을 위한 차입이자를 상쇄할 정도가 되어야 계속기업의 가능성이 있다고 판단할 수 있음 • 매출액에 대한 영업이익의 비율을 영업이익률이라고 함
법인세비용 차감전 순이익	• 기업의 성과를 표시하는 손익이므로 이해관계자의 의사결정 시 가장 중요한 회계정보
기 타	• 매출액에 대한 비율을 산출하고 전기 등과 비교 • 각 항목별 발생액을 전기 등과 비교

2. 세무관리

1) 세금에 대한 기초지식

(1) 세금의 특성과 대응자세

사업을 하는 경우 세금문제는 피할 수 없으며 소득의 발생과 재산의 보유 및 이전, 소비, 거래행위에 세금문제가 발생한다. 따라서 무관심하거나 피하는 것보다 적극적인 관심과 대처가 필요하며 합리적인 준비를 통하여 절세하려는 자세가 필요하다.

(2) 절세와 탈세의 차이

절세와 탈세는 모두 납세자가 자신의 세금부담을 줄이기 위해 행해진다는 점에서는 같으나, 그 내용에 따라 합법과 불법으로 나뉠 수 있다. 즉 법이 허용하는 범위 내에 있을 때는 '절세'라고 할 수 있으나, 법을 벗어난 부정한 방법으로 세금을 줄이는 것은 '탈세'로서 조세범처벌법에 의해 처벌을 받게 된다.

절세란 세법이 인정하고 있는 바에 따라서 세액의 감소 내지 경감을 도모하는 것을 말한다. 탈세 및 조세회피와 구별되며, 통상 세법상의 각종 특혜 또는 경감 조치를 활용하는 것이다. 예를 들어 상속세를 줄이기 위해 증여를 활용하거나 가업상속공제를 받을 수 있는 요건을 만족시킬 수 있도록 관리를 하는 등의 방법을 찾을 수 있다.

탈세란 고의로 사실을 왜곡하거나 불법적인 조세회피를 한 납세자가 법률상의 불법행위를 통해 세금을 회피하는 방법으로, 예를 들면 과세물품의 밀수입, 과세표준의 허위신고, 비용의 과대계상, 세무공무원에 대한 매수 등에 의한 부담의 회피 등이 있다.

표 3-14 절세와 탈세의 차이

구 분	절 세	탈 세
개 념	• 세법이 허용하는 범위 내에서 합법적, 합리적으로 세금을 줄이는 행위	• 고의로 사실을 왜곡하는 등 불법적인 방법으로 세금을 줄이는 행위
방 법	• 증빙자료의 철저한 수집과 정확한 기장 • 세법상 조세지원제도의 충분한 활용 • 세법이 정하는 의무사항의 철저한 이행	• 수입금액 누락 • 가공경비의 계상 • 허위서류의 작성 및 위조 • 명의 위장
결 과	• 조세의 절약으로 자금지출의 감소	• 조세범 처벌법에 의한 처벌 • 가산세, 벌과금 등의 경제적인 부담과중

(3) 정규증빙의 수취

간편장부 또는 복식부기에 의한 장부는 영수증 등 증빙자료에 의하여 거래사실을 기록한 것을 의미하므로 다른 사업자로부터 재화 또는 용역을 공급받고 그 대가를 지급할 때에는 반드시 세금계산서(계산서) 또는 신용카드매출전표 등 정규증빙을 수취하여 장부작성의 기초자료로 삼아야한다.

특히 복식부기의무자인 사업자가 부가가치세를 포함하여 건당 10만원 이상의 지출에 대해서 정규증빙을 수취하지 않으면 동 지출액의 2%에 상당하는 증빙불비가산세를 물어야 한다.

정규증빙 미수취시 경비인정을 받을 수 있는 요건
정규증빙을 수취하지 않았다 하더라도 지출사실이 확인되면 비용 또는 자산의 취득으로 인정받을 수 있으므로 대금은 반드시 은행을 통해 송금하고 간이세금계산서나 일반영수증이라도 받아 두어야 한다. 예를 들어 건물의 임대인이 간이과세자인 경우에는 세금계산서를 교부할 수 없는 바, 이런 경우에는 반드시 은행을 통해 송금하고 무통장입금증을 보관해야 한다.

그리고 5만원 이상의 접대비를 지출하는 경우에는 반드시 신용카드를 사용하여야 비용으로 인정을 받을 수 있다. 경조사에 지출한 금전, 택시비 등 사업과 관련하여 경비를 지출하고도 영수증을 수취할 수 없는 경우에는 지출결의서를 작성해야 한다.

2) 부가가치세

(1) 부가가치세의 개요

상품을 판매하거나 서비스를 제공할 때 거래금액에는 물건값과 부가가치세가 포함되어 있다. 사업자는 이러한 거래금액 중 부가가치세를 소비자로 하여금 징수하여 납부할 의무를 지게 된다. 이 세금은 최종소비자가 부담하는 것이다. 그러나 다음과 같이 일부 생활필수품을 판매하거나 의료·교육관련 용역의 공급에는 부가가치세가 면제된다.

부가가치세 면제 품목
• 곡물, 과실, 채소, 육류, 생선 등 가공되지 아니한 식료품의 판매 • 연탄, 무연탄, 복권의 판매 • 도서, 신문, 잡지(광고 제외) • 허가 또는 인가 등을 받은 학원, 강습소, 교습소 등 교육용역업 • 병·의원 등 의료보건 용역업

부가가치세 면세사업자는 부가가치세는 신고할 의무가 없으나 사업장 현황신고는 해야 한다. 1년간의 매출액과 동일 기간 내에 주고받은 계산서의 합계표를 다음해 1월1일부터 2월10일까지 사업장 관할세무서에 신고해야 한다.

(2) 신고·납부 요령

부가가치세는 6개월을 과세기간으로 하여 확정 신고·납부하는데 이를 확정신고라 하고, 1월~3월, 7월~9월을 대상으로 하여 신고·납부하는 것을 예정신고라 한다.

개인일반과세자의 경우 4월과 10월에는 세무서장이 고지하는 예정고지세액을 납부하고 납부한 예정고지세액은 다음 확정신고 납부시에 공제된다. 법인사업자는 반드시 예정신고 및 확정신고를 해야 하며, 개인사업자는 확정신고는 반드시 해야 하나, 예정신고의무는 2012년 1월1일부터 폐지되어 예정신고를 하지 않아도 된다. 예정고지를 받은 개인 일반과세자라 하더라도 사업이 부진하거나 조기환급 등을 받고자 하는 자는 사업자의 선택에 의해 예정신고를 할 수 있다.

표 3-15 부가가치세 과세 및 신고기간

구분	과세기간	확정신고 대상	확정 신고납부기간
제1기	1.1~ 6.30	1.1~ 6.30 간의 사업실적	7.1~7.25
제2기	7.1~12.31	7.1~12.31 간의 사업실적	다음해 1.1~1.25

자료 : 국세청(http://nts.go.kr)

(3) 부가가치세의 계산

일반과세자의 부가가치세는 매출세액에서 매입세액을 차감하여 계산한다.

부가가치세 계산식
납부세액 = 매출세액(매출액×10%) — 매입세액

여기에서 매출세액은 세금계산서 발급과 상관없이 매출액(공급가액)의 10%를 의미하며, 매입세액은 세금계산서(일반과세자로부터 받은 신용카드, 현금영수증을 포함)를 받은 매입액이다.

3) 종합소득세

(1) 종합소득세의 개요

종합소득세는 개인이 1년간(1.1-12.31)의 경제활동으로 얻은 소득에 대하여 납부하는 세금이다. 모든 과세대상 소득을 합산하여 계산하고, 다음해 5월 1일부터 5월 31일까지 주소지 관할 세무서에 신고·납부한다. 종합소득세 과세대상 소득은 사업소득, 이자·배당소득, 근로소득, 연금소득, 기타소득 등이 있다.

매년 11월에 소득세 중간예납세액을 납부하고, 다음해 5월 확정신고시 기납부세액으로 공제하게 된다. 연도 중에 폐업을 하였거나 사업에서 손실이 발생하여 납부할 세액이 없는 경우에도 종합소득세를 신고해야 한다.

(2) 소득금액 산정방법

장부를 비치·기장한 사업자의 소득금액은 수입금액에서 경비를 제하여 계산하고, 장부를 비치·기장하지 않은 사업자의 소득금액은 기준·단순경비율을 적용하여 계산한다.

종합소득세 계산식
• 장부 기장시 : 소득금액 = 총수입금액 - 필요경비 • 기준경비율적용 대상자 : 소득금액 = 수입금액 - 주요경비 - (수입금액 × 기준경비율) • 단순경비율적용 대상자 : 소득금액 = 수입금액 - (수입금액 × 단순경비율)

(3) 소득세 산출세액계산방법

소득세 산출세액은 과세표준(소득금액 - 소득공제)에 세율을 곱하여 계산한다.

표 3-16 소득세 과세표준 및 세율

과세표준	세율	누진공제
12,000,000 이하	6%	-
12,000,000 초과 46,000,000 이하	15%	1,080,000
46,000,000 초과 88,000,000 이하	24%	5,220,000
88,000,000 초과 150,000,000 이하	35%	14,900,000
150,000,000 초과	38%	19,400,000

자료 : 국세청(http://nts.go.kr)

4) 법인세

(1) 법인세의 개요

법인세는 주식회사와 같이 법인형태로 사업을 하는 경우에 그 사업에서 생긴 소득에 대해 납부하는 세금이다. 법인세는 총 3가지 소득(각 사업연도소득, 토지 등 양도소득, 청산소득)로 구분하여 과세한다. 법인세의 각 사업연도소득은 익금에서 손금을 차감한 금액이 된다.

(2) 익금과 손금

① 익금

사업에서 생기는 수익금액외에 사업과 관련하여 발생하는 자산의 양도금액, 이자수익 등 법인이 벌어들인 자산의 증가분을 익금이라고 규정한다.

② 손금

제품의 원가 및 인건비 등을 포함하여 사업과 관련하여 지출한 자산의 감소분 중 세법에서 손금이라 한다.

(3) 법인세의 세율

표 3-17 법인세 과세표준 및 세율

소득종류 / 법인종류	각 사업연도 소득			청산소득		
	과세표준	세율	누진공제	과세표준	세율	누진공제
영리법인	2억 이하	10%	-	2억 이하	10%	-
	2억 초과 200억 이하	20%	2,000 만원	2억 초과 200억 이하	20%	2,000 만원
	200억 초과	22%	42,000 만원	200억 초과	22%	42,000 만원
비영리법인	2억 이하	10%	-			
	2억 초과 200억 이하	20%	2,000 만원			
	200억 초과	22%	42,000 만원			
조합법인	9%			9%		

자료 : 국세청(http://nts.go.kr)

(4) 법인세의 신고

법인세 신고기한은 사업연도 종료일부터 3개월내에 법인세 과세표준 및 세액신고서를 작성하여 납세지 관할세무서장에게 신고해야 한다. 신고시 제출해야할 서류는 재무상태표와 손익계산서, 이익잉여금처분계산서(결손금처리계산서). 세무조정계산서 및 기타 부속서류 등이 있다.

(5) 법인세의 납부

법인세의 납부는 법인세 신고 및 납부기한 내에 금융기관을 통해 납부하거나 전자납부 방식을 취한다. 이 경우 납부할 세액이 1천만원을 초과할 경우에는 1천만원 초과분 중 일부를 납부기한이 경과한 날부터 1월내(중소기업의 경우 2개월 내)로 나누어 납부할 수 있다.

법인세할 지방소득세의 납부는 개인사업자와 달리 사업연도 종료일로부터 4월내에 법인세액의 10%를 사업장소재지를 관할하는 시·군·구에 신고·납부해야 한다.

5) 창업기업의 절세전략

(1) 절세의 기본방안

법인세 절세를 위해서는 투명한 회계처리, 증빙서류의 비치, 세법상 의무이행, 세법에서 지원하는 각종 제도의 활용, 절세 방안 모색 등이 있다.

| 표 3-18 | 절세의 기본방안 및 세부내용

구분	추진 방안
투명한 회계처리	기업경영과 회계처를 투명하게 하고 2중 장부를 작성하지 않음
증빙서류의 비치	도로통행료, 식대 등 사소한 지출에 대한 증빙도 철저하게 수취하여 처리
세법상 의무이행	접대비의 한도 내 사용, 신용카드의 사용, 투병증빙의 수위기준 준수, 각종 세무신고기한의 준수, 세금의 적기 납부 등
지원제도의 활용	벤처기업의 인증, 기업부설연구소 또는 연구개발 전담부서의 설치, 투자세액공제 등 중소기업조세감면제도의 적극적인 활용
절세방안 모색	무조건 세금을 적게 내려는 의식을 버리고 합리적인 경영과 세법숙지를 통한 절약방법을 연구, 시행하고 특히 경영자가 기업경영전반에 대한 내용과 세무처리에 대한 원리를 이해하고 관리

(2) 부가가치세의 절세방안

부가가치세의 절세를 위해서는 세금계산서를 이용한 투명한 거래와 정상적인 사업자와의 거래, 구매시기의 조정 등이 있다.

| 표 3-19 | 부가가치세의 절세방안

구분	주요 내용
세금계산서를 정확하게 주고받음	필요적 기재사항을 기재하지 않거나, 사실과 다른 세금계산서를 주고받은 경우 가산세가 부과되며 매입세액을 공제 받을 수 없음
정상사업자의 여부 확인	세금계산서의 발행자와 물건을 판 사람이 일치하는 지의 여부를 확인 세금계산서를 발행할 수 있는 정상 사업자인지 확인(폐업자, 간이과세자는 세금계산서를 발행할 수 없음)
매출누락의 발생 억제	매출누락을 하게 되면 조사대상자로 선정되고, 조사 후 사기, 기타 부정한 방법으로 발견되면 조세범으로 처벌
세금계산서가 발행 되지 않을 경우	신용카드매출전표나 현금영수증을 교부 받으면 매입세액공제를 받을 수 있음
공급자가 세금계산서를 발행해 주지 않을 경우	매입자 발행 세금계산서제도를 활용할 수 있음 • 거래시기 이후 15일 이내에 거래사실 확인신청서에 거래사실에 관한 증빙 서류를 첨부하여 관할 세무서장에게 신청 • 공급대가가 10만원 이상 500만원 이하로서 월별로 2건 이내에 한함
거래처의 부도로 대금을 받지 못할 경우	재화 또는 용역을 공급한 날로 부터 5년이 경과 되는 날이 속하는 과세기간의 확정신고기간까지 대손이 확정된 것은 대손세액공제를 받음
임차건물의 경우	전기사용자 명의를 변경하거나 임대인으로부터 세금계산서를 교부 받음
세금낼 돈이 없는 경우	부가가치세 신고는 반드시 이행하여 매입세액의 불공제와 신고불성실 가산세 부과를 받지 않음
구매시기의 조정	6월말과 12월 말에 대량 구매를 하는 경우 부가가치율이 낮아지는 등 불성실 신고자로 조사대상이 될 수 있음
매입세액이 불공제 되는 사항을 정확하게 알고 대처	• 매입처별 세금계산서합계표를 제출하지 않거나 부실기재한 경우 • 세금계산서를 수취하지 않거나 부실기재한 경우 • 사업과 관련이 없는 지출에 대한 매입세액 • 비영업용 소형승용차의 구입 및 유지에 대한 매입세액 • 접대비와 이와 유사한 지출에 대한 매입세액 • 면세사업 및 토지와 관련된 매입세액 • 사업자 등록 전 매입세액
사업의 양도시	재화의 공급으로 보지 않는 포괄양수도를 함
수출하는 경우	영세율신고첨부서류를 반드시 제출함
면세사업자가 수출하는 경우	면세포기를 하면 매입세액을 환급 받을 수 있음(면세포기신고서의 제출)

(3) 소득세의 절세방안

소득세 절세를 위해서는 장부 기장의 철저, 증빙서류 확보, 사업용 계좌 활용, 원천징수 철저 등이 있다.

| 표 3-20 | 소득세의 절세방안

절세 전략	주요 내용
장부의 기장을 철저히 함	• 이월결손금의 공제 • 복식기장의무자의 가산세 배제 • 간편장부의무자의 세액공제 혜택
거래처가 의심스러우면 거래근거를 확실히 함	금융기관을 통해 대금을 지급하거나 사업자등록증의 사본, 수표 사본, 거래명세서에 운송사업자의 인적 사항 및 차량번호 등 기록
기장을 못했을 경우에도 증빙서류 구비는 철저히 함	기준경비율 대상자의 경우 혜택 가능
부가가치세가 불공제 되는 경우	부당한 거래 또는 제출하지 않아 공제를 받지 못하는 경우를 제외하고 비용처리 함
복식부기의무자는 사업용 계좌 사용	사업용 계좌를 사용하지 않은 금액의 0.5% 사업용 계좌를 신고하지 않은 때에는 0.5%에 해당하는 가산세를 부담
충당금 규정의 활용	충당금은 납세의무자가 계상하는 경우에만 필요경비로 인정받을 수 있음 (감가상각충당금, 퇴직급여충당금, 대손충당금 등)
사업실적이 부진한 경우 중간예납 추계액 신고를 함	중간예납추계액이 기준액의 30%에 미달하는 경우 11월 1일부터 11월 15일까지 중간예납추계액 신고를 할 수 있음
소득세 납부세액이 1,000만원을 초과할 경우에는 45일 이내에 분납	• 1,000만원을 초과하는 경우 1,000만원을 초과하는 금액을 분납 • 2,000만원을 초과하는 경우 납부세액의 ½이내의 금액
근로소득, 인적용역소득, 기타소득을 지급하는 경우 원천징수를 철저하게 함	직전 사업연도 상시고용인원이 10인 이하인 사업자는 반기별 납부제도를 활용

(4) 법인세의 절세방안

법인세의 절세를 위한 방안은 다음 [표 3-21]과 같다.

| 표 3-21 | 법인세의 절세방안

절세전략	주요 내용
가지급금 및 가수금의 발생을 억제	• 가지급금에 대한 인정이자를 부담해야 함 • 가수금 - 매출누락이나 다른 수입금액의 변칙처리로 의심 받을 수 있음
특수관계자에 대한 처리를 명확	• 정당하지 않게 특수관계자에게 유리한 거래가 발생할 경우 부당한 거래로 인정되어 무거운 세금을 부담하게 됨
기업부설연구소를 통한 연구개발비의 처리	• 연구개발비 지출액에 대한 일정액의 세액공제를 받을 수 있음
조세감면제도의 적극적인 활용	• 창업중소기업에 대한 조세감면 • 중소기업특별감면세액의 활용 • 기타 조세감면제도의 활용

[사례 연구] 세무회계

경영 사례 대표이사 퇴직금의 중간정산

Q. 법인세법상 대표이사의 퇴직금을 중간정산 할 수 있는 경우는 언제인가요?

A 원칙적으로 임원은 퇴직금 중간정산 대상이 되지 아니하나 아래 사유 등에 해당할 경우 예외적으로 인정하고 있습니다.

1. 법인의 임원에 대한 급여를 연봉제로 전환함에 따라 향후 퇴직급여를 지급하지 아니하는 조건으로 그때까지의 퇴직급여를 정산하여 지급한 때
2. 정관 또는 정관에서 위임된 퇴직급여지급규정에 따라 아래의 사유로 그때까지의 퇴직급여를 중간정산하여 임원에게 지급한 때

① 중간정산일 현재 1년 이상 주택을 소유하지 아니한 세대의 세대주인 임원이 주택을 구입하려는 경우(중간정산일로부터 3개월 내에 해당 주택을 취득하는 경우만 해당한다)

② 임원(배우자 및 생계를 같이 하는 부양 가족 포함)이 3개월 이상의 질병 치료 또는 요양을 필요로 하는 경우

③ 천재 · 지변, 그 밖에 이에 준하는 재해를 입은 경우

〈관련법령〉

법인세법시행령 제44조 【퇴직급여의손금불산입】

경영 사례 접대비 한도 및 증빙

Q. 법인이 1회 접대비 한도 및 접대비 지출 시 정규영수증 수취의무는 어떻게 되나요?

A 1회에 지출한 접대비 중 1만 원(경조사비는 20만 원) 초과의 접대비는 정규 증빙(신용카드, 계산서, 세금계산서, 현금영수증, 원천징수영수증)을 교부받은 것에 한하여 접대비로 인정하고 나머지는 접대비 한도액 계산 전에 먼저 부인됩니다. 이때 사용기준(1만 원, 경조사비 20만 원) 초과된 금액은 초과금액만 손금불산입이 아니고 전체금액이 손금 부인되는 점 유의하셔야 합니다. (ex: 경조사비 21만 원 정규증빙 외 지급 시 21만 원 전체금액 손금부인)

〈참고 1〉

정규증빙 해당하는 신용카드의 종류 및 부인되는 금액법인의 경우 법인카드만 인정되며 임직원 개인카드의 사용은 인정되지 않습니다. 또한, 접대비를 신용카드 결재한 거래 상대방이 위장 가맹점으로 판정되었을 경우도 이를 접대비로 인정하지 않습니다.

〈참고 2〉 접대비 정규증빙에 대한 예외

상품 · 제품 등 물품 접대, 접대비로 간주되는 채권의 임의포기, 현실적으로 신용카드 등의 사용이 불가능한 국외지역지출(아프리카 지역 등)으로서 현금 외 다른 지출수단이 없는 경우, 사업자등록이 없는 농어민에 대한 지출(기관 송금명세서를 제출한 경우)은 정규증빙에 대한 예외가 적용됩니다.

〈관련법령〉

법인세법 제25조【접대비의손금불산입】

경영 사례 비과세 근로소득

Q. 근로소득 중에서 근로소득세가 비과세되는 실비 변상적 성격의 식사대, 자가운전보조금, 생산직근로자의 초과수당 및 연구 활동비와 자녀보육 수당의 범위 및 요건에 대해서 알고 싶습니다.

A. 근로제공 대가로 받는 근로소득 중에 실비 변상적 성격으로 지급받는 다음과 같은 소득에 대해서는 근로소득세가 부과되지 않으며, 건강보험료 등을 산정하는 보수월액에도 포함되지 않아 근로자뿐만 아니라 사업주도 비용을 줄일 수 있으므로 잘 활용할 필요가 있습니다.

① 식사 또는 기타 음식물을 제공받지 아니하는 근로자가 받은 월 10만원 이하의 식사대는 비과세합니다.

② 종업원이 본인소유의 차량으로 회사업무를 수행하면서 소요되는 경비를 회사규칙에 따라 지급받는 금액 중에서 월 20만 원 이하의 자가운전보조금은 비과세합니다. 여비교통비를 별도로 받는 경우에는 원칙적으로 자가운전보조금은 비과세가 되지 않으나, 시외출장의 경우에 소요되는 실제 경비를 여비교통비로 받는 경우에는 비과세가 가능합니다.

③ 중소기업 또는 벤처기업의 기업부설연구소(연구개발전담부서 포함)에서 연구 활동에 직접 종사하는 자가 받은 월 20만 원 이하의 연구 보조비 또는 연구 활동비는 비과세합니다.

④ 공장, 광산 및 어선에서 육체적 노동에 종사하는 일정급여 이하의 근로자가 연장근로를 하여 통상임금에 더하여 받은 급여 중 연 240만 원 이하의 금액은 비과세합니다.

⑤ 근로자 또는 그 배우자의 출산이나 해당 과세기간 개시일 기준으로 6세이하 자녀의 보육과 관련하여 받은 월 10만 원 이하의 자녀보육수당은 비과세합니다. 자녀보육수당은 실비변상적인 급여는 아니지만 많은 기업에서 활용하고 있습니다.

경영 사례 장부 미 기장 시 종합소득세 신고방법

Q. 2015년에 개인사업자로 창업하여 체계적으로 사업을 운영하지 못하여 지출한 지출증빙을 제대로 갖추지 못하였습니다. 2016년 5월에 종합소득세 신고를 할 때에 어떻게 해야 하는지 알고 싶습니다.

A. 세법은 근거과세의 원칙으로 장부나 그 밖의 증빙서류를 근거로 소득금액을 계산하여야 하나 다음과 같이 신규로 개업하거나 직전 과세기간에 수입금액이 일정금액에 미달하는 단순경비율 대상사업자는 국세청장이 규모와 업종 등을 고려하여 조사한 업종별 단순경비율을 적용하여 소득금액을 계산할 수 있습니다.

(1) 단순경비율 대상자

1) 당해 과세기간에 신규 개업자로 당해 과세기간의 수입금액이 간편장부대상자 수입금액 기준에 미달하는 사업자

2) 직전 과세기간의 수입금액이 다음의 금액에 미달하는 사업자

① 농어업, 광업, 도소매업 및 부동산매매업: 6,000만 원

② 제조업, 음식점업, 건설업 및 정보처리업 등: 3,600만 원

③ 부동산임대업, 교육서비스업 및 기타 개인서비스업: 2,400만 원

(2) 장부기장을 않은 경우 소득금액계산 방법

상기요건을 충족한 단순경비율 대상자와 일반사업자가 장부를 기장하지 않은 경우에 적용하는 소득금액계산 방법은 다음과 같습니다.

1) 단순경비율 대상자

추계소득금액 = 수입금액 − 수입금액 × 업종별 단순경비율

2) 일반사업자는 기준경비율을 적용한 기준소득금액과 단순경비율을 적용한 소득금액에 3배수(간편장부대상자는 2.4배수)한 비교소득금액 중 적은 금액을 소득금액으로 봅니다. 단순경비율대상자가 아닌 일반 사업자는 이와 같이 소득금액을 계산하면 높은 소득금액이 계상될 수 있으므로 장부기장을 하는 것이 일반적으로 유리합니다.

경영 사례 매출누락에 따른 불이익

Q. 개인사업자가 매출을 누락하여 부가가치세 신고를 하지 않아 나중에 적발된 경우 어떠한 불이익이 있는지 알고 싶습니다.

A. 신용카드나 현금영수증 등으로 매출한 경우에는 과세관청에 바로 매출내역이 파악되기 때문에 전액 신고하지만, 순수한 현금매출의 경우에 과세관청에서 직접적으로 파악하기 쉽지 않은 것을 이용하여 현금매출 중 1억원을 누락한 경우에 세무조사 등을 통해 파악되면 다음과 같은 본세와 가산세를 부과합니다.

① 1억 원의 매출누락에 대한 부가가치세 10%인 1,000만 원과 그에 대한 부당과소 신고불성실가산세인 1,000만 원의 40%인 400만 원과 일수 계산에 의한 납부불성실가산세 등을 부과합니다.

② 매출액 1억 원 누락이 파악되면 당기순이익이 1억 원 증가하게 되어 그에 따른 종합소득세를 추가로 납부해야 합니다. 만약 납세자의 종합소득세율의 한계세율이 35%에 해당하면 추가적으로 납부해야하는 종합소득세는 3,500만 원이고 그에 대한 주민세는 350만 원이 됩니다. 부가가치세와 마찬가지로 그에 따른 부당과소 신고불성실가산세와 납부불성실 가산세를 추가적으로 부과합니다. 물론, 당기순이익을 계산할 때에 매출누락에 따른 누락된 경비가 있으면 공제가능하나 누락된 경비를 입증하는 것이 쉽지 않습니다.

주식회사의 경우에는 매출누락분에 대해 대표이사가 인출한 것으로 보아 대표이사의 상여처분을 함으로써 추가적으로 대표이사의 근로소득세가 발생합니다. 그러므로 대표이사의 종합소득세 한계세율이 35%이면 개인기업보다 많은 불이익이 발생합니다.

경영 사례 비영업용 소형승용자동차관련 매입세액

Q. 사업자가 9인승 승합차와 7인승 승용차를 취득하여 영업활동을 하려 하는데 이에 대한 부가가치세 매입세액공제에 대해 알고 싶습니다.

A. 부가가치세법에서는 비영업용 소형승용자동차의 구입과 임차 및 유지에 관한 매입세액은 공제하지 않는데, 이는 소형승용차가 사업과 직접 관련이 있는 사업용인지 여부를 판단하는 것이 어렵고 조세회피의 가능성이 크기 때문입니다.

사업자는 승용자동차를 영업용과 비영업용으로 겸용하여 사용하는 경우가 일반적이기 때문에 세법에서는 비영업용과 소형승용차를 다음과 같이 정의하고 있습니다.

① 영업용이란 자동차를 영업수단으로 직접 사용하는 것으로서 운수업 · 자동차판매업 · 자동차 임대업 · 운전학원업과 이와 유사한 업종에 사용하는 것을 말합니다. 영업용이 아닌 것은 비영업용에 해당한다고 정의하고 있습니다.

② 소형승용자동차는 사람을 수송할 목적으로 제작된 차량입니다. 단, 9인승 이상의 자동차와 배기량 1,000CC 이하의 국민차는 제외합니다.

9인승 승합차를 구입하는 경우에는 취득에 따른 매입세액이 공제되는 것은 물론 향후에 수선과 주유 등 유지와 관련하여 발생되는 매입세액도 공제가 가능하나, 7인승 승용차는 취득뿐만 아니라 유지와 관련된 매입세액도 공제되지 않습니다. 물론 사업과 관련하여 사용하면 필요경비공제는 가능합니다.

비영업용 소형승용차에 대해서는 개별소비세가 과세되고 있기 때문에 개별소비세가 과세되면 매입세액이 공제되지 않는 것으로 판단하면 됩니다.

경영 사례 현금영수증의무발행 업종

Q. 2010년 4월 1일부터 전문직종 등의 현금영수증발행의무가 시행되고 있는데 현금영수증 발행업종과 이에 대한 위반 시 불이익에 대해 알고 싶습니다.

A. 다음의 업종을 경영하는 사업자는 건당 거래금액(부가가치세액을 포함한다)이 10만 원 이상인 재화 또는 용역을 공급하고 그 대금을 현금으로 받은 경우에는 상대방이 현금영수증 발급을 요청하지 않더라도 현금영수증을 발급해야 합니다.

① 사업 서비스업 : 변호사업, 회계사업, 세무사업, 변리사업, 건축사업, 법무사업, 경영지도사업, 기술지도사업, 감정평가사업, 기술사업, 도선사업, 측량사업 등

② 보건업 : 병·의원, 한의원 및 수의업

③ 기타업종 : 교습학원, 장례식장업, 부동산 중개업, 예식장업, 시계 및 귀금속소매업, 피부미용업, 포장이사운송업, 자동차종합수리업, 자동차전문수리업, 장의관련서비스업 등으로 계속 늘어나고 있음.

상기 사업자는 소비자가 현금영수증 발급을 원하지 아니할 경우에는 무기명으로 발급해야 하며, 부가가치세를 포함하여 건당 거래금액이 10만원 이상인 경우에 현금영수증을 발행하지 않으면 50%의 과태료가 있습니다.

경영 사례 세금계산서 이외의 공제가능 매입세액

Q. 사업과 관련된 재화를 구입해 세금계산서를 발급받지 아니하고 신용카드매출전표 등을 받은 경우에도 매입세액공제가 가능합니까?

A. 사업자가 일반과세자로부터 재화와 용역을 공급받고 신용카드매출전표, 현금영수증발급장치에 의한 현금영수증, 직불카드영수증 등 적격증빙을 받는 경우에는 공제 가능한 매입세액으로 봅니다.

아래와 관련된 신용카드매입전표는 매입세액공제를 인정하지 않으므로 주의하여야 합니다.

① 간이과세자로부터 받은 신용카드매입전표

② 목욕 · 이발 · 여객운송업, 입장권을 발행하여 영위하는 사업

③ 자동차운전학원 등

사업자가 자기의 과세사업과 관련하여 공급받은 재화 또는 용역의 대가를 당해 사업자 명의의 신용카드뿐만 아니라 소속 임직원 명의의 신용카드를 사용하여 지급한 경우에도 일정요건을 갖추면 매입세액공제가 가능합니다.

또한, 사업과 관련된 경우에 불가피한 사유로 사업자 가족명의의 신용카드 매출전표를 받는 경우에도 매입세액공제가 가능합니다.

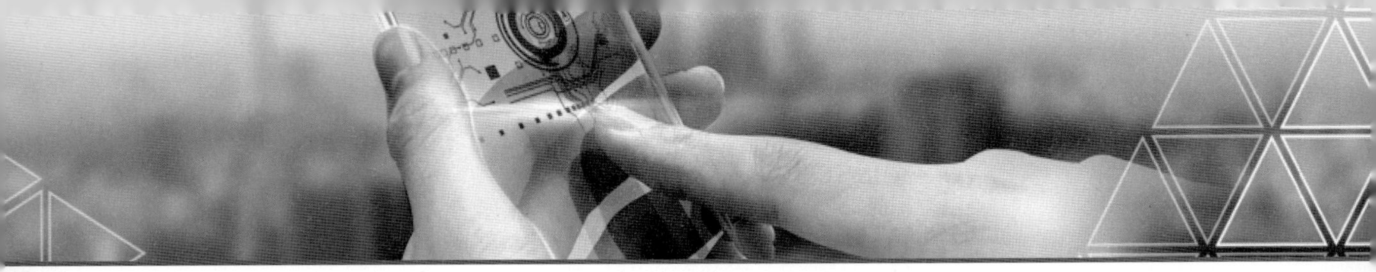

제4장 마케팅

창업기업이 안정적으로 성공하기 위해서는 시장성, 기술력, 경영능력 등이 뛰어나야 하지만, 무엇보다도 판매와 관련된 마케팅 능력이 중요하다.

창업 초기부터 실제 마케팅 역량을 구축하여 차별화된 마케팅을 실행하고 있는 기업은 매우 드물며, 대부분의 기업이 판매를 위한 영업팀만을 두거나, 실제 업무는 영업이면서 이름만 마케팅팀인 부서를 두는 경우가 많다. 이러한 현상이 생기는 원인은 영업과 마케팅을 서로 같은 개념으로 오해하고 있기 때문이다. 따라서 영업과 마케팅의 차이점을 명확하게 인지하여 마케팅 차원에서 전략을 구사해야 한다.

1. 마케팅전략 수립

1) 마케팅 전략의 개념

변화하는 환경 속에서 기업의 목표를 설정하고 마케팅 목표달성을 위하여 시장과 경쟁상황 등에 관한 분석을 행하고 기업 내의 마케팅 자원을 효율적으로 활용해야 한다.마케팅 전략은 현재의 상태에서 이상적 상태(목표)를 향해 환경 또는 상황을 극복해 나가는 최적의 길을 마케팅 측면에서 선택하는 과정이다. 마케팅 전략의 수준은 기업수준, 사업부수준, 사업 단위 수준, 제품수준으로 나누어진다.

2) 현 상태의 분석

이상적인 상태로 진입하기 위해서는 현 상태에 대한 정확한 분석이 필요하다. 현 상태의 분석을 위해서는 사업을 명확하게 정의한 후 사명문을 작성하고 사업의 목표를 정하며, 기업의 경쟁상황을 파악해 나가는 것이다.

표 3-22 마케팅 전략 수립을 위한 AS-IS 분석

사업의 정의	제품 중심이 아니라 고객이 얻는 편익 중심으로 이루어져야 함
기업의 사명	기업의 존재의의와 목적을 규명하는 것
사업의 목표	회사의 각 단계별로 목표를 구체적으로 수립
경쟁분석	현재의 경쟁자, 잠재적 진입자, 대체품의 위협, 공급자의 공급능력, 구매자의 교섭능력

3) 이상적 상태의 선택

현재의 상태를 파악하고 나면 이상적 상태를 정하고 최적의 길을 정해야 하는데 최적의 길이란 자원의 배분문제를 결정하는 것으로서 대표적인 도구로서는 BCG 매트릭스 모델과 GE 매트릭스 모델이 있다.

(1) BCG 매트릭스 모델

BCG 매트릭스 모델은 기업이 추진하는 여러 사업들을 시장성장률과 시장점유율이라는 2개의 축을 갖는 공간에 물음표(question mark), 별(star), 자금젖소(cash cow), 개(dog)의 4개의 셀에 나타내어 각 사업에 대한 상대적 매력도를 비교할 수 있게 하는 분석 도구로서 각 셀상의 특징과 전략을 살펴보면 다음과 같다.

그림 3-6 BCG 매트릭스의 구성

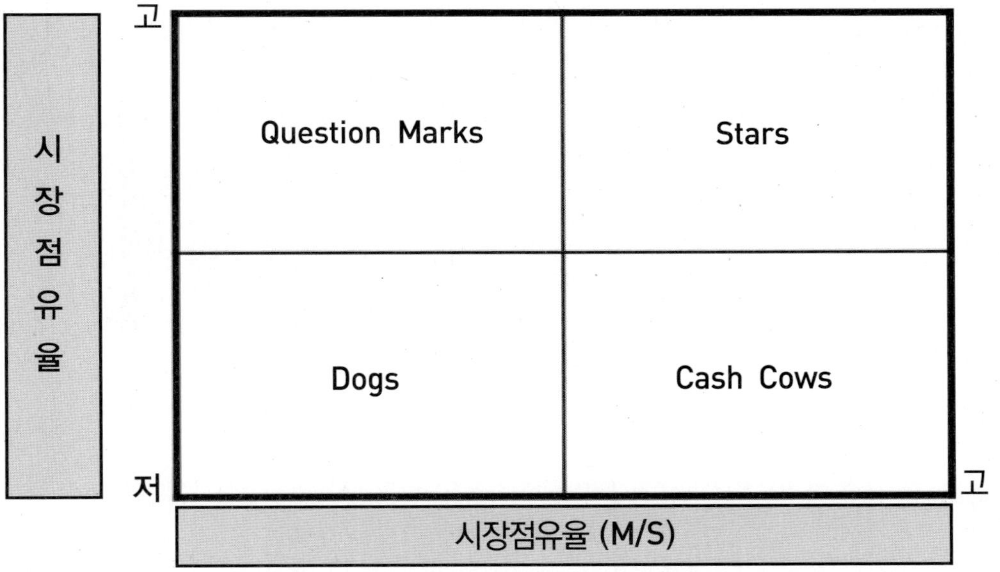

Question Marks	Stars
- 높은 시장성장률과 낮은 상대적 시장점유율의 사업단위 - 시장점유율을 유지·증가에 있어 많은 현금이 필요함 - 경쟁력이 있는 사업단위는 시장점유율 증대를 위해 현금 지원을 하고, 경쟁력이 낮은 사업단위는 처분해야 함 - 적기에 투자를 성공적으로 하면 성장사업으로 이행되나 그렇지 못한 경우에는 사양사업으로 전락하게 됨	- 높은 시장성장률과 높은 시장점유율의 사업단위 - 자체사업을 통해 많은 현금을 벌어들이지만, 급속히 성장하는 시장에서 시장점유율을 유지, 증대시키기 위해 많은 자금이 필요함 - 단기적으로 기업에 자금을 공급하지는 못하지만 어느 정도 성장을 하면 수익 주종사업으로 이행된다.

Dogs	Cash Cows
- 낮은 시장성장률과 낮은 상대적 시장점유율의 사업단위 - 대체로 수익성이 낮고 시장전망이 어두움 - 장래성이 없는 사업으로서 조건이 나빠지면 점차 처분이 되어야 함	- 낮은 시장성장률과 높은 상대적 시장점유율의 사업 단위 - 낮은 투자지출로 인해, 많은 이익을 벌어들임 - 기업의 다른 사업군들에게 자금을 공급함

(2) GE 매트릭스 모델

GE 매트릭스 모델은 시장 매력도와 사업 강점의 2가지 차원으로 평가하는 분석 모델로서 여러 사업단위를 보유하고 있는 기업의 경우 각 사업 단위를 평가하여 집중 육성할 사업 군과 철수 또는 폐기 등을 결정하여 기업자원의 효율적 배분과 관련된 전략적 의사결정을 합리적으로 수행할 수 있다.

그림 3-7 GE 매트릭스 구성

시장매력도 \ 사업강점	높음	중간	낮음
높음	성장을 위한 최대한의 공격적 투자	성장을 위한 선택적 투자	성장추구 또는 현상유지
중간	성장을 위한 선택적 투자	사업에 대한 선별과 현상유지추구	제한된 확장, 단계적 철수
낮음	수익창출을 위한 현상유지	수확/퇴출을 위한 구조조정	시장에서 퇴출하거나 생산라인 축소

9개의 셀은 각각 전략적 위치를 나타내고 있으며 위치별 포함하고 있는 전략의 내용은 다음과 같다.

□ 집중투자, 사업확장 ■ 즉시 또는 단계적 철수 □ 선택적 투자, 수익창출

산업매력도 및 사업강점
• 산업매력도 : 시장규모, 시장성장률, 이익률, 경쟁강도, 수요 변동상황, • 사업 강점 : 상대적 시장점유율, 가격경쟁력, 품질경쟁력, 판매효율성, 고객에 관한 정보 등

4) 마케팅전략수립 절차

마케팅전략수립 절차란 마케팅 문제해결이나 마케팅 목표를 달성하기 위하여 환경 분석을 통한 기회와 위협요인을 파악하고 보유 역량을 분석한 후 기업의 마케팅 수단을 동원하여 대응해 나가는 과정으로서 계획, 실행, 통제의 단계를 거쳐 수행된다.

그림 3-8 마케팅 전략 수립 절차

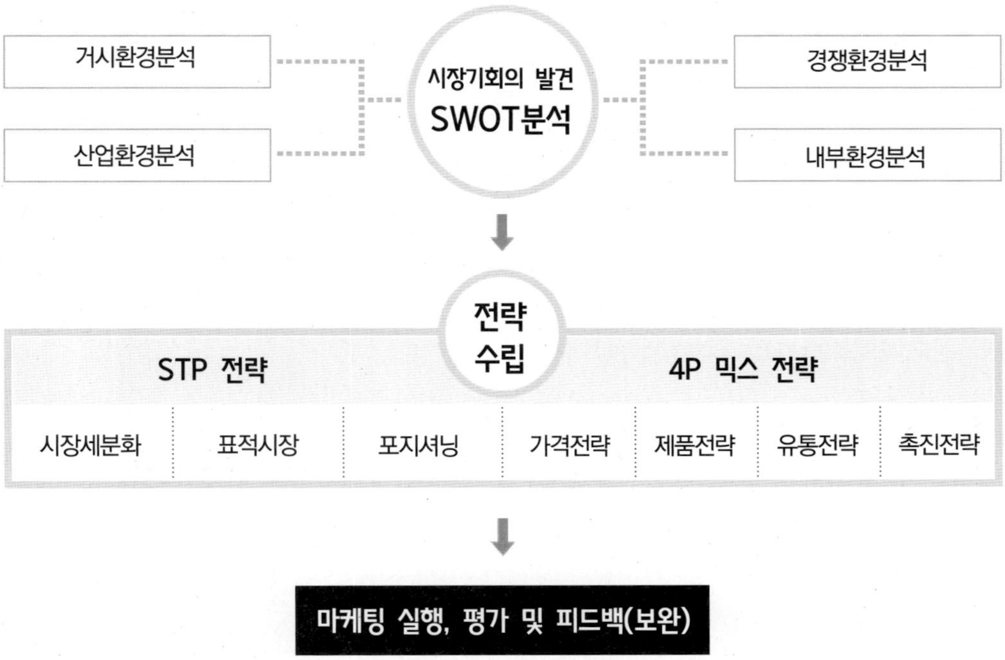

5) 외부환경 분석

외부환경 분석을 위해서는 창업자는 환경변화에 따른 기회와 위협요인을 구체적으로 분석해야 하며 자사와 관련성이 높은 요인에 대해 집중분석하고 창업자에 미치는 영향과 향후 전망을 분석한다.

(1) 거시환경 분석(PEST)

거시환경 분석을 통해 마케팅활동에 응용할 수 있는 기회 요인과 위협요인을 도출한다.

| 표 3-23 | 거시환경분석 체크리스트

환경 요인	분석내용	기회요인	위협요인	시사점
정치적 · 법적 환경요인	정치이념, 정책노선, 개혁정책, 지원정책, 무역장벽 및 자유화, 조세, 특허, 저작권, 안전, 환경, 규제 또는 규제 완화 등을 분석			
경제적 환경요인	국제경제상황, 경기주기, 인플레이션 또는 디플레이션, 이자율, 환율, 금융/재정정책, 소비성향, 금융시장의 변화, 임금수준, 에너지 가격 등			
사회 · 문화적 환경요인	인구구조, 라이프스타일 소비자 행태, 여성의 사회진출, 환경보호·에너지에 대한 관심, 교육수준, 소비문화, 인터넷 보급률, 노동조합 및 시민단체의 활동 등			
기술적 환경요인	정보기술 및 신기술의 발전, 기술혁신 및 확산, 신제품 혁신, 고객관리도구, 전자상거래 기술, 솔루션 개발 기술, 기술개발을 위한 정책적지원등			
기타의 환경요인	정치적 법적 환경, 경제적 환경, 사회 문화적 환경, 기술적 환경 이외의 기타 환경요인			

자료 : 한국창업보육협회(2014), 기술창업가이드

(2) 산업환경 분석

산업환경 분석에서 창업자는 기술창업분야에서의 전략수립을 위해 산업동향, 시장, 기술, 수명주기, 유통채널 등의 분석을 통하여 기회요인과 위협요인을 도출한다.

| 표 3-24 | 산업환경 분석 체크리스트

환경 요인	분석내용	기회요인	위협요인
산업동향, 트렌드	산업자동화 트렌드, 생산 및 소비트렌드, 산업의 발전 전망, 기술동향, 유통시스템의 변화, 산업정책의 변화 동향 등		
시장규모 및 성장성	국내시장 및 해외시장의 규모, 시장의 성장가능성, 공급자 및 수요자의 현황 시장의 특성, 소비자의 소비행태 및 기호변화, 시장규모 추이분석 등		
기술 및 원가구조	신기술 및 기술 인프라, 제품 및 기술수준, 요구제품 및 요구기술수준, 기술도입가능성, 제품 및 생산 수준, 요구제품에 대한 원가 및 이익구조 등		
산업의 수명주기	도입기, 성장기, 성숙기, 쇠퇴기		
유통채널	유통채널의 유형, 유통채널의 단계, 유통구조의 형태, 유통채널의 주요 동향 등		
기 타	주요 성공요인, 미래 발전 전망 등		

자료 : 한국창업보육협회(2014), 기술창업가이드

(3) 경쟁환경 분석

경쟁환경 분석은 창업자가 진출하고자 하는 시장에 대해 경쟁자가 어떠한 전략을 사용하고 있는가에 대한 대응전략을 수립하는데 활용할 수 있다. 주요 분석 내용은 산업 내 기존 업체들 간의 경쟁, 새로운 경쟁자의 위협, 대체재의 위협 구매자의 교섭력, 공급자의 교섭력 등이다.

그림 3-9 경쟁환경 분석 기본 구조

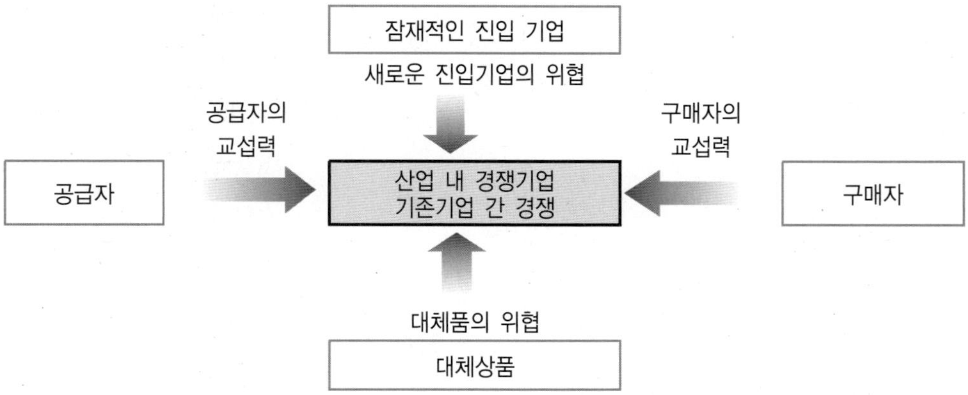

자료 : 한국창업보육협회(2014), 기술창업가이드

표 3-25 경쟁환경 분석 체크리스트

구분	분석요소	기회요인	위협요인	시사점
기존기업 간의 경쟁	산업 성장성, 제품차별성, 고정비 또는 함몰비, 간헐적인 수요 초과, 브랜드 지명도, 전환비용, 경쟁의 집중도와 균형, 정보의 복잡성, 경쟁자의 다양성, 후퇴장벽 등			
새로운 경쟁자의 진입	규모의 경제, 브랜드 지명도, 독점적 제품 차별성, 전환비용, 소요 자본. 유통망, 정부시책, 압도적 비용 우위, 독점적 학습, 요구되는 입력자원, 독점적 저비용 제품 설계비, 예상되는 보복 등			
대체상품의 위협	대체재의 출현 가능성, 전환비용, 대체재의 성능대비 가격, 대체재에 대한 구매자의 반응 등			
구매자의 교섭력	구매력, 기업집중도 대비, 구매자 집중도, 구매자의 수, 기업의 전환비용 대비, 구매자의 전환비용, 구매자의 정보, 후방통합 능력, 대체제품, 총 구매 가격, 브랜드 지명도, 제품 차별성			
공급자의 교섭력	입력물의 차별성, 산업내 공급자와 기업의 전환비용, 대체재의 존재여부, 공급자 집중도, 공급량, 산업 내 기업의 전방통합의 위협과 관련한 후방 통합의 위협 등			

자료 : 한국창업보육협회(2014), 기술창업가이드

(4) 소비자행동 분석

소비자행동 분석을 통해 급변하는 환경 속에서 소비자의 욕구 발생 단계부터 실제 구매에 이르는 과정까지의 복잡한 과정이 외부 환경에 어떻게 영향을 받는 지를 분석하여 마케팅 전략에 활용한다.

표 3-26 소비자행동 분석 체크리스트

구분	분석요소	기회요인	위협요인	시사점
정보처리과정	자극, 노출, 주의, 지각, 해석, 태도, 기억, 정보의 인출			
구매의사결정과정	문제인식, 정보탐색, 대안평가, 구매결정 및 구매, 구매 후 행동			
소비자행동의 영향요인	개인적 요인, 사회 문화적 요인, 심리적 요인, 상황적 요인			

자료 : 한국창업보육협회(2014), 기술창업가이드

6) 내부환경 분석

내부환경 분석은 창업자는 체계적인 내부자원 분석을 통해 자사의 강점과 약점을 진단하고 경쟁적 위상을 평가하는데 필요한 분석방법이다. 과거 성과와의 비교, 산업 진화 단계에 따른 평가, 경쟁사와의 비교, 산업 내 핵심성공요인과의 비교를 통해 자사의 강점과 약점을 도출할 수 있다.

(1) 기능별 내부능력 분석

기능별 내부능력 분석은 기업활동의 주요 기능 부문별로 자사의 강점과 약점을 분석하는 방법이며 기업의 성공에 영향을 미치는 주요 요인들을 규명하여 이들을 바탕으로 전략을 개발한다.

| 표 3-27 | 기능별 내부능력 분석 체크리스트

부문	핵심요소	강점	약점	시사점
경영전반	경영자의 능력, 기업이미지, 기업문화, 정보시스템 등			
R&D/기술	신제품개발, R&D투자 연구개발인력, 기술개발체제, 경험 및 노하우, 기술차별성, 특허보유정도 등			
생산	설비의 효율성, 공장입지, 생산성, 공정혁신, 품질, 원부자재 조달, 생산능력, 제품의 다양성			
인사/조직	조직체계 및 인사정책, 인력의 질과 숙련도, 교육훈련 투자, 노사관계			
재무	매출/수익, 재무구조, 자본조달능력, 자금운용능력 등			
마케팅	브랜드파워, 가격정책, 고객기반, 고객서비스, 유통망/유통경로, 촉진활동, 영업조직, 시장점유율 등			
글로벌화	수출비중, 해외시장기반, 국제적 전문인력			

자료 : 한국창업보육협회(2014), 기술창업가이드

(2) 가치사슬 분석

가치사슬 분석은 기업의 전략적 단위활동을 구분하여 강점과 약점을 파악 하고 원가발생의 원천 및 경쟁기업과의 차별화 원천(가치창출 원천)을 분석하는 것이다.

| 표 3-28 | 가치사슬 분석체크리스트

부 문	핵심요소	강점	약점	시사점
주요활동	투입물류, 생산 및 운영, 산출물, 마케팅과 판매, 서비스			
지원활동	투입요소의 획득, 기술개발, 인적자원관리, 기업의 하부구조			
가치사슬 연계	가치사슬 내의 연계 공급자나 유통경로의 가치사슬과 기업의 가치사슬의 연계 등			

자료 : 한국창업보육협회(2014), 기술창업가이드

7) SWOT 분석 및 전략도출

(1) SWOT 분석

SWOT 분석을 통해 창업자는 내부환경 분석을 통해 강점과 약점을 도출하고 외부환경 분석을 통해 기회와 위협요인을 도출한 결과를 결합하여 회사의 전략을 수립한다.

| 표 3-29 | SWOT 분석의 개념 및 내용

구분	내 용
개 념	기업의 환경 분석과 내부 능력 분석의 결과를 결합하여 전략 방안을 도출하는 것 SWOT는 다음과 같은 요인의 영문 첫 글자를 조합한 표현 기업의 강점(Strengths) 기업의 약점(Weaknesses) 환경의 기회(Opportunities) 환경의 위협(Threats)
전 제	효과적인 전략이란 환경의 기회와 기업의 강점은 활용하면서, 기업의 약점과 환경의 위협을 최소화하는 것이라는 전제에 바탕을 둠
역 할	기업이 처한 대내외의 상황에 대한 체계적인 분석과 기업이 선택 가능한 전략 대안들을 도출하는데 하나의 논리적 틀을 제공
질문에 대한 해결방안 제시	• 우리 회사는 어떠한 강점에 바탕을 두고 전략을 개발해야 하는가? • 우리의 약점 중 가장 취약한 부분은 무엇이며, 환경의 기회를 선취하는데 장애가 되는 요인은 무엇인가? 우리의 약점을 보완할 수 있는 전략은 무엇인가? • 환경의 기회를 활용할 수 있는 우리의 강점은 무엇인가? • 가장 우려되는 환경의 위협요인은 무엇이며, 이에 대처하기 위한 전략방안은 무엇인가?

자료 : 한국창업보육협회(2014), 기술창업가이드

(2) SWOT 분석을 통한 대응전략

SWOT 분석을 통한 대응전략 수립은 기업 내부의 강점과 약점을 기업 외부의 기회와 위협에 대응 시켜 기업의 목표를 달성하려는 전략이다.

| 표 3-30 | SWOT 분석 전략

구분	강점 (S)	약점 (W)
기회 (O)	**SO 전략** 기회의 이익을 얻기 위해 강점이 이용되는 전략 (시장기회선점전략, 다각화 전략)	**WO 전략** 약점을 극복함으로써 기회를 활용하는 전략 (핵심역량강화전략, 전략적 제휴)
위협 (T)	**ST 전략** 위협을 회피하기 위해 강점을 이용하는 전략 (시장침투전략, 제품확충전략)	**WT 전략** 위협을 회피하고 약점을 최소화하기 위한 전략 (철수전략, 집중화 전략)

자료 : 한국창업보육협회(2014), 기술창업가이드

8) STP 전략

STP 전략은 상품의 특성과 소비자의 수요를 고려하여 몇 개의 세분시장으로 고객집단을 나누고 기업의 역량과 경쟁 상황을 고려하여 자사와의 적합성이 가장 높은 매력적인 시장을 선정한 후 고객들의 마음에 자사의 상품이 자리 잡게 하는 과정이다.

① 시장세분화(Segmentation)

- 잠재 고객의 구매행동을 설명하는데 관련되는 특성상에서 동질적인 집단으로 분리하는 과정
- 고객특성에 맞게 시장을 세밀하게 나누는 과정이며 시장세분화의 기준은 지역, 인구통계, 라이프스타일에 따라 구분

② 표적시장 선정(Targeting)

- 세분화된 시장 중 어떤 시장을 목표로 할 것인가를 결정하는 것
- 표적시장은 세분시장의 크기, 시장 성장성, 시장 수익성, 시장규모, 경쟁 정도 등을 고려하여 자사에 가장 적합(기업 목표, 기업 자원 등)한 시장을 선정

③ 포지셔닝(Positioning)

- 경쟁제품과는 다른 자사 제품의 차별적 요소를 목표 고객의 머리 속에 인지시키는 활동

(1) 시장세분화

① 시장세분화의 요건

- 측정가능성: 크기, 구매력, 세분시장의 특성 등 정보의 측정 및 획득이 용이해야 함
- 접근가능성: 효과적으로 접근할 수 있고 전달이 용이해야 함
- 시장의 크기: 충분한 이익을 창출할 수 있을 만큼의 크기여야 함
- 내부적 동질성 대 외부적 이질성: 세분시장에서는 동질적이어야 하고, 개개 세분시장은 이질적이어야 함
- 일관성 및 지속성: 시장의 특성에 따른 일관성과 일정 기간 지속가능성이 존재해야 함

② 시장세분화에 사용되는 기준들

- 지리적 변수 : 국가, 지역, 도시의 크기, 인구밀도, 기후 등
- 인구통계적 변수 : 나이, 성별, 소득, 직업, 교육수준, 종교, 인종, 세대, 국적, 가족규모 등
- 심리분석적 변수 : 사회적 계층, 생활양식, 개성 등
- 행태적 변수 : 구매 또는 사용상황, 추구하는 편익, 사용량, 상표충성도, 구매자의 상태 등

(2) 표적시장 선정

표적시장 선정은 세분화 된 시장을 몇 가지 기준으로 평가하여 창업기업과의 적합성이 가장 높은 매력적인 시장을 선택하는 과정을 말하며 적합성을 평가하기 위해서는 기업목표와의 일치, 기업의 능력과 자원, 경쟁적 우위 등을 고려해야 한다.

| 표 3-31 | 표적시장 접근 전략

유형	주요 내용	장점	단점
비차별화 전략	• 세분시장의 차이를 무시하고 단일 마케팅 프로그램으로 전체 시장을 공략 • 대량생산, 대량유통, 광고 등으로 비용을 최소화 • 세분화가 덜 진행된 도입기에 사용될 수 있음 • 가격경쟁과 고객 불만족 초래 가능성	• 전체시장에 단일 마케팅 • 규모의 경제로 생산 및 재고관리 비용의 절감	• 특징 없는 제품의 제공 • 적용분야가 제한적임 • 경쟁사가 다양한 제품으로 시장에 진출할 경우 위험도가 높음
차별화 전략	• 세분시장마다 차별적인 마케팅프로그램을 사용 • 자원이 풍부한 기업이 사용 가능, 비용이 많이 소요 • 전체 판매량 증가, 소비자만족 증가의 이점	• 두개 이상 시장에 동시에 진입 • 위험부담 감소 • 많은 소비자 확보로 매출액과 이익 증가	• 고 비용발생 • 자기잠식 우려
집중화 전략	• 단일 제품으로 단일 세분시장을 공략 • 자원이나 능력이 한정되어 있을 때 사용가능 • 하나의 세분시장(니치마켓)에서 경쟁력을 가질 수 있음 • 세분시장 내 소비자욕구의 변화, 강력한 경쟁자 진입 등의 경우 위험분산이 되지 않을 가능성이 있음	• 창업기업에 적합 • 소비자의 욕구 파악 • 자원의 집중화 • 시장 안에서의 강력한 위치 점유	• 대기업 경쟁사 진입이 쉬움 • 시장의 불확실성으로 높은 위험의 감수

자료 : 한국창업보육협회(2014), 기술창업가이드

(3) 제품 포지셔닝

포지셔닝은 목표시장에서 고객의 욕구를 파악하고 경쟁제품과는 다른 차별적인 특징을 갖도록 제품개념을 정하여 소비자의 인식 속에 적절히 위치시키도록 노력하는 것으로 광고, 포장, 디자인, 촉진활동 등의 수단을 총 동원하여 소비자의 인식에 영향을 주는 것이다.

① 포지셔닝의 절차와 유의점

- 현재의 포지션 파악 : 소비자들의 인식 속에 있는 자사와 경쟁사의 현재 포지션 파악
- 포지션의 탐색 및 발견 : 장기적인 관점에서 경쟁우위 및 소비자의 관심을 끌 수 있는 포지션 탐색 및 발견
- 포지션 내의 경쟁자 확인 : 같은 포지션 상의 경쟁업체에 대한 명확한 분석
- 자원의 파악 및 활용 : 창업기업의 가용시간과 비용, 규모와 성장률 등을 고려하여 단계적인 포지셔닝 전략 수립
- 포지션의 획득 : 치밀한 마케팅 계획과 신속한 실행을 통한 포지션 획득
- 포지션의 유지 및 강화 : 일단 획득된 포지션의 지속적인 유지 및 강화

② 포지셔닝의 유형

- 속성에 의한 포지셔닝 : 제품의 속성 중 경쟁적 우위를 갖는 점이 있다고 판단되었을 때 시행
- 이미지에 의한 포지셔닝 : 제품의 추상적인 편익을 강조하여 포지셔닝(정서적, 사색적인 고급 이미지 등)
- 사용상황에 의한 포지셔닝 : 제품이 사용되거나 사용될 수 있는 상황이나 사용목적을 묘사하여 포지셔닝
- 제품사용자에 의한 포지셔닝 : 제품 사용자나 사용계층을 이용하여 포지셔닝(소비자 자신에게 맞는 제품으로 느끼도록 만드는 것)
- 경쟁제품에 의한 포지셔닝 : 경쟁제품과 명시적 또는 묵시적으로 비교함으로써 포지셔닝 하는 방법

9) 마케팅믹스

(1) 제품전략

제품전략에서 창업기업은 자사의 시장에서 소비자의 필요와 욕구를 충족시켜 줄 수 있도록 제품이나 서비스를 제시하는 전략의 수립이 필요하다.

① 제품전략 수립 시 고려사항

| 표 3-32 | 제품전략 수립 고려사항

제품의 속성	제품전략 수립 시 고려사항
품질	• 목표 시장 내 소비자가 요구하는 품질 수준 및 품질의 일관성 • 가격대비 품질 수준과 가치수준 고려 • 경쟁제품의 품질 수준 고려 • 전사적 품질관리
특성	• 목표 시장 내 소비자의 욕구에 부합하는 특성 부여 • 제품 특성의 부여에 대해 소비자가 느끼는 가치 • 제품특성에 대비 기업의 소요비용
브랜드	• 자사 제품의 이점, 품질, 편익을 나타내주는 브랜드 명 결정 • 소비자의 인지가 용이 • 법적 보호가 가능하고 독창성
디자인	• 목표시장 내 소비자층이 선호하는 디자인 결정 • 가격대비 디자인 품질 고려 • 제품의 특징과 가치가 표현
포장	• 제품의 속성에 적합해야 함(규격, 형태 등) • 가격 요인 고려 포장재 질 결정 • 제품 디자인의 기능적, 심미적 요인 충족 • 제품의 정보제공 및 브랜드 인지

자료 : 한국창업보육협회(2014), 기술창업가이드

② 제품믹스 관리

가. 제품믹스의 폭에 관한 의사결정

- 특정 제품계열을 유지하거나 확장할 것인지 혹은 철수 할 것인지에 대한 의사결정
- 마케팅 목표를 효율적으로 달성할 수 있는 최적의 제품믹스 유지 필요

나. 제품계열의 길이 및 깊이에 관한 의사결정

- 품목을 추가하는 확장전략
- 품목을 줄이는 축소전략

다. 기존 제품의 폐기전략

- 잔여 제품력이 향상되면서 이익이 증가할 수 있음
- 수확전략, 제품계열의 단순화 전략, 철수전략을 통해 신중히 대응

라. 기존 제품의 수정전략

- 제품의 특징 중에서 하나 이상을 변경시키는 것으로 품질수정, 기능수정, 스타일 수정

(2) 유통전략

창업기업은 거래가 효율적으로 일어날 수 있도록 합리적인 유통전략을 수립해야 한다.

① 유통경로의 설계

표 3-33 유통경로 설계 내용

구분	주요 내용
고객의 서비스 기대수준의 분석	• 대기시간, 입지의 편의성, 최소 구매단위의 크기, 제품의 다양성 등의 면에서 고객의 욕구를 분석 • 고객의 욕구에 따라 서비스의 수준이 달라져야 함
유통경로목표의 설정	• 고객의 욕구와 기업의 장/단기 목표를 고려하여 구체적으로 유통경로의 목표를 설정 • 제품특성, 회사특성, 중간상 특성, 경쟁사 특성, 환경요인을 고려 (예) 직장여성 들 중 60%가 5분 이내의 운전으로 신제품을 구매할 수 있도록 유통경로를 구축하며"신제품 출시 후 12개월 이내에 목표를 달성" 등의 구체적인 목표설정
최적의 경로대안 결정	• 목표가 설정되면 경로대안을 결정 • 이용할 중간상의 유형, 필요한 중간상의 수, 각 경로구성원의 조건과 책임 등을 정함
주요 경로대안의 평가	• 경제성, 통제가능성, 적응성 등의 측면에서 평가한 후 결정 - 경제적 평가 : 기대 판매량, 비용, 수익성 비교 - 통제적 평가 : 통제가능성 평가 - 적응적 평가 : 환경변화에 대한 적응가능성 평가

자료 : 한국창업보육협회(2014), 기술창업가이드

② 유통경로 구성원의 선정과 관리

표 3-34 유통경로 구성원 선정과 관리 방향

구분	주요 내용
경로구성원의 선택	• 신용능력, 영업사원의 규모, 판매능력, 명성, 취급하는 제품의 종류와 특성, 수익성 및 미래 성장잠재력 등을 고려하여 중간상을 선택
경로구성원의 관리와 동기부여	• 긍정적 동기부여 수단과 부정적 동기부여 수단을 적절히 사용하여 관리
경로구성원의 성과평가	• 판매할당량, 평균재고수준, 배송시간, 불량품 처리, 프로모션 협조, 훈련프로그램 등을 기준으로 평가 • 평가에 따라 적절히 보상을 하거나 불량할 경우 제거

자료 : 한국창업보육협회(2014), 기술창업가이드

(3) 가격전략

가격은 소비자의 구매행동 시 가장 민감하게 반응하는 요인으로서 창업기업의 마케팅 목표를 달성하기 위한 수준에서 결정한다.

① 목표중심의 가격전략

가. 시장 확대

- 저가격전략, 대중시장 공략, 신규 시장 선점이나 매출 최대화, 규모의 경제 달성

나. 수익률 확대

- 고가격전략, 특정 목표시장 공략, 소비자의 가격 민감성, 이윤의 최대화 목적

다. 기업의 유지존속

- 저가격전략, 소비자의 욕구변화, 기업의 외부환경 변화

② 가격전략 방향

가. 고가전략

- 수요의 탄력성이 높지 않은 고가품, 전문품
- 경쟁사 보다 높은 경쟁우위나 차별성이 존재할 경우
- 고품질로 새로운 소비자계층을 유인하고자 할 경우

나. 경쟁가격전략

- 경쟁이 심하고 가격변화에 대한 경쟁자의 즉각적인 대응이 예상되는 경우
- 경쟁자와 차별화 되지 못할 경우

다. 저가전략

- 소비자가 가격변화에 민감할 경우
- 목표시장의 경쟁이 치열할 경우
- 원가우위가 가능한 경우

③ 제품믹스 가격전략

가. 제품계열에 대한 가격결정

- 제품계열 내 제품수준에 따라 가격결정
- 가격차이를 품질 차이로 지각하지 않으면 자기제품잠식현상 발생

나. 사양제품에 대한 가격결정

- 주력제품과 함께 판매되는 사양제품 혹은 액세서리에 부과하는 가격
- 주력제품은 저가격, 사양제품은 고가격을 책정하는 경향이 있음

다. 종속제품에 대한 가격결정

- 특정 제품과 함께 반드시 사용되는 제품에 대해 측정되는 가격
- 기본제품은 저가격, 종속제품은 고가격

라. 묶음제품에 대한 가격결정

- 기본제품과 선택사양, 서비스 등을 묶어서 하나의 가격을 제시하는 방법
- 순수묶음 가격제 : 묶음가격으로 통합제품만 구매해야 하는 경우
- 혼합묶음 가격제 : 통합제품과 개별제품 중 선택해서 구매할 수 있게 해주는 경우

(4) 촉진전략

촉진전략은 제품을 구매하도록 유도할 목적으로 제품 및 서비스의 성능에 대해 정보를 제공하거나 설득하는 행위로서 최근에는 커뮤니케이션 믹스전략에 포함되어 사용 되고 있다.

① 촉진전략의 단계와 고려요인

가. 제품 및 시장상황 분석

- 목표시장의 소비자 유형에 따른 차별적 요인 고려(일반 소비자, 중간상, 제조업체 등)

나. 목표의 수립

- 예상매출액
- 시장점유율

다. 예산의 설정

- 매출액비례법, 투자수익률법, 경쟁자기준법, 가용예산활용법, 목표 및 과업기준법

라. 촉진수단의 설정

- 촉진목표와 제품특성, 비용, 상대적 효과 등을 고려
- 광고, 판촉, 홍보, 인적판매, 가격할인, 판매촉진비 등

마. 시행계획의 수립

- 누가, 언제, 어디서, 어떻게, 어느 정도의 기간으로 사용할 것인지를 결정

바. 평가와 통제

- 촉진목표와 결과치의 비교
- 소비자의 반응도 체크

② 마케팅커뮤니케이션 믹스의 특성 및 장단점

표 3-35 마케팅 커뮤니케이션 믹스의 장단점

구분	특징	장점	단점	범위	비용
광고	• 단방향 의사소통방법 • 비개인적 의사전달 방법 (인터넷의 경우 예외)	• 메시지 통제가능 • 다수 대중에게 전달 • 효과가 빠르다	• 효과측정이 어려움 • 정보의 양이 제한됨 • 고객별 메시지 차별화 곤란	대중	고가
판매 촉진	• 부가적 이익의 제공 • 샘플링, 쿠폰, 리베이트 판촉물 등	• 직접적, 즉각적 효과 • 효과측정 용이 • 시행 용이	• 모방이 쉬움 • 단기적 효과	대중	보통
홍보	• 이미지 증대를 통한 매출 증대 추구 • 특별행사, 간담회, 기부금 출연, 사회봉사 활동 등	• 신뢰도 높음 • 효과 높음	• 통제 어려움 • 간접적 효과	대중	저가
인적 판매	• 높은 수준의 주의 유발 가능 • 메시지를 특성별 고객화 가능 • 메시지의 유효성 검증이 즉시 가능 • 관계 지향적 판매	• 정보의 양과 질 확보 • 고객별 정보전달 • 즉각적 피드백	• 높은 비용 • 대중 상품에 부적절 • 느린 프로모션 속도	개별 고객	고가

자료 : 한국창업보육협회(2014), 기술창업가이드

2. 인터넷 수출 마케팅

1) 인터넷 수출 마케팅

(1) 인터넷 수출마케팅과 기회

'인터넷 수출마케팅'은 인터넷을 이용해 해외 거래선을 발굴하고 상품과 서비스를 수출하는 활동이다. 세계적으로 인터넷 거래가 크게 증가하면서 인터넷 수출마케팅에 대한 수출 업계의 관심이 높아지고 있다.

인터넷 거래가 급증한 것은 인터넷 발달로 인해 인터넷에서 물건을 사고파는 것이 용이해지면서 구매자들이 보다 저렴한 가격으로 인터넷을 통해서 제품을 구매하려는 행동이 보편화되었기 때문이다.

시장조사기업인 MarketingSherpa가 조사한 바에 따른 기업 구매담당자가 신규 공급업체 발굴을 위해 인터넷 전시회(30%), 검색엔진(30%), B2B 웹사이트(24%) 등 인터넷 매체 사용이 증가하는 반면, 전시회 등 대면행사(-37%), 인쇄물(-18%) 등 오프라인 활용은 점차 감소하고 있는 것으로 조사되었다.

그림 3-10 해외바이어들의 신규 공급선 발굴 수단 및 선호도

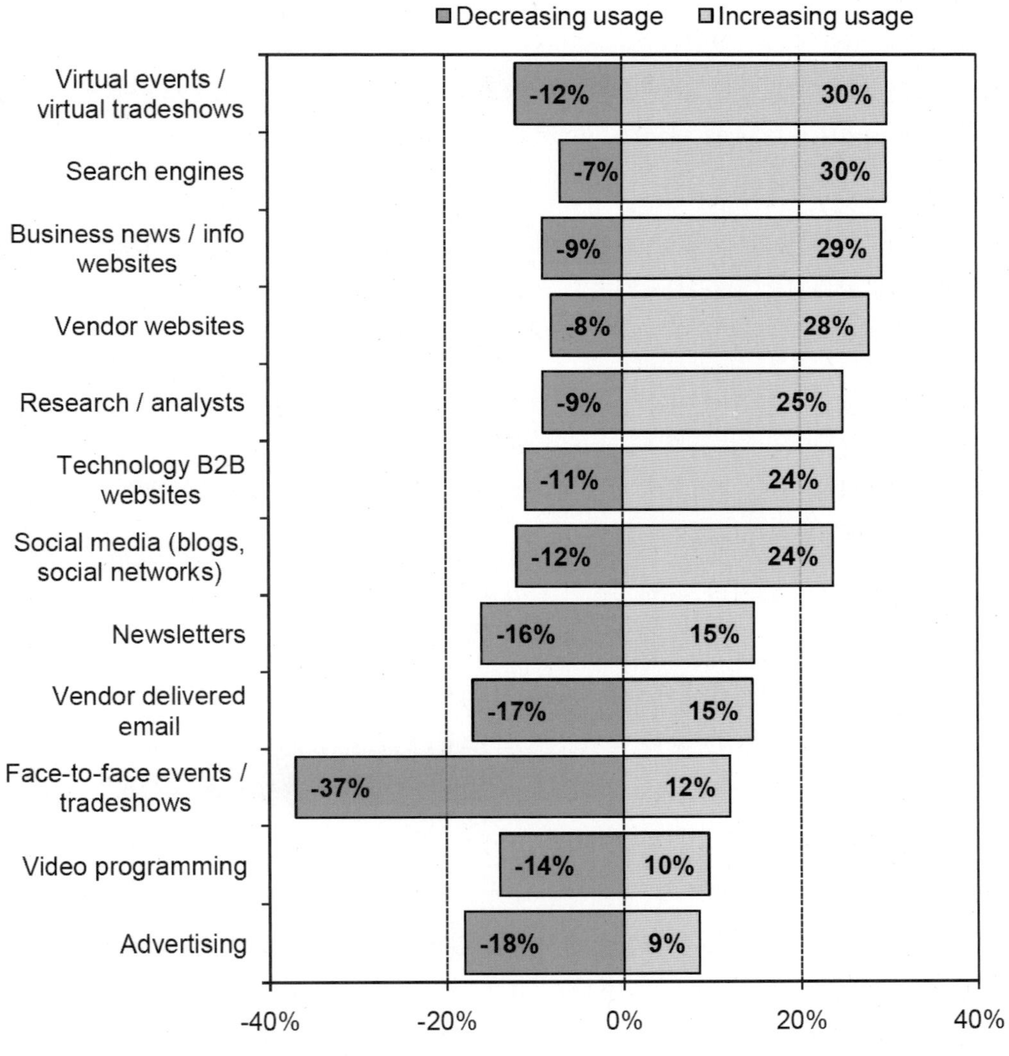

자료 : MarketingSherpa's(2009), B2B Marketing Benchmark Report

인터넷 거래는 과거 국경 내 거래 중심에서 점차 국경 간 거래가 증가하고 있으므로 인터넷을 통한 수출기회는 급격히 높아질 것으로 예상된다.

(2) 인터넷 수출마케팅 방법

인터넷에서 인터넷 (수출)마케팅을 검색해 보면 검색엔진최적화, 블로그 운영, e-Bay, 알리바바, e-마켓플레이스, 해외오픈마켓, 키워드 검색광고, e-카탈로그 등 다양한 용어들이 검색되고 있어 기업 입장에서는 무엇을, 어떻게 선택·활용해야 할지 혼란스러울 수 있다.

인터넷 수출마케팅은 인터넷기반의 마케팅 활동이다. 따라서 인터넷의 발달과 이에 따른 인터넷 수출마케팅 변천과정을 함께 살펴보는 것이 인터넷 수출마케팅을 보다 정확히 이해하는데 도움이 될 것이다.

인터넷이 상용화된 것은 '89년으로 지금으로부터 약 30여년 전이며, '92년에 웹브라우저를 통해 인터넷을 검색할 수 있는 월드와이드웹(WWW)이 소개되면서 기업들이 홈페이지를 활발히 구축함으로써 기업과 제품을 홍보하기 시작했다. 이후 홈페이지가 급속히 늘어나면서 홈페이지를 쉽게 찾을 수 있도록 해주는 검색엔진이 각광받기 시작했으며, 검색엔진을 통해 거래선을 찾으려는 시도가 시작되었다. 그러나 검색엔진을 통해 거래정보를 찾지 못하는 이들을 위해 유료 기업정보 서비스가 등장하였고, 본격적으로 이를 활용하기 시작하였다.

'94년부터 피자헛이 인터넷으로 주문을 받으면서 인터넷 거래가 주목받기 시작했으며, 이듬해인 '95년에 eBay(세계최대 B2C 오픈마켓)가 태동되었고, 이후 라쿠텐('97년), 알리바바('99년, 세계최대 B2B e-마켓플레이스), 아마존 등이 본격적으로 e-마켓플레이스를 구축·운영하면서 구매자와 판매자들이 e-마켓플레이스에서 제품을 소개하며 사고팔기 시작하였다.

현재 세계최대 검색엔진인 구글은 '98년 펀드를 받아서 세상에 공개되었고, 당대 최고 검색엔진인 야후의 시장점유율을 빠르게 잠식했다. 구글은 홈페이지 검색순위 적용, 키워드 검색광고 도입('02년) 등을 통해 검색엔진마케팅 기반을 마련하였고, 기업들도 검색엔진이 제공하는 유료 키워드 검색광고(CPC, PPC)를 활용하는 한편, 자사 홈페이지가 검색엔진에 쉽게 노출될 수 있도록 검색엔진최적화(SEO)를 적용하기 시작하였다.

'01년 9.11테러와 이라크 전쟁발발의 영향으로 소셜미디어 초기형태인 블로그가 인터넷 사용자들로부터 주목받기 시작했으며, 최근 화두인 트위터('06년), 페이스북('06년), 유튜브('05년)의 소셜미디어도 '00년대 중반 서비스 개시 이후 사용자를 빠르게 늘려가고 있다.

요약하자면, 수출마케팅 관점에서 기업들은 인터넷 변화에 따라 홈·상품페이지 제작('90년대 중후반~) → 검색엔진 및 유료DB 활용('90년대 후반~) → 검색엔진최적화, 키워드 검색광고 ('00년대 초반~) → 해외 B2B/B2C 입점('00년대 중반~) → SNS 운영('00년대 후반~) 등의 순으로 인터넷 수출마케팅 수단이 변화해 왔다.

| 표 3-36 | 인터넷 변화에 따른 기업들의 인터넷 수출마케팅 대응

인터넷 변천	기업의 대응
상용인터넷 개시('89년)	
WWW 표준 수립('92년)	- 홈페이지 제작 - 상품페이지(카탈로그) 제작
상용 홈페이지 대두('94년) 유료DB 대두	- ass 등 유료 DB 활용 - 인터넷 전시관 참여
e-마켓플레이스('97년~)	- e-마켓플레이스 활용 * 알리바바 등 해외 B2B 입점 * 이베이 등 해외 오픈마켓(B2C)
구글 태동('98년) 및 검색랭킹, 키워드 검색광고 도입('02년)	- 검색엔진최적화(SEO) - 오버츄어, 키워드 검색광고(CPC)
Wifi 표준 수립('99년) 블로그 확산('01년)	
유튜브('05년) 트위터·페이스북('06년)	- 유튜브 동영상 제작 - 소셜미디어 계정 운영
아이폰 등장('07년), 스마트폰 확산 및 무선데이터 폭증('09년)	- 링크드인 마케팅
애플 클라우드 도입('11년)	

자료 : 기업금융나들목(http://smefn.or.kr)

인터넷 수출마케팅 목적별로는 거래선 발굴을 위해 인터넷 홍보를 통한 바이어의 방문/접촉 유도 방법(홈페이지 운영, 검색사이트 광고, 마켓플레이스 이용, 소셜네트워크 활동)과 인터넷 상에서 바이어를 직접 찾아 연락하는 방법(디렉토리, 검색엔진, e-마켓플레이스, 소셜네트워크 등)을 조합해서 사용하고 있다.

e-마켓플레이스, 인터넷 쇼핑몰, 오픈마켓

- e-마켓플레이스는 인터넷상에서 공급자와 구매자를 연결해주는 인터넷 시장입니다. 거래당사자가기업-기업인 경우 B2B e-마켓플레이스, 기업-소비자인 경우 B2C e-마켓플레이스로 구분됩니다.
- 통상 e-마켓플레이스라고 하면 B2B e-마켓플레이스를 지칭하는 것으로 대표적으로는 알리바바(해외), 인디아마트(해외), ec21, buykorea 등이 있습니다.
- B2C e-마켓플레이스는 운영자가 상품을 직접 구매하여 판매하는 '인터넷 쇼핑몰'과 거래중개자 역할만 하는 '오픈마켓'으로 구분됩니다. 대표적인 인터넷쇼핑몰로는 이마트몰, 롯데마트몰 등이 있으며 G마켓, 11번가, eBay(해외) 등이 있습니다.

(3) 국내기업 활용 수준

국내 중소기업의 인터넷 수출마케팅 활용 수준에 대해 KOTRA 자체 설문조사('11.7)에 따르면 응답기업의 90%가 인터넷 수출마케팅에 관심이 있으며, 47%가 실제 인터넷 수출마케팅(홈페이지 운영 제외)을 활용 중이라고 하였다.

가장 활용이 높은 인터넷 수출마케팅 수단은 홈페이지 운영(81%)이며, 응답기업의 36%가 한글을 제외한 2개 국어 이상으로 구성된 홈페이지를 운영 중인 것으로 나타났다. 이외에도 해외 B2B사이트(26.5%), 검색엔진최적화(22.9%), 국내 B2B사이트(15.7%)를 활용되고 있다. 인터넷 수출마케팅을 활용하는 목적으로는 '초기 거래문의 발굴 및 대응 용이(35.6%)', '홍보비 절감(33.9%)', '바이어 정보 확보(23.7%)' 순이다.

인터넷 수출의 장애요인으로는 다수의 인터넷 채널관리(32.6%), 바이어 신뢰도(30.3%), 시장정보 부족(22.5%) 순으로 나타났다. 따라서 국내중소기업(제조업 기준)의 인터넷 수출 관심도는 매우 높으며 활용도 활발한 것으로 분석된다.

표 3-37 국내 업계의 인터넷 B2B/B2C 활용율

구분	거래형태	사업체수	등록계정수	활용율
제조업체	B2B	32만개	19.5만개	61%
도소매업체	B2C	86만개	0.7만개	0.8%

* 각 계정수는 Alibaba(B2B), eBay (B2C) 제공 데이터 기준.

2) 홈페이지와 검색엔진

(1) 기업의 홈페이지

기업에 있어 홈페이지는 가장 기본적인 인터넷 수출마케팅 수단으로써 인터넷상의 해외지사이며, 직원이며, 제품전시관의 역할을 수행한다. 기업홈페이지는 ① 해외에서 회사와 제품을 소개하고 고객으로부터 문의를 접수하는 '해외지사'이며 ② 1년 365일 24시간 휴일 없이 묵묵히 회사 홍보, 제품 소개, 문의 접수 등을 담당하는 '인터넷 직원'이고 ③ 연중 상시적으로 제품 수와 정보량에 관계없이 제품을 소개하는 '제품 전시관'의 역할을 한다.

국내 수출기업 홈페이지의 99%는 해외에서 검색했을 때 화면이 백지상태이거나 글자가 깨져 나오는 경우가 빈번한데, 이는 국내기업 홈페이지가 국내에서 주로 사용하는 인터넷 익스플로러(IE)에만 맞춰서 개발되어서 해외에서 널리 사용되는 파이어폭스, 사파리, 크롬 등에서 잘 나타나지 않기 때문이다.

세계 웹브라우저 시장점유율에서 IE가 차지하는 비중은 10% 미만인데, (이마저도 계속

감소중임) 나머지 약 90%의 해외고객이 국내 수출기업의 홈페이지를 볼 수 없다는 것은 수출기업 입장에서 상당히 치명적이다.

| 표 3-38 | 세계 웹브라우저 시장점유율(매년 12월 기준, 데스크탑 기준)

구분	Explorer	Firefox	Chrome	Safari	Opera	etc
2009	55.72	31.97	5.45	3.48	2.06	1.32
2010	46.94	30.76	14.85	4.79	2.07	0.59
2011	38.65	25.27	27.27	6.08	1.98	0.75
2012	32.14	22.84	37.82	4.99	1.28	0.93
2013	24.91	20.3	46.63	4.8	1.33	2.03
2014	24.55	18.01	49.66	4.7	1.5	1.58
2015	16.52	15.6	56.89	5.29	2.2	3.5
2016	9.86	14.95	62.66	5.1	1.8	5.63

자료 : StartCounter(http://gs.statcounter.com)

(2) 인터넷 수출마케팅용 홈페이지

① 글로벌 웹 표준을 준수

홈페이지 제작의 국제표준인 ISO 15445를 준수해서 홈페이지를 만들어야 한다. 그래야만 북미, 유럽, 중남미, 아프리카, 아시아 등 다양한 지역의 해외바이어가 홈페이지 정보를 제대로 볼 수 있다.

② 모바일 환경 고려

스마트폰의 확산에 따라 인터넷환경은 유선에서 무선으로 그 사용이 급속히 늘어나고 있다. 해외바이어는 아이폰, 안드로이드, 블랙베리 등 다양한 모바일 기기를 사용 하고 있다. 기업홈페이지는 가급적 데스크톱과 모바일 기기에서 동일하게 보일 수 있도록 개발하여야 한다.

③ 검색 엔진 최적화

바이어가 검색엔진에서 국내제품을 검색했는데 해외 경쟁제품이 우선적으로 검색된다면 국내기업은 바이어를 접촉한 기회를 이미 잃은 것이나 다름 없다. 제품이 아무리 좋아도 바이어에게 소개되어야 판매할 수 있을 텐데 많은 비용을 들여 홈페이지를 제작, 운영하고 있음에도 불구하고 바이어에게 노출되지 않는다면 유명무실한 홈페이지라고 할 수 있다.

④ CEO의 관심

실무자가 잘 알더라도 CEO가 잘 모른다면 전사적 차원의 지원을 받기란 매우 어려울 것이다. 또한 CEO가 인터넷 수출마케팅에 대해 잘 모른다면 기업 홈페이지를 제대로 운영하기가 어렵다.

(3) 검색엔진 최적화

검색엔진 최적화란 기업의 홈페이지를 구글, 야후 등 유명 검색엔진에 친화적으로 제작하여 방문자 증대 및 신규 거래선(바이어) 발굴을 도모하는 방법이다. 검색엔진의 특정 키워드를 구매하여 검색자가 키워드를 검색어로 입력하면 기업 홈페이지가 노출되도록 하는 키워드 검색광고와는 다른, 검색엔진 노출 확대 방법이다. 검색엔진최적화(SEO)와 키워드 검색광고(CPC)를 통칭하여 검색엔진마케팅(SEM)이라고 한다.

검색엔진을 최적화하기 위한 가장 좋은 방법은 검색엔진 최적화 전문 업체에게 의뢰하는 것이다. 검색결과에서 웹페이지의 순위를 매기기 위하여 구글이 사용하는 요소들은 200가지 이상이며, 주기적으로 바뀌는 것으로 알려져 있지만 공식적으로 공개되지는 않았다.

3) e-마켓플레이스

(1) e-마켓플레이스의 개요

원래 마켓플레이스(marketplace)란 '시장'을 의미한다. 동대문 시장 같은 전통적인 시장이나 백화점, 대형할인매장 모두 시장, 즉 마켓플레이스라고 할 수 있다. e-마켓플레이스는 '인터넷 상에서 다수의 공급자와 구매자가 대면하고 거래를 이룰 수 있도록 해주는 인터넷 상의 시장이다'라고 정의할 수 있다.

또한 e-마켓플레이스는 구매자가 찾는 상품을 공급하는 공급자를 찾아주거나 공급자가 제공하는 상품을 구매하기를 원하는 구매자를 찾아주는 역할을 수행한다.

따라서 수출을 목적으로 하는 중소기업이라면 e-마켓플레이스에 자사의 상품을 등록해서 바이어로부터 인콰이어리를 받을 수 있도록 대비하는 한편, 바이어가 등록한 구매오퍼를 주기적으로 검색해서 해외의 구매수요에 대해 인콰이어리를 보내는 것이 필요하다. 단, e-마켓플레이스는 입회비, 상품등록비, 광고비, 거래수수료 등으로 수익을 창출하는 목적으로 운영되며, 판매자와 구매자 간 거래의 장을 제공할 뿐, 직접적으로 거래에 관여하지 않는다.

(2) 국내외 주요 e-마켓 플레이스

전 세계 B2B e-마켓플레이스는 1만개 이상인 것으로 추정되고 있다. 해외 B2B사이트로는 등록 회원 기준 세계 최대 인터넷 B2B사이트인 알리바바닷컴과 함께 인디아마트, 트레이드키 등이다.

국내 B2B사이트로는 EC21, 고비즈코리아 등이 널리 알려져 있으며, KOTRA에서는 바이코리아를 운영하고 있다. 최근에는 KOMPASS와 같은 기업정보 사이트들도 점차 e-마켓플레이스로 변화하고 있는 추세이다.

표 3-39 해외 주요 e-마켓플레이스

업체/사이트	국가	등록회원 (월 방문객)	비 고
알리바바 www.alibaba.com	중국	2,000만	2,000만개 이상의 글로벌 유저를 보유한 세계 최대 글로벌 B2B사이트
인디아마트 www.indiamart.com	인도	100만 (500만)	인도 최대의 B2B사이트
트레이드키 www.tradekey.com	중동	(600만)	중동지역 최초의 B2B사이트로, 220개국의 수출입 업체 및 바이어 정보 제공
바이어존 www.buyerzone.com	미국	300만	중소규모 업체 중심의 B2B사이트
애플게이트 www.applegate.co.uk	영국	38만 (130만)	영국, 아일랜드 시장 중심의 B2B 디렉토리 서비스
WLW www.wlw.de	독일	38만 (150만)	유럽 독일어권 중심의 B2B사이트
KOMPASS www.kompass.com	프랑스	300만	세계 최대 기업정보 서비스(300만개사)로 27개 언어를 지원하며 8개국의 개별 사이트 운영
글로벌 소시스 www.globalsources.com	미국	89만	전시회와 함께 고급 바이어정보 제공(한국지사보유)
트레이드인디아 www.tradeindia.com	인도	150만	인도최대 기업정보 디렉토리 서비스

자료 : 기업금융나들목(http://smefn.or.kr)

표 3-40 국내 e-마켓플레이스

사이트	운영기관	비 고
바이코리아 www.buykorea.org	KOTRA	KOTRA 해외무역관에서 발굴한 구매오퍼에 특화된 B2B 사이트
TradeKorea www.tradekorea.com	무역협회	무역협회 B2B사이트로 한민족네트워크와 연계한 글로벌 사업 수행
고비즈코리아 www.gobizkorea.com	중소기업진흥공단	인터넷을 통한 중소기업 제품의 해외홍보를 지원하기 위해 1996년 출범한 인터넷 중소기업관
EC21 www.ec21.com	(주)이씨이십일	55만개 회원사를 보유한 한국 최대 글로벌 B2B사이트
ECPlaza www.ecplaza.com	이씨플라자(주)	KTNET 자회사로 40만개의 회원사를 보유(영,일,중,한 4개 국어 사이트 운영)

자료 : 기업금융나들목(http://smefn.or.kr)

개별 기업 입장에서 효과가 좋다고 알려진 다수의 B2B사이트에서 계정을 운영하는 것은 현실적으로 어렵다. 각 B2B사이트별 특성과 규모를 고려해서 자사에 적합한 B2B 사이트 두어 개를 선정해서 지속적으로 운영하는 것이 효과적이다.

그리고 상대적으로 규모가 작은 B2B사이트라 할지라도 등록회원 대비 구매오퍼가 적절히 발굴되어 공급이 원활할 뿐만 아니라 검색엔진 최적화 등이 잘 적용되어 있어서 등록된 상품이 검색엔진에 잘 노출된다면, 기업이 활용할 만한 B2B사이트라고 할 수 있다.

[사례 연구] 마케팅

경영 사례 불황기의 마케팅 전략

Q. 요즘 경기가 불황이라고 하여 많은 기업들이 어려움에 처해 있습니다. 소비자들은 지갑 열기를 꺼려합니다. 이에 대한 마케팅 전략으로는 어떠한 것들이 있을까요?

A. 불황기 시대 소비자의 특성은 '심리적 불안감'입니다. 소비자들이 가격에 민감하게 반응하고, 구매행위도 감성보다는 이성적 관점에서 이루어집니다. 소득 수준에 따라 소비의 양극화가 두드러지게 나타나는 경향을 보입니다.

불황기 시대의 마케팅 전략으로는

① 가격은 저렴하고 품질은 우수한 제품을 제공합니다. 원료와 공정혁신 등을 통해 저가격의 질좋은 제품을 만듭니다.

② 소비자의 원초적 본능을 자극합니다. 소비자는 이성적이면서도 원초적인 자극을 선호하는 이율배반적인 특성을 보입니다. 메시지는 단순화하고 자극적인 표현을 사용하고, 색상은 주로 원색을 사용합니다.

③ 보상심리를 활용합니다. '1+1' 판매, 쿠폰 등을 사용합니다.

④ 제품 사용 기회를 제공합니다. 무료 샘플 제공, 위조 제품 구매 시 120% 환불 등으로 제품에 쉽게 접근하도록 합니다.

⑤ 가족 마케팅을 활용합니다. 일반적으로 가족을 위한 소비는 쉽게 줄이지 않기 때문에 가족과 함께 할 수 있는 제품 또는 서비스를 판매합니다.

⑥ 제품의 실질적 혜택과 감성적 니즈를 만족시켜 갑니다. 스토리텔링을 이용한 긍정적인 자극을 유발하고, 제품에 긍정적인 공감대를 형성하여 구매에 대한 심리적 장벽을 낮추도록 합니다.

경영 사례 후발기업의 시장 진입 전략

Q. 가정용 주방 친환경 세제를 생산하는 회사입니다. 주방용 세제는 대기업 뿐 아니라 중소기업들도 참여하여 치열한 경쟁을 펼치고 있는데 우리 제품은 친환경 세제로 나름대로 경쟁력을 갖추고 있다고 생각합니다. 브랜드 인지도가 낮고 뒤늦은 시장 진입인데 어떻게 해야 할까요?

A. 후발주자로서 가장 먼저 해야 할 것은 제품의 인지도를 높이는 것과 제품의 차별성을 홍보하는 것입니다. 소비자에게 그 제품의 존재를 알리는 것과 타 제품과 비교해 어떤 점이 우수하다는 점을 알리는 것이 중요합니다.

이에 대한 전략으로

① 체험 마케팅 전개입니다. 브랜드 인지도가 낮고 제품의 우수성에 대해 잘 모르기 때문에 무료 체험기회를 제공하여 소비자가 제품에 쉽게 접근 할 수 있도록 하며, 제품 사용을 통해 우수성을 식별하고 제품에 대한 호감도를 갖도록 합니다.

② 판매 촉진입니다. 저가격, 특별가격, 쿠폰 등을 사용하여 제품 시용(試用)에 대한 장벽을 낮추는 것입니다.

③ 커뮤니케이션 채널의 다양화입니다. 많은 비용이 수반되는 공중파 TV 보다는 Cable TV, SNS, 주부들이 많이 찾는 그릇 · 요리 · 의류 등의 카페나 블로그 등의 이벤트에 참여합니다.

④ 감각적 효과를 이용합니다. 감각적 효과를 얻으려면 TV광고가 가장 좋지만 여건이 그러하지 못하기 때문에 제품 포장 디자인, 제품 진열 등을 시각적으로 잘 표현하여 제품의 감성화를 높입니다. 이는 제품에 대한 호기심을 유발하는 것입니다.

⑤ 핵심 메시지의 반복적 노출입니다. 제품의 우수성에 대해 여러 가지를 이야기하기보다는 핵심적 메시지 2~3개만을 반복적으로 노출해 제품의 차별적 우위 요소를 인지시키는 것입니다.

경영 사례 시장을 세분화할 때 고려할 점

Q. 그동안 오랜 연구 결과를 토대로 신제품을 개발하려 합니다. 이 신제품이 시장에 성공적으로 안착하고 성장을 하기 위해서는 시장 세분화 전략이 중 요하다고 하는데 시장을 세분화할 때 고려해야 할 점이 무엇입니까?

A. 시장 세분화란 서로 다른 욕구나 태도, 구매행동 등의 이질적인 특성을 가진 집단을 비슷한 성향을 가진 집단으로 나누는 과정을 말합니다. 시장 세분화는 소비자의 욕구나 구매 동기 등의 시장 상황을 정확하게 파악합니다. 기업의 경쟁 좌표를 바르게 설정하고 마케팅 자원을 효율적으로 배분하여 마케팅 활동의 효과를 높이도록 하는데 있습니다.

시장을 세분화하려면

① 시장의 측정가능성(Measurability)입니다. 시장 규모나 구매력 등을 측정할 수 있어야 합니다.

② 시장 규모(Market scale)입니다. 시장 규모가 커서 개별적인 마케팅 프로그램을 실행하고 이익을 충분히 내야 합니다.

③ 접근가능성(Accessibility)입니다. 세분 시장에 접근할 수 있는 효과적인 마케팅 수단이 있어야 합니다. 제품을 판매하려면 TV, 신문, 잡지, 인터넷 등의 매체가 필요합니다. 이의 사용이 어렵다면 세분 시장의 가치가 무의미합니다.

④ 실행가능성(Actionability)입니다. 세분 시장에 적합한 마케팅 전략을 개발 하고 실행할 수 있어야 합니다. 예를 들어 국민건강이라는 측면에서 '담배' 시장을 세분화하여 마케팅활동을 적극적으로 실행할 수 없는 경우는 시장을 세분화하더라도 무의미하다고 하겠습니다.

⑤ 차별성(Response Difference)입니다. 시장을 세분화하였다 하더라도 이것이 다른 세분 시장과 차별화가 없다면 의미가 없습니다. 예를 들어 목이 마르면 물을 찾게 되는데 이때 일반 물, 옥수수차, 이온음료, 비타민음료 등을 단순 갈증해소, 체력보충 등의 목적에 따라 분류하여 차별적으로 포지셔닝하는 것입니다.

경영 사례 포지셔닝 절차와 성공적인 포지셔닝 전략

Q. 이번에 원두커피를 출시하려는 회사입니다. 시장에는 이미 많은 업체들이 참여하여 치열한 경쟁을 벌이고 있습니다. 이에 포지셔닝 절차와 성공적인 포지셔닝 전략에 대해 문의드립니다.

A. 포지셔닝이란 소비자의 마음 속에 최초로 들어가는 전략입니다. 사람들은 최초로 인식된 것을 가장 오랫동안 기억하려는 습성을 가지고 있기 때문에 더 좋은 것이 되기보다는 맨 처음의 것이 되는 것이 중요합니다.

포지셔닝의 절차로는

① 소비자와 경쟁사 분석 : 원두커피에 대해 소비자가 기대하는 편익과 각 제품의 맛, 판매점에 대한 평가 등을 살펴봅니다. 경쟁사들의 원두커피 생산지, 로스팅, 맛, 판매점의 인테리어 콘셉트, 분위기, A/S 등을 분석합니다.

② 경쟁 제품의 포지셔닝 분석 : 경쟁 제품이 소비자들에게 어떻게 지각되고 있는가를 특정 변수를 이용해 각 커피별 유사성과 차별성을 파악하여 한 눈에 알 수 있도록 합니다. 이때 사용하는 것이 포지셔닝 맵(Positioning Map)입니다. 이렇게 각 경쟁사들의 시장 위치가 확인되면 소비자의 어떤 욕구를 충족시킬 것인가를 결정합니다. 자사 커피 제품을 어떤 콘셉트를 가진 시장으로 진입시킬 것인가?라는 포지셔닝 위치를 설정합니다. 자사의 강점과 약점에 따라 현재 분류되고 있는 시장으로 진입할 것인가? 아니면 새로운 세분시장을 개발해 진입할 것인가를 결정합니다. 포지셔닝에 성공하려면 차별화가 필요합니다. 이미지나 제품, 서비스, 가격 등 어느 분야에서 경쟁사와 차별화시킬 것인가를 설정해야 합니다. 여러 개의 편익보다는 잘 기억해 낼 수 있는 한 두 개의 편익에 마케팅 전략을 집중함으로써 소비자의 마음 속에 가장 높은 위치에 자리잡게 되는 효과를 얻을 수 있도록 합니다.

경영 사례 PPL 광고

Q. 요즘 드라마를 보고 있으면 출연진들이 옷, 의류, 가방, 팔찌, 시계, 가구, 자동차, 호텔, 식당, 전자제품 등을 이용하게 되는데 며칠이 지나면 'OOO 가방, OOO 목걸이' 등이 "동이 났다. 잘 팔린다"라는 기사를 볼 수 있습니다. 이것에 대해 알고 싶습니다.

A TV 드라마나 예능 프로그램, 영화 등에서 등장 인물들이 사용하는 소품으로 어느 회사 제품을 사용하게 되는데 이것을 PPL(Product in Placement)이라고 합니다. 이는 제작사에게는 저렴한 비용으로 협찬을 받아 제작비를 줄일 수 있고, 기업들은 광고 효과를 낼 수 있다는 점에서 기업들이 많이 이용하고 있습니다. 프로그램에 간접 광고가 허용됨에 따라 각 기업들의 이러한 PPL 마케팅은 더욱 활발하게 이루어지고 있습니다.

최근의 PPL 마케팅은 제품의 단순 노출이나 협찬에서 벗어나 스토리나 등장 인물들과 유기적으로 연결시켜 이벤트로 활용하고 있습니다. 예를 들어 PPL에 참여하고 있는 드라마의 등장인물들과 어울리는 자사 제품 선정 이벤트, 등장인물이 자사 제품을 사용하고 있을 때의 인상 깊은 대사, 드라마 속의 자사 제품 화면 홈페이지 올리기 등으로 소비자에게 가깝고 깊게 다가가려고 합니다.

PPL 마케팅의 효과는

① 목표 연령층과 대상층에 쉽게 접근하여 공략할 수 있고,

② 브랜드 회상률(Brand Recall)로 브랜드 인지도를 높이며,

③ 브랜드에 대한 호의적인 태도를 유발하고,

④ 브랜드 구매에 긍정적 영향을 미쳐 결국에는 매출을 증대시키는 성과를 거둘 수 있습니다.

경영 사례 제품의 브랜드 네임 개발

Q. 우리 회사는 가정에서 사용하는 주방용품 그릇을 생산하는 회사입니다.
현재는 제품이 '회사명'으로 판매가 되고 있습니다. 제품 계열을 확대하려고 합니다. 주위에서는 제품별 브랜드 네임을 사용하라고 하는데 브랜드 네임을 지으려면 어떻게 해야 하나요?

A 브랜드 네임은 제품을 식별하게 하고 그 특성을 인지하게 하는 자산 가치적인 측면에서 매우 중요합니다. 그 제품의 개성을 표현할 뿐 아니라 이를 통해 매출을 증대시켜가는 회사의 무형자산이기 때문입니다.

브랜드 네임을 만들 때는 다음 사항을 고려해야 합니다.

① 제품을 식별하게 하고 기억하기 쉬운 것이어야 합니다.
 예) 비타 500, 사월에 보리밥, 맛있는 우유 등

② 발음하기 쉽고 쓰기 쉬어야 합니다.
 예) 포항제철 → 포스코(POSCO) 등

③ 제품이 주는 혜택과 특성을 표현하고 있어야 합니다.
 예) 물먹는 하마, 쾌변요구르트, 홍이장군 등

④ 다른 브랜드 네임과 차별화되고 독특해야 합니다.
 예) 눈높이수학, 짜파게티, 압력밥솥 쿠쿠 등

⑤ 부정적 연상을 유발하지 않아야 합니다.
 예) Anycall → call girl, 미소지음 → 미소지움,
 한국화약(Korea Explosive - 폭발) → 한화(Hanwha) 등

⑥ 제품 특성이 유추되거나 심볼 등으로 쉽게 표현되어야 합니다.
 예) 신(辛)라면 -'맵다' · 빨간색 포장, 대우건설 - 푸르지오

⑦ 외국어로 쉽게 바꿀 수 있어야 합니다.
 예) 한국통신 → KT 등

⑧ 상표 등록이 가능하고 법적으로 보호받을 수 있어야 합니다.

제5장 기업공개

1. 자본시장 상장

1) 상장 개요

(1) 한국의 증권시장

한국거래소는 증권시장을 유가증권시장 및 코스닥시장으로 구분하고 유가증권시장은 우량기업 중심으로, 코스닥시장은 중소형 벤처기업 중심으로 시장을 특화하여 운영하고 있다. 또한 코스닥시장 상장요건을 충족하지 못하는 중소벤처기업의 자금조달을 위해 코넥스 시장을 개설('13.7.1)하여 자본시장을 이용한 기업의 단계적 성장을 뒷받침하고 있다.

| 표 3-41 | 우리나라 증권시장 비교

구　분	유가증권시장	코스닥시장	코넥스시장
설　립	1956년	1996년	2013년
운영주체	유가증권시장본부	코스닥시장본부	코스닥시장본부
시장특성	중대형 우량 기업 위주	중소벤처 및 성장기업 위주	창업초기 중소벤처기업 위주

자료 : 한국거래소(http://www.krx.co.kr)

(2) 상장의 개요

상장(Listing)이란 주식회사가 발행한 주권이 일정한 요건을 충족하여 거래소에서 다수의 일반 대중들에 의해 자유롭게 거래되는 것을 말한다. 따라서 상장희망기업은 반드시 일정한 법정절차와 방법에 따라 기업의 재무내용 등 기업의 실체를 알리고, 일반대중을 대상으로 주주를 공개 모집하는 '기업공개(Going Public, IPO-Initial Public Offering)' 절차를 거쳐야 한다. 거래소는 기업공개 여부를 포함하여 기업의 계속성, 경영의 투명성, 투자자 보호를 위한 조치 등 거래소에서 자유롭게 거래되기 위한 조건들을 심사하여 상장 허용여부를 판단하고 있다.

(3) 상장의 효과

기업은 상장을 통하여 자금조달을 원활히 할 수 있게 되고, 다양한 홍보효과를 통해 소속된 산업 내에서 상장기업으로서의 위상을 인정받는다. 또한, 종업원을 포함한 주주들의 이익 실현 기회를 제공하고, 투자자들에게 투자기회를 제공함으로써 기업 성장의 과실을 투자자들과 공유하게 된다. 이는 한편으로 기업의 사회적 책임을 수행하는 것이기도 하며, 배당, 증권거래 등의 경우에는 다양한 세제 혜택을 누릴 수도 있다.

표 3-42 기업의 상장 효과

경제적 측면	법적 측면	세제 측면
• 자금조달 • 구조조정 촉진 • 기업홍보 • 종업원 사기진작 • 주주의 이익실현	• 신주모집의 간소화 • 의결권 없는 주식의 발행특례 • 주주총회 소집절차 간소화	• 주식양도 소득세 비과세 • 상속 및 증여재산의 시가평가 • 증권거래세 탄력세율 적용

자료 : 한국거래소(http://www.krx.co.kr)

2) 상장 절차

표 3-43 기업의 상장 절차

구 분	내 용	기 간
주관회사 선정	• 대표주관회사 계약 • 감사인 지침 신청 • 지배구조 점검 • 내부통제제도 점검 • 정관정비 • 대표주관회사의 Due Digence	상장사전준비 (D-6개월~2년)
실사 및 내부정비	• 상장관련 이슈 도출 • 이슈해결방안 강구 • 사주조합 설립 • 예비심사신청서 작성 • 상장부족서류 준비 • 최대주주 등 보호예수 • 유가증권 분석 및 예정공모가 결정 • 상장신청 이사회 결의	
예비심사 신청	• 예비심사 청구 • 거래소 심사대응 • 예비심사 승인 • Valuation • 국내증시 전망(상장시점 선택/공모일정 협의) • 증권신고서 작성 • 마케팅전략 수립 및 사전 IR착수 • 총액인수계약체결(대표주관&인수단)	예비심사 청구(D)
증권신고서 제출	• 증권신고서 제출 • 마케팅전략 점검 • 신고서 효력발생(제출 15일 경과 후)	증권신고서 제출 (D+2개월)
청약 및 납입	• 마케팅 및 IR 개최 • 기관대상 수요예측 • 최종공모가 선정 • 청약 • 납입(청약자금 입금)	청약납입/상장 (D+3~4개월)
매매계시	• 상장신청 • 상장승인 • 매매계시	

자료 : 한국거래소(http://www.krx.co.kr)

(1) 주관회사의 선정

상장하려는 기업(발행회사)은 발행주식을 인수하고, 상장에 관련된 제반업무를 원활하게 진행할 수 있도록 도움을 주는 대표주관회사를 상장예비심사신청일 전에 선정하여 대표주관계약을 체결해야 한다. 해당 대표주관회사는 계약체결일 로부터 5영업일 이내에 이를 한국금융투자협회에 신고해야 한다.

주관회사 역할은 아래와 같다.

① 발행회사의 경영실적, 영업 관련 사항 및 재무 건전성 등에 대한 확인 및 조사에 관한 사항

② 발행회사의 재무, 회계 및 세무 관리에 대한 지도 및 점검에 관한 사항

③ 상장요건과 관련한 협의 및 지도에 관한 사항, 증권신고서 기재사항 점검 등에 관한 사항

④ 상장관련 진척사항의 정기점검 및 상장관련서류 작성 지원, 주식분석 수요예측 및 공모가격(발행가격) 협의

⑤ 공모 및 청약사무 주관

(2) 내부정비

기업공개 및 상장은 상장기업에 있어 최종목표가 아닌 지속적 성장을 위한 발판이다. 따라서 기업공개나 상장은 해당 기업을 일반인에게 처음으로 알리는 일이기 때문에 그 준비와 시기를 결정하는데 상장의 목적, 자본조달 규모 및 시설투자계획, 증시동향 및 향후 산업 전망 등을 고려하여 진행한다.

상장을 위한 기업의 내부정비 사항은 아래와 같다.

① 대표주관회사의 기업실사(Due Diligence)를 통해 상장기업이 되기 위한 준비사항들을 사전 점검

② 주식 관련 사무를 원활하게 처리하기 위해 상장을 신청하기 전에 한국 상장회사 협의회가 제정한 상장사 표준정관을 참고하여 회사에 적합하게 정관내용을 정비

③ 상장하고자 하는 사업연도의 전년 또는 당해 년도에 증권선물위원회에 회계감사인 지정을 신청하여 지정 받은 감사인으로부터 회계감사 실시

(3) 예비심사 신청

상장심사는 상장예비심사를 신청한 기업이 상장규정에 명시되어 있는 상장요건을 충족하는지 검토하는 과정이며, 거래소는 상장심사지침에 따라 아래와 같이 상장심사를 진행한다.

① 예비심사심청서 접수

② 증권거래서 서류검토

③ 상장적격성 확인 서한

④ 현지심사

⑤ 상장위원회 심의

⑥ 상장예비 심사결과 통보

(4) 증권신고서 제출

상장예비심사 승인을 받은 상장 신청인은 증권신고서를 금융위원회에 제출하며, 청약을 위한 진행단계는 아래와 같다.

① 증권신청서 제출(상장신청인)

② 증권신고서 검토(대표주관회사)

③ 증권신고서 수리(금융위)

④ 증권신고서 효력발생

⑤ 투자설명서 교부

⑥ 청약절차 진행

(5) 청약 및 납입

증권신고서 효력발생 후 약 2일간 대표주관회사와 인수회사는 실명확인 절차를 거쳐 사전에 투자자에게 공시한 기준에 따라 청약을 접수한다. 이후 배정 및 납입과정을 거쳐 대표주관회사가 주금을 납입한 후 납입은행으로부터 주금납입증명서를 발급받아 이를 발행회사에 인계함으로써 청약 및 납입절차는 완료된다.

① 기업설명회 진행

- 주주, 투자자, 애널리스트 등에게 회사의 사업내용, 경영전략, 장래비전 등에 관한 정보를 제공함으로써 기업의 이미지를 향상시키고 시장으로부터 적절한 평가를 받기 위하여 실시
- 일반적으로 기업공개 및 신규상장과 관련하여 실시하는 IR은 증권신고서 효력 발생 이후 수요예측 실시 전까지 약 1주일간 집중적으로 실시
- 기업은 독자적으로 IR을 실시할 수 있으며, 대표주관회사 또는 IR을 전문적으로 지원하는 회사(IR 대행업체) 등과 협의하여 실시 가능

② 수요예측

- 주식을 공모함에 있어 인수가격을 결정하기 위하여 대표주관회사가 발행 주식의 공

모희망가격(밴드)을 제시하고 그에 대한 수요상황(가격 및 수량)을 파악하는 것

- 수요예측은 공모주식 중 우리사주조합 배정분과 일반청약자 배정분을 제외한 기관투자자 배정분을 대상으로 실시하며, 「증권 인수업무에 관한 규정」에서 정하는 기관투자자가 수요예측에 참여
- 기관투자자는 일반투자자에 비해 정보 수집력과 분석능력이 우수하므로 대표주관회사가 제시한 공모희망가격의 적정성을 일반투자자를 대신하여 검증 가능

③ 청약진행

- 수요예측 결과를 감안하여 대표주관회사와 발행회사가 협의하여 공모가격을 최종 결정 (공모예정금액이 50억 원 미만인 경우에는 수요예측 방법에 의하지 않고 공모가격을 결정 가능)
- 대표주관회사는 증권신고서 제출 후 청약일 전까지 증권신고서와 함께 제출한 투자설명서(예비투자설명서, 간이투자설명서 포함)의 내용에 따라 발행회사, 대표주관회사 및 인수회사 전원의 연명으로 청약안내를 공고
- 증권신고서 효력발생 후 약 2일간 대표주관회사와 인수회사는 실명확인 절차를 거쳐 사전에 투자자에게 공시한 기준에 따라 청약을 접수
- 청약마감 후 청약결과를 집계하여 자체 배정기준에 따라 배정
- 대표주관회사가 주금을 납입한 후 납입은행으로부터 주금납입증명서를 발급받아 이를 발행회사에 인계함으로써 납입절차는 완료

(6) 매매개시

공모를 마친 기업은 신규상장신청서를 거래소에 제출하게 된다. 거래소는 주식분산요건 등 상장 예비 심사시 확인되지 않은 사항과 명의개서 대행 계약 체결 여부, 주금납입 여부 등을 확인한다. 또한 신규상장심사 시점을 기준으로 상장요건충족 여부를 다시 검토한다.

3) 상장심사 기준

상장심사는 통상 거래소에 최초로 주권을 상장하고자 하는 기업 또는 재상장을 희망하는 기업의 상장적격성을 심사하는 "상장예비심사"를 뜻하며, 이 과정을 통해 거래소는 관련 규정에 따라 외형요건을 확인하고 상세 심사기준의 충족여부를 검토한다.

(1) 상장심사 기준

거래소의 상장심사기준은 크게 기업의 계속성, 경영의 투명성, 투자자 보호 3가지로 구분한다.

① 기업의 영속성

- 안전성 : 영업의 안정성, 재무안정성, 영업활동기간, 고객만족도
- 성장성 : 산업의 성장주기, 매출품목 및 매출처 다변화, 연구개발 및 신제품 개발
- 수익성 수익창출능력, 보유자산의 효율적 활용, 지속적 수익발생 가능성

② 경영의 투명성

- 기업지배구조 : 최대주주, 경영진, 사외이사, 상근감사 및 감사위원회
- 내부통제시스템 : 내부회계 관리제도 및 내부통제시스템, 특수관계인과의거래, 최대주주와의 거래
- 회계투명성: 회계시스템 구축, 회계처리 기준 및 외부감사인, 심사의견, 회계감리

③ 투자자 보호

- 공시투명성 : 공시전담인력, 공시전담조직, 불성실 공시 법인 지정
- 소액주주보호 : 최대주주 지분과다, 전환사채 등의 발행, 소액주주의 권리행사, 보호예수
- 건전성 : 분산요건, 유동선 확보, 중복 상장 논란 해소
- 대표주관회사의 전문성 : 충실한 역할 수행, 공모가격 산정

(2) 코스닥시장 상장심사 특례

① 벤처기업 특례

표 3-44 벤처기업의 코스닥 상장심사 특례

요 건	내 용
상장심사 요건특례	① 요건 면제 - 설립 후 경과연수 면제 (일반기업 3년 이상) ② 요건 완화 - 자기자본 : 15억이상 (일반기업 30억 이상) - ROE[1] 5%이상 또는 당기순이익 10억원 이상 - 최근사업연도 매출액 50억 & 기준시가총액 300억 이상 (일반 기업 ROE 10% 이상 or 당기순이익 20억 이상 or 매출액 100억 이상)

자료 : 한국거래소(http://www.krx.co.kr)

1 ROE(자기자본이익률) = 당기순이익 / 자기자본 × 100

② 신성장동력기업 특례

코스닥상장 규정에 따르면 신성장동력기업은 정부의 중점육성 대상 업종이면서 전문평가기관으로부터 일정수준 이상의 기술평가등급을 받는 등 기술력과 성장성이 인정되는 기업으로 정의하고 있다.

| 표 3-45 | 신성장동력기업의 코스닥 상장 심사 특례

요건	설립연수	자기자본	법인세차감전 순이익	이익규모, 매출액, 시가총액(택일)
일반기업 (벤처기업)	3년이상 (-)	30억원 이상 (15억원)	적용	- ROE 10%(5%) - 당기순이익 20억(10억) - 매출액 100억(50억) & 시가총액 300억
신성장동력기업	면제	15억원 이상	면제	면제

자료 : 한국거래소(http://www.krx.co.kr)

2. 코넥스

코넥스(KONEX, Korea New Exchange)는 자본시장을 통한 초기 중소기업 지원을 강화하여 창조경제 생태계 기반을 조성하기 위해 새로이 개설된 중소기업 전용 시장이다.

1) 코넥스 시장의 상장 요건

코넥스시장은 아직 실적이 가시화되지 않은 성장 초기 중소·벤처기업이 원활하게 코넥스 시장에 상장할 수 있도록 매출액 및 순이익 등의 재무요건을 적용하지 않고 않다. 또한 초기 중소·벤처기업 실정에 부합하지 않는 요건은 폐지하거나 완화하고, 증권의 자유로운 유통과 재무정보의 신뢰성 확보를 위한 최소한의 요건만 적용하고 있다.

이러한 코넥스 시장에 대한 상장 요건은 외형 요건과 질적 요건으로 나눌 수 있다.

(1) 외형요건

표 3-46 코넥스 시장 상장 외형요건

구 분	내 용	비 고
주권의 양도제한	• 정관 등에 양도제한의 내용이 없을 것 * 다만, 他법령에 의해 제한되는 경우로서 그 제한이 코넥스시장에서의 매매거래를 저해하지 않는다고 인정되는 경우에는 예외	
감사의견	• 최근 사업연도 감사의견이 적정일 것	
합병 등	• 합병 등(중요한 영업양수도 포함)을 한 경우 그 이후 결산이 확정되었을 것 * 다만, 합병 등의 완료일 이후 사업연도 잔여기간이 3월 미만일 경우 다음년도 반기재무제표에 대한 감사보고서 제출	
액면가액	• 100원, 200원, 500원, 1,000원, 2,500원, 5,000원 중 하나일 것	액면주식에 한함

자료 : 한국거래소(http://www.krx.co.kr)

(2) 질적 요건

한국거래소는 지정자문인이 제출한 상장 적격성 보고서를 토대로 신규 상장 신청기업 경영진의 시장건전성 저해 행위, 경영 투명성, 회계 정보 투명성, 투자 위험 등을 종합적으로 검토하여 공익과 투자자 보호에 부적합한 사유가 없는 지에 대해 질적 심사를 수행한다.

다만, 지정 자문인이 신규 상장 신청 기업에 대해 사전에 상장 적격성을 심사하므로 한국거래소에 의한 상장 심사는 최소화하고 있다.

2) 코넥스시장의 상장 절차

유가증권시장 및 코스닥 시장에 상장을 하고자 하는 기업은 한국거래소의 상장 예비심사 승인 후 해당 기업의 신규로 발행된 주식을 일반 투자자를 대상으로 공모하는 절차를 이행해야 한다.

그러나 코넥스 시장에서는 공모 이외에 사모(50인 이하 자를 대상으로 자금조달), 직상장(자금조달 없이 상장신청일 현재 주식만을 상장) 등 다양한 상장 방법이 허용되어 있다. 따라서 기업은 자금조달 규모 및 필요성을 고려하여 기업 실정에 적합한 상장방법을 선택할 수 있다.

표 3-47 코넥스 시장 상장 절차

상장절차	주요 내용
지정자문인 선임계약 체결	한국거래소가 과거 인수실적, 신규상장기업 발굴, 지정자문인 업무수행 능력, VC와의 협업 및 내부통제시스템 구축 등을 감안하여 지정자문인으로 선정한 증권사 중 1개사와 선임계약을 체결
외부감사	사업연도 개시 후 4개월 이내 외부 감사인을 선임하고 회계감사
기업실사 및 상장적격성보고서 작성 등	지정자문인은 회사의 재무상황, 영업활동, 지배구조 및 내부통제제도 등에 대해 기업실사(Due Diligence)를 수행하고 실사 후 회사의 상장적격성이 인정되면 외부감사인의 회계정보에 대한 확인, 지정자문인의 상장적격성에 대한 의견 및 실사 내역 등을 포함한 상장적격성보고서를 작성
신규상장신청	회사와 지정자문인은 신규상장신청서, 상장적격성보고서 및 첨부서류를 한국거래소(코스닥시장본부 코넥스시장부)에 제출 <신규상장 신청 시 첨부서류> • 최근 사업연도 재무제표 및 감사인의 감사보고서 • 해당 사업연도 반기재무제표 및 감사인의 검토보고서 • 최근 사업연도말 주주명부 • 상장신청일전 1년간의 최대주주 등의 소유주식변동상황명세서 • 제3자 배정 증자 배정명세서6.기타 거래소가 상장심사를 위해 필요하다고 인정하는 서류
거래소의 상장심사	• 한국거래소는 신규상장신청서, 상장적격성보고서 및 첨부서류를 면밀히 검토하여 상장승인 여부를 결정 • 경영진의 시장건전성 저해행위, 신규상장신청기업의 경영투명성 등을 종합적으로 검토하여 공익과 투자자보호에 부적합한 사유가 없는 지 검토한 후 상장심사결과를 확정
코넥스 상장승인 및 매매거래 개시	• 한국거래소는 신규상장 신청서류의 정정 또는 보완이 있는 경우 및 상장심사 결과에 심대한 영향을 미치는 사안이 발생 한 경우 등을 제외하고는 해당 회사의 상장희망일 이전에 상장심사결과를 해당 회사와 지정자문인에게 통보 • 상장이 승인되면 소정의 상장사항을 상장원부에 등재하고, 상장사항을 코넥스시장 상장신청회사, 지정자문인 및 한국예탁결제원에 지체 없이 통지한 후 한국거래소 상장공시시스템에 공표 • 상장일이 되면 신규상장회사 대표이사, 지정자문인 및 한국거래소 관계자들이 참여하는 신규상장식을 개최하며 코넥스시장 상장과 동시에 매매가 개시됨

자료 : 한국거래소(http://www.krx.co.kr)

3) 코넥스시장 상장법인의 혜택

구 분	주요 내용
기업에 대한 혜택	• 정관의 규정에 따라 이사회 결의로써 공모를 통한 유상증자 용이 (자본시장법 제165조의6) • 의결권 없는 주식의 발행한도 특례 (자본시장법 제165조의15) 외국에서 주식을 발행하거나 외국에서 발행한 해외전환사채, 해외신주인수권부사채, 기타 주식과 관련된 증권 또는 증서의 권리행사로 발행하는 의결권 없는 주식은 발행한도의 계산에 산입되지 않음 • 주식배당의 특례 (자본시장법 제165조의13) 배당가능 이익총액에 상당하는 금액까지 주식배당 가능 • 주주총회 소집절차의 간소화 (상법 제542조의4) 의결권 있는 발행주식총수의 1%이하를 소유하는 주주에 대하여 정관이 정하는 바에 따라 주주총회일 2주전에 2개 이상의 일간신문에 각각 2회 이상 공고함으로써 이를 갈음할 수 있음
주주에 대한 혜택	• 대주주 등을 제외한 주식양도소득에 대하여 비과세 (소득세법 제94조, 동법시행령 제157조제4항) • 증권거래세 탄력세율 적용 (증권거래세법 제8조 및 동법시행령 제5조) 비상장법인의 발행주식을 양도하는 경우 0.5%의 증권거래세율이 적용되지만, 코넥스시장을 통해 양도되는 상장법인의 주식은 0.3%의 세율이 적용 • 소수주주권 및 소수주주권 행사요건(1%)완화(상법 제542조의6, 제542조의7)
상장의 효과	• 유상증자, 해외DR 발행, 전환사채, 교환사채 등 다양한 방법을 통해 대규모 필요자금을 쉽게 조달할 수 있음. • 기업의 홍보효과 극대화 및 투자자에 대한 기업인지도 제고 • 상장요건 정비 등 환경조성으로 기업구조조정의 원활한 추진 가능

자료 : 한국거래소(http://www.krx.co.kr)

[사례 연구] 기업공개

경영 사례 코넥스시장 상장을 위한 회계감사는 어떻게 받아야 하나요?

Q. 코넥스시장 상장을 위한 회계감사는 어떻게 받아야 하나요?

A. 코넥스시장에 상장하고자 하는 법인은 「주식회사의 외부감사에 관한 법률」에 따른 외부감사인으로부터 회계감사를 받아야 상장신청이 가능합니다. 이 때, 코넥스상장을 위한 회계감사는 회계법인에 의한 감사만 인정되며, 감사반에 의한 외부감사는 인정되지 않습니다.

자산규모 등의 사유로 「주식회사의 외부감사에 관한 법률」에 따른 외부감사대상인 법인은 당해 사업연도 개시 후 4월 이내에 감사 또는 감사인선임위원회의 승인을 얻어 감사인을 선임하고 그 후 최초로 소집되는 정기주주총회에 그 사실을 보고함과 동시에 감사계약 체결일부터 2주 이내에 감사인 선임사실을 금융감독원 회계제도실에 신고하여야 합니다.

또한, 다음 해에 코넥스 상장을 희망하는 법인 역시 "주권상장예정법인"으로서 외부감사 대상에 해당됩니다. 이 경우 기존 회계법인과 감사계약이 체결된 경우에는 즉시, 향후 회계법인과 감사계약을 체결할 예정인 경우에는 감사인 선임계약 체결 후 2주 이내에 금융 감독원 회계제도실에 신고하여야 하며, 코넥스 상장을 결의한 이사회 의사록을 제출하여 해당 사실을 증빙해야 합니다.

경영 사례 코넥스 상장을 위해서는 어떤 절차를 거쳐야 하나요?

Q. 코넥스 상장을 위해서는 어떤 절차를 거쳐야 하나요?

A 코넥스시장에 상장하고자 하는 기업은 우선 지정자문인(증권사) 중 어느 한 곳을 선택하여 지정자문인 선임계약을 체결하여야 합니다. 지정자문인 선임계약은 지정 자문인의 권리와 의무에 관한 사항 등 거래소가 정한 지정자문인 선임계약의 필수기재 사항이 포함되어 있어야 합니다. 해당 지정자문인으로부터 코넥스시장 상장요건, 상장절차 및 상장시기 등에 대한 컨설팅을 거쳐 회사와 지정자문인이 코넥스시장 상장을 결정하면 회사는 지정자문인으로 하여금 회사의 재무상황, 영업활동, 지배구조 및 내부통제제도 등에 대해 기업실사를 실시하게 합니다.

지정자문인은 기업실사 후 회사의 상장적격성이 인정되면 외부감사인의 회계정보에 대한 확인, 지정자문인의 상장적격성에 대한 의견 및 기업실사 내역 등을 포함한 상장 적격성 보고서를 작성합니다.

이후 지정자문인과 신규상장신청기업은 상장적격성보고서 및 첨부서류, 신규상장신청서를 거래소에 제출하게 되며, 거래소는 심사를 거쳐 상장승인 여부를 결정한 뒤, 상장신청일 이후 15영업일 이내에 매매개시하게 됩니다.

경영 사례 지정자문인의 역할은 어디까지인가요?

Q. 지정자문인의 역할은 어디까지인가요?

A 지정자문인은 상장이전에는 상장대상기업을 발굴하고, 신규상장신청기업의 상장적격성을 심사하고 신규상장을 지원하는 업무를 수행합니다.

상장이후에는 자본시장 관련 제반 법규준수에 대한 조언·자문과 상장기업의 공시를 대리하고, 기업설명회(IR) 개최를 지원하며 기업현황보고서 작성 및 유동성공급(LP)업무를 하게 됩니다. 또한, 지정자문인 계약해지를 통해 부실기업 등의 상장폐지 유도를 하여 시장의 건전성을 제고합니다.

이와 같이 지정자문인은 기업이 코넥스시장을 쉽게 이용할 수 있도록 지원해주는 후견인 역할을 수행합니다.

경영 사례 장래 코스닥 상장을 계획하는 기업에게 코넥스시장에 상장하는 장점은 무엇인가요?

Q. 장래에 코스닥 상장을 계획하는 기업에게 코넥스시장에 상장하는 장점은 무엇인가요?

A 코스닥 상장을 계획하는 중소기업은 코스닥 상장과 코넥스 상장 후 코스닥 이전상장 중 업의 실정 및 향후 비전에 따라 적합한 상장방법을 선택할 수 있습니다.

만일 기업규모가 충분히 크고 내부통제가 적절히 구축되었다면 코넥스시장을 경유하지 않고 코스닥시장에 바로 상장하는 방안이 더욱 적합할 수 있습니다. 다만, 코스닥에 상장 하기에 기업성장을 위한 시간이 필요하거나 내부통제제도 정비가 필요한 기업이라면 먼저 코넥스시장에 상장한 후 코스닥시장으로 이전상장 하는 방안을 고려할 수 있습니다.

거래소는 코넥스시장이 코스닥시장으로 가는 인큐베이터 역할을 수행할 수 있도록 「Fast track(신속이전상장)」 제도를 마련하여 코넥스상장법인들의 코스닥 이전상장을 지원하고 있습니다. 코넥스 상장기간, 기업규모 등 일정 요건을 충족하는 경우 Fast track을 통해 이전상장할 수 있으며, 이 경우 상장심사기간 단축(45영업일 → 30영업일), 질적요건 중 기업계속성 심사 면제 등의 혜택을 부여받게 됩니다.

코스닥 상장을 위한 외형요건을 충족하더라도 기업계속성, 경영안정성 등 질적심사에서 미승인되는 경우가 다수 발생하고 있습니다. 하지만, 코넥스상장법인으로서 Fast track을 활용하는 경우에는 기업계속성 심사를 면제받기 때문에 코스닥 상장심사에 대한 불확실성이 감소되며, 상장심사기간 단축 등 코스닥 진입을 위한 준비기간이 줄어드는 긍정적인 효과도 기대할 수 있습니다.

또한 코넥스 상장을 통해 코스닥 인큐베이팅을 경험하는 효과가 있습니다. 한 예로 많은 기업들이 상장 후 겪는 가장 큰 어려움 중의 하나로 공시업무를 들 수 있습니다. 그러나, 코넥스상장법인은 코넥스시장에서 공시나 상장관리 등의 업무를 미리 경험하기 때문에, 코스닥 이전상장 후에도 직상장 기업들보다 더욱 빨리 시장에 적응할 수 있는 장점이 있습니다. 이외에도 IR, 상장관련(불공정거래 교육 등) 교육 등을 사전 학습하는 효과가 있습니다.

경영 사례

코스닥시장의 진입요건이 완화되면서, 코넥스시장과 코스닥시장간 차별성이 없어진 것이 아닌가요?

Q. 코스닥시장의 진입요건이 완화되면서, 코넥스시장과 코스닥시장간 차별성이 없어진 것이 아닌가요?

A 코스닥시장의 기술성장기업 진입요건 완화*로 인해 코스닥시장과 코넥스시장간 차별성이 약화된 것으로 볼 수도 있으나, 여전히 외형요건 및 질적심사 등의 측면에서 양 시장 간에는 큰 차이가 존재합니다.

* 자기자본요건 완화(15억원 → 10억원), 경영성과요건(계속사업이익 실현) 삭제

우선, 외형요건 측면에서 코넥스시장은 초기 중소기업의 원활한 상장을 위해 외형요건을 폐지하고 있지만, 코스닥시장은 여전히 일정 수준 이상의 외형요건*을 모두 충족할 것을 요구하고 있습니다.

* 기술성장기업 : 자기자본 10억원 이상, 시가총액 90억원 이상, 자본잠식률 10% 미만, 지분분산요건 등

또한, 코넥스시장은 거래소에 의한 질적심사를 최소화하고 있으나, 코스닥시장에 상장하기 위해서는 기업의 계속성, 경영안정성, 경영투명성 등에 대한 엄격한 질적심사를 받아야 합니다.

| 참고문헌 |

김주미, 박재필(2011), 「국제간 비교 연구를 통한 기업가 정신 지수 표준 모델 정립에 관한 연구」, 중소기업연구원

대한상공회의소(2005), "한국기업가 정신의 현황과 시사점", 대한상공회의소

배종태·차민석(2009), "기업가 정신의 확장과 활성화" 「중소기업연구」, 제31권, 제1호

삼성경제연구소(2004), "기업가 정신의 약화와 복원방안", 「CEO Information」, 457호

안경은(2013), "제3세대 기업가 정신과 소셜벤처 육성방안", 벤처정책, 벤처스퀘어

안병인 외(2011), 기술창업 가이드북. 기술보증기금

이명호(2015), 지식재산 기반 창업 및 사업화 활성화 방안 연구, 특허청

이윤준 외(2012), 기업가 정신 고취를 통한 기술창업 활성화 방안. 과학기술정책연구원

이은민(2016), 4차 산업혁명과 산업구조의 변화, 정보통신정책, 제28권 15호, 정보통신정책연구원

이주형 외(2013), 특허기술 경영학, 한국이공학사

이준희(2016), 4차 산업혁명과 중소·중견기업 정책 혁신, 산업연구원

장필성(2016), 4차 산업혁명시대 산업트렌드와 제조업의 대응 전략, KRIVET Issue Brief 제110호, 한국직업능력개발원

정보통신기술진흥센터(2016). 주요 선진국의 제4차 산업혁명 정책동향, 해외 ICT R&D 정책동향

중소기업청(2007), 창업사업계획승인 실무중심 창업·공장 설립 가이드

중소기업청(2013), 창업 및 창업사업계획승인 실무자료집

중소기업청(2013), 창업사업계획승인 가이드북

중소기업청(2014), 천번의 두드림, 기업성공 안내서, 중소기업청 비즈니스 지원단

중소기업청(2015), 창업 및 창업사업계획 승인 운영지침, 중소기업청

창업진흥원(2009), 기업가 정신 역량 평가지표 개발

창업진흥원(2009), 주요 업종별 기술창업 가이드

최도연(2016), 제4차 산업혁명과 반도체, 교보증권 리서치센터

클라우스 슈밥(2016), 제4차 산업혁명, 새로운 현재

테크엠(2016), "4차 산업혁명과 제조혁신",테크엠, 머니투데이

통계청(2014), 광업·제조업 조사

특허청(2011), 출원 실전 가이드북

특허청(2012), 지식재산권의 손쉬운 이용. 특허청

특허청(2014), 특허고객 상담사례집. 특허청

한국거래소(2015), 코넥스 시장의 이해

한국은행(2007), "최근 한일간 설비투자의 비교분석 및 시사점", 한국은행

한국은행(2016), 제4차 산업혁명 : 주요국의 대응 현황을 중심으로, 국제경제리뷰

한국창업보육협회(2013), 창업보육센터 운영가이드

한국창업보육협회(2014), 기술창업가이드

한국창업보육협회(2014), 기술창업보육론

한국창업보육협회(2015), 창업보육센터장 매뉴얼

한국창업보육협회(2016), 창업보육매니저 매뉴얼

한국청년기업가 정신재단 외(2014), 글로벌 기업가 정신 지수 개발

한국청년기업가 정신재단 외(2014), 기업가 정신의 수준진단 모델 개발

한국청년기업가 정신재단 외(2014), 기업가 정신의 이해

현대경제연구원(2016), 4차 산업혁명의 등장과 시사점

KOTRA(2012), 중소기업을 위한 온라인 수출마케팅 가이드

Austin, D. W. (2006), "Gene network shaping of inherent noise spectra", Nature, February 2

Carland, J. W., Carland, J. A., & Hoy, F.(1992), an entrepreneurship index: An empirical validation, presented at the Babson Entrepreneurship Conference, Fontainebleau, France

GEM Adult Population Survey(APS) 2009 database
GEM National Expert Survey(NES) 2009 database
Global Entrepreneurship Monitor(GEM), http://www.gemconsortium.org
MarketingSherpa's(2009), B2B Marketing Benchmark Report
OECD(2012), Entrepreneurship at a Glance 2012
OECD(2013), Entrepreneurship at a Glance 2013
Rothaermel, F. T. et al (2007), "University entrepreneurship: a taxonomy of the literature" Industrial and Corporate Change, Vol. 16, No. 4
Sharma, P. and J. Chrisman (1999), "Toward a Reconciliation of the Definitional Issues in the Field of Corporate Entrepreneurship", Entrepreneurship Theory and Practice, Vol. 23, No. 3
StartCounter, http://gs.statcounter.com
The EY(2013), G20 Entrepreneurship Barometer
The World bank(2013), Doing Business 2014
UBS(2016), "Extreme automation and connectivity : The global, regional and investment implications of the Fourth Industrial Revolution:, 2016
WEF(2016), The Future of Jobs Survey
국가법령정보센터, http://www.law.go.kr
국가표준인증종합정보센터, http://www.standard.go.kr
국세청, http://nts.go.kr
기술보증기금, http://www.kibo.kr
기업금융나들목, http://smefn.or.kr
녹색인증 시스템, https://www.greencertif.or.kr
대법원 인터넷등기소, http://www.iros.go.kr
메인비즈 인증시스템, http://www.mainbiz.go.kr
벤처인, http://www.venturein.or.kr
생활법령정보, http://oneclick.law.go.kr
신용보증기금, www.kodit.co.kr
연구소/전담부서 관리 시스템, http://www.rnd.or.kr
온라인 법인설립 시스템, http://www.startbiz.go.kr
이노비즈 인증시스템, http://www.innobiz.net
중소기업인증지원센터, http://www.certicenter.net
중소기업청, http://smba.go.kr
중소기업 기술개발사업 종합관리시스템, http://www.smtech.go.kr
창업넷, http://www.k-startup.go.kr
창업보육센터네트워크시스템, http://www.bi.go.kr
통계청, http://kostat.go.kr
특허정보넷, http://kipris.or.kr
특허청, http://kipo.go.kr
한국거래소, http://www.krx.co.kr
한국보건산업진흥원, https://www.khidi.or.kr
한국산업기술시험원, http://www.ktl.re.kr
한국산업단지공단, http://www.kicox.or.kr
한국식품안전관리인증원, http://www.haccpkorea.or.kr
한국창업보육협회, www.kobia.or.kr
홈택스, http://www.hometax.go.kr
WEF(2016), http://www.weforum.org

| 부 록 |

중소기업창업 지원법

[시행 2017.1.20.] [법률 제13797호, 2016.1.19., 타법개정]

제1장 총 칙

제1조(목적) 이 법은 중소기업의 설립을 촉진하고 성장 기반을 조성하여 중소기업의 건전한 발전을 통한 건실한 산업구조의 구축에 기여함을 목적으로 한다.

제2조(정의) 이 법에서 사용하는 용어의 뜻은 다음과 같다. <개정 2016.1.27., 2016.5.29.>

1. "창업"이란 중소기업을 새로 설립하는 것을 말한다. 이 경우 창업의 범위는 대통령령으로 정한다.

1의2. "재창업"이란 중소기업을 폐업하고 중소기업을 새로 설립하는 것을 말한다. 이 경우 재창업의 범위는 대통령령으로 정한다.

2. "창업자"란 중소기업을 창업하는 자와 중소기업을 창업하여 사업을 개시한 날부터 7년이 지나지 아니한 자를 말한다. 이 경우 사업 개시에 관한 세부 사항은 대통령령으로 정한다.

2의2. "재창업자"란 중소기업을 재창업하는 자와 중소기업을 재창업하여 사업을 개시한 날부터 7년이 지나지 아니한 자를 말한다. 이 경우 사업 개시에 관한 세부 사항은 대통령령으로 정한다.

2의3. "초기창업자"란 창업자 중에서 중소기업을 창업하여 사업을 개시한 날부터 3년이 지나지 아니한 자를 말한다.

3. "중소기업"이란 「중소기업기본법」 제2조에 따른 중소기업을 말한다.

4. "중소기업창업투자회사"란 창업자에게 투자하는 것을 주된 업무로 하는 회사로서 제10조에 따라 등록한 회사를 말한다.

4의2. "창업기획자"(액셀러레이터)란 초기창업자 등의 선발 및 투자, 전문보육을 주된 업무로 하는 자로서 제19조의2에 따라 등록한 자(이하 "액셀러레이터"라 한다)를 말한다.

5. "중소기업창업투자조합"이란 창업자에게 투자하고 그 성과를 배분하는 것을 주된 목적으로 하는 조합으로서 제20조에 따라 등록한 조합을 말한다.

6. "중소기업상담회사"란 중소기업의 사업성 평가 등의 업무를 하는 회사로서 제31조에 따라 등록한 회사를 말한다.

7. "창업보육센터"란 창업의 성공 가능성을 높이기 위하여 창업자에게 시설·장소를 제공하고 경영·기술 분야에 대하여 지원하는 것을 주된 목적으로 하는 사업장을 말한다.

제3조(적용 범위) 이 법은 창업에 관하여 적용한다. 다만, 다음 각 호의 어느 하나에 해당하는 업종의 중소기업에 대하여는 적용하지 아니한다. <개정 2011.4.4., 2016.5.29.>

1. 금융 및 보험업. 다만, 정보통신기술을 활용하여 금융서비스를 제공하는 업종으로서 대통령령으로 정하는 업종은 제외한다.
2. 부동산업
3. 그 밖에 대통령령으로 정하는 업종

제4조(창업지원계획의 수립 등) ①중소기업청장은 창업을 촉진하고, 창업자의 성장·발전을 위한 중소기업 창업지원계획을 세워 고시하여야 한다.

② 정부는 창업자 및 대통령령으로 정하는 창업지원에 관한 사업을 하는 자에 대하여 필요한 자금을 투자·출연·보조·융자하거나 그 밖에 필요한 지원을 할 수 있다.

③ 중소기업청장은 제1항의 창업지원계획을 수립하기 위하여 관계 중앙행정기관의 장 및 지방자치단체의 장에게 관련 자료의 제공을 요청할 수 있다. <신설 2010.6.8.>

제4조의2(창업촉진사업의 추진 등) ① 중소기업청장은 중소기업의 창업을 촉진하고 창업자의 창업 성공률을 향상시키기 위하여 다음 각 호의 사업을 추진하거나 필요한 시책을 수립·시행할 수 있다. <개정 2013.8.6., 2015.2.3.>

1. 유망한 예비창업자(중소기업을 창업하려는 자를 말한다. 이하 같다)의 발굴 · 육성 및 그에 대한 지원
2. 창업자의 우수한 아이디어 사업화에 대한 지원
3. 기업, 창업 관련 단체 등을 통한 예비창업자 또는 창업자의 발굴 · 육성
4. 예비창업자 또는 창업자의 해외 진출 지원
5. 그 밖에 창업교육 및 창업 기반시설 확충 등 대통령령으로 정하는 사업

② 중소기업청장은 제1항에 따른 사업을 추진하는 경우에는 대통령령으로 정하는 예비청년창업자 또는 청년창업자를 우대할 수 있다. <신설 2015.2.3.>

③ 중소기업청장은 제1항에 따른 사업을 추진하기 위하여 필요하다고 인정하는 경우에는 예산의 범위에서 대학, 연구기관, 공공기관, 창업 관련 단체, 중소기업 및 예비창업자에게 해당 사업을 수행하는 데에 드는 비용의 전부 또는 일부를 출연하거나 보조할 수 있다. <개정 2015.2.3.>

④ 제3항에 따른 출연 및 보조의 절차 및 방법 등에 관한 사항은 대통령령으로 정한다. <개정 2015.2.3.>

[본조신설 2010.6.8.]

[제목개정 2013.8.6.]

제4조의3(재창업지원 및 성실경영 평가) ① 중소기업청장은 재창업을 활성화하고, 재창업자의 사업 성공률을 높이기 위하여 재창업자의 특성을 고려한 중소기업 재창업지원계획을 수립할 수 있다.

② 중소기업청장은 제1항에 따른 계획에 따라 창업 후 폐업 또는 파산 등으로 재창업을 하려는 자에 대하여 재창업 지원에 필요한 다음 각 호의 사업을 추진할 수 있다.

1. 우수한 기술과 경험을 보유한 재창업희망 중소기업인의 발굴 및 재창업 교육
2. 재창업에 장애가 되는 각종 부담 및 규제 등의 제도개선
3. 조세 · 법률 상담 등 재창업을 위한 상담 지원
4. 교육센터의 지정 · 운영 등 재창업지원 시설의 확충
5. 재창업에 필요한 자금 지원 및 금융 정책 관련 정보 제공
6. 재창업 교육 및 상담을 위한 전문가 양성
7. 그 밖에 재창업지원과 관련하여 중소기업청장이 필요하다고 인정하는 사업

③ 중소기업청장은 제1항에 따른 계획의 수립을 위하여 필요한 경우에는 관계 중앙행정기관의 장 및 지방자치단체의 장에게 관련 자료의 제공을 요청할 수 있다.

④ 중소기업청장은 재창업을 하려는 자 및 재창업을 한 자가 재창업 전의 기업을 분식회계, 고의부도, 부당해고 등을 하지 아니하고 성실하게 경영하였는지 여부 등을 평가(이하 "성실경영 평가"라 한다)하여 출연, 보조, 융자 등 재정지원을 제한하거나 지원 대상자 선별에 활용할 수 있다.

⑤ 중소기업청장은 성실경영 평가에 필요한 경우 본인의 동의를 받아 관계 행정기관의 장에게 다음 각 호의 자료의 제공을 요청할 수 있다.

1. 「형의 실효 등에 관한 법률」 제5조의2제2항에 따른 범죄경력자료 및 수사경력자료(기업경영과 관련된 범죄경력자료 및 수사경력자료에 한정한다)
2. 「근로기준법」 등 노동 관계 법령 위반사실에 관한 자료
3. 그 밖에 심사를 위하여 필요한 자료로서 대통령령으로 정하는 자료

⑥ 중소기업청장은 성실경영 평가에 필요한 기준을 정하여 고시할 수 있다.

[전문개정 2016.1.27.]

제4조의4(지역특화산업 창업의 지원) ① 중소기업청장은 지역의 고용창출 및 지역경제 활성화를 위하여 지역특화산업에 속하는 업종의 창업을 촉진하는 계획을 수립할 수 있다.

② 지방자치단체의 장은 제1항에 따른 계획에 따라 해당 지방자치단체의 지역특화산업의 기술과 경험을 보유한 예비창업자 또는 창업자의 발굴 · 육성 및 그에 대한 지원 등의 사업을 추진할 수 있다.

③ 중소기업청장은 제1항에 따른 계획의 수립을 위하여 필요한 경우에는 지방자치단체의 장에게 관련 자료의 제출을 요청할 수 있다.

[본조신설 2015.2.3.]

제5조(창업 정보의 제공) 정부는 창업자에 대하여 창업 및 중소기업의 성장과 발전에 필요한 자금, 인력, 기술, 판로, 입지 등에 관한 정보를 제공하기 위하여 필요한 시책을 강구하여야 한다.

제6조(창업보육센터사업자의 지정 등) ① 창업보육센터를 설립 · 운영하는 자(설립 · 운영하려는 자를 포함한다. 이하

"창업보육센터사업자"라 한다)로서 이 법에 따른 지원을 받으려는 자는 다음 각 호의 요건을 갖추어 중소기업청장의 지정을 받아야 한다. <개정 2008.2.29., 2013.3.23.>

1. 다음 각 목의 시설을 갖출 것
   가. 창업자가 이용할 수 있는 시험기기나 계측기기 등의 장비
   나. 10인 이상의 창업자가 사용할 수 있는 500제곱미터 이상의 시설
2. 경영학 분야의 박사학위 소지자, 「변호사법」에 따른 변호사, 그 밖에 대통령령으로 정하는 전문인력 중 2명 이상을 확보할 것
3. 창업보육센터사업을 수행하기 위한 사업계획 등이 산업통상자원부령으로 정하는 기준에 맞을 것

② 국가는 「국유재산법」 및 그 밖의 다른 법령에도 불구하고 창업의 성공가능성을 높이기 위하여 필요한 경우 창업보육센터에 입주한 자(이하 "입주자"라 한다)에 대하여 국유재산의 사용료를 감면할 수 있다. <개정 2013.8.6.>

③ 국가가 제2항에 따라 국유재산의 사용료를 감면하는 경우 입주자에 대한 국유재산의 연간 사용료는 해당 재산가액에 100분의 1 이상을 곱한 금액의 범위에서 대통령령으로 정하는 금액으로 한다. <신설 2013.8.6.>

④ 국유재산을 사용허가하는 경우 그 기간은 「국유재산법」 제35조에서 정하는 바에 따른다. <신설 2013.8.6.>

⑤ 지방자치단체는 「공유재산 및 물품 관리법」 및 그 밖의 다른 법령에도 불구하고 입주자에게 공유재산의 사용료를 대통령령으로 정하는 바에 따라 감면할 수 있다. <신설 2013.8.6.>

[법률 제12009호(2013.8.6.) 부칙 제2조의 규정에 의하여 이 조 제2항, 제3항, 제4항은 2022년 12월 31일까지 유효함]

제7조(창업 교육) 중소기업청장은 창업 저변을 확충하기 위하여 청소년, 대학생 및 창업자 등에게 창업 교육을 할 수 있다.

제7조의2(대학 내 창업지원 전담조직의 설립·운영 등) ① 대학은 대학 내 창업촉진사업을 수행하기 위하여 학교규칙으로 정하는 바에 따라 창업지원업무를 전담하는 조직(이하 "창업지원 전담조직"이라 한다)을 둘 수 있다.

② 중소기업청장은 창업지원 전담조직의 운영에 필요한 경비를 출연하거나 그 밖에 필요한 지원을 할 수 있다.

③ 창업지원 전담조직이 이 법에 따른 지원을 받으려면 그 회계를 수입과 지출 내역이 명백하도록 대학 내 다른 회계와 구분하여 처리하여야 한다.

④ 창업지원 전담조직의 업무 및 제3항에 따른 회계 운영에 필요한 사항은 대통령령으로 정한다.

[본조신설 2013.8.6.]

제8조(창업대학원의 지정 등) ① 중소기업청장은 「고등교육법」 제29조제1항에 따른 대학원 중에서 창업 분야 전문인력 양성을 목적으로 하는 대학원(이하 "창업대학원"이라 한다)을 지정하여 예산의 범위에서 그 운영 등에 필요한 경비를 출연하거나 그 밖에 필요한 지원을 할 수 있다.

② 중소기업청장은 창업대학원의 지정·지원 등에 관하여 필요한 사항을 고시하여야 한다.

제9조(기금의 우선 지원) 「중소기업진흥에 관한 법률」 제63조에 따른 중소기업창업 및 진흥기금(이하 "중소기업창업 및 진흥기금"이라 한다)을 관리하는 자는 중소기업창업투자회사 또는 중소기업창업투자조합에 대하여 중소기업창업 및 진흥기금을 지원할 때 투자 실적 등이 대통령령으로 정하는 기준에 해당하는 자에게 먼저 지원할 수 있다. <개정 2008.12.19., 2009.5.21.>

제9조의2(창업지원정책협의회) ① 창업촉진 및 재창업지원 정책에 관하여 필요한 사항을 관계 중앙행정기관 및 창업지원기관과 협의하기 위하여 중소기업청에 창업지원정책협의회를 둔다.

② 제1항에 따른 창업지원정책협의회의 구성, 기능, 운영 및 그 밖에 필요한 사항은 대통령령으로 정한다.

[본조신설 2016.1.27.]

제9조의3(중소기업창업투자회사 전문인력 육성 등) 중소기업청장은 중소기업창업투자회사의 원활한 운영과 창업자 및 벤처기업에 대한 투자를 촉진하기 위하여 다음 각 호의 사업에 대하여 지원을 할 수 있다.

1. 제10조제2항제3호에 따른 중소기업창업투자회사 전문인력 육성
2. 외국인 투자자금 유치
3. 그 밖에 창업자 및 벤처기업에 대한 투자를 촉진하기 위하여 대통령령으로 정하는 사업

[본조신설 2016.1.27.]

제2장 중소기업창업투자회사

제10조(등록) ① 다음 각 호의 어느 하나에 해당하는 사업을 영위하는 회사로서 이 법에 따른 지원을 받으려는 자는 산업통상자원부령으로 정하는 바에 따라 중소기업청장에게 중소기업창업투자회사로 등록하여야 한다. 중소기업창업투자회사가 등록한 사항 중 회사명과 소재지 등 산업통상자원부령으로 정하는 중요 사항을 변경하려는 경우에도 또한 같다. <개정 2008.2.29., 2009.12.30., 2013.3.23., 2013.8.6., 2015.1.28.>

1. 창업자에 대한 투자
2. 「벤처기업육성에 관한 특별조치법」에 따른 벤처기업에 대한 투자

2의2. 「중소기업 기술혁신 촉진법」 제15조 및 제15조의3에 따른 기술혁신형 · 경영혁신형 중소기업에 대한 투자

3. 중소기업창업투자조합 및 「벤처기업육성에 관한 특별조치법」 제4조의3에 따른 한국벤처투자조합의 결성과 업무의 집행
4. 해외 기업의 주식 또는 지분 인수 등 중소기업청장이 정하는 방법에 따른 해외투자
5. 중소기업이 개발 또는 제작하며, 다른 사업과 회계의 독립성을 유지하는 방식으로 운영되는 사업에 대한 투자
6. 제1호, 제2호, 제2호의2, 제3호부터 제5호까지의 사업에 딸린 사업으로서 중소기업청장이 정하는 사업

② 중소기업창업투자회사는 다음 각 호의 요건을 모두 갖추어야 한다. <개정 2007.8.3., 2009.12.30., 2013.8.6., 2014.1.21., 2016.1.27.>

1. 「상법」에 따른 주식회사로서 납입자본금의 규모와 차입 비중이 대통령령으로 정하는 요건을 충족할 것
2. 임원이 다음 각 목의 어느 하나에 해당하지 아니하는 자일 것. 이 경우 사목과 아목은 대표이사에게만 적용한다.
   가. 미성년자 · 피성년후견인 또는 피한정후견인
   나. 파산 선고를 받고 복권되지 아니한 자
   다. 금고 이상의 실형을 선고받고 그 집행이 끝나거나(집행이 끝난 것으로 보는 경우를 포함한다) 집행이 면제된 날부터 5년이 지나지 아니한 자
   라. 금고 이상의 형의 집행유예를 선고받고 그 유예기간 중에 있는 자
   마. 「유사수신행위의 규제에 관한 법률」이나 그 밖에 대통령령으로 정하는 금융 관련 법령을 위반하여 벌금 이상의 형을 선고받고 그 집행이 끝나거나(집행이 끝난 것으로 보는 경우를 포함한다) 집행이 면제된 날부터 5년이 지나지 아니한 자
   바. 이 법에 따라 등록이 취소된 중소기업창업투자회사의 취소 당시의 임원이었던 자(그 등록취소 사유의 발생에 관하여 직접 책임이 있거나 이에 상응하는 책임이 있는 자 또는 창업 투자 업무에 적합하지 아니하다고 판단되는 자로서 각각 대통령령으로 정하는 자만 해당한다)로서 등록이 취소된 날부터 5년이 지나지 아니한 자
   사. 금융거래 등 상거래에서 약정한 날짜 이내에 채무를 갚지 아니한 자로서 대통령령으로 정하는 자
   아. 다른 중소기업창업투자회사의 대주주(대통령령으로 정하는 출자자를 말한다. 이하 이 조에서 같다) 또는 임직원
   자. 제12조에 따라 말소하기 전에 제43조에 따른 취소 사유가 있었던 경우에는 그 말소 당시의 임원(제43조에 따른 등록취소 사유에 직접 책임이 있거나 이에 상응하는 책임이 있는 자로서 대통령령으로 정하는 자만 해당한다)에게 그 사유를 통보한 후 그 통보를 받은 날부터 5년(등록 말소일부터 7년을 초과하는 경우에는 등록 말소일부터 7년으로 한다)이 지나지 아니한 자
   차. 제42조제1항제1호에 따라 면직 또는 해임된 날부터 5년이 지나지 아니한 자

2의2. 대주주가 대통령령으로 정하는 사회적 신용을 갖출 것

3. 대통령령으로 정하는 기준에 따른 상근하는 전문인력과 시설을 보유할 것
4. 창업투자회사와 투자자 간, 특정 투자자와 다른 투자자 간의 이해상충을 방지하기 위한 체계를 갖출 것

③ 제2항제2호의2에서 정한 요건을 갖추지 못한 자가 새로 주식을 취득하여 대주주가 된 경우에는 해당 취득 주식에 대하여 의결권을 행사할 수 없다. <신설 2013.8.6.>

④ 중소기업청장은 제2항제2호의2에서 정한 요건을 갖추지 못한 자가 새로 주식을 취득하여 대주주가 된 경우에는 6개월 이내의 기간을 정하여 해당 취득 주식의 처분을 명할 수 있다. <신설 2013.8.6.>

제11조(권리·의무의 승계) ① 중소기업창업투자회사가 그 영업을 양도하거나 합병을 하면 그 영업을 양수한 자 또는 합병한 후 존속하는 법인이나 합병으로 설립되는 법인은 이 법에 따른 중소기업창업투자회사로서의 지위를 승계한다. 다만, 그 영업을 양수한 자 또는 합병한 후 존속하는 법인이나 합병으로 설립되는 법인이 제10조제2항 각 호의 요건을 모두 갖추지 아니한 경우에는 그러하지 아니하다.

② 제1항에 따라 중소기업창업투자회사로서의 지위를 승계한 자는 승계한 날부터 30일 이내에 산업통상자원부령으로 정하는 바에 따라 중소기업청장에게 이를 신고하여야 한다. <개정 2008.2.29., 2013.3.23.>

제12조(신청에 따른 등록의 말소) ① 중소기업창업투자회사는 제10조제1항 각 호의 사업을 영위하기가 불가능하거나 어려운 경우에는 산업통상자원부령으로 정하는 바에 따라 그 등록의 말소를 신청할 수 있다. <개정 2008.2.29., 2013.3.23.>

② 중소기업청장은 중소기업창업투자회사가 제1항에 따른 등록 말소신청을 하면 지체 없이 그 등록을 말소하여야 한다.

제13조(등록 등의 공고) 중소기업청장은 중소기업창업투자회사가 다음 각 호의 어느 하나에 해당하면 지체 없이 그 내용을 관보에 공고하고 컴퓨터 통신 등을 이용하여 일반인에게 알려야 한다.

1. 제10조제1항에 따라 등록을 한 경우
2. 제12조제2항에 따라 등록을 말소한 경우
3. 제43조제1항에 따라 등록을 취소한 경우

제14조(중소기업창업투자회사의 공시) ① 중소기업창업투자회사는 다음 각 호의 사항을 공시(公示)하여야 한다. <개정 2013.8.6., 2016.5.29.>

1. 조직과 인력에 관한 사항
2. 재무와 손익에 관한 사항
3. 중소기업창업투자조합의 결성 및 운영 성과에 관한 사항
4. 제42조의2제3항에 따른 경영개선 조치를 요구받은 경우와 제43조제6항에 따른 업무정지, 시정명령 또는 경고를 받은 경우 그 조치에 관한 사항

② 제1항에 따른 공시의 시기 및 방법 등에 필요한 사항은 중소기업청장이 정한다.

제15조(중소기업창업투자회사의 행위 제한) ① 중소기업창업투자회사는 다음 각 호의 어느 하나에 해당하는 행위를 하여서는 아니 된다. 다만, 중소기업창업투자회사의 자산 운용의 건전성을 해칠 우려가 없는 경우로서 대통령령으로 정하는 경우에는 그러하지 아니하다.

1. 제3조 단서에 따른 업종을 영위하는 기업에 투자하는 행위
2. 「독점규제 및 공정거래에 관한 법률」 제9조에 따른 상호출자제한기업집단에 속하는 회사에 투자하는 행위
3. 대통령령으로 정하는 금융기관의 주식을 취득하거나 소유하는 행위
4. 창업보육센터 등 대통령령으로 정하는 범위의 업무용 부동산을 제외한 부동산(이하 "비업무용부동산"이라 한다)을 취득하거나 소유하는 행위. 다만, 담보권의 실행으로 비업무용부동산을 취득하는 경우에는 그러하지 아니하다.
5. 그 밖에 설립 목적을 해치는 것으로서 대통령령으로 정하는 행위

② 중소기업창업투자회사는 제1항제4호 단서에 따라 담보권의 실행으로 비업무용부동산을 취득한 경우에는 1년의 범위에서 산업통상자원부령으로 정하는 기간에 이를 처분하여야 한다. <개정 2008.2.29., 2013.3.23.>

제15조의2(대주주의 행위제한) ① 중소기업창업투자회사의 대주주(대통령령으로 정하는 그의 특수관계인을 포함한다. 이하 같다)는 중소기업창업투자회사의 이익에 반하여 대주주 자신의 이익을 얻을 목적으로 다음 각 호의 어느 하나에 해당하는 행위를 하여서는 아니 된다.

1. 중소기업창업투자회사에 부당한 영향력을 행사하기 위하여 외부에 공개되지 아니한 자료 또는 정보의 제공을 요구하는 행위. 다만, 「상법」 제466조에 따른 권리의 행사에 해당하는 경우에는 그러하지 아니하다.
2. 경제적 이익 등 반대급부의 제공을 조건으로 다른 주주와 담합하여 중소기업창업투자회사의 투자활동 등 경영에 부당한 영향력을 행사하는 행위
3. 중소기업창업투자회사로 하여금 위법행위를 하도록 요구하는 행위
4. 금리, 수수료, 담보 등에 있어서 통상적인 거래조건과 비교하여 해당 중소기업창업투자회사에 현저하게 불리한 조건으로 대주주 자신이나 제3자와의 거래를 요구하는 행위

5. 그 밖에 제1호부터 제4호까지에 준하는 행위로서 대통령령으로 정하는 행위

② 중소기업청장은 중소기업창업투자회사의 대주주가 제1항을 위반한 행위가 있다고 인정되는 경우에는 중소기업창업투자회사 또는 대주주에게 필요한 자료의 제출을 요구할 수 있다.

[본조신설 2013.8.6.]

제16조(중소기업창업투자회사의 투자 의무) ① 중소기업창업투자회사는 등록 후 3년이 지난 날까지 납입자본금의 100분의 50의 범위에서 대통령령으로 정하는 비율의 금액 이상을 제10조제1항제1호, 제2호, 제2호의2, 제3호 및 제5호의 사업에 사용하여야 한다. 이 경우 같은 항 제1호, 제2호, 제2호의2 및 제5호의 사업에 사용한 금액을 산정할 때 신규로 발행되는 주식 또는 무담보전환사채의 인수 등 산업통상자원부령으로 정하는 용도로 사용한 금액에 한하여 이를 포함하여 산정한다. 다만, 중소기업창업투자회사가 대통령령으로 정하는 일정 규모 이상의 중소기업창업투자조합을 결성하여 운영하는 경우에는 그러하지 아니하다. <개정 2008.2.29., 2009.12.30., 2013.3.23., 2013.8.6.>

② 중소기업창업투자회사는 등록 후 3년이 지난 날 이후에도 제1항에 따른 투자의무비율을 유지하여야 하며, 중소기업창업투자회사가 투자회수 · 경영정상화 등 중소기업청장이 인정하는 사유로 제1항에 따른 투자의무비율을 유지하지 못하면 중소기업청장은 1년 이내의 범위에서 투자의무 이행 유예기간을 줄 수 있다. <개정 2013.8.6.>

③ 제1항에도 불구하고 중소기업창업투자회사가 개인 또는 「벤처기업육성에 관한 특별조치법」 제13조에 따른 개인투자조합이 3년 이상 보유한 창업자의 주식(신규로 발행하는 주식을 인수한 경우에 한정한다)을 인수한 경우에는 해당 인수 금액을 제1항에 따른 투자의무비율 금액에 포함하여 산정한다. <신설 2013.8.6.>

제17조(중소기업창업투자회사의 해외투자 요건) ① 중소기업창업투자회사는 납입자본금의 100분의 10 이상의 금액을 제16조제1항에 따라 산업통상자원부령으로 정하는 용도로 제10조제1항제1호, 제2호 및 제2호의2에 따른 사업에 사용한 경우에는 그 사업에 사용한 금액의 범위에서 같은 항 제4호에 따른 해외투자를 할 수 있다. 다만, 등록한 지 3년이 지난 중소기업창업투자회사는 제16조제1항에 따른 중소기업창업투자회사의 투자의무비율을 달성한 경우에 해외투자를 할 수 있다. <개정 2008.2.29., 2009.12.30., 2013.3.23.>

② 제1항에 따른 해외투자 한도는 납입자본금의 100분의 40의 범위에서 대통령령으로 정하는 비율로 한다.

제18조(자금의 차입 등) ① 중소기업창업투자회사는 그 사업 수행을 위하여 필요하면 정부, 정부가 설치한 기금, 국내외 금융기관, 외국정부 또는 국제기구로부터 자금을 차입할 수 있다.

② 중소기업창업투자회사는 그 사업 수행에 필요한 재원을 충당하기 위하여 자본금과 적립금 총액의 10배의 범위에서 사채를 발행할 수 있다.

제19조(결산 보고) 중소기업창업투자회사는 대통령령으로 정하는 바에 따라 회계연도마다 결산서를 중소기업청장에게 제출하여야 한다.

제2장의2 액셀러레이터 <신설 2016.5.29.>

제19조의2(액셀러레이터의 등록 등) ① 제19조의3과 제19조의4에 해당하는 사업을 영위하는 자로서 이 법에 따른 지원을 받으려는 자는 산업통상자원부령으로 정하는 바에 따라 중소기업청장에게 액셀러레이터로 등록하여야 한다. 액셀러레이터가 등록한 사항 중 법인명과 소재지 등 산업통상자원부령으로 정하는 중요 사항을 변경하려는 경우에도 또한 같다.

② 액셀러레이터는 다음 각 호의 요건을 모두 갖추어야 한다.

1. 다음 각 목의 어느 하나에 해당하는 법인으로서 해당 각 목의 요건을 갖출 것
   가. 「상법」에 따른 회사: 납입자본금이 대통령령으로 정하는 금액 이상일 것
   나. 「민법」 등에 따른 비영리법인: 제19조의3과 제19조의4에 해당하는 사업에 출연한 재산이 대통령령으로 정하는 금액 이상일 것. 이 경우 비영리법인은 해당 사업의 수입과 지출이 명백하도록 「법인세법」 제113조에 따라 비영리법인 내 다른 사업과 각각 별개의 회계로 기록하여야 한다.
2. 임원이 다음 각 목의 어느 하나에 해당하지 아니하는 자일 것
   가. 미성년자 · 피성년후견인 또는 피한정후견인
   나. 파산 선고를 받고 복권되지 아니한 자
   다. 금고 이상의 실형을 선고받고 그 집행이 끝나거나(집행이 끝난 것으로 보는 경우를 포함한다) 집행이

면제된 날부터 5년이 지나지 아니한 자
라. 금고 이상의 형의 집행유예를 선고받고 그 유예기간 중에 있는 자
마. 「유사수신행위의 규제에 관한 법률」이나 그 밖에 대통령령으로 정하는 금융 관련 법령을 위반하여 벌금 이상의 형을 선고받고 그 집행이 끝나거나(집행이 끝난 것으로 보는 경우를 포함한다) 집행이 면제된 날부터 5년이 지나지 아니한 자
3. 제19조의3과 제19조의4에 해당하는 사업을 수행하기 위한 사업계획 등이 산업통상자원부령으로 정하는 기준에 맞을 것
4. 대통령령으로 정하는 기준에 따른 상근 전문인력과 시설을 보유할 것
[본조신설 2016.5.29.]

제19조의3(초기창업자의 선발 및 투자) ① 액셀러레이터는 지원할 초기창업자를 선발하여 대통령령으로 정하는 금액 이상을 투자하여야 한다.
② 액셀러레이터가 제1항에 따라 초기창업자를 선발할 때에는 창업자 선발대회 또는 그 밖의 공정한 방법에 따라야 한다.
[본조신설 2016.5.29.]

제19조의4(초기창업자에 대한 전문보육 등) ① 액셀러레이터는 초기창업자의 성공 가능성을 높이기 위하여 대통령령으로 정하는 기간 이상 다음 각 호에 해당하는 사항을 지원(이하 이 장에서 "전문보육"이라 한다)하여야 한다.
1. 사업 모델 개발
2. 기술 및 제품 개발
3. 시설 및 장소의 확보
4. 그 밖에 산업통상자원부령으로 정하는 지원
② 액셀러레이터는 전문보육의 성과를 제고하기 위하여 초기창업자에 대하여 다음 각 호에 해당하는 사항을 추가적으로 지원할 수 있다.
1. 투자자와의 제휴
2. 초기창업자 홍보
3. 다른 기업과의 인수 · 합병
4. 초기창업자의 해외 진출
5. 그 밖의 산업통상자원부령으로 정하는 지원
[본조신설 2016.5.29.]

제19조의5(개인투자조합의 결성 등) ① 액셀러레이터는 초기창업자에 투자할 목적으로 「벤처기업육성에 관한 특별조치법」 제13조에 따른 개인투자조합을 결성할 수 있다.
② 제1항에 따른 개인투자조합의 운용 등에 관하여는 「벤처기업육성에 관한 특별조치법」 제13조제2항부터 제11항까지와 제13조의2 및 제13조의3을 준용한다. 이 경우 제13조제5항과 제13조의2에서의 "벤처기업과 창업자"는 "초기창업자"로 본다.
[본조신설 2016.5.29.]

제19조의6(창업보육센터의 액셀러레이터 전환 지원) 중소기업청장은 제6조제1항에 따른 창업보육센터가 액셀러레이터로 전환할 경우 필요한 비용의 전부 또는 일부를 지원할 수 있다.
[본조신설 2016.5.29.]

제19조의7(액셀러레이터 육성 시책 수립 · 시행) 정부는 국제적 역량을 갖춘 액셀러레이터를 육성하기 위하여 필요한 시책을 수립 · 시행할 수 있다.
[본조신설 2016.5.29.]

제19조의8(민관 공동 창업자 발굴 · 육성) ① 중소기업청장은 창업자의 성장 · 발전을 위하여 액셀러레이터와 공동으로 창업자를 발굴 · 육성하기 위한 사업을 시행할 수 있다.
② 중소기업청장은 제1항에 따른 창업자 발굴 · 육성 사업을 효율적으로 추진하기 위하여 액셀러레이터 중에서 다음 각 호의 어느 하나에 해당하는 자를 해당 사업의 운영자(이하 이 장에서 "사업 운영자"라 한다)로 선정할 수 있다.

1. 「벤처기업육성에 관한 특별조치법」 제2조의2에 따른 벤처기업
2. 「벤처기업육성에 관한 특별조치법」 제4조의9에 따른 전담회사
3. 제2조제4호에 따른 중소기업창업투자회사
4. 대기업(「중소기업기본법」 제2조에 따른 중소기업이 아닌 기업을 말한다)
5. 그 밖의 중소기업청장이 정한 기준에 해당하는 자

③ 중소기업청장은 사업 운영자가 발굴한 창업자 중에서 유망한 자에 대하여는 연구개발비 또는 창업자금 등을 우선하여 지원할 수 있다.

④ 제2항에 따른 사업 운영자 선정에 관한 세부기준은 중소기업청장이 정한다.

[본조신설 2016.5.29.]

제19조의9(준용) 액셀러레이터의 등록, 운영 등에 관하여 제19조의2부터 제19조의8까지에서 정한 사항을 제외하고는 제11조부터 제14조까지를 준용한다. 이 경우 제11조부터 제14조까지에서 "중소기업창업투자회사"는 "액셀러레이터"로, 제11조제1항에서 "제10조제2항"은 "제19조의2제2항"로, 제12조제1항에서 "제10조제1항 각 호"는 "제19조의3 및 제19조의4"로, 제14조제1항제3호에서 "중소기업창업투자조합"은 "제19조의5에 따른 개인투자조합"으로 본다.

[본조신설 2016.5.29.]

제3장 중소기업창업투자조합

제20조(조합의 결성 등) ① 다음 각 호의 어느 하나에 해당하는 자와 그 외의 자가 출자하여 중소기업창업투자조합을 결성하는 경우에는 대통령령으로 정하는 바에 따라 중소기업청장에게 등록하여야 한다. 등록 사항을 변경하는 경우에도 또한 같다. <개정 2016.1.27.>

1. 중소기업창업투자회사
2. 「여신전문금융업법」 제41조에 따른 신기술사업금융업자
3. 「벤처기업육성에 관한 특별조치법」 제4조의3제1항제3호에서 규정한 유한회사 또는 유한책임회사로서 중소기업청장이 정한 요건을 모두 충족한 회사

② 중소기업창업투자조합은 조합의 채무에 대하여 무한책임을 지는 1인 이상의 조합원(이하 "업무집행조합원"이라 한다)과 출자액을 한도로 하여 유한책임을 지는 유한책임조합원으로 구성한다. 이 경우 업무집행조합원은 다음 각 호의 어느 하나에 해당하는 자로 하되, 그중 1인은 제1항 각 호에 해당하는 자이어야 한다. <개정 2009.12.30., 2016.1.27.>

1. 「벤처기업육성에 관한 특별조치법」 제4조의3제1항 각 호의 어느 하나에 해당하는 자
2. 「국가재정법」 제8조제1항에 따른 기금관리주체로서 같은 법 별표 2에 따른 기금을 관리ㆍ운용하는 자
3. 법률에 따라 공제 사업을 경영하는 법인
4. 그 밖에 대통령령으로 정하는 자

③ 제2항 전단에도 불구하고 제47조의2제1항에 따른 공모창업투자조합을 결성하는 경우 업무집행조합원은 1인으로 한다. <신설 2009.12.30.>

④ 중소기업창업투자조합의 업무집행조합원은 중소기업창업투자조합 운영 중에 제1항 각 호의 다른 회사로 변경할 수 없다. <신설 2016.1.27.>

⑤ 조합원은 조합 규약에서 정하는 바에 따라 출자금액의 전액을 한꺼번에 출자하거나 나누어 출자할 수 있다. <개정 2009.12.30., 2016.1.27.>

⑥ 중소기업창업투자조합의 출자금액, 조합원 수 및 존속 기간 등 등록 요건과 그 운영 등에 필요한 사항은 대통령령으로 정한다. <개정 2009.12.30., 2016.1.27.>

제21조(업무의 집행 등) ① 중소기업창업투자조합의 업무는 업무집행조합원이 집행한다.

② 업무집행조합원은 선량한 관리자의 주의로 제1항에 따른 업무를 집행하여야 한다. 이 경우 자기 또는 제삼자의 이익을 위하여 중소기업창업투자조합의 재산을 사용하여서는 아니 된다.

③ 중소기업창업투자조합은 등록 후 3년이 지난 날까지 출자금의 100분의 50의 범위에서 대통령령으로 정하는 비율의 금액 이상을 제16조제1항 및 제3항에 따라 산업통상자원부령으로 정하는 용도로 제10조제1항제1호, 제2호, 제2호의2 및 제5호에 따른 사업에 사용하여야 한다. 다만, 중소기업창업투자조합이 투자회수 등 중소기업

청장이 인정하는 사유로 등록 후 3년이 지난 날까지 대통령령으로 정하는 비율의 금액을 달성하지 못하면 중소기업청장은 1년 이내의 범위에서 투자의무 이행 유예기간을 줄 수 있다. <개정 2008.2.29., 2009.1.30., 2009.12.30., 2013.3.23., 2013.8.6.>

④ 업무집행조합원은 중소기업창업투자조합의 업무를 집행할 때 자금차입, 지급보증 또는 담보제공을 하여서는 아니 된다.

⑤ 업무집행조합원의 중소기업창업투자조합 업무의 집행에 관하여는 제15조를 준용한다. 이 경우 "중소기업창업투자회사"는 "중소기업창업투자조합"으로 본다.

⑥ 중소기업창업투자조합의 해외투자에 관하여는 제17조를 준용한다. 이 경우 "중소기업창업투자회사"는 "중소기업창업투자조합"으로, "납입자본금"은 "출자금"으로 본다.

제22조(중소기업창업투자조합 재산의 관리와 운용) ①업무집행조합원은 중소기업창업투자조합 재산을 다음 각 호에서 정하는 바에 따라 관리하여야 한다. <개정 2007.8.3.>

1. 중소기업창업투자조합 재산의 보관을 「자본시장과 금융투자업에 관한 법률」에 따른 신탁업자에 위탁할 것
2. 신탁업자를 변경하는 경우에는 조합원 총회의 승인을 받을 것

② 제1항에 따른 수탁회사는 다음 각 호의 업무를 한다.

1. 중소기업창업투자조합 재산의 보관 및 관리
2. 업무집행조합원의 중소기업창업투자조합 재산 운용 지시에 따른 자산의 취득 및 처분의 이행

③ 업무집행조합원은 중소기업창업투자조합 재산으로 「자본시장과 금융투자업에 관한 법률」 제8조의2제4항제1호에 따른 증권시장으로서 중소기업청장이 정하는 시장에 상장된 법인의 주식을 취득하는 경우에 출자금 총액의 100분의 20을 초과하여 투자할 수 없다. <개정 2007.8.3., 2009.1.30., 2013.5.28., 2014.1.21.>

제23조(결산 보고) 제21조제1항에 따른 업무집행조합원은 대통령령으로 정하는 바에 따라 해마다 중소기업창업투자조합의 사업연도가 끝난 뒤 3개월 이내에 그 결산서를 중소기업청장에게 제출하여야 한다.

제24조(업무집행조합원의 탈퇴) 업무집행조합원은 다음 각 호의 어느 하나에 해당하는 경우가 아니면 중소기업창업투자조합에서 탈퇴할 수 없다.

1. 중소기업창업투자회사의 등록이 취소된 경우
2. 중소기업창업투자회사가 파산한 경우
3. 중소기업창업투자조합 조합원 전원의 동의가 있는 경우

제24조의2(조합원의 지분양도) ① 업무집행조합원은 다른 조합원 전원의 동의를 받지 아니하면 그 지분의 전부 또는 일부를 타인에게 양도하지 못한다.

② 유한책임조합원의 지분은 조합계약에서 정하는 바에 따라 양도할 수 있다.

③ 유한책임조합원의 지분을 양수한 자는 양도인의 조합에 대한 권리·의무를 승계한다.

[본조신설 2016.1.27.]

제25조(해산) ① 중소기업창업투자조합은 다음 각 호의 어느 하나에 해당하는 사유가 있는 때에는 해산한다. <개정 2009.12.30.>

1. 존속기간의 만료
2. 유한책임조합원 전원의 탈퇴
3. 중소기업창업투자회사인 업무집행조합원 전원의 탈퇴
4. 중소기업창업투자회사인 업무집행조합원 전원의 등록의 말소
5. 그 밖에 대통령령으로 정하는 사유

② 중소기업창업투자조합에 제1항제3호 및 제4호에 해당하는 사유가 발생하면 유한책임조합원 전원의 동의로 대통령령으로 정하는 바에 따라 그 사유가 발생한 날부터 3개월 이내에 중소기업창업투자회사인 업무집행조합원을 가입하게 하여 중소기업창업투자조합을 계속할 수 있다. <개정 2009.12.30.>

③ 중소기업창업투자조합이 해산하는 경우에는 그 업무집행조합원이 청산인이 된다. 다만, 해당 조합의 규약에서 정하는 바에 따라 업무집행조합원 외의 자를 청산인으로 선임할 수 있다.

④ 중소기업창업투자조합의 해산 당시에 출자금액을 초과하는 채무가 있으면 업무집행조합원이 그 채무를 변제하여야 한다.

제26조(청산결과 보고와 등록의 말소) ① 제25조제3항에 따른 청산인이 청산사무를 끝마친 경우에는 산업통상자원부령으로 정하는 바에 따라 지체 없이 그 결과를 중소기업청장에게 보고하여야 한다. <개정 2008.2.29., 2013.3.23.>

② 중소기업청장은 제1항에 따른 보고를 받으면 지체 없이 그 중소기업창업투자조합의 등록을 말소하여야 한다.

제27조(조합 재산의 보호) 중소기업창업투자조합 조합원의 채권자가 조합원에 대하여 채권을 행사할 때에는 「민법」 제704조와 제712조에도 불구하고 그 조합원이 중소기업창업투자조합에 출자한 금액의 범위에서 이를 행사할 수 있다.

제28조(수익처분) 중소기업창업투자조합은 업무집행조합원인 중소기업창업투자회사에 조합 규약에서 정하는 바에 따라 투자수익에 따른 성과보수를 지급할 수 있으며, 성과보수 지급을 위한 투자수익의 산정 방식 등에 필요한 사항은 대통령령으로 정한다.

제29조(조합의 공시) 업무집행조합원은 다음 각 호의 서류를 사무소에 갖추어 두고 누구든지 열람할 수 있도록 하여야 한다.

1. 해당 중소기업창업투자조합의 규약
2. 매 회계연도의 결산서
3. 그 밖에 조합의 운영에 관한 서류로서 중소기업청장이 고시하는 것

제30조(「민법」의 준용) 중소기업창업투자조합에 관하여 이 법에 규정한 것 외에는 「민법」 중 조합에 관한 규정을 준용한다.

제4장 중소기업상담회사

제31조(중소기업상담회사의 등록) ①다음 각 호의 사업을 영위하는 회사로서 이 법에 따른 지원을 받으려는 자는 산업통상자원부령으로 정하는 바에 따라 중소기업청장에게 중소기업상담회사로 등록하여야 한다. 중소기업상담회사가 등록한 사항 중 회사명과 소재지 등 산업통상자원부령으로 정하는 중요 사항을 변경하려는 경우에도 또한 같다. <개정 2008.2.29., 2010.6.8., 2013.3.23.>

1. 중소기업의 사업성 평가
2. 중소기업의 경영 및 기술 향상을 위한 용역
3. 중소기업에 대한 사업의 알선
4. 중소기업의 자금 조달 · 운용에 대한 자문 및 대행
5. 창업 절차의 대행
6. 창업보육센터의 설립 · 운영에 대한 자문
7. 제1호부터 제6호까지의 사업에 딸린 사업으로서 중소기업청장이 정하는 사업

② 제1항에 따른 중소기업상담회사는 다음 각 호의 요건을 모두 갖추어야 한다. <개정 2014.1.21.>

1. 「상법」에 따른 회사로서 납입자본금이 대통령령으로 정하는 금액 이상일 것
2. 임원이 다음 각 목의 어느 하나에 해당하지 아니하는 자일 것
   가. 미성년자 · 피성년후견인 또는 피한정후견인
   나. 파산선고를 받고 복권되지 아니한 자
   다. 금고 이상의 실형을 선고받고 그 집행이 끝나거나(집행이 끝난 것으로 보는 경우를 포함한다) 집행이 면제된 날부터 3년이 지나지 아니한 자
   라. 금고 이상의 형의 집행유예를 선고받고 그 유예기간 중에 있는 자
   마. 금융거래 등 상거래에서 약정한 날짜 이내에 채무를 갚지 아니한 자로서 대통령령으로 정하는 자
3. 대통령령으로 정하는 기준에 따른 전문인력 및 시설을 보유할 것

제32조(용역비의 지원) 중소기업청장은 중소기업상담회사가 창업자에게 용역을 제공하면 대통령령으로 정하는 바에 따라 그 용역 대금의 일부를 지원할 수 있다.

제5장 창업 절차 등

제33조(사업계획의 승인) ① 창업자는 대통령령으로 정하는 바에 따라 사업계획을 작성하고, 이에 대한 시장 · 군수

또는 구청장(자치구의 구청장만을 말한다. 이하 같다)의 승인을 받아 사업을 할 수 있다. 사업자 또는 공장용지의 면적 등 대통령령으로 정하는 중요 사항을 변경하려는 경우에도 또한 같다. <개정 2013.8.6.>

② 시장 · 군수 또는 구청장은 제1항에 따른 사업계획의 승인을 할 때에는 그 공장의 건축면적이 「산업집적활성화 및 공장 설립에 관한 법률」 제8조에 따른 기준공장면적률에 적합하도록 하여야 한다.

③ 시장 · 군수 또는 구청장은 제1항에 따른 사업계획의 승인 신청을 받은 날부터 20일 이내에 승인 여부를 알려야 한다. 이 경우 20일 이내에 승인 여부를 알리지 아니한 때에는 20일이 지난 날의 다음 날에 승인한 것으로 본다.

④ 중소기업청장은 창업에 따른 절차를 간소화하기 위하여 제1항에 따른 사업계획 승인에 관한 업무를 처리할 때 필요한 지침을 작성하여 고시할 수 있다.

제34조(사전 협의) ① 창업자는 제33조제1항에 따른 사업계획의 승인을 신청하기 전에 시장 · 군수 또는 구청장에게 사업계획의 승인 가능성 등에 관하여 사전 협의를 요청할 수 있다.

② 제1항에 따른 사전 협의 절차 등에 필요한 사항은 대통령령으로 정한다.

제35조(다른 법률과의 관계) ① 제33조제1항에 따라 사업계획을 승인할 때 다음 각 호의 허가, 인가, 면허, 승인, 지정, 결정, 신고, 해제 또는 용도폐지(이하 이 조에서 "허가등"이라 한다)에 관하여 시장 · 군수 또는 구청장이 제4항에 따라 다른 행정기관의 장과 협의를 한 사항에 대하여는 그 허가등을 받은 것으로 본다. <개정 2007.12.27., 2008.3.21., 2009.1.30., 2009.6.9., 2010.4.15., 2010.5.31., 2010.6.8., 2011.4.14., 2011.7.21., 2014.1.14., 2016.1.19., 2016.12.27.>

1. 「산업집적활성화 및 공장 설립에 관한 법률」 제13조제1항에 따른 공장 설립 등의 승인
2. 「사방사업법」 제14조에 따른 벌채 등의 허가와 같은 법 제20조에 따른 사방지(砂防地) 지정의 해제
3. 「공유수면 관리 및 매립에 관한 법률」 제8조에 따른 공유수면의 점용 · 사용허가, 같은 법 제17조에 따른 점용 · 사용 실시계획의 승인 또는 신고 및 같은 법 제28조에 따른 공유수면의 매립면허
4. 삭제 <2010.4.15.>
5. 「하천법」 제30조에 따른 하천공사의 허가와 같은 법 제33조에 따른 하천의 점용허가
6. 「산지관리법」 제14조 및 제15조에 따른 산지전용허가, 산지전용신고, 같은 법 제15조의2에 따른 산지일시사용허가 · 신고 및 같은 법 제21조에 따라 산지전용된 토지의 용도변경 승인과 「산림자원의 조성 및 관리에 관한 법률」 제36조제1항 및 제4항에 따른 입목벌채 등의 허가와 신고
7. 「사도법」 제4조에 따른 사도(私道)의 개설허가
8. 「국토의 계획 및 이용에 관한 법률」 제56조제1항에 따른 개발행위의 허가, 같은 법 제86조에 따른 도시 · 군계획시설사업의 시행자 지정 및 같은 법 제88조에 따른 실시계획의 작성 · 인가
9. 「농지법」 제34조제1항에 따른 농지의 전용허가, 같은 법 제35조제1항에 따른 농지의 전용신고 및 같은 법 제40조제1항에 따른 용도변경의 승인
10. 「초지법」 제23조에 따른 초지의 전용허가 또는 전용 신고
11. 「국유재산법」 제30조에 따른 국유재산의 사용허가 및 같은 법 제40조에 따른 도로, 하천, 도랑 및 제방의 용도폐지
12. 「도로법」 제61조제1항에 따른 도로의 점용허가
13. 「환경영향평가법」에 따른 소규모 환경영향평가 협의
14. 「농어촌정비법」 제23조제1항 본문에 따른 농업생산기반시설의 사용허가
15. 「장사 등에 관한 법률」 제27조제1항에 따른 타인의 토지 등에 설치된 분묘 개장(改葬)의 허가
16. 「공유재산 및 물품 관리법」 제20조제1항에 따른 행정재산의 사용허가 · 수익허가 및 같은 법 제11조에 따른 행정재산의 용도폐지
17. 「부동산 거래신고 등에 관한 법률」 제11조에 따른 토지거래계약에 관한 허가

② 제33조제1항에 따라 사업계획의 승인을 받은 공장에 대해 「건축법」 제11조에 따른 건축허가를 할 때 해당 시장 · 군수 또는 구청장이 다음 각 호의 허가, 인가, 승인, 동의, 심사 또는 신고(이하 이 조에서 "승인등"이라 한다)에 관하여 제4항에 따라 다른 행정기관의 장과 협의를 한 사항에 대하여는 그 승인등을 받은 것으로 본다. <개정 2007.5.17., 2008.3.21., 2009.6.9., 2010.6.8., 2011.8.4., 2012.8.13., 2014.1.14., 2015.1.6., 2015.1.28.>

1. 「도로법」 제61조제1항에 따른 도로의 점용허가
2. 「하수도법」 제24조에 따른 점용허가와 같은 법 제27조제3항 및 제4항에 따른 배수설비의 설치신고

3. 「하수도법」 제34조제2항에 따른 개인하수처리시설설치의 신고
4. 「소방시설 설치 · 유지 및 안전관리에 관한 법률」 제7조제1항에 따른 건축허가등의 동의, 「소방시설공사업법」 제13조제1항에 따른 소방시설공사의 신고와 「위험물안전관리법」 제6조제1항에 따른 제조소등의 설치허가
5. 「대기환경보전법」 제23조, 「수질 및 수생태계 보전에 관한 법률」 제33조, 「소음 · 진동관리법」 제8조 및 「가축분뇨의 관리 및 이용에 관한 법률」 제11조에 따른 배출시설의 설치허가 또는 설치신고
6. 「폐기물관리법」 제29조제2항에 따른 폐기물처리시설의 설치승인 또는 설치신고
7. 「수도법」 제52조와 제54조에 따른 전용수도설치의 인가
8. 「전기사업법」 제62조에 따른 자가용전기설비의 공사계획 인가 또는 신고
9. 「총포 · 도검 · 화약류 등의 안전관리에 관한 법률」 제25조제1항에 따른 화약류 간이저장소 설치의 허가
10. 「건축법」 제11조제1항에 따른 건축허가, 같은 법 제14조제1항에 따른 건축신고, 같은 법 제20조제1항과 제3항에 따른 가설건축물의 건축허가 또는 건축신고 및 같은 법 제83조제1항에 따른 공작물 축조의 신고
11. 「토양환경보전법」 제12조에 따른 특정토양오염관리대상시설 설치의 신고
12. 「액화석유가스의 안전관리 및 사업법」 제5조에 따른 가스용품 제조사업의 허가와 같은 법 제8조에 따른 액화석유가스 저장시설의 설치허가
13. 「고압가스 안전관리법」 제4조에 따른 고압가스의 제조허가와 고압가스저장소 설치의 허가, 같은 법 제5조제1항에 따른 용기, 냉동기 및 특정설비의 제조등록, 같은 법 제20조제1항에 따른 특정고압가스 사용신고
14. 「산업안전보건법」 제48조제4항에 따른 유해 · 위험방지계획서의 심사 및 같은 법 제49조의2제3항에 따른 공정안전보고서의 심사

③ 제33조제1항에 따라 사업계획의 승인을 받은 공장에 대하여 「건축법」 제22조에 따라 건축물의 사용승인을 할 때 해당 시장 · 군수 또는 구청장이 다음 각 호의 검사, 신고, 동의 또는 신청(이하 이 조에서 "검사등"이라 한다)에 관하여 제4항에 따라 다른 행정기관의 장과 협의를 한 사항에 대하여는 그 검사등을 받은 것으로 본다. <개정 2007.5.17., 2008.3.21., 2009.6.9., 2010.6.8., 2011.8.4., 2014.6.3., 2015.1.6., 2015.1.28.>

1. 「하수도법」 제37조에 따른 준공검사
2. 「소방시설 설치 · 유지 및 안전관리에 관한 법률」 제7조제1항에 따른 사용승인의 동의, 「소방시설공사업법」 제14조에 따른 소방시설공사의 완공검사와 「위험물안전관리법」 제9조에 따른 제조소등의 완공검사
3. 「폐기물관리법」 제29조제4항에 따른 폐기물처리시설 사용개시의 신고
4. 「대기환경보전법」 제30조제1항 및 「수질 및 수생태계 보전에 관한 법률」 제37조에 따른 배출시설 등의 가동개시 신고
5. 「총포 · 도검 · 화약류 등의 안전관리에 관한 법률」 제43조에 따른 완성검사
6. 「먹는 물 관리법」 제23조제1항에 따른 먹는샘물제조업의 조건부 영업허가
7. 「전기사업법」 제63조에 따른 자가용전기설비의 사용 전 검사
8. 「액화석유가스의 안전관리 및 사업법」 제36조제2항에 따른 저장시설 설치와 가스용품 제조시설의 완성검사
9. 「고압가스 안전관리법」 제16조제3항에 따른 고압가스의 제조, 저장소 설치, 용기 등의 제조시설 설치공사의 완성검사 및 같은 법 제20조에 따른 특정고압가스시설의 완성검사
10. 「국토의 계획 및 이용에 관한 법률」 제62조제1항과 같은 법 제98조제2항에 따른 준공검사
11. 「공간정보의 구축 및 관리 등에 관한 법률」 제64조제2항에 따른 토지 이동 등의 등록 신청

④ 시장 · 군수 또는 구청장이 제33조에 따른 사업계획의 승인 또는 「건축법」 제11조제1항 및 같은 법 제22조제1항에 따른 건축허가와 사용승인을 할 때 그 내용 중 제1항부터 제3항까지에 해당하는 사항이 다른 행정기관의 권한에 속하는 경우에는 그 행정기관의 장과 협의하여야 하며, 협의를 요청받은 행정기관의 장은 대통령령으로 정하는 기간에 의견을 제출하여야 한다. 이 경우 다른 행정기관의 장이 그 기간에 의견을 제출하지 아니하면 의견이 없는 것으로 본다. <개정 2008.3.21.>

제35조(다른 법률과의 관계) ① 제33조제1항에 따라 사업계획을 승인할 때 다음 각 호의 허가, 인가, 면허, 승인, 지정, 결정, 신고, 해제 또는 용도폐지(이하 이 조에서 "허가등"이라 한다)에 관하여 시장 · 군수 또는 구청장이 제4항에 따라 다른 행정기관의 장과 협의를 한 사항에 대하여는 그 허가등을 받은 것으로 본다. <개정 2007.12.27., 2008.3.21., 2009.1.30., 2009.6.9., 2010.4.15., 2010.5.31., 2010.6.8., 2011.4.14., 2011.7.21., 2014.1.14., 2016.1.19., 2016.12.27.>

1. 「산업집적활성화 및 공장 설립에 관한 법률」 제13조제1항에 따른 공장 설립 등의 승인

2. 「사방사업법」 제14조에 따른 벌채 등의 허가와 같은 법 제20조에 따른 사방지(砂防地) 지정의 해제
3. 「공유수면 관리 및 매립에 관한 법률」 제8조에 따른 공유수면의 점용·사용허가, 같은 법 제17조에 따른 점용·사용 실시계획의 승인 또는 신고 및 같은 법 제28조에 따른 공유수면의 매립면허
4. 삭제 <2010.4.15.>
5. 「하천법」 제30조에 따른 하천공사의 허가와 같은 법 제33조에 따른 하천의 점용허가
6. 「산지관리법」 제14조 및 제15조에 따른 산지전용허가, 산지전용신고, 같은 법 제15조의2에 따른 산지일시사용허가·신고 및 같은 법 제21조에 따라 산지전용된 토지의 용도변경 승인과 「산림자원의 조성 및 관리에 관한 법률」 제36조제1항 및 제4항에 따른 입목벌채 등의 허가와 신고
7. 「사도법」 제4조에 따른 사도(私道)의 개설허가
8. 「국토의 계획 및 이용에 관한 법률」 제56조제1항에 따른 개발행위의 허가, 같은 법 제86조에 따른 도시·군계획시설사업의 시행자 지정 및 같은 법 제88조에 따른 실시계획의 작성·인가
9. 「농지법」 제34조제1항에 따른 농지의 전용허가, 같은 법 제35조제1항에 따른 농지의 전용신고 및 같은 법 제40조제1항에 따른 용도변경의 승인
10. 「초지법」 제23조에 따른 초지의 전용허가 또는 전용 신고
11. 「국유재산법」 제30조에 따른 국유재산의 사용허가 및 같은 법 제40조에 따른 도로, 하천, 도랑 및 제방의 용도폐지
12. 「도로법」 제61조제1항에 따른 도로의 점용허가
13. 「환경영향평가법」에 따른 소규모 환경영향평가 협의
14. 「농어촌정비법」 제23조제1항 본문에 따른 농업생산기반시설의 사용허가
15. 「장사 등에 관한 법률」 제27조제1항에 따른 타인의 토지 등에 설치된 분묘 개장(改葬)의 허가
16. 「공유재산 및 물품 관리법」 제20조제1항에 따른 행정재산의 사용허가·수익허가 및 같은 법 제11조에 따른 행정재산의 용도폐지
17. 「부동산 거래신고 등에 관한 법률」 제11조에 따른 토지거래계약에 관한 허가

② 제33조제1항에 따라 사업계획의 승인을 받은 공장에 대해 「건축법」 제11조에 따른 건축허가를 할 때 해당 시장·군수 또는 구청장이 다음 각 호의 허가, 인가, 승인, 동의, 심사 또는 신고(이하 이 조에서 "승인등"이라 한다)에 관하여 제4항에 따라 다른 행정기관의 장과 협의를 한 사항에 대하여는 그 승인등을 받은 것으로 본다. <개정 2007.5.17., 2008.3.21., 2009.6.9., 2010.6.8., 2011.8.4., 2012.8.13., 2014.1.14., 2015.1.6., 2015.1.28., 2017.1.17.>

1. 「도로법」 제61조제1항에 따른 도로의 점용허가
2. 「하수도법」 제24조에 따른 점용허가와 같은 법 제27조제3항 및 제4항에 따른 배수설비의 설치신고
3. 「하수도법」 제34조제2항에 따른 개인하수처리시설설치의 신고
4. 「소방시설 설치·유지 및 안전관리에 관한 법률」 제7조제1항에 따른 건축허가등의 동의, 「소방시설공사업법」 제13조제1항에 따른 소방시설공사의 신고와 「위험물안전관리법」 제6조제1항에 따른 제조소등의 설치허가
5. 「대기환경보전법」 제23조, 「물환경보전법」 제33조, 「소음·진동관리법」 제8조 및 「가축분뇨의 관리 및 이용에 관한 법률」 제11조에 따른 배출시설의 설치허가 또는 설치신고
6. 「폐기물관리법」 제29조제2항에 따른 폐기물처리시설의 설치승인 또는 설치신고
7. 「수도법」 제52조와 제54조에 따른 전용수도설치의 인가
8. 「전기사업법」 제62조에 따른 자가용전기설비의 공사계획 인가 또는 신고
9. 「총포·도검·화약류 등의 안전관리에 관한 법률」 제25조제1항에 따른 화약류 간이저장소 설치의 허가
10. 「건축법」 제11조제1항에 따른 건축허가, 같은 법 제14조제1항에 따른 건축신고, 같은 법 제20조제1항과 제3항에 따른 가설건축물의 건축허가 또는 건축신고 및 같은 법 제83조제1항에 따른 공작물 축조의 신고
11. 「토양환경보전법」 제12조에 따른 특정토양오염관리대상시설 설치의 신고
12. 「액화석유가스의 안전관리 및 사업법」 제5조에 따른 가스용품 제조사업의 허가와 같은 법 제8조에 따른 액화석유가스 저장시설의 설치허가
13. 「고압가스 안전관리법」 제4조에 따른 고압가스의 제조허가와 고압가스저장소 설치의 허가, 같은 법 제5조제1항에 따른 용기, 냉동기 및 특정설비의 제조등록, 같은 법 제20조제1항에 따른 특정고압가스 사용신고
14. 「산업안전보건법」 제48조제4항에 따른 유해·위험방지계획서의 심사 및 같은 법 제49조의2제3항에 따른 공정안전보고서의 심사

③ 제33조제1항에 따라 사업계획의 승인을 받은 공장에 대하여 「건축법」 제22조에 따라 건축물의 사용승인을 할 때 해당 시장 · 군수 또는 구청장이 다음 각 호의 검사, 신고, 동의 또는 신청(이하 이 조에서 "검사등"이라 한다)에 관하여 제4항에 따라 다른 행정기관의 장과 협의를 한 사항에 대하여는 그 검사등을 받은 것으로 본다. <개정 2007.5.17., 2008.3.21., 2009.6.9., 2010.6.8., 2011.8.4., 2014.6.3., 2015.1.6., 2015.1.28., 2017.1.17.>

1. 「하수도법」 제37조에 따른 준공검사
2. 「소방시설 설치 · 유지 및 안전관리에 관한 법률」 제7조제1항에 따른 사용승인의 동의, 「소방시설공사업법」 제14조에 따른 소방시설공사의 완공검사와 「위험물안전관리법」 제9조에 따른 제조소등의 완공검사
3. 「폐기물관리법」 제29조제4항에 따른 폐기물처리시설 사용개시의 신고
4. 「대기환경보전법」 제30조제1항 및 「물환경보전법」 제37조에 따른 배출시설 등의 가동개시 신고
5. 「총포 · 도검 · 화약류 등의 안전관리에 관한 법률」 제43조에 따른 완성검사
6. 「먹는 물 관리법」 제23조제1항에 따른 먹는샘물제조업의 조건부 영업허가
7. 「전기사업법」 제63조에 따른 자가용전기설비의 사용 전 검사
8. 「액화석유가스의 안전관리 및 사업법」 제36조제2항에 따른 저장시설 설치와 가스용품 제조시설의 완성검사
9. 「고압가스 안전관리법」 제16조제3항에 따른 고압가스의 제조, 저장소 설치, 용기 등의 제조시설 설치공사의 완성검사 및 같은 법 제20조에 따른 특정고압가스시설의 완성검사
10. 「국토의 계획 및 이용에 관한 법률」 제62조제1항과 같은 법 제98조제2항에 따른 준공검사
11. 「공간정보의 구축 및 관리 등에 관한 법률」 제64조제2항에 따른 토지 이동 등의 등록 신청

④ 시장 · 군수 또는 구청장이 제33조에 따른 사업계획의 승인 또는 「건축법」 제11조제1항 및 같은 법 제22조제1항에 따른 건축허가와 사용승인을 할 때 그 내용 중 제1항부터 제3항까지에 해당하는 사항이 다른 행정기관의 권한에 속하는 경우에는 그 행정기관의 장과 협의하여야 하며, 협의를 요청받은 행정기관의 장은 대통령령으로 정하는 기간에 의견을 제출하여야 한다. 이 경우 다른 행정기관의 장이 그 기간에 의견을 제출하지 아니하면 의견이 없는 것으로 본다. <개정 2008.3.21.>

[시행일 : 2018.1.18.] 제35조

제36조(법령 제정 · 개정 시의 협의) 관계 행정기관의 장은 제33조에 따른 사업계획의 승인, 창업자의 공장에 대한 「건축법」 제11조제1항의 건축허가나 같은 법 제22조제1항의 사용승인과 관련되는 사항을 법령으로 제정하거나 개정하려면 미리 중소기업청장과 협의하여야 한다. <개정 2008.3.21.>

제37조(사업계획 승인의 취소 등) ① 시장 · 군수 또는 구청장은 사업계획의 승인을 받은 자가 다음 각 호의 어느 하나에 해당하면 사업계획의 승인과 공장 건축허가를 취소하거나 해당 토지의 원상회복을 명령할 수 있다. <개정 2013.8.6.>

1. 사업계획의 승인을 받은 날부터 대통령령으로 정하는 기간이 지난 날까지 공장의 착공을 하지 아니하거나 공장착공 후 대통령령으로 정하는 기간 이상 공사를 중단한 경우
2. 사업계획의 승인을 받은 공장용지를 「산업집적활성화 및 공장 설립에 관한 법률」 제15조에 따른 공장 설립등의 완료신고를 하기 전에 다른 사람에게 양도한 경우. 다만, 창업자에 양도한 경우에는 그러하지 아니하다.
3. 사업계획의 승인을 받은 공장용지를 다른 사람에게 임대하거나 공장이 아닌 용도로 활용하는 경우
4. 사업계획의 승인을 받은 후 대통령령으로 정하는 기간이 지난 날까지 공장 건축을 끝내지 아니한 경우

② 시장 · 군수 또는 구청장은 제1항에 따른 원상회복명령을 위반하여 원상회복을 하지 아니하면 대집행(代執行)에 따라 원상회복을 할 수 있다.

③ 제2항에 따른 대집행의 절차에 관하여는 「행정대집행법」을 적용한다.

④ 시장 · 군수 또는 구청장은 제1항에 따라 사업계획의 승인을 취소하려면 청문을 하여야 한다.

제38조(창업민원처리기구의 설치) ① 정부는 민원인의 편의를 위하여 특별시 · 광역시 · 특별자치시 · 도 · 특별자치도 또는 시 · 군 · 구의 창업에 관련된 민원을 종합적으로 접수하여 처리할 수 있는 기구(이하 이 조에서 "중소기업창업민원실"이라 한다)를 설치할 수 있다. <개정 2013.8.6.>

② 중소기업창업민원실의 설치 및 운영에 필요한 사항은 대통령령으로 정한다.

제39조(창업진흥전담조직의 설치) ① 중소기업청장은 창업을 촉진하기 위한 업무를 전담하는 조직(이하 이 조에서 "전담조직"이라 한다)을 설치할 수 있다.

② 제1항에 따른 전담조직의 설치 및 운영 등에 필요한 사항은 대통령령으로 정한다.

제39조의2(청년기업가 정신 재단법인에 대한 출연 등) 중소기업청장은 「민법」 제32조에 따라 중소기업청장의 설립허가를 받은 비영리법인으로서 청년 및 예비창업자 등을 대상으로 도전정신, 창의력, 혁신역량 등(이하 이 조에서 "기업가 정신"이라 한다)을 함양하기 위하여 다음 각 호의 사업을 주요 목적으로 하는 재단법인에 대하여 예산의 범위에서 출연 또는 보조할 수 있다.

1. 기업가 정신 활성화 사업의 기획, 개발 및 연구
2. 기업가 정신의 실태조사 및 통계 구축·운영
3. 청년 및 예비창업자 등을 대상으로 하는 기업가 정신 교육과정과 교재의 개발·보급, 교육사업의 관리·운영 지원
4. 기업가 정신 모범사례의 발굴·전파 등 기업가 정신을 확산하기 위한 분위기 조성사업
5. 기업가 정신 저해요인의 발굴·해소 및 재창업 여건 확충
6. 그 밖에 기업가 정신의 함양 및 확산을 위하여 중소기업청장이 지정·위탁하는 사업

[본조신설 2011.4.4.]

[종전 제39조의2는 제39조의3으로 이동 <2011.4.4.>]

제39조의3(부담금의 면제) ① 제33조에 따라 사업계획의 승인을 받은 창업자에 대하여는 사업을 개시한 날부터 5년 동안 다음 각 호의 부담금을 면제한다. <신설 2015.2.3.>

1. 「농지법」 제38조제1항에 따른 농지보전부담금
2. 「초지법」 제23조제6항에 따른 대체초지조성비

② 「통계법」 제22조제1항에 따라 통계청장이 작성·고시하는 한국표준산업분류상의 제조업을 영위하기 위하여 중소기업을 창업하는 자에 대하여 사업을 개시한 날부터 3년 동안 다음 각 호의 부담금을 면제한다. <개정 2010.6.8., 2015.2.3.>

1. 「지방자치법」 제138조에 따른 분담금
2. 「농지법」 제38조제1항에 따른 농지보전부담금
3. 「초지법」 제23조제6항에 따른 대체초지조성비
4. 「전기사업법」 제51조제1항에 따른 부담금
5. 「대기환경보전법」 제35조제2항제1호의 기본부과금(대기오염물질배출량의 합계가 연간 10톤 미만인 사업장만 해당한다)
6. 「수질 및 수생태계 보전에 관한 법률」 제41조제1항제1호의 기본배출부과금(1일 폐수배출량이 200㎥ 미만인 사업장에 한한다)
7. 「자원의 절약과 재활용촉진에 관한 법률」 제12조제1항에 따른 폐기물부담금(연간 매출액이 20억원 미만인 제조업자만 해당한다)
8. 「한강수계 상수원수질개선 및 주민지원 등에 관한 법률」 제19조제1항에 따른 물이용부담금
9. 「금강수계 물관리 및 주민지원 등에 관한 법률」 제30조제1항에 따른 물이용부담금
10. 「낙동강수계 물관리 및 주민지원 등에 관한 법률」 제32조제1항에 따른 물이용부담금
11. 「영산강·섬진강수계 물관리 및 주민지원 등에 관한 법률」 제30조제1항에 따른 물이용부담금
12. 「산지관리법」 제19조제1항에 따른 대체산림자원조성비

③ 제1항 및 제2항에 따른 부담금 면제의 절차 및 방법 등에 관하여 필요한 사항은 대통령령으로 정한다. <신설 2010.6.8., 2015.2.3.>

[본조신설 2007.8.3.]

[제39조의2에서 이동, 종전 제39조의3은 제39조의4로 이동 <2011.4.4.>]

[법률 제8606호(2007.8.3.) 부칙 제2항의 규정에 의하여 이 조 제2항은 2017년 8월 2일까지 유효함]

제39조의3(부담금의 면제) ① 제33조에 따라 사업계획의 승인을 받은 창업자에 대하여는 사업을 개시한 날부터 5년 동안 다음 각 호의 부담금을 면제한다. <신설 2015.2.3.>

1. 「농지법」 제38조제1항에 따른 농지보전부담금
2. 「초지법」 제23조제6항에 따른 대체초지조성비

② 「통계법」 제22조제1항에 따라 통계청장이 작성·고시하는 한국표준산업분류상의 제조업을 영위하기 위하여 중소기업을 창업하는 자에 대하여 사업을 개시한 날부터 3년 동안 다음 각 호의 부담금을 면제한다. <개정 2010.6.8., 2015.2.3., 2017.1.17.>

1. 「지방자치법」 제138조에 따른 분담금
2. 「농지법」 제38조제1항에 따른 농지보전부담금
3. 「초지법」 제23조제6항에 따른 대체초지조성비
4. 「전기사업법」 제51조제1항에 따른 부담금
5. 「대기환경보전법」 제35조제2항제1호의 기본부과금(대기오염물질배출량의 합계가 연간 10톤 미만인 사업장만 해당한다)
6. 「물환경보전법」 제41조제1항제1호의 기본배출부과금(1일 폐수배출량이 200㎥ 미만인 사업장에 한한다)
7. 「자원의 절약과 재활용촉진에 관한 법률」 제12조제1항에 따른 폐기물부담금(연간 매출액이 20억원 미만인 제조업자만 해당한다)
8. 「한강수계 상수원수질개선 및 주민지원 등에 관한 법률」 제19조제1항에 따른 물이용부담금
9. 「금강수계 물관리 및 주민지원 등에 관한 법률」 제30조제1항에 따른 물이용부담금
10. 「낙동강수계 물관리 및 주민지원 등에 관한 법률」 제32조제1항에 따른 물이용부담금
11. 「영산강·섬진강수계 물관리 및 주민지원 등에 관한 법률」 제30조제1항에 따른 물이용부담금
12. 「산지관리법」 제19조제1항에 따른 대체산림자원조성비

③ 제1항 및 제2항에 따른 부담금 면제의 절차 및 방법 등에 관하여 필요한 사항은 대통령령으로 정한다. <신설 2010.6.8., 2015.2.3.>

[본조신설 2007.8.3.]

[제39조의2에서 이동, 종전 제39조의3은 제39조의4로 이동 <2011.4.4.>]

[법률 제8606호(2007.8.3.) 부칙 제2항의 규정에 의하여 이 조 제2항은 2017년 8월 2일까지 유효함]

[시행일 : 2018.1.18.] 제39조의3

제39조의4(사업분리에 의한 창업 시 공장등록 특례) 「법인세법」 제1조제1호에 따른 내국법인(이하 이 조에서 "내국법인"이라 한다)이 하는 사업의 일부를 분리하여 사업을 개시하는 중소기업이 다음 각 호의 요건을 모두 갖춘 경우에는 「부가가치세법」 제5조에 따라 발급받은 사업자등록증은 사업을 개시한 날부터 2년 동안 「산업집적활성화 및 공장설립에 관한 법률」 제16조에 따라 공장등록을 하였음을 증명하는 서류로 본다.

1. 내국법인의 임직원이었던 자가 대표자, 최대주주 또는 최대출자자일 것
2. 내국법인과 사업의 분리에 관한 계약 및 그 내국법인의 공장 전부 또는 일부의 공동사용에 관한 계약을 서면으로 체결할 것

[본조신설 2010.6.8.]

[제39조의3에서 이동, 종전 제39조의4는 제39조의5로 이동 <2011.4.4.>]

제39조의5(재택창업지원시스템 설치·운영) ① 중소기업청장은 「전자정부법」 제2조제10호에 따른 정보통신망을 통하여 회사를 설립할 수 있는 시스템(이하 이 조에서 "재택창업지원시스템"이라 한다)을 설치·운영할 수 있다.

② 관계 중앙행정기관 및 관련 기관은 재택창업지원시스템을 통한 창업 절차가 원활하게 진행될 수 있도록 해당 기관의 소관 업무를 신속하게 처리하는 등 협조하여야 한다.

③ 중소기업청장은 예산의 범위에서 관계 중앙행정기관 및 관련 기관이 재택창업지원시스템에 연계되는 개별 시스템을 운영하는 데에 드는 비용의 전부 또는 일부를 지원할 수 있다.

④ 제2항 및 제3항에서 규정한 사항 외에 재택창업지원시스템의 설치·운영에 필요한 절차 및 방법 등에 관한 사항은 대통령령으로 정한다.

[본조신설 2010.6.8.]

[제39조의4에서 이동 <2011.4.4.>]

제6장 보칙

제40조(보고와 검사) ① 중소기업청장은 필요하다고 인정하면 대통령령으로 정하는 바에 따라 중소기업창업투자회사, 액셀러레이터, 중소기업창업투자조합의 업무집행조합원, 중소기업상담회사 또는 창업보육센터사업자에게 업무운용 상황 등에 관한 보고를 하게 할 수 있으며, 다음 각 호의 어느 하나에 해당하는 경우에는 소속 공무원에게 사무소와 사업장에 출입하여 중소기업창업투자회사, 액셀러레이터 및 중소기업창업투자조합의 감사보고서 등 대통령령으로 정하는 장부·서류 등을 검사하게 할 수 있다. <개정 2009.4.1., 2016.5.29.>

1. 제10조제2항에 따른 중소기업창업투자회사의 등록요건 유지 여부의 확인이 필요한 경우
2. 제15조에 따른 중소기업창업투자회사의 행위제한 위반 여부의 확인이 필요한 경우
3. 제16조에 따른 중소기업창업투자회사의 투자의무 준수 여부의 확인이 필요한 경우
4. 제17조에 따른 중소기업창업투자회사의 해외투자 요건 준수 여부의 확인이 필요한 경우
5. 제19조의2제2항에 따른 액셀러레이터의 등록요건 유지 여부의 확인이 필요한 경우
6. 제19조의3제1항에 따른 액셀러레이터의 투자 여부의 확인이 필요한 경우
7. 제21조에 따른 업무집행조합원의 행위 등에 대한 위반 여부 및 투자의무 준수 여부의 확인이 필요한 경우
8. 그 밖에 제1호부터 제7호까지의 사항에 준하는 경우로서 대통령령으로 정하는 경우

② 제1항에 따라 검사를 하는 경우에는 검사 7일 전에 검사 일시, 검사 목적 및 검사 내용 등에 관한 검사계획을 검사받을 자에게 알려야 한다. 다만, 긴급하거나 증거인멸 등으로 검사 목적을 달성할 수 없다고 인정하는 경우에는 그러하지 아니하다.

③ 제1항에 따라 출입 · 검사하는 공무원은 그 권한을 표시하는 증표를 지니고 이를 관계인에게 내보여야 하며, 출입할 때 성명 · 출입시간 · 출입목적 등이 표시된 문서를 관계인에게 내주어야 한다.

제41조 삭제 〈2009.4.1.〉

제42조(임직원에 대한 제재 등) ① 중소기업청장은 중소기업창업투자회사 또는 업무집행조합원이 제43조제1항 또는 제3항 각 호의 어느 하나(제1호는 제외한다)에 해당하여 중소기업창업투자회사 또는 중소기업창업투자조합의 건전한 운영을 해칠 우려가 있다고 인정되는 경우에는 중소기업창업투자회사 임직원에 대하여 다음 각 호의 어느 하나에 해당하는 문책의 요구를 할 수 있다. <개정 2013.8.6., 2016.5.29.>

1. 면직 또는 해임
2. 6개월 이내의 직무정지
3. 감봉
4. 경고

② 제1항의 조치는 제43조제6항의 조치와 병과(併科)할 수 있다. <개정 2013.8.6., 2016.5.29.>

③ 중소기업청장은 제1항 각 호의 조치의 기준과 절차 등에 필요한 사항을 정하여 고시할 수 있다. <신설 2013.8.6.>

제42조의2(경영 건전성 기준 등) ① 중소기업창업투자회사는 대통령령으로 정하는 경영 건전성 기준을 갖추어야 한다.

② 중소기업청장은 중소기업창업투자회사의 경영 건전성을 확보하기 위하여 경영실태에 대한 평가를 실시할 수 있다.

③ 중소기업청장은 중소기업창업투자회사가 제1항에 따른 기준을 갖추지 못하거나 제2항에 따른 경영실태 평가결과 경영 건전성 유지가 곤란하다고 인정되면 해당 중소기업창업투자회사에 대하여 자본금의 증액, 이익 배당의 제한 등 경영개선을 위하여 필요한 조치를 요구할 수 있다.

[본조신설 2013.8.6.]

제43조(등록의 취소 등) ① 중소기업청장은 중소기업창업투자회사가 다음 각 호의 어느 하나에 해당하면 그 등록을 취소하거나 3년의 범위에서 대통령령으로 정하는 바에 따라 이 법에 따른 지원을 중단할 수 있다. 다만, 제1호에 해당하면 그 등록을 취소하여야 한다. <개정 2007.8.3., 2013.8.6., 2015.2.3., 2015.7.31.>

1. 거짓이나 그 밖에 부정한 방법으로 등록을 한 때
2. 제10조제2항에 따른 등록요건에 맞지 아니하게 된 때. 다만, 임원이 같은 항 제2호 각 목(같은 호 사목과 아목은 대표이사에게만 해당한다)의 어느 하나에 해당하는 경우 3개월 이내에 그 임원을 바꾸어 임명한 경우에는 그러하지 아니하다.
3. 정당한 사유 없이 1년 이상 계속하여 제16조제1항에 따라 산업통상자원부령으로 정하는 용도로 제10조제1항제1호, 제2호, 제2호의2 및 제5호에 따른 투자를 하지 아니한 때. 다만, 제16조제1항에 따른 투자 의무 등 대통령령으로 정하는 사항을 모두 이행한 경우에는 그러하지 아니하다.
4. 회사의 책임 있는 사유로 제10조제1항에 따른 사업수행이 어렵게 된 때
5. 제15조제1항에 따른 행위제한 의무를 위반하거나 같은 조 제2항에 따른 비업무용부동산 처분의무를 위반한 때
6. 투자비율이 제16조에 따른 비율에 미치지 못할 때

7. 제17조를 위반하여 해외투자를 한 때
8. 중소기업창업투자조합의 업무집행조합원으로서 제21조제2항을 위반하여 자기 또는 제삼자의 이익을 위하여 중소기업창업투자조합의 재산을 사용한 때
9. 「유사수신행위의 규제에 관한 법률」 제3조를 위반한 때
10. 제42조제1항에 따른 문책의 요구, 제42조의2제3항에 따른 조치의 요구 및 제5항에 따른 조치를 이행하지 아니한 때
11. 중소기업창업투자조합의 업무집행조합원으로서 제21조제4항 또는 같은 조 제5항에 따라 준용되는 제15조를 위반하거나 「벤처기업육성에 관한 특별조치법」 제4조의3제2항에 따른 한국벤처투자조합의 업무집행조합원으로서 같은 법 제4조의4제2항을 위반한 때(제47조의2제1항에 따른 공모창업투자조합의 업무집행조합원의 경우 「자본시장과 금융투자업에 관한 법률」 또는 같은 법에 따른 명령이나 처분을 위반한 때를 포함한다) 또는 「금융회사의 지배구조에 관한 법률」(제24조부터 제26조까지의 규정으로 한정한다)을 위반한 때

② 중소기업청장은 액셀러레이터가 다음 각 호의 어느 하나에 해당하면 그 등록을 취소하거나 3년의 범위에서 대통령령으로 정하는 바에 따라 이 법에 따른 지원을 중단할 수 있다. 다만, 제1호에 해당하는 경우에는 그 등록을 취소하여야 한다. <신설 2016.5.29.>

1. 거짓이나 그 밖의 부정한 방법으로 등록한 경우
2. 제19조의2제2항에 따른 등록요건에 맞지 아니하게 된 경우
3. 제19조의3에 따른 초기창업자에 대한 투자금액이 기준에 미달하는 경우
4. 제19조의4에 따른 초기창업자에 대한 전문보육을 하지 아니하는 경우
5. 제19조의8제1항에 따른 발굴 · 육성과 관련하여 부정한 이익을 받거나 요구 또는 약속한 경우

③ 중소기업청장은 중소기업창업투자조합이 다음 각 호의 어느 하나에 해당하면 그 등록을 취소하거나 3년의 범위에서 대통령령으로 정하는 바에 따라 이 법에 따른 지원을 중단할 수 있다. 다만, 제1호에 해당하면 그 등록을 취소하여야 한다. <개정 2009.12.30., 2015.2.3., 2016.1.27., 2016.5.29.>

1. 거짓이나 그 밖에 부정한 방법으로 등록을 한 때
2. 제20조제6항에 따른 등록요건에 맞지 아니하게 된 때
3. 제21조제3항부터 제6항까지의 규정을 위반한 때
4. 업무집행조합원인 중소기업창업투자회사의 등록이 취소되거나 말소된 때
5. 제22조제1항 및 제3항을 위반한 때
6. 삭제 <2007.8.3.>

④ 중소기업청장은 중소기업상담회사가 다음 각 호의 어느 하나에 해당하면 그 등록을 취소하거나 3년의 범위에서 대통령령으로 정하는 바에 따라 이 법에 따른 지원을 중단할 수 있다. 다만, 제1호에 해당하면 그 등록을 취소하여야 한다. <개정 2015.2.3., 2016.5.29.>

1. 거짓이나 그 밖에 부정한 방법으로 등록을 한 때
2. 제31조제2항에 따른 등록요건에 맞지 아니하게 된 때. 다만, 임원 중 같은 항 제2호 각 목의 어느 하나에 해당하는 자가 있는 경우 6개월 이내에 그 임원을 바꾸어 임명한 경우에는 그러하지 아니하다.
3. 회사의 책임 있는 사유로 제31조제1항에 따른 사업수행이 어렵게 된 때
4. 정당한 사유 없이 1년 이상 계속하여 사업을 하지 아니한 때
5. 삭제 <2007.8.3.>

⑤ 중소기업청장은 창업보육센터사업자가 다음 각 호의 어느 하나에 해당하면 사업자의 지정을 취소하거나 3년의 범위에서 대통령령으로 정하는 바에 따라 이 법에 따른 지원을 중단할 수 있다. 다만, 제1호에 해당하면 그 지정을 취소하여야 한다. <개정 2008.2.29., 2012.8.13., 2013.3.23., 2013.8.6., 2015.2.3., 2016.5.29.>

1. 거짓이나 그 밖에 부정한 방법으로 지정을 받은 때
2. 지원받은 자금을 다른 목적으로 사용한 때
3. 창업보육센터 시설 및 장소를 중소기업 창업지원 외의 목적으로 사용한 때
4. 창업보육센터의 운영 실적이 산업통상자원부령으로 정하는 기준에 미치지 못할 때
5. 제6조제1항에 따른 지정 요건에 맞지 아니하게 된 때

⑥ 중소기업청장은 중소기업창업투자회사 또는 중소기업창업투자조합 업무집행조합원이 제1항 또는 제3항 각 호의 어느 하나(제1항제1호 및 제3항제1호는 제외한다)에 해당하는 경우에는 다음 각 호의 어느 하나에 해당하는 조치를 할 수 있다. <신설 2013.8.6., 2016.1.27., 2016.5.29.>

1. 6개월 이내의 업무의 전부 또는 일부의 정지
2. 위법행위의 시정명령
3. 경고

⑦ 중소기업청장은 신기술사업금융업자가 제1항 또는 제3항 각 호의 어느 하나에 해당하는 경우에는 금융위원회에 해당 신기술사업금융업자 또는 그 임직원에 대하여 제6항 및 제42조제1항에 따른 조치를 취할 것을 요구할 수 있다. <신설 2016.1.27., 2016.5.29.>

제44조(청문) 중소기업청장은 제43조에 따라 중소기업창업투자회사, 액셀러레이터, 중소기업창업투자조합 또는 중소기업상담회사의 등록을 취소하거나 창업보육센터사업자의 지정을 취소하려면 청문을 하여야 한다. <개정 2016.5.29.>

제45조(권한의 위임 · 위탁) ①이 법에 따른 중소기업청장의 권한은 대통령령으로 정하는 바에 따라 그 일부를 소속 기관의 장이나 특별시장 · 광역시장 · 특별자치시장 · 도지사 또는 특별자치도지사에게 위임할 수 있다. <개정 2013.8.6.>

② 중소기업청장은 이 법에 따른 업무의 일부를 대통령령으로 정하는 바에 따라 다른 행정기관의 장, 「중소기업진흥에 관한 법률」 제68조에 따른 중소기업진흥공단, 중소기업창업투자회사, 중소기업상담회사, 그 밖의 중소기업 관련 기관에 위탁할 수 있다. <개정 2009.5.21.>

제46조(비슷한 명칭의 사용 금지) 중소기업창업투자회사나 중소기업창업투자조합이 아닌 자는 중소기업창업투자회사와 중소기업창업투자조합의 명칭 또는 이와 비슷한 명칭을 사용하지 못한다.

제47조(업무기준의 고시) 중소기업청장은 중소기업창업투자회사, 액셀러레이터, 중소기업창업투자조합, 중소기업상담회사 또는 창업보육센터사업자가 창업자에 대하여 효율적으로 지원할 수 있도록 창업지원 업무에 관한 기준을 정하여 고시할 수 있다. <개정 2016.5.29.>

제47조의2(공모창업투자조합에 관한 특례) ① 「자본시장과 금융투자업에 관한 법률」 제11조부터 제16조까지, 제30조부터 제32조까지, 제34조부터 제43조까지, 제48조, 제50조부터 제53조까지, 제56조, 제58조, 제60조부터 제65조까지, 제80조부터 제83조까지, 제85조제2호 · 제3호 및 제6호부터 제8호까지, 제86조부터 제95조까지, 제181조부터 제183조까지, 제184조제1항 · 제2항 · 제5항부터 제7항까지, 제185조부터 제187조까지, 제218조부터 제223조까지, 제229조부터 제249조까지, 제249조의2부터 제249조의22까지, 제250조부터 제253조까지, 제415조부터 제425조까지 및 「금융회사의 지배구조에 관한 법률」(제24조부터 제26조까지의 규정은 제외한다)은 공모창업투자조합(「자본시장과 금융투자업에 관한 법률」 제9조제19항에 따른 사모집합투자기구에 해당하지 아니하는 창업투자조합을 말한다. 이하 같다) 및 창업투자회사(공모창업투자조합이 아닌 창업투자조합만을 결성하여 그 업무를 집행하는 창업투자회사를 제외한다)에 대하여는 적용하지 아니한다. <개정 2015.7.24., 2015.7.31.>

② 중소기업청장은 공모창업투자조합 또는 창업투자회사(공모창업투자조합이 아닌 창업투자조합만을 결성하여 그 업무를 집행하는 창업투자회사를 제외한다)를 등록하는 경우에는 미리 금융위원회와 협의하여야 한다. <개정 2008.2.29.>

③ 금융위원회는 공익 또는 공모창업투자조합의 조합원을 보호하기 위하여 필요한 경우에는 공모창업투자조합 및 창업투자회사(공모창업투자조합이 아닌 창업투자조합만을 결성하여 그 업무를 집행하는 창업투자회사를 제외한다)에 대하여 업무에 관한 자료의 제출이나 보고를 명할 수 있으며, 금융감독원의 원장으로 하여금 그 업무에 관하여 검사하게 할 수 있다. <개정 2008.2.29.>

④ 금융위원회는 공모창업투자조합 및 창업투자회사(공모창업투자조합이 아닌 창업투자조합만을 결성하여 그 업무를 집행하는 창업투자회사를 제외한다)가 이 법 또는 이 법에 따른 명령이나 처분을 위반하거나, 「자본시장과 금융투자업에 관한 법률」 또는 「자본시장과 금융투자업에 관한 법률」에 따른 명령이나 처분을 위반한 경우 또는 「금융회사의 지배구조에 관한 법률」(제24조부터 제26조까지의 규정으로 한정한다)을 위반한 경우에는 제42조제1항, 제43조제1항 · 제3항 · 제6항의 어느 하나에 해당하는 조치를 취하도록 중소기업청장에게 요구할 수 있고, 중소기업청장은 특별한 사유가 없는 한 이에 응하여야 한다. 이 경우 중소기업청장은 그 조치내역을 금융위원회에 통보하여야 한다. <개정 2008.2.29., 2013.8.6., 2015.7.31., 2016.5.29.>

[본조신설 2007.8.3.]

제48조(벌칙) ① 다음 각 호의 어느 하나에 해당하는 자는 5년 이하의 징역 또는 5천만원 이하의 벌금에 처한다.

<개정 2016.1.27.>

1. 제4조의3제5항에 따라 취득한 정보를 누설하거나 직무상 목적 외에 사용한 자
2. 제15조의2제1항을 위반하여 대주주 자신의 이익을 얻을 목적으로 같은 항 각 호의 어느 하나에 해당하는 행위를 한 자

② 제10조제4항에 따른 처분명령을 위반하여 주식을 처분하지 아니한 자는 1년 이하의 징역 또는 1천만원 이하의 벌금에 처한다.

[본조신설 2013.8.6.]

[종전 제48조는 제50조로 이동 <2013.8.6.>]

제49조(양벌규정) 법인의 대표자나 법인 또는 개인의 대리인, 사용인, 그 밖의 종업원이 그 법인 또는 개인의 업무에 관하여 제48조의 위반행위를 하면 그 행위자를 벌하는 외에 그 법인 또는 개인에게도 해당 조문의 벌금형을 과(科)한다. 다만, 법인 또는 개인이 그 위반행위를 방지하기 위하여 해당 업무에 관하여 상당한 주의와 감독을 게을리하지 아니한 경우에는 그러하지 아니하다.

[본조신설 2013.8.6.]

제7장 벌칙

제50조(과태료) ①다음 각 호의 어느 하나에 해당하는 자에게는 500만원 이하의 과태료를 부과한다. <개정 2016.5.29.>

1. 제10조제1항 후단, 제19조의2제1항 또는 제20조제1항 후단에 따른 변경 등록을 하지 아니하거나 거짓으로 변경 등록을 한 자
2. 제11조제2항 또는 제19조의9에 따른 영업의 양수 등의 신고를 하지 아니하거나 거짓으로 신고한 자
3. 제14조에 따른 중소기업창업투자회사의 공시 또는 제19조의9에 따른 액셀러레이터의 공시를 하지 아니하거나 거짓으로 공시한 자
4. 제19조 또는 제23조에 따른 결산서를 제출하지 아니하거나 거짓된 결산서를 제출한 자
5. 제40조제1항에 따른 보고를 하지 아니하거나 거짓된 보고를 한 자 또는 같은 항에 따른 검사를 거부 · 방해 또는 기피한 자
6. 삭제 <2009.4.1.>
7. 제46조를 위반하여 비슷한 명칭을 사용한 자

② 제1항에 따른 과태료는 대통령령으로 정하는 바에 따라 중소기업청장이 부과 · 징수한다.

③ 삭제 <2009.1.30.>

④ 삭제 <2009.1.30.>

⑤ 삭제 <2009.1.30.>

[제48조에서 이동 <2013.8.6.>]

부칙 〈제14480호, 2016.12.27.〉 (농어촌정비법)

제1조(시행일) 이 법은 공포한 날부터 시행한다. <단서 생략>

제2조부터 제6조까지 생략

제7조(다른 법률의 개정) ①부터 <54>까지 생략

<55> 중소기업창업 지원법 일부를 다음과 같이 개정한다.

제35조제1항제14호 중 "목적 외 사용의 승인"을 "사용허가"로 한다.

<56>부터 <65>까지 생략

벤처기업육성에 관한 특별조치법

[시행 2016.12.2.] [법률 제14363호, 2016.12.2., 일부개정]

제1장 총칙 <개정 2007.8.3.>

제1조(목적) 이 법은 기존 기업의 벤처기업으로의 전환과 벤처기업의 창업을 촉진하여 우리 산업의 구조조정을 원활히 하고 경쟁력을 높이는 데에 기여하는 것을 목적으로 한다.
[전문개정 2007.8.3.]

제2조(정의) ① "벤처기업"이란 제2조의2의 요건을 갖춘 기업을 말한다. <개정 2007.8.3.>
② "투자"란 주식회사가 발행한 주식, 무담보전환사채 또는 무담보신주인수권부사채를 인수하거나, 유한회사의 출자를 인수하는 것을 말한다. <개정 2007.8.3.>
③ 삭제 <2006.3.3.>
④ "벤처기업집적시설"이란 벤처기업 및 대통령령으로 정하는 지원시설을 집중적으로 입주하게 함으로써 벤처기업의 영업활동을 활성화하기 위하여 제18조에 따라 지정된 건축물을 말한다. <개정 2007.8.3.>
⑤ "실험실공장"이란 벤처기업의 창업을 촉진하기 위하여 대학이나 연구기관이 보유하고 있는 연구시설에 「산업집적활성화 및 공장 설립에 관한 법률」 제28조에 따른 도시형공장에 해당하는 업종의 생산시설을 갖춘 사업장을 말한다. <개정 2007.8.3.>
⑥ "벤처기업육성촉진지구"란 벤처기업의 밀집도가 다른 지역보다 높은 지역으로 집단화·협업화(協業化)를 통한 벤처기업의 영업활동을 활성화하기 위하여 제18조의4에 따라 지정된 지역을 말한다. <개정 2007.8.3.>
⑦ "전략적제휴"란 벤처기업이 생산성 향상과 경쟁력 강화 등을 목적으로 기술·시설·정보·인력 또는 자본 등의 분야에서 다른 기업의 주주 또는 다른 벤처기업과 협력관계를 형성하는 것을 말한다. <개정 2007.8.3.>
⑧ "신기술창업전문회사"란 대학이나 연구기관이 보유하고 있는 기술의 사업화와 이를 통한 창업 촉진을 주된 업무로 하는 회사로서 제11조의2에 따라 등록된 회사를 말한다. <개정 2007.8.3.>
⑨ "신기술창업집적지역"이란 대학이나 연구기관이 보유하고 있는 교지나 부지로서 「중소기업창업 지원법」 제2조제2호에 따른 창업자(이하 "창업자"라 한다)와 벤처기업 등에 사업화 공간을 제공하기 위하여 제17조의2에 따라 지정된 지역을 말한다. <개정 2007.8.3.>
[제목개정 2007.8.3.]

제2조의2(벤처기업의 요건) ① 벤처기업은 다음 각 호의 요건을 갖추어야 한다. <개정 2007.8.3., 2009.5.21., 2010.1.27., 2011.3.9., 2014.1.14., 2016.3.22., 2016.3.29., 2016.5.29.>
1. 「중소기업기본법」 제2조에 따른 중소기업(이하 "중소기업"이라 한다)일 것
2. 다음 각 목의 어느 하나에 해당할 것
가. 다음 각각의 어느 하나에 해당하는 자의 투자금액의 합계(이하 이 목에서 "투자금액의 합계"라 한다) 및 기업의 자본금 중 투자금액의 합계가 차지하는 비율이 각각 대통령령으로 정하는 기준 이상인 기업
(1) 「중소기업창업 지원법」 제2조제4호에 따른 중소기업창업투자회사(이하 "중소기업창업투자회사"라 한다)
(2) 「중소기업창업 지원법」 제2조제5호에 따른 중소기업창업투자조합(이하 "중소기업창업투자조합"이라 한다)
(3) 「여신전문금융업법」에 따른 신기술사업금융업자(이하 "신기술사업금융업자"라 한다)
(4) 「여신전문금융업법」에 따른 신기술사업투자조합(이하 "신기술사업투자조합"이라 한다)
(5) 제4조의3에 따른 한국벤처투자조합
(6) 제4조의9에 따른 전담회사
(7) 중소기업에 대한 기술평가 및 투자를 하는 금융기관으로서 대통령령으로 정하는 기관
(8) 투자실적, 경력, 자격요건 등 대통령령으로 정하는 기준을 충족하는 개인
나. 기업(「기초연구진흥 및 기술개발지원에 관한 법률」 제14조의2제1항에 따라 인정받은 기업부설연구소를 보유한 기업만을 말한다)의 연간 연구개발비와 연간 총매출액에 대한 연구개발비의 합계가 차지하는 비율이 각각 대통령령으로 정하는 기준 이상이고, 대통령령으로 정하는 기관으로부터 사업성이 우수한 것으로 평가받은 기업
다. 다음 각각의 요건을 모두 갖춘 기업[창업하는 기업에 대하여는 (3)의 요건만 적용한다]

(1) 「기술보증기금법」에 따른 기술보증기금(이하 "기술보증기금"이라 한다)이 보증(보증가능금액의 결정을 포함한다)을 하거나, 「중소기업진흥에 관한 법률」 제68조에 따른 중소기업진흥공단(이하 "중소기업진흥공단"이라 한다) 등 대통령령으로 정하는 기관이 개발기술의 사업화나 창업을 촉진하기 위하여 무담보로 자금을 대출(대출가능금액의 결정을 포함한다)할 것

(2) (1)의 보증 또는 대출금액과 그 보증 또는 대출금액이 기업의 총자산에서 차지하는 비율이 각각 대통령령으로 정하는 기준 이상일 것

(3) (1)의 보증 또는 대출기관으로부터 기술성이 우수한 것으로 평가를 받을 것

② 제1항제2호나목 및 다목(3)에 따른 평가기준과 평가방법 등에 관하여 필요한 사항은 대통령령으로 정한다.
[전문개정 2007.8.3.]

제3조(벤처기업에 포함되지 아니하는 업종의 결정) 제2조제1항에도 불구하고 우리 산업의 구조조정을 원활히 하고 경쟁력을 높이기 위하여 대통령령으로 정하는 업종을 영위하는 기업은 벤처기업에 포함하지 아니한다. <개정 2015.5.18.>
[전문개정 2007.8.3.]

제2장 벤처기업 육성기반의 구축 <개정 2007.8.3.>

제1절 벤처기업 육성을 위한 추진체계의 구축 <신설 2016.12.2.>

제3조의2(벤처기업 육성계획의 수립 등) ① 중소기업청장은 벤처기업을 육성하기 위하여 3년마다 벤처기업 육성계획(이하 "육성계획"이라 한다)을 관계 중앙행정기관의 장과 협의를 거쳐 수립 · 시행하여야 한다.

② 육성계획에는 다음 각 호의 사항이 포함되어야 한다.

1. 벤처기업의 육성을 위한 정책의 기본방향
2. 벤처기업의 창업지원에 관한 사항
3. 벤처기업 육성을 위한 기반조성에 관한 사항
4. 벤처기업 관련 통계 조사 · 관리에 관한 사항
5. 벤처기업 제품의 공공구매 확대에 관한 사항
6. 그 밖에 벤처기업의 육성을 위하여 필요한 사항

③ 중소기업청장은 육성계획의 수립과 시행을 위하여 필요한 경우에는 관계 중앙행정기관의 장과 벤처기업 육성에 관련된 기관 또는 단체 대표자 등에 대하여 자료의 제출이나 의견의 진술을 요청할 수 있다. 이 경우 요청을 받은 관계 중앙행정기관의 장 등은 특별한 사정이 없으면 요청에 따라야 한다.
[본조신설 2016.12.2.]

제3조의3(실태조사) ① 중소기업청장은 벤처기업을 체계적으로 육성하고 육성계획을 효율적으로 수립 · 추진하기 위하여 매년 벤처기업의 활동현황 및 실태 등에 대한 조사를 하고 그 결과를 공표하여야 한다.

② 중소기업청장은 제1항에 따른 실태조사를 하기 위하여 필요한 경우에는 관계 중앙행정기관의 장, 지방자치단체의 장, 「공공기관의 운영에 관한 법률」에 따른 공공기관의 장, 벤처기업 대표자 또는 관련 단체 대표자 등에 대하여 자료의 제출이나 의견의 진술 등을 요청할 수 있다. 이 경우 요청을 받은 관계 중앙행정기관의 장 등은 특별한 사정이 없으면 요청에 따라야 한다.
[본조신설 2016.12.2.]

제3조의4(종합관리시스템 구축 · 운영) 중소기업청장은 벤처기업 관련 정보를 종합적으로 관리하고 벤처기업 간의 협력기반을 구축하여 벤처기업 활동에 유용한 정보를 제공하기 위하여 종합관리시스템을 구축 · 운영할 수 있다.
[본조신설 2016.12.2.]

제2절 자금공급의 원활화 <개정 2016.12.2.>

제4조(벤처기업에 대한 기금의 투자 등) ① 「국가재정법」에 따른 기금으로서 대통령령으로 정하는 기금을 관리하는 자(이하 "기금관리주체"라 한다)는 대통령령으로 정하는 비율 이내의 자금을 그 기금운용계획에 따라 벤처기업에 투자하거나 중소기업창업투자조합 · 신기술사업투자조합 또는 한국벤처투자조합에 출자할 수 있다. <개정 2007.8.3.>

② 기금관리주체가 기금운용계획의 범위에서 행하는 벤처기업에 대한 투자나 중소기업창업투자조합 · 신기술사업투자조합 또는 한국벤처투자조합에 대한 출자에 관하여는 관계 법령에 따른 인가 · 허가 · 승인 등을 받은 것으로 본다. <개정 2007.8.3.>

③ 삭제 <1998.12.30.>

④ 「보험업법」 제2조제5호에 따른 보험회사는 같은 법 제106조, 제108조 및 제109조에도 불구하고 금융위원회가 정하는 범위에서 벤처기업에 투자하거나 중소기업창업투자조합 또는 신기술사업투자조합에 출자할 수 있다. <개정 2007.8.3., 2008.2.29.>

⑤ 「중소기업진흥에 관한 법률」 제62조의17제1항제1호에 따라 지방자치단체의 장이 설치한 지방중소기업육성관련기금을 관리하는 자는 지방 중소기업 · 벤처기업을 육성하기 위하여 다음 각 호의 조합에 출자할 수 있다. <신설 2010.1.27., 2016.3.29.>

1. 중소기업창업투자조합
2. 신기술사업투자조합
3. 제4조의2에 따른 중소기업투자모태조합
4. 제4조의3에 따른 한국벤처투자조합

[제목개정 2007.8.3.]

제4조의2(중소기업투자모태조합의 결성 등) ① 중소기업청장이 중소기업진흥공단 등 대통령령으로 정하는 투자관리기관 중에서 지정하는 기관(이하 "투자관리전문기관"이라 한다)은 「중소기업진흥에 관한 법률」 제63조에 따른 중소기업창업 및 진흥기금(이하 "중소기업창업 및 진흥기금"이라 한다)을 관리하는 자 등으로부터 출자를 받아 중소기업과 벤처기업에 대한 투자를 목적으로 설립된 조합 또는 회사에 출자하는 중소기업투자모태조합(이하 "모태조합"이라 한다)을 결성할 수 있다. <개정 2009.1.30., 2009.5.21., 2015.5.18.>

② 중소기업창업 및 진흥기금을 관리하는 자는 「중소기업진흥에 관한 법률」 제67조에도 불구하고 모태조합에 출자할 수 있다. <개정 2009.1.30., 2009.5.21., 2015.5.18.>

③ 투자관리전문기관은 모태조합의 자산을 다음 각 호의 조합이나 회사에 출자하여야 한다. <개정 2007.8.3., 2009.4.1., 2015.5.18., 2015.7.24.>

1. 중소기업창업투자조합
2. 제4조의3에 따른 한국벤처투자조합
3. 「산업발전법」(법률 제9584호 산업발전법 전부개정법률로 개정되기 전의 것을 말한다) 제15조에 따라 등록된 기업구조조정조합 및 「산업발전법」 제20조에 따른 기업구조개선 경영참여형 사모집합투자기구
4. 「자본시장과 금융투자업에 관한 법률」 제9조제19항제1호에 따른 경영참여형 사모집합투자기구
5. 신기술사업투자조합
6. 제13조에 따른 개인투자조합

④ 투자관리전문기관은 모태조합의 자산을 관리 · 운용하여야 하며, 그 밖에 투자관리전문기관의 지정 · 관리 등에 필요한 사항은 대통령령으로 정한다. <개정 2009.1.30.>

⑤ 삭제 <2009.1.30.>

⑥ 삭제 <2009.1.30.>

⑦ 삭제 <2009.1.30.>

⑧ 삭제 <2009.1.30.>

⑨ 모태조합의 존속기간은 30년 이내의 범위에서 대통령령으로 정하는 기간으로 하며, 그 밖에 모태조합의 관리 · 운용 등에 필요한 사항은 대통령령으로 정한다. <개정 2009.1.30.>

[전문개정 2007.8.3.]

제4조의3(한국벤처투자조합의 결성 등) ① 다음 각 호의 어느 하나에 해당하는 자는 모태조합으로부터 출자를 받아 중소기업과 벤처기업에 대한 투자와 제6항제3호에 따른 투자조합에 대한 출자 등을 목적으로 조합(이하 "한국벤처투자조합"이라 한다)을 결성할 수 있다. 다만, 중소기업 또는 벤처기업을 인수합병하거나, 다른 중소기업창업투자조합 또는 한국벤처투자조합이 보유하고 있는 주식 등의 자산 매수 등 중소기업청장이 정하는 목적과 기준에 부합하게 조합을 결성하고자 하는 자는 모태조합으로부터 출자를 받지 아니하고 한국벤처투자조합을 결성할 수 있다. <개정 2015.5.18., 2016.5.29.>

1. 중소기업창업투자회사

2. 신기술사업금융업자
3. 다음 각 목의 요건을 갖추고 있는 「상법」상 유한회사 또는 유한책임회사
가. 출자금 총액이 조합 결성금액의 1퍼센트 이상일 것
나. 대통령령으로 정하는 기준에 맞는 전문인력을 보유할 것
4. 다음 각 목의 요건을 갖추고 있다고 중소기업청장이 인정하는 외국투자회사. 다만, 외국투자회사가 제1호부터 제3호까지에 해당하는 자와 함께 한국벤처투자조합을 결성하는 경우에는 다음 각 목의 요건을 충족한 것으로 본다.
가. 국내지점과 전문인력 등 중소기업창업투자회사에 준하는 물적 · 인적 요건을 갖추고 있을 것
나. 국제적 신인도가 높고 사업계획이 타당할 것

② 제1항에 따라 한국벤처투자조합을 결성한 자는 대통령령으로 정하는 바에 따라 중소기업청장에게 신고하여야 하고, 신고사항을 변경하는 경우에도 같다. <신설 2016.5.29.>

③ 한국벤처투자조합은 조합의 채무에 대하여 무한책임을 지는 1인 이상의 조합원(이하 "업무집행조합원"이라 한다)과 출자액을 한도로 하여 유한책임을 지는 조합원(이하 "유한책임조합원"이라 한다)으로 구성한다. 이 경우 업무집행조합원은 다음 각 호의 어느 하나에 해당하는 자로 하되, 그 중 1인은 제1호에 해당하는 자이어야 하고, 제1항제4호 단서의 경우 업무집행조합원은 제1항제1호부터 제3호까지에 해당하는 자와 외국투자회사가 공동으로 하여야 한다. <개정 2010.1.27., 2016.5.29.>
1. 제1항 각 호의 어느 하나에 해당하는 자
2. 「국가재정법」 제8조제1항에 따른 기금관리주체로서 같은 법 별표 2에 따른 기금을 관리 · 운용하는 자
3. 법률에 따라 공제 사업을 경영하는 법인
4. 그 밖에 대통령령으로 정하는 자

④ 제3항 전단에도 불구하고 제4조의8에 따른 공모한국벤처투자조합을 결성하는 경우 업무집행조합원은 1인으로 한다. <신설 2010.1.27., 2016.5.29.>

⑤ 한국벤처투자조합의 출자금액, 조합원 수 및 존속기간을 포함한 결성 요건과 신고 사항, 그 밖에 운영 등에 필요한 사항은 대통령령으로 정한다. <개정 2010.1.27., 2016.5.29.>

⑥ 업무집행조합원은 한국벤처투자조합의 자금을 다음 각 호의 사업을 위하여 사용하여야 한다. 다만, 제3호의 사업에 대하여는 그 사업을 주된 목적으로 결성된 조합에만 자금을 사용할 수 있다. <개정 2010.1.27., 2015.5.18., 2016.5.29.>
1. 중소기업과 벤처기업에 대한 투자
2. 「중소기업창업 지원법」 제10조제1항제4호에 따른 해외투자
3. 중소기업창업투자조합 · 신기술사업투자조합 또는 제13조에 따른 개인투자조합에 대한 출자
4. 그 밖에 중소기업과 벤처기업의 경쟁력을 강화하기 위하여 중소기업청장이 인정하는 사업

⑦ 업무집행조합원은 선량한 관리자로서 출자자의 이익을 위하여 한국벤처투자조합의 자산을 관리하여야 한다. <개정 2010.1.27., 2016.5.29.>

⑧ 한국벤처투자조합은 업무집행조합원에게 조합 규약으로 정하는 바에 따라 투자수익에 따른 성과보수를 지급할 수 있으며, 성과보수 지급을 위한 투자수익의 산정 방식 등에 관하여 필요한 사항은 대통령령으로 정한다. <개정 2010.1.27., 2016.5.29.>

[전문개정 2007.8.3.]

제4조의4(한국벤처투자조합의 업무의 집행 등) ① 한국벤처투자조합의 업무는 업무집행조합원이 집행한다.

② 업무집행조합원은 한국벤처투자조합의 업무를 집행할 때 다음 각 호의 어느 하나에 해당하는 행위를 하여서는 아니 된다.
1. 자기나 제삼자의 이익을 위하여 한국벤처투자조합의 재산을 사용하는 행위
2. 자금차입 · 지급보증 또는 담보를 제공하는 행위
3. 「독점규제 및 공정거래에 관한 법률」 제9조에 따른 상호출자제한기업집단에 속하는 회사에 투자하는 행위
4. 대통령령으로 정하는 금융기관의 주식을 취득하거나 소유하는 행위
5. 「중소기업창업 지원법」 제6조제1항에 따른 창업보육센터 등 대통령령으로 정하는 범위의 업무용 부동산 외의 부동산(이하 "비업무용부동산"이라 한다)을 취득하거나 소유하는 행위. 다만, 담보권의 실행으로 비업무용부동산을 취득하는 경우에는 그러하지 아니하다.

6. 그 밖에 설립목적을 해치는 것으로서 대통령령으로 정하는 행위

③ 업무집행조합원이 제2항제5호 단서에 따라 담보권의 실행으로 비업무용부동산을 취득한 경우에는 1년의 범위에서 산업통상자원부령으로 정하는 기간 내에 이를 처분하여야 한다. <개정 2008.2.29., 2013.3.23.>

[전문개정 2007.8.3.]

제4조의5(한국벤처투자조합 조합원 지분의 양도) ① 업무집행조합원은 다른 조합원 전원의 동의를 받지 아니하면 그 지분의 전부 또는 일부를 타인에게 양도하지 못한다.

② 유한책임조합원의 지분은 조합계약에서 정하는 바에 따라 양도할 수 있다.

③ 유한책임조합원의 지분을 양수한 자는 양도인의 조합에 대한 권리·의무를 승계한다.

[본조신설 2016.5.29.]

[종전 제4조의5는 제4조의6으로 이동 <2016.5.29.>]

제4조의6(한국벤처투자조합의 업무집행조합원의 탈퇴) 업무집행조합원은 다음 각 호의 어느 하나에 해당하는 경우가 아니면 한국벤처투자조합을 탈퇴할 수 없다.

1. 중소기업창업투자회사나 신기술사업금융업자의 등록이 취소되거나 말소된 경우
2. 업무집행조합원이 파산한 경우
3. 조합원 전원의 동의가 있는 경우

[전문개정 2007.8.3.]

[제4조의5에서 이동, 종전 제4조의6은 제4조의7로 이동 <2016.5.29.>]

제4조의7(한국벤처투자조합의 해산) ① 한국벤처투자조합은 다음 각 호의 어느 하나에 해당하는 사유가 있을 때에는 해산한다. <개정 2010.1.27.>

1. 존속기간의 만료
2. 유한책임조합원 전원의 탈퇴
3. 제4조의3제1항 각 호의 어느 하나에 해당하는 업무집행조합원 전원의 탈퇴
4. 그 밖에 대통령령으로 정하는 경우

② 한국벤처투자조합에 제1항제3호에 해당하는 사유가 발생한 경우에는 유한책임조합원 전원의 동의로 대통령령으로 정하는 바에 따라 그 사유가 발생한 날부터 3개월 이내에 제4조의3제1항 각 호의 어느 하나에 해당하는 업무집행조합원을 가입하게 하여 한국벤처투자조합을 계속할 수 있다. <개정 2010.1.27.>

③ 한국벤처투자조합이 해산하면 업무집행조합원이 청산인이 된다. 다만, 조합의 규약으로 정하는 바에 따라 업무집행조합원 외의 자를 청산인으로 선임할 수 있다.

④ 한국벤처투자조합의 해산 당시의 출자금액을 초과하는 채무가 있으면 업무집행조합원이 그 채무를 변제하여야 한다.

[전문개정 2007.8.3.]

[제4조의6에서 이동, 종전 제4조의7은 제4조의8로 이동 <2016.5.29.>]

제4조의8(공모한국벤처투자조합에 관한 특례) ① 「자본시장과 금융투자업에 관한 법률」 제30조부터 제32조까지, 제34조부터 제43조까지, 제48조, 제50조부터 제53조까지, 제56조, 제58조, 제60조부터 제65조까지, 제80조부터 제83조까지, 제85조제2호·제3호 및 제6호부터 제8호까지, 제86조부터 제95조까지, 제181조부터 제183조까지, 제184조제1항·제2항·제5항부터 제7항까지, 제185조부터 제187조까지, 제218조부터 제223조까지 및 제229조부터 제249조까지, 제249조의2부터 제249조의9까지, 제250조부터 제253조까지 및 「금융회사의 지배구조에 관한 법률」(제24조부터 제26조까지의 규정은 제외한다)은 공모한국벤처투자조합(「자본시장과 금융투자업에 관한 법률」 제9조제19항에 따른 사모집합투자기구에 해당하지 아니하는 한국벤처투자조합을 말한다. 이하 같다) 및 그 업무집행조합원에 대하여는 적용하지 아니한다. <개정 2015.7.24., 2015.7.31., 2016.5.29.>

② 중소기업청장은 공모한국벤처투자조합을 등록하는 경우에는 미리 금융위원회와 협의하여야 한다. <개정 2008.2.29.>

③ 금융위원회는 공익 또는 공모한국벤처투자조합의 조합원을 보호하기 위하여 필요한 경우에는 공모한국벤처투자조합에 대하여 업무에 관한 자료의 제출이나 보고를 명할 수 있고, 금융감독원의 원장으로 하여금 그 업무에 관하여 검사하게 할 수 있다. <개정 2008.2.29.>

④ 금융위원회는 공모한국벤처투자조합이 이 법 또는 이 법에 따른 명령이나 처분을 위반하거나, 「자본시장과

금융투자업에 관한 법률」 또는 같은 법에 따른 명령이나 처분을 위반한 경우 또는 「금융회사의 지배구조에 관한 법률」(제24조부터 제26조까지의 규정으로 한정한다)을 위반한 경우에는 제28조 각 호의 어느 하나에 해당하는 조치를 취하도록 중소기업청장에게 요구할 수 있고, 중소기업청장은 특별한 사유가 없는 한 이에 응하여야 한다. 이 경우 중소기업청장은 그 조치내역을 금융위원회에 통보하여야 한다. <개정 2008.2.29., 2015.7.31., 2016.5.29.>

[본조신설 2007.8.3.]

[제4조의7에서 이동, 종전 제4조의8은 제4조의9로 이동 <2016.5.29.>]

제4조의9(전담회사의 설립 등) ① 정부는 중소기업과 벤처기업의 성장·발전을 위한 투자 촉진 등을 목적으로 하는 전담회사(이하 "전담회사"라 한다)를 설립할 수 있다.

② 중소기업창업 및 진흥기금을 관리하는 자는 「중소기업진흥에 관한 법률」 제67조에도 불구하고 전담회사에 출자할 수 있다. <개정 2009.1.30., 2009.5.21.>

③ 국가나 지방자치단체는 전담회사에 대하여 조세 관련 법령으로 정하는 바에 따라 세제상의 지원을 할 수 있다.

[전문개정 2007.8.3.]

[제4조의8에서 이동, 종전 제4조의9는 제4조의10으로 이동 <2016.5.29.>]

제4조의10(전담회사의 업무 등) ① 전담회사는 다음 각 호의 업무를 영위한다. <개정 2013.3.22.>

1. 중소기업과 벤처기업에 대한 투자를 목적으로 설립된 조합 등에 대한 출자
2. 중소기업과 벤처기업에 대한 투자
3. 해외벤처투자자금의 유치 지원
4. 중소기업창업투자회사의 육성
5. 정부가 관련 산업의 육성을 목적으로 출연·출자 등을 통하여 조성한 투자재원의 운용
6. 제1호부터 제5호까지의 규정에 부수(附隨)되는 사업으로서 정부에서 위탁하는 사업

② 전담회사는 사업수행을 위하여 필요하면 정부, 정부가 설치한 기금 또는 국내외 금융기관으로부터 자금을 차입할 수 있다.

③ 전담회사는 자본금과 적립금총액의 10배의 범위에서 사채를 발행할 수 있다.

④ 전담회사의 정관을 변경할 때는 중소기업청장의 인가를 받아야 한다.

⑤ 전담회사에 관하여 이 법에 규정한 것 외에는 「상법」 중 주식회사에 관한 규정을 준용한다.

⑥ 전담회사가 제1항제2호의 업무를 위하여 중소기업창업투자회사로 등록하는 경우에는 「중소기업창업 지원법」 제15조제1항제4호와 같은 법 제16조를 적용하지 아니한다.

[전문개정 2007.8.3.]

[제4조의9에서 이동 <2016.5.29.>]

제5조(우선적 신용보증의 실시) 기술보증기금은 벤처기업과 신기술창업전문회사에 우선적으로 신용보증을 하여야 한다. <개정 2016.3.29.>

[전문개정 2007.8.3.]

제6조(산업재산권등의 출자 특례) ① 벤처기업에 대한 현물출자 대상에는 특허권·실용신안권·디자인권, 그 밖에 이에 준하는 기술과 그 사용에 관한 권리(이하 "산업재산권등"이라 한다)를 포함한다.

② 대통령령으로 정하는 기술평가기관이 산업재산권등의 가격을 평가한 경우 그 평가 내용은 「상법」 제299조의2와 제422조에 따라 공인된 감정인이 감정한 것으로 본다.

[전문개정 2007.8.3.]

제7조 삭제 〈1998.12.30.〉

제8조(외국인의 출자에 대한 특례) 「외국인투자촉진법」 제2조제1항제1호의 외국인이 행하는 중소기업창업투자조합이나 한국벤처투자조합에 대한 출자는 같은 항 제4호에 따른 외국인투자로 본다.

[전문개정 2007.8.3.]

제9조(외국인의 주식취득 제한에 대한 특례) ① 외국인(대한민국에 6개월 이상 주소나 거소를 두지 아니한 개인을 말한다) 또는 「자본시장과 금융투자업에 관한 법률」 제9조제16항의 외국법인등에 의한 벤처기업의 주식 취득에 관하여는 같은 법 제168조제1항부터 제3항까지의 규정을 적용하지 아니한다. <개정 2007.8.3., 2009.1.30.>

② 제1항에 따른 외국인 또는 외국법인등에 의한 벤처기업의 주식 취득에 관하여는 그 벤처기업의 정관으로 정하는 바에 따라 제한할 수 있다.

[전문개정 2007.8.3.]

제10조 삭제 <1998.12.28.>

제10조의2 삭제 <2010.1.27.>

제11조 삭제 <2001.2.3.>

제11조의2(신기술창업전문회사의 설립 등) ① 다음 각 호의 어느 하나에 해당하는 대학이나 연구기관은 신기술창업전문회사(이하 "전문회사"라 한다)를 설립할 수 있다. <개정 2009.1.30., 2011.7.25.>

1. 대학(「산업교육진흥 및 산학연협력촉진에 관한 법률」 제25조에 따른 산학협력단을 포함한다)
2. 국공립연구기관
3. 정부출연연구기관
4. 그 밖에 과학이나 산업기술 분야의 연구기관으로서 대통령령으로 정하는 기관

② 제1항에 따라 전문회사를 설립하는 경우 대학이나 연구기관은 대통령령으로 정하는 바에 따라 중소기업청장에게 등록하여야 한다. 이를 변경하는 경우에도 또한 같다.

③ 중소기업청장은 제2항에 따른 등록 신청이 있을 때에는 그 신청 내용이 다음 각 호의 어느 하나에 해당하는 경우를 제외하고는 등록을 해 주어야 한다. <개정 2009.1.30., 2013.3.22.>

1. 「상법」에 따른 주식회사가 아닌 경우
2. 임원이 다음 각 목의 어느 하나에 해당하는 경우
   가. 피성년후견인 또는 피한정후견인
   나. 파산선고를 받고 복권되지 아니한 사람
   다. 금고 이상의 실형을 선고받고 그 집행이 끝나거나(끝난 것으로 보는 경우를 포함한다) 집행을 받지 아니하기로 확정된 후 5년이 지나지 아니한 사람
   라. 금고 이상의 형의 집행유예를 선고받고 그 유예기간이 끝난 날부터 2년이 지나지 아니한 사람
   마. 금고 이상의 형의 선고유예를 받고 그 유예기간 중에 있는 사람
   바. 법원의 판결 또는 다른 법률에 따라 자격이 상실되거나 정지된 사람
3. 보유인력과 보유시설이 대통령령으로 정하는 기준에 미치지 못하는 경우

④ 전문회사는 다음 각 호의 업무를 영위한다. <개정 2010.1.27., 2015.5.18.>

1. 대학ㆍ연구기관 또는 전문회사가 보유한 기술의 사업화
2. 제1호에 따른 기술의 사업화를 위한 자회사의 설립. 다만, 제1항제1호의 대학은 자회사를 설립할 수 없다.
3. 「중소기업창업 지원법」 제6조제1항에 따른 창업보육센터의 설립ㆍ운영
4. 중소기업창업투자조합ㆍ신기술사업투자조합ㆍ한국벤처투자조합 또는 제13조에 따른 개인투자조합에 대한 출자

4의2. 제13조에 따른 개인투자조합 재산의 운용

5. 전문회사가 보유한 기술의 산업체 등으로의 이전
6. 대학ㆍ연구기관이 보유한 기술의 산업체 등으로의 이전 알선
7. 대학ㆍ연구기관의 교원ㆍ연구원 등이 설립한 회사에 대한 경영ㆍ기술 지원
8. 제1호부터 제7호까지의 규정에 부수되는 사업으로 중소기업청장이 정하는 사업

[전문개정 2007.8.3.]

제11조의3(전문회사의 운영 등) ① 대학이나 연구기관은 해당 기관이 설립한 전문회사의 발행주식 총수의 100분의 10 이상을 보유하여야 한다. <개정 2009.1.30., 2015.5.18.>

② 대학이나 연구기관은 전문회사를 설립할 때나 그 전문회사가 신주(新株)를 발행할 때에 산업재산권등의 현물이나 현금을 출자할 수 있다. 다만, 제11조의2제1항제1호의 대학이 현금만을 출자하여 전문회사를 설립할 경우에는 전문회사에 보유기술을 이전하여야 한다. <개정 2009.1.30.>

③ 전문회사는 그 사업을 수행하기 위하여 필요하면 정부, 정부가 설치하는 기금, 국내외 금융기관, 외국정부 또는 국제기구로부터 자금을 차입할 수 있다.

[전문개정 2007.8.3.]

제11조의4(기금의 우선지원) 중소기업창업 및 진흥기금을 관리하는 자는 전문회사에 우선적으로 지원할 수 있다. <개정 2009.1.30.>
[전문개정 2007.8.3.]

제11조의5(전문회사 등에 대한 특례) ① 대학이나 연구기관의 교원·연구원 또는 직원이 전문회사의 대표나 임직원으로 근무하기 위하여 휴직·겸직 또는 겸임하는 경우에는 제16조 및 제16조의2를 준용한다.
② 대학이나 연구기관이 제11조의3제2항에 따라 현물을 전문회사에 출자할 경우 산업재산권등에 대한 가격의 평가와 감정은 제6조제2항을 준용한다.
③ 「공익법인의 설립·운영에 관한 법률」에 따른 공익법인인 연구기관이 제11조의2제2항에 따라 전문회사를 등록한 경우에는 30일 이내에 주무관청에 신고하여야 한다. 신고를 한 경우에는 같은 법 제4조제3항에 따른 주무관청의 승인을 받은 것으로 본다.
④ 대학이나 연구기관은 전문회사에 대하여 산업재산권등의 이용을 허락할 때 「기술의 이전 및 사업화 촉진에 관한 법률」 제24조제4항 및 제5항에도 불구하고 전용실시권을 부여할 수 있다. <신설 2010.1.27.>
[전문개정 2007.8.3.]

제11조의6(전문회사의 행위제한 등) ① 전문회사는 다음 각 호의 어느 하나에 해당하는 행위를 하여서는 아니 된다.
1. 「유사수신행위의 규제에 관한 법률」 제3조를 위반하여 출자자나 투자자를 모집하는 행위
2. 해당 전문회사가 설립한 자회사와의 채무 보증 등 대통령령으로 정하는 거래행위
3. 그 밖에 설립목적을 해치는 것으로서 대통령령으로 정하는 행위

② 전문회사는 주주총회의 특별결의에 의하여만 제11조의2제4항제2호에 따른 자회사를 설립할 수 있다.
③ 대학이나 연구기관은 전문회사에 대한 투자나 출자로 발생한 배당금·수익금과 잉여금을 대학이나 연구기관의 고유목적사업이나 연구개발 및 산학협력 활동 등 대통령령으로 정하는 용도로 사용하여야 한다.
[전문개정 2007.8.3.]

제11조의7(전문회사 등록의 취소) 중소기업청장은 전문회사가 다음 각 호의 어느 하나에 해당하면 그 등록을 취소할 수 있다. 다만, 제1호에 해당하는 경우에는 그 등록을 취소하여야 한다. <개정 2013.3.22.>
1. 거짓이나 그 밖의 부정한 방법으로 등록한 경우
2. 제11조의6제1항 각 호의 행위를 한 경우
3. 제11조의2제3항 각 호의 어느 하나에 해당하게 된 경우

[전문개정 2007.8.3.]

제12조(중소기업창업투자조합의 운영에 관한 특례) 「중소기업창업 지원법」 제21조부터 제29조까지의 규정에 따라 중소기업창업투자조합의 업무를 집행하는 업무집행조합원은 중소기업창업투자조합과의 계약에 따라 그 업무의 전부 또는 일부를 그 중소기업창업투자조합의 유한책임조합원에게 위탁할 수 있다.
[전문개정 2007.8.3.]

제13조(개인투자조합의 결성 등) ① 벤처기업과 창업자에 투자할 목적으로 다음 각 호의 어느 하나에 해당하는 자가 출자하여 결성하는 조합으로서 이 법에 따른 지원을 받으려는 조합은 대통령령으로 정하는 바에 따라 중소기업청장에게 등록하여야 한다. 등록한 사항을 변경하려는 경우에도 또한 같다. <개정 2015.5.18.>
1. 개인
2. 다음 각 목의 어느 하나에 해당하는 자로서 투자 목적과 출자 규모 등 대통령령으로 정하는 기준을 갖춘 자
   가. 전문회사
   나. 모태조합 또는 한국벤처투자조합
   다. 중소기업에 대한 창업지원 및 투자를 하는 기관으로서 중소기업청장이 정하여 고시하는 기관

② 제1항에 따라 등록한 조합(이하 "개인투자조합"이라 한다)은 개인투자조합의 업무를 집행하며 조합의 채무에 대하여 무한책임을 지는 1인 이상의 업무집행조합원과 출자액을 한도로 하여 유한책임을 지는 유한책임조합원으로 구성한다. 다만, 업무집행조합원은 금융거래 등 상거래를 할 때 정당한 사유 없이 약정기일을 3개월 이상 지난 채무가 1천만원을 초과하여서는 아니 된다. <개정 2016.5.29.>
③ 제1항 각 호의 자가 제1항에 따라 조합을 결성하려는 경우에는 「자본시장과 금융투자업에 관한 법률」 제9조제8항에 따른 사모의 방법으로만 조합가입을 권유하여야 한다. <신설 2007.8.3., 2013.3.22., 2015.5.18., 2016.5.29.>
④ 개인투자조합의 출자금액, 조합원 수 및 존속기간을 포함한 등록 요건과 그 운영 등에 필요한 사항은 대통령령으

로 정한다. <개정 2013.3.22., 2016.5.29.>

⑤ 업무집행조합원은 개인투자조합의 자금을 벤처기업과 창업자에 대한 투자에 사용하여야 한다. 다만, 「자본시장과 금융투자업에 관한 법률」 제8조의2제4항제1호에 따른 증권시장으로서 중소기업청장이 정하는 시장에 상장된 법인에 대한 투자는 개인투자조합의 자금으로 할 수 없다. <신설 2013.3.22., 2016.5.29.>

⑥ 업무집행조합원은 선량한 관리자로서 출자자의 이익을 위하여 개인투자조합의 자산을 관리하여야 한다. <신설 2016.5.29.>

⑦ 업무집행조합원은 개인투자조합의 업무를 집행할 때 자금차입 · 지급보증 또는 담보를 제공하는 행위를 하여서는 아니 되며, 개인투자조합의 규약에서 달리 정하는 경우 외에는 그 지위를 양도하여서는 아니 된다. <개정 2013.3.22., 2016.5.29.>

⑧ 업무집행조합원은 다음 각 호의 어느 하나에 해당하는 경우에 한정하여 개인투자조합을 탈퇴할 수 있다. <신설 2016.5.29.>

1. 전문회사의 등록이 취소되거나 말소된 경우
2. 업무집행조합원이 파산한 경우
3. 조합원 전원의 동의가 있는 경우
4. 개인인 업무집행조합원이 사망한 경우
5. 그 밖에 중소기업청장이 정하는 경우

⑨ 개인투자조합은 다음 각 호의 어느 하나에 해당하는 사유가 있을 때에는 해산한다. 다만, 제3호에 해당하는 사유가 발생한 경우에는 유한책임조합원 전원의 동의로 유한책임조합원 중 1인을 업무집행조합원으로 선임하거나 제1항 각 호의 어느 하나에 해당하는 업무집행조합원을 가입하게 하여 개인투자조합을 계속할 수 있다. <개정 2013.3.22., 2016.5.29.>

1. 존속기간의 만료
2. 조합원 전원의 탈퇴
3. 제8항 각 호의 어느 하나에 해당함에 따른 업무집행조합원 전원의 탈퇴
4. 그 밖에 대통령령으로 정하는 사유

⑩ 개인투자조합이 해산하는 경우에는 업무집행조합원이 청산인이 된다. 다만, 조합의 규약으로 정하는 바에 따라 업무집행조합원 외의 자를 청산인으로 선임할 수 있다. <개정 2013.3.22., 2016.5.29.>

⑪ 개인투자조합에 관하여 이 법에 규정한 것 외에는 「상법」 중 합자조합에 관한 규정을 준용한다. 다만, 「상법」 제86조의4 및 제86조의9는 준용하지 아니한다. <신설 2016.5.29.>

[전문개정 2007.8.3.]

제13조의2(개인투자조합의 업무의 집행 및 운영 등) ① 업무집행조합원의 개인투자조합 업무의 집행에 관하여는 제4조의4를 준용한다. 이 경우 "한국벤처투자조합"은 "개인투자조합"으로 본다. <신설 2016.5.29.>

② 출자금 총액이 중소기업청장이 정하는 규모 이상인 조합의 업무집행조합원은 개인투자조합 재산을 다음 각 호에서 정하는 바에 따라 관리하여야 한다. <신설 2013.3.22., 2016.5.29.>

1. 개인투자조합 재산의 보관을 「자본시장과 금융투자업에 관한 법률」에 따른 신탁업자(이하 "신탁업자"라 한다)에 위탁할 것
2. 신탁업자를 변경하는 경우에는 조합원 총회의 승인을 받을 것

③ 제2항에 따라 개인투자조합 재산을 위탁받은 신탁업자는 다음 각 호의 업무를 수행한다. <신설 2013.3.22., 2016.5.29.>

1. 개인투자조합 재산의 보관 및 관리
2. 업무집행조합원의 개인투자조합 재산 운용 지시에 따른 자산의 취득 및 처분의 이행

④ 중소기업청장은 개인투자조합의 업무집행조합원이 조합자산을 운용할 때 벤처기업이나 창업자에 투자되지 아니한 조합자산에 대하여 「은행법」에 따른 은행에 예치하거나 국공채를 매입하는 방법으로 운용하도록 유도할 수 있다. <개정 2010.5.17., 2013.3.22., 2016.5.29.>

⑤ 개인투자조합의 업무집행조합원은 매 사업연도가 지난 후 3개월 이내에 결산서에 공인회계사의 감사의견서를 첨부하여 중소기업청장에게 제출하여야 한다. 다만, 전년도 투자실적의 변동이 없는 조합인 경우에는 중소기업청장이 고시로 정하는 자료로 이를 갈음할 수 있다. <개정 2013.3.22., 2016.5.29.>

[전문개정 2007.8.3.]

[제목개정 2016.5.29.]

제13조의3(등록의 취소 등) ① 중소기업청장은 개인투자조합이 다음 각 호의 어느 하나에 해당하면 그 등록을 취소할 수 있다. 다만, 제1호에 해당하는 경우에는 그 등록을 취소하여야 한다. <개정 2013.3.22., 2016.5.29.>

1. 거짓이나 그 밖의 부정한 방법으로 등록한 경우
2. 「유사수신행위의 규제에 관한 법률」 제3조를 위반하여 조합원을 모집한 경우
3. 제13조제2항 단서를 위반한 경우
4. 제13조제3항을 위반하여 조합가입을 권유한 경우
5. 제13조제4항에 따른 등록 요건에 맞지 아니하게 된 경우
6. 제13조제5항을 위반하여 자금을 투자한 경우
7. 제13조제7항에 따른 자금차입 · 지급보증 또는 담보제공 금지의무를 위반한 경우
8. 제13조의2제1항을 위반하여 업무를 집행한 경우
9. 제13조의2제2항을 위반하여 재산을 관리한 경우
10. 제13조의2제5항을 위반하여 결산서를 제출하지 아니한 경우
11. 제26조제3항에 따른 확인 및 검사를 거부 · 방해하거나 기피한 경우 또는 보고를 하지 아니하거나 거짓으로 보고한 경우
12. 제2항제1호에 따른 중소기업청장의 시정명령을 이행하지 아니한 경우

② 중소기업청장은 개인투자조합이 제1항 각 호(같은 항 제1호 및 제12호는 제외한다)의 어느 하나에 해당하는 경우에는 다음 각 호의 어느 하나에 해당하는 조치를 할 수 있다. <신설 2015.5.18., 2016.5.29.>

1. 시정명령
2. 경고
3. 주의

③ 중소기업청장은 개인투자조합이 제1항 각 호(같은 항 제1호 및 제12호는 제외한다)의 어느 하나에 해당하는 경우에는 그 업무집행조합원에 대하여 다음 각 호의 어느 하나에 해당하는 조치를 할 수 있다. <신설 2015.5.18., 2016.5.29.>

1. 경고
2. 주의

④ 중소기업청장은 제3항의 조치를 하는 경우 업무집행조합원이 제13조제1항제2호에 따른 자인 때에는 해당 업무집행조합원의 임직원에 대해서도 다음 각 호의 어느 하나에 해당하는 조치를 할 수 있다. <신설 2015.5.18.>

1. 해임요구
2. 경고
3. 주의

[전문개정 2007.8.3.]

[제목개정 2015.5.18.]

제14조(조세에 대한 특례) ① 국가나 지방자치단체는 벤처기업을 육성하기 위하여 「조세특례제한법」, 「지방세특례제한법」, 그 밖의 관계 법률로 정하는 바에 따라 소득세 · 법인세 · 취득세 · 재산세 및 등록면허세 등을 감면할 수 있다. <개정 2010.3.31.>

② 개인이나 개인투자조합이 벤처기업에 투자할 경우에는 조세에 관한 법률로 정하는 바에 따라 소득세 등을 감면할 수 있다. 이 경우 구체적인 투자대상 및 감면 절차 등은 대통령령으로 정한다.

③ 다음 각 호의 경우에는 조세에 관한 법률로 정하는 바에 따라 세제지원을 할 수 있다. 이 경우 세제지원 대상의 확인 등에 필요한 사항은 대통령령으로 정한다.

1. 주식회사인 벤처기업과 다른 주식회사의 주주 또는 주식회사인 다른 벤처기업이 주식교환을 하는 경우
2. 주식회사인 벤처기업과 다른 주식회사가 합병을 하는 경우

[전문개정 2007.8.3.]

제3절 기업활동과 인력 공급의 원활화 <개정 2007.8.3., 2016.12.2.>

제15조(벤처기업의 주식교환) ① 주식회사인 벤처기업(「자본시장과 금융투자업에 관한 법률」 제8조의2제4항제1호에 따른 증권시장에 상장된 법인은 제외한다. 이하 이 조, 제15조의2부터 제15조의11까지 및 제16조의3에서 같다)은 전략적제휴를 위하여 정관으로 정하는 바에 따라 자기주식을 다른 주식회사의 주요주주(해당 법인의 의결권 있는

발행주식 총수의 100분의 10 이상을 보유한 주주를 말한다. 이하 같다) 또는 주식회사인 다른 벤처기업의 주식과 교환할 수 있다. <개정 2007.8.3., 2009.1.30., 2013.5.28.>

② 제1항에 따라 주식교환을 하려는 벤처기업은 「상법」 제341조에도 불구하고 제1항에 따른 주식교환에 필요한 주식에 대하여는 자기의 계산으로 자기주식을 취득하여야 한다. 이 경우 그 취득금액은 같은 법 제462조제1항에 따른 이익배당이 가능한 한도 이내이어야 한다.

③ 제1항에 따라 주식교환을 하려는 벤처기업은 다음 각 호의 사항이 포함된 주식교환계약서를 작성하여 주주총회의 승인을 받아야 한다. 이 경우 주주총회의 승인 결의에 관하여는 「상법」 제434조를 준용한다.

1. 전략적제휴의 내용
2. 자기주식의 취득 방법, 취득 가격 및 취득 시기에 관한 사항
3. 교환할 주식의 가액총액 · 평가 · 종류 및 수량에 관한 사항
4. 주식교환을 할 날
5. 다른 주식회사의 주요주주와 주식을 교환할 경우 주주의 성명, 주민등록번호, 교환할 주식의 종류 및 수량

④ 제1항에 따라 주식교환을 하려는 벤처기업은 그에 관한 이사회의 결의가 있을 때에는 즉시 결의내용을 주주에게 통보하고, 제3항에 따른 주식교환계약서를 갖추어 놓아 열람할 수 있도록 하여야 한다.

⑤ 벤처기업이 제1항에 따른 주식교환에 따라 다른 주식회사의 주요주주의 주식이나 다른 벤처기업의 주식을 취득한 경우에는 취득일부터 1년 이상 이를 보유하여야 한다. 제1항에 따른 주식교환에 따라 벤처기업의 주식을 취득한 다른 주식회사의 주요주주의 경우에도 또한 같다.

⑥ 제2항에 따른 자기주식의 취득 기간은 제3항의 주주총회 승인 결의일부터 6개월 이내이어야 한다.

[전문개정 2007.8.3.]

제15조의2(반대주주의 주식매수청구권) ① 제15조제3항에 따른 주주총회 승인 결의 전에 그 벤처기업에 서면으로 주식교환을 반대하는 의사를 알린 주주는 주주총회 승인 결의일부터 10일 이내에 자기가 보유한 주식의 매수를 서면으로 청구할 수 있다.

② 제1항에 따라 매수청구를 받은 벤처기업은 청구를 받은 날부터 2개월 이내에 그 주식을 매수하여야 한다. 이 경우 그 주식은 6개월 이내에 처분하여야 한다.

③ 제2항에 따른 주식의 매수가격의 결정에 관하여는 「상법」 제374조의2제3항부터 제5항까지의 규정을 준용한다.

[전문개정 2007.8.3.]

제15조의3(합병 절차의 간소화 등) ① 주식회사인 벤처기업이 다른 주식회사와 합병결의(제15조의9에 따른 소규모합병 및 제15조의10에 따른 간이합병의 경우에는 이사회의 승인결의를 말한다)를 한 경우에는 채권자에게 「상법」 제527조의5제1항에도 불구하고 그 합병결의를 한 날부터 1주 내에 합병에 이의가 있으면 10일 이상의 기간 내에 이를 제출할 것을 공고하고, 알고 있는 채권자에게는 공고사항을 최고(催告)하여야 한다.

② 주식회사인 벤처기업이 합병 결의를 위한 주주총회 소집을 알릴 때는 「상법」 제363조제1항에도 불구하고 그 통지일을 주주총회일 7일 전으로 할 수 있다.

③ 주식회사인 벤처기업이 다른 주식회사와 합병하기 위하여 합병계약서 등을 공시할 때는 「상법」 제522조의2제1항에도 불구하고 그 공시 기간을 합병승인을 위한 주주총회일 7일 전부터 합병한 날 이후 1개월이 지나는 날까지로 할 수 있다.

④ 주식회사인 벤처기업의 합병에 관하여 이사회가 결의한 때에 그 결의에 반대하는 벤처기업의 주주는 「상법」 제522조의3제1항에도 불구하고 주주총회 전에 벤처기업에 대하여 서면으로 합병에 반대하는 의사를 알리고 자기가 소유하고 있는 주식의 종류와 수를 적어 주식의 매수를 청구하여야 한다.

⑤ 벤처기업이 제4항에 따른 청구를 받은 경우에는 「상법」 제374조의2제2항 및 제530조제2항에도 불구하고 합병에 관한 주주총회의 결의일부터 2개월 이내에 그 주식을 매수하여야 한다.

⑥ 제5항에 따른 주식의 매수가액의 결정에 관하여는 「상법」 제374조의2제3항부터 제5항까지의 규정을 준용한다. 이 경우 같은 법 제374조의2제4항 중 “제1항의 청구를 받은 날”은 “합병에 관한 주주총회의 결의일”로 본다.

[전문개정 2007.8.3.]

제15조의4(신주발행에 의한 주식 교환 등) ① 주식회사인 벤처기업은 전략적제휴를 위하여 정관으로 정하는 바에 따라 신주를 발행하여 다른 주식회사의 주요주주의 주식이나 주식회사인 다른 벤처기업의 주식과 교환할 수 있다. 이 경우 다른 주식회사의 주요주주나 주식회사인 다른 벤처기업은 벤처기업이 주식교환을 위하여 발행하는 신주를 배정받음으로써 그 벤처기업의 주주가 된다.

② 제1항에 따른 주식교환을 하려는 벤처기업은 다음 각 호의 사항이 포함된 주식교환계약서를 작성하여 주주총회의 승인을 받아야 한다. 이 경우 주주총회의 승인 결의에 관하여는 「상법」 제434조를 준용한다.
1. 전략적제휴의 내용
2. 교환할 신주의 가액 · 총액 · 평가 · 종류 · 수량 및 배정에 관한 사항
3. 주식교환을 할 날
4. 다른 주식회사의 주요주주와 주식을 교환할 경우 주주의 성명, 주민등록번호, 교환할 주식의 종류 및 수량

③ 제1항에 따른 주식교환을 통하여 다른 주식회사의 주요주주가 보유한 주식이나 주식회사인 다른 벤처기업이 보유한 주식을 벤처기업에 현물로 출자하는 경우 대통령령으로 정하는 공인평가기관이 그 주식의 가격을 평가한 때에는 「상법」 제422조제1항에 따라 검사인이 조사를 한 것으로 보거나 공인된 감정인이 감정한 것으로 본다. 이 경우 「상법」 제422조제3항 및 제4항은 적용하지 아니한다. <개정 2016.5.29.>

④ 제1항에 따라 주식교환을 하는 경우에는 제15조제4항 및 제5항을 준용한다.

[전문개정 2007.8.3.]

제15조의5(신주발행 주식교환 시 주식매수청구권) 제15조의4에 따른 주식교환에 반대하는 주주의 주식매수청구권에 관하여는 제15조의2제1항부터 제3항까지의 규정을 준용한다.

[전문개정 2007.8.3.]

제15조의6(주식교환의 특례) ① 벤처기업이 제15조나 제15조의4에 따라 주식교환을 하는 경우 그 교환하는 주식의 수가 발행주식 총수의 100분의 50을 초과하지 아니하면 주주총회의 승인은 정관으로 정하는 바에 따라 이사회의 승인으로 갈음할 수 있다.

② 제1항에 따라 주식교환을 하려는 벤처기업은 주식교환계약서에 제15조제3항이나 제15조의4제2항에 따른 주주총회의 승인을 받지 아니하고 주식교환을 할 수 있다는 뜻을 적어야 한다.

③ 벤처기업은 주식교환계약서를 작성한 날부터 2주 이내에 다음 각 호의 사항을 공고하거나 주주에게 알려야 한다.
1. 주식교환계약서의 주요 내용
2. 주주총회의 승인을 받지 아니하고 주식교환을 한다는 뜻

④ 벤처기업의 발행주식 총수의 100분의 20 이상에 해당하는 주식을 소유한 주주가 제3항에 따른 공고나 통지가 있었던 날부터 2주 이내에 서면으로 제1항에 따른 주식교환에 반대하는 의사를 알린 경우에는 이 조에 따른 주식교환을 할 수 없다.

⑤ 제1항에 따른 주식교환의 경우에는 제15조의2나 제15조의5를 적용하지 아니한다.

[전문개정 2007.8.3.]

제15조의7(주식교환무효의 소) 제15조나 제15조의4에 따른 주식교환무효의 소(訴)에 관하여는 「상법」 제360조의14를 준용한다. 이 경우 「상법」 제360조의14제2항 중 "완전모회사가 되는 회사"는 "벤처기업"으로 보고, 같은 조 제3항 중 "완전모회사가 된 회사"는 "벤처기업"으로, "완전자회사가 된 회사"는 "주식회사인 다른 벤처기업"으로 본다.

[전문개정 2007.8.3.]

제15조의8(다른 주식회사의 영업양수의 특례) ① 주식회사인 벤처기업이 영업의 전부 또는 일부를 다른 주식회사(「자본시장과 금융투자업에 관한 법률」 제8조의2제4항제1호에 따른 증권시장에 상장된 법인은 제외한다. 이하 이 조, 제15조의9부터 제15조의11까지의 규정에서 같다)에 양도하는 경우 그 양도가액이 다른 주식회사의 최종 대차대조표상으로 현존하는 순자산액의 100분의 10을 초과하지 아니하면 다른 주식회사의 주주총회의 승인은 정관으로 정하는 바에 따라 이사회의 승인으로 갈음할 수 있다. <개정 2007.8.3., 2009.1.30., 2013.5.28.>

② 제1항에 따른 경우에는 영업양도 · 양수계약서에 다른 주식회사에 관하여는 주주총회의 승인을 받지 아니하고 벤처기업의 영업의 전부 또는 일부를 양수할 수 있다는 뜻을 적어야 한다.

③ 제1항에 따라 벤처기업의 영업의 전부 또는 일부를 양수하려는 다른 주식회사는 영업양도 · 양수계약서를 작성한 날부터 2주 이내에 다음 각 호의 사항을 공고하거나 주주에게 알려야 한다.
1. 영업양도 · 양수계약서의 주요 내용
2. 주주총회의 승인을 받지 아니하고 영업을 양수한다는 뜻

④ 다른 주식회사의 발행주식 총수의 100분의 20 이상에 해당하는 주식을 소유한 주주가 제3항에 따른 공고나 통지가 있었던 날부터 2주 이내에 서면으로 제1항에 따른 영업양수를 반대하는 의사를 알린 경우에는 이 조에

따른 영업양수를 할 수 없다.

⑤ 제1항에 따른 영업양수의 경우에는 「상법」 제374조의2를 적용하지 아니한다.

[전문개정 2007.8.3.]

제15조의9(벤처기업 소규모합병의 특례) ① 주식회사인 벤처기업이 다른 주식회사와 합병을 하는 경우 「상법」 제527조의3제1항에도 불구하고 합병 후 존속하는 회사가 합병으로 인하여 발행하는 신주의 총수가 그 주식회사의 발행주식총수의 100분의 20 이하인 때에는 그 존속하는 회사의 주주총회의 승인은 이사회의 승인으로 갈음할 수 있다. 다만, 합병으로 인하여 소멸하는 회사의 주주에게 지급할 금액을 정한 경우에 그 금액이 존속하는 회사의 최종 대차대조표상으로 현존하는 순자산액의 100분의 5를 초과하는 때에는 그러하지 아니하다. <개정 2013.8.6.>

② 제1항에 따른 합병에 반대하는 주주의 주식매수청구권은 인정하지 아니한다.

[본조신설 2007.8.3.]

제15조의10(벤처기업 간이합병의 특례) ① 주식회사인 벤처기업이 다른 주식회사와 합병을 하는 경우 「상법」제527조의2제1항에도 불구하고 합병 후 존속하는 회사가 소멸회사의 발행주식총수 중 의결권 있는 주식의 100분의 80 이상을 보유하는 경우에는 그 소멸하는 회사의 주주총회의 승인은 이사회의 승인으로 갈음할 수 있다. <개정 2013.8.6.>

② 제1항에 따른 합병에 반대하는 주주의 주식매수청구권에 관하여는 「상법」 제522조의3제2항에 따른다.

[본조신설 2007.8.3.]

제15조의11(간이영업양도) ① 주식회사인 벤처기업이 영업의 전부 또는 일부를 다른 주식회사에 양도하는 경우 「상법」 제374조에도 불구하고 영업을 양도하는 회사의 총주주의 동의가 있거나 영업을 양도하는 회사의 발행주식총수 중 의결권 있는 주식의 100분의 90 이상을 다른 주식회사가 보유하는 경우에는 영업을 양도하는 회사의 주주총회의 승인은 이사회의 승인으로 갈음할 수 있다.

② 제1항의 경우에는 영업양도 · 양수계약서에 영업을 양도하는 회사에 관하여는 주주총회의 승인을 받지 아니하고 벤처기업의 영업의 전부 또는 일부를 양도할 수 있다는 뜻을 적어야 한다.

③ 제1항에 따라 벤처기업의 영업의 전부 또는 일부를 양도하려는 회사는 영업양도 · 양수계약서를 작성한 날부터 2주 이내에 다음 각 호의 사항을 공고하거나 주주에게 알려야 한다.

1. 영업양도 · 양수계약서의 주요 내용
2. 주주총회의 승인을 받지 아니하고 영업을 양도한다는 뜻

④ 제3항의 공고 또는 통지를 한 날부터 2주 이내에 회사에 대하여 서면으로 영업양도에 반대하는 의사를 통지한 주주는 그 2주의 기간이 지난 날부터 20일 이내에 주식의 종류와 수를 기재한 서면으로 회사에 대하여 자기가 소유하고 있는 주식의 매수를 청구할 수 있다.

⑤ 제4항의 매수청구에 관하여는 「상법」 제374조의2제2항부터 제5항까지의 규정을 준용한다.

[본조신설 2009.1.30.]

[종전 제15조의11은 제15조의12로 이동 <2009.1.30.>]

제15조의12(준용규정) 제15조, 제15조의2부터 제15조의11까지, 제24조제1항제4호는 창업자에 관하여 준용한다. 이 경우 "벤처기업"은 "창업자"로 본다. <개정 2009.1.30.>

[본조신설 2007.8.3.]

[제15조의11에서 이동 <2009.1.30.>]

제15조의13(중소벤처기업 인수합병 지원센터의 지정) ① 중소기업청장은 중소벤처기업의 인수합병을 효율적으로 지원하기 위하여 중소기업지원 관련 기관 또는 단체를 중소벤처기업 인수합병 지원센터(이하 "지원센터"라 한다)로 지정할 수 있다.

② 지원센터의 업무는 다음 각 호와 같다.

1. 중소벤처기업의 인수합병계획의 수립 지원에 관한 사항
2. 중소벤처기업의 인수합병을 위한 기업정보의 수집 · 제공 및 컨설팅 지원에 관한 사항
3. 중소벤처기업의 기업가치평가모델의 개발 및 보급에 관한 사항
4. 중소벤처기업의 인수합병에 필요한 자금의 연계지원에 관한 사항
5. 중소벤처기업의 인수합병 전문가 양성 및 교육에 관한 사항
6. 그 밖에 중소벤처기업의 인수합병 촉진을 위하여 중소기업청장이 정하는 사항

③ 중소기업청장은 지원센터의 운영에 드는 경비의 전부 또는 일부를 지원할 수 있다.

④ 제1항부터 제3항까지에서 규정한 사항 외에 지원센터의 지정기준, 지정절차 및 운영 등에 필요한 사항은 대통령령으로 정한다.
[본조신설 2009.1.30.]

제15조의14(지원센터의 지정취소) 중소기업청장은 지원센터가 다음 각호의 어느 하나에 해당하는 경우에는 그 지정을 취소할 수 있다. 다만, 제1호에 해당하는 경우에는 그 지정을 취소하여야 한다.
1. 거짓이나 그 밖의 부정한 방법으로 지정을 받은 경우
2. 제15조의13제4항에 따른 지정기준에 미달하게 되는 경우
3. 지정받은 업무를 정당한 사유 없이 1개월 이상 수행하지 아니한 경우

[본조신설 2009.1.30.]

제16조(교육공무원등의 휴직 허용) ① 다음 각 호의 어느 하나에 해당하는 자(이하 "교육공무원등"이라 한다)는 「교육공무원법」 제44조제1항, 「국가공무원법」 제71조제2항, 「지방공무원법」 제63조제2항 및 「사립학교법」 제59조제1항에도 불구하고 벤처기업 또는 창업자의 대표자나 임원으로 근무하기 위하여 휴직할 수 있다. <개정 2013.3.22., 2015.5.18.>
1. 「고등교육법」에 따른 대학(산업대학과 전문대학을 포함한다. 이하 같다)의 교원(대학부설연구소의 연구원을 포함한다. 이하 같다)
2. 국공립연구기관의 연구원(「한국과학기술원법」 제15조, 「광주과학기술원법」 제14조 및 「대구경북과학기술원법」 제12조의3에 따른 교원 및 연구원을 포함한다. 이하 같다)
3. 「과학기술분야 정부출연연구기관 등의 설립 · 운영 및 육성에 관한 법률」 제8조제1항에 따른 연구기관의 연구원(부설연구소의 연구원을 포함한다. 이하 같다)
4. 「산업기술혁신 촉진법」 제42조에 따른 전문생산기술연구소의 연구원

② 「공공기관의 운영에 관한 법률」 제4조제1항에 따른 공공기관(이 조 제1항제3호의 연구기관은 제외한다)의 연구원은 그 소속 기관의 장의 허가를 받아 벤처기업 또는 창업자의 대표자나 임원으로 근무하기 위하여 휴직할 수 있다. <신설 2015.5.18.>
③ 제1항 또는 제2항에 따른 휴직 기간은 5년(창업 준비기간 6개월을 포함한다) 이내로 한다. 다만, 소속 기관의 장이 필요하다고 인정하면 1년 이내에서 휴직 기간을 연장할 수 있다. 이 경우 대학교원의 휴직 기간은 「교육공무원법」 제45조제2항에도 불구하고 임용기간 중의 잔여기간을 초과할 수 있다. <개정 2009.1.30., 2014.12.30., 2015.5.18.>
④ 제1항 또는 제2항에 따라 대학의 교원이나 공공연구기관 · 공공기관의 연구원이 6개월 이상 휴직하는 경우에는 휴직일부터 그 대학이나 공공연구기관 · 공공기관에 그 휴직자의 수에 해당하는 교원이나 연구원의 정원이 따로 있는 것으로 본다. <개정 2013.3.22., 2015.5.18.>
⑤ 제1항 또는 제2항에 따라 교원이나 공공연구기관 · 공공기관의 연구원 등이 휴직한 후 복직하는 경우 해당 소속 기관의 장은 그 휴직으로 인하여 신분 및 급여상의 불이익을 주어서는 아니 된다. <신설 2013.3.22., 2015.5.18.>
[전문개정 2007.8.3.]
[제목개정 2013.3.22.]

제16조의2(교육공무원등의 겸임이나 겸직에 관한 특례) ① 교육공무원등 또는 대통령령으로 정하는 정부출연연구기관(국방분야의 연구기관은 제외한다)의 연구원은 다음 각 호의 어느 하나에 해당하지 아니하는 경우 그 소속 기관의 장의 허가를 받아 벤처기업 또는 「중소기업창업 지원법」 제2조제2호에 따른 창업자의 대표자나 임직원을 겸임하거나 겸직할 수 있다. <개정 2013.3.22.>
1. 전공, 보유기술 및 직무경험 등과 무관한 분야에 겸임 · 겸직하고자 하는 경우
2. 공무원으로서 직무상의 능률을 저해할 우려가 있는 경우

② 제1항에 따른 소속 기관의 장의 허가를 받은 경우에는 「교육공무원법」 제18조제1항과 「협동연구개발 촉진법」 제6조제4항에 따른 겸임 및 겸직허가를 받은 것으로 본다.
[전문개정 2007.8.3.]

제16조의3(벤처기업의 주식매수선택권) ① 주식회사인 벤처기업은 「상법」 제340조의2부터 제340조의5까지의 규정에도 불구하고 정관으로 정하는 바에 따라 주주총회의 결의가 있으면 다음 각 호의 어느 하나에 해당하는 자 중

해당 기업의 설립 또는 기술 · 경영의 혁신 등에 기여하였거나 기여할 능력을 갖춘 자에게 특별히 유리한 가격으로 신주를 매수할 수 있는 권리나 그 밖에 대통령령으로 정하는 바에 따라 해당 기업의 주식을 매수할 수 있는 권리(이하 이 조에서 "주식매수선택권"이라 한다)를 부여할 수 있다. 이 경우 주주총회의 결의는 「상법」 제434조를 준용한다. <개정 2013.8.6.>

1. 벤처기업의 임직원(대통령령으로 정하는 자는 제외한다)
2. 기술이나 경영능력을 갖춘 자로서 대통령령으로 정하는 자
3. 대학 또는 대통령령으로 정하는 연구기관
4. 벤처기업이 인수한 기업(발행주식 총수의 100분의 30 이상을 인수한 경우만 해당한다)의 임직원

② 제1항의 주식매수선택권에 관한 정관의 규정에는 다음 각 호의 사항을 포함하여야 한다.

1. 일정한 경우 주식매수선택권을 부여할 수 있다는 뜻
2. 주식매수선택권의 행사로 내줄 주식의 종류와 수
3. 주식매수선택권을 부여받을 자의 자격 요건
4. 주식매수선택권의 행사 기간
5. 일정한 경우 주식매수선택권의 부여를 이사회의 결의에 의하여 취소할 수 있다는 뜻

③ 제1항에 따른 주주총회의 특별결의에서는 다음 각 호의 사항을 정하여야 한다.

1. 주식매수선택권을 부여받을 자의 성명이나 명칭
2. 주식매수선택권의 부여 방법
3. 주식매수선택권의 행사 가격과 행사 기간
4. 주식매수선택권을 부여받을 자 각각에 대하여 주식매수선택권의 행사로 내줄 주식의 종류와 수

④ 제3항에도 불구하고 제2항제2호에 따른 주식 총수의 100분의 20 이내에 해당하는 주식을 해당 벤처기업의 임직원 외의 자에게 주식매수선택권으로 부여하는 경우에는 주주총회의 특별결의로 제3항제1호 및 제4호의 사항을 그 벤처기업의 이사회에서 정하게 할 수 있다. 이 경우 주식매수선택권을 부여한 후 처음으로 소집되는 주주총회의 승인을 받아야 한다. <개정 2014.12.30.>

⑤ 주식매수선택권을 부여하려는 벤처기업은 제3항과 제4항에 따른 결의를 한 경우 대통령령으로 정하는 바에 따라 중소기업청장에게 그 내용을 신고하여야 한다.

⑥ 제1항 또는 제4항에 따라 주식매수선택권을 부여받은 자는 산업통상자원부령으로 정하는 경우를 제외하고는 제1항에 따른 결의가 있는 날 또는 제4항에 따라 이사회에서 정한 날부터 2년 이상 재임하거나 재직하여야 이를 행사할 수 있다. <개정 2014.12.30.>

⑦ 주식매수선택권은 타인에게 양도할 수 없다. 다만, 주식매수선택권을 부여받은 자가 사망한 때에는 그 상속인이 이를 부여받은 것으로 본다. <신설 2014.12.30.>

⑧ 주식매수선택권의 행사로 신주를 발행하는 경우에는 「상법」 제350조제2항, 제350조제3항 후단, 제351조, 제516조의9제1항 · 제3항 · 제4항 및 제516조의10 전단을 준용한다. <신설 2014.12.30.>

⑨ 주식매수선택권을 부여한 벤처기업이 주식매수선택권을 부여받은 자에게 내줄 목적으로 자기주식을 취득하는 경우에는 「상법」 제341조의2제1항 본문에도 불구하고 발행주식 총수의 100분의 10을 초과할 수 있다. <개정 2014.12.30.>

⑩ 주식매수선택권의 부여 한도 등에 관하여 필요한 사항은 대통령령으로 정한다. <개정 2014.12.30.>

[전문개정 2007.8.3.]

제16조의4(벤처기업에 대한 정보 제공) ① 정부는 벤처기업의 창업 및 영업활동과 관련된 투자 · 자금 · 인력 · 기술 · 판로 및 입지 등에 관한 정보를 제공하거나 그 밖에 벤처기업의 정보화를 촉진하기 위한 지원을 할 수 있다.

② 중소기업청장은 중앙행정기관의 장, 지방자치단체의 장 또는 「공공기관의 운영에 관한 법률」의 적용을 받는 공공기관의 장에게 제1항에 따른 정보 제공에 필요한 자료를 요청할 수 있다.

③ 중소기업청장은 벤처기업에 대한 개인이나 개인투자조합(이하 이 항에서 "개인등"이라 한다)의 투자를 촉진하기 위하여 산업통상자원부령으로 정하는 바에 따라 벤처기업의 투자가치에 관한 정보 등 필요한 정보를 개인등에게 제공할 수 있다. <개정 2008.2.29., 2013.3.23.>

[전문개정 2007.8.3.]

제16조의5(벤처기업인 유한회사에 대한 특례) ① 삭제 <2015.5.18.>

② 삭제 <2015.5.18.>

③ 유한회사인 벤처기업은 정관에서 정하는 바에 따라 「상법」 제580조에도 불구하고 사원총회의 결의로 이익배당에 관한 기준을 따로 정할 수 있다.
[전문개정 2007.8.3.]

제16조의6 삭제 <2015.5.18.>

제16조의7(산업재산권 사용에 관한 특례) ①대학이나 연구기관은 제16조 또는 제16조의2에 따라 휴직하거나 겸직을 승인받은 교육공무원 또는 연구원에게 직무발명에 따른 산업재산권등의 이용을 허락할 때 「기술의 이전 및 사업화 촉진에 관한 법률」 제24조제4항 및 제5항에도 불구하고 전용실시권을 부여할 수 있다. 다만, 휴직 · 겸직 이후 완성한 직무발명에 대하여는 해당 교육공무원 또는 연구원이 희망할 경우 정당한 대가에 대한 상호 합의를 거쳐 우선적으로 전용실시권을 부여하여야 한다. <개정 2010.1.27., 2013.3.22.>
② 제1항은 국가, 지방자치단체 또는 공공기관이 연구개발 경비를 지원하여 획득한 성과로 얻어지는 발명에는 적용되지 아니한다. <신설 2013.3.22.>
[전문개정 2007.8.3.]

제4절 입지 공급의 원활화 <개정 2007.8.3., 2016.12.2.>

제17조 삭제 <2006.3.3.>

제17조의2(신기술창업집적지역의 지정) ① 대학이나 연구기관의 장은 해당 기관이 소유한 교지나 부지의 일정 지역에 대하여 창업자 · 벤처기업 등의 생산시설 및 그 지원시설을 집단적으로 설치하는 신기술창업집적지역(이하 "집적지역"이라 한다)의 지정을 중소기업청장에게 요청할 수 있다.
② 대학이나 연구기관의 장은 제1항에 따라 집적지역의 지정을 요청할 때 집적지역의 명칭, 집적지역 지정 면적 등 대통령령으로 정하는 사항을 포함하는 집적지역개발계획을 제출하여야 한다.
③ 중소기업청장은 집적지역의 지정을 요청받으면 제17조의3 각 호의 요건에 맞는지를 검토하여 집적지역으로 지정할 수 있다. 이 경우 대통령령으로 정하는 바에 따라 그 내용을 고시하여야 한다.
④ 중소기업청장은 제3항에 따라 집적지역을 지정할 때 그 면적이 대통령령으로 정하는 면적 이상이면 집적지역이 속하는 특별시장 · 광역시장 · 도지사 · 제주특별자치도지사(이하 "시 · 도지사"라 한다)와 협의하여야 한다.
[전문개정 2007.8.3.]

제17조의3(집적지역의 지정 요건) 집적지역은 다음 각 호의 요건을 갖추어야 한다.
1. 해당 기관이 보유한 교지나 부지의 연면적에 대한 지정 면적의 비율이 대통령령으로 정하는 비율을 초과하지 아니할 것
2. 지정 면적이 3천 제곱미터 이상일 것
3. 집적지역개발계획이 실현 가능할 것

[전문개정 2007.8.3.]

제17조의4(집적지역에 대한 특례 등) ① 집적지역은 「국토의 계획 및 이용에 관한 법률」 제76조에도 불구하고 같은 법 제36조에 따른 지역 중 보전녹지지역 등 대통령령으로 정하는 지역 외의 지역에 지정할 수 있다.
② 집적지역에서 창업자나 벤처기업은 「건축법」 제19조제1항과 「국토의 계획 및 이용에 관한 법률」 제76조제1항에도 불구하고 구조안전에 지장이 없는 범위에서 「산업집적활성화 및 공장 설립에 관한 법률」 제28조에 따른 도시형공장(대통령령으로 정하는 도시형공장만을 말한다)과 이와 관련된 업무시설을 해당 대학이나 연구기관의 장의 승인을 받아 설치할 수 있다. 이 경우 「산업집적활성화 및 공장 설립에 관한 법률」 제13조에 따른 공장설립등의 승인이나 같은 법 제14조의3에 따른 제조시설설치승인을 받은 것으로 본다. <개정 2008.3.21., 2010.1.27.>
③ 집적지역 중 지정 면적이 제17조의2제4항에서 대통령령으로 정한 면적 이상이고 도시지역에 지정된 경우에는 「산업입지 및 개발에 관한 법률」 제7조의2에 따른 도시첨단산업단지로 본다.
④ 중소기업청장은 제3항에 따른 집적지역의 관리권자(「산업집적활성화 및 공장 설립에 관한 법률」 제30조제1항에 따른 관리권자를 말한다)가 된다.
⑤ 대학이나 연구기관은 제3항에 따른 집적지역의 관리기관(「산업집적활성화 및 공장 설립에 관한 법률」 제30조제2항에 따른 관리기관을 말한다)이 된다.

⑥ 대학이나 연구기관의 장은 「국유재산법」 제18조와 제27조, 「공유재산 및 물품 관리법」 제13조와 제20조, 「고등교육법」 및 「사립학교법」에도 불구하고 창업자 · 벤처기업 또는 지원시설을 설치 · 운영하려는 자가 집적지역에 건물(공장용 건축물을 포함한다)이나 그 밖의 영구시설물을 축조하려는 경우에는 집적지역의 일부를 임대할 수 있다. 이 경우 임대계약(갱신되는 경우를 포함한다) 기간이 끝나면 그 시설물의 종류 · 용도 등을 고려하여 해당 시설물을 대학이나 연구기관에 기부하거나 교지나 부지를 원상으로 회복하여 되돌려 주어야 한다. <개정 2009.1.30.>

⑦ 제6항에 따른 임대료와 임대 기간 등에 관하여 필요한 사항은 대통령령으로 정한다.

⑧ 집적지역에 대하여는 제22조제1항 및 제3항을 준용한다.

⑨ 시장 · 군수 또는 구청장은 집적지역의 창업자나 벤처기업으로부터 제2항에 따른 공장등록신청을 받으면 「산업집적활성화 및 공장 설립에 관한 법률」 제16조에 따른 공장의 등록을 하여야 한다. <신설 2010.1.27.>

[전문개정 2007.8.3.]

제17조의5(집적지역의 운영 지침) 중소기업청장은 집적지역의 지정 · 운영에 관한 지침을 수립하여 고시하여야 한다.

[전문개정 2007.8.3.]

제17조의6(집적지역의 지정취소) 중소기업청장은 제17조의2제3항에 따라 지정된 집적지역이 다음 각 호의 어느 하나에 해당하면 그 지정을 취소할 수 있다.

1. 사업 지연, 관리 부실 등의 사유로 지정목적을 달성할 수 없는 경우
2. 제17조의3에 따른 지정 요건을 충족하지 못한 경우

[전문개정 2007.8.3.]

제18조(벤처기업집적시설의 지정 등) ① 벤처기업집적시설을 설치하거나 기존의 건축물을 벤처기업집적시설로 사용하려는 자는 대통령령으로 정하는 연면적 이상인 경우 시 · 도지사로부터 그 지정을 받을 수 있다. 지정받은 사항을 변경하는 경우에도 또한 같다.

② 제1항에 따라 지정을 받은 벤처기업집적시설은 지정받은 날(건축 중인 건축물은 「건축법」 제22조에 따른 건축물의 사용승인을 받은 날을 말한다)부터 1년 이내에 다음 각 호의 요건을 갖추어야 한다. <개정 2008.3.21., 2009.1.30.>

1. 벤처기업 등 대통령령으로 정하는 기업이 입주하게 하되, 입주한 기업 중에서 벤처기업이 4개 이상(「수도권정비계획법」 제2조제1호에 따른 수도권 외의 지역은 3개 이상)일 것
2. 연면적의 100분의 70(「수도권정비계획법」 제2조제1호에 따른 수도권 외의 지역은 100분의 50) 이상을 벤처기업 등 대통령령으로 정하는 기업이 사용하게 할 것
3. 제2호에 해당하지 아니하는 지정 면적은 벤처기업집적시설 등 대통령령으로 정하는 시설이 사용하게 할 것

③ 시 · 도지사는 벤처기업을 지원하기 위하여 필요하다고 인정하면 벤처기업집적시설을 설치하거나 기존의 건축물을 벤처기업집적시설로 지정하여 벤처기업과 그 지원시설을 입주하게 할 수 있다.

④ 시 · 도지사는 벤처기업집적시설이 다음 각 호의 어느 하나에 해당하면 그 지정을 취소할 수 있다. 다만, 제1호에 해당하는 경우에는 그 지정을 취소하여야 한다.

1. 거짓이나 그 밖의 부정한 방법으로 지정받은 경우
2. 제1항이나 제2항에 따른 지정 요건에 맞지 아니하게 된 경우

⑤ 시 · 도지사는 제4항에 따라 벤처기업집적시설의 지정을 취소하려면 청문을 하여야 한다.

⑥ 제1항에 따른 지정신청과 그 밖에 지정에 관하여 필요한 사항은 대통령령으로 정한다.

[전문개정 2007.8.3.]

제18조의2(실험실공장에 대한 특례) ① 다음 각 호의 어느 하나에 해당하는 자는 「건축법」 제19조제1항, 「국토의 계획 및 이용에 관한 법률」 제76조제1항, 「연구개발특구의 육성에 관한 특별법」 제36조제1항에도 불구하고 그 소속 기관의 장(제4호의 경우에는 실험실공장을 설치하게 되는 기관의 장을 말한다)의 승인을 받아 실험실공장을 설치할 수 있다. 승인받은 사항을 변경하는 경우에도 또한 같다. <개정 2008.3.21., 2010.1.27., 2012.1.26., 2015.5.18.>

1. 「고등교육법」에 따른 대학의 교원 및 학생
2. 국공립연구기관이나 정부출연연구기관의 연구원
3. 과학이나 산업기술 분야의 연구기관으로서 대통령령으로 정하는 기관의 연구원

4. 벤처기업의 창업자

② 제1항에 따라 실험실공장의 승인(변경승인을 포함하며, 이하 이 항에서 같다)을 받으면 「산업집적활성화 및 공장 설립에 관한 법률」 제13조에 따른 공장 설립등의 승인 또는 같은 법 제14조의3에 따른 제조시설설치승인을 받은 것으로 본다. <신설 2015.5.18.>

③ 실험실공장은 생산시설용으로 쓰이는 바닥면적의 합계가 3천 제곱미터를 초과할 수 없다. 다만, 「국토의 계획 및 이용에 관한 법률」 제76조제1항에 따른 용도지역별 건축물 등의 건축 기준을 갖춘 경우에는 그러하지 아니하다. <개정 2015.5.18.>

④ 실험실공장의 총면적(실험실공장이 둘 이상인 경우에는 그 면적을 합한 것을 말한다)은 해당 대학이나 연구기관의 건축물 연면적의 2분의 1을 초과할 수 없다. 다만, 「국토의 계획 및 이용에 관한 법률」 제76조제1항에 따른 용도지역별 건축물 등의 건축 기준을 갖춘 경우에는 그러하지 아니하다. <개정 2015.5.18.>

⑤ 시장 · 군수 또는 구청장(자치구의 구청장을 말한다. 이하 같다)은 실험실공장에 대한 공장등록신청을 받으면 「산업집적활성화 및 공장 설립에 관한 법률」 제16조에 따른 공장의 등록을 하여야 한다. <개정 2015.5.18.>

⑥ 대학이나 연구기관의 장은 제1항에 따른 실험실공장을 설치한 자가 퇴직(졸업)하더라도 퇴직(졸업)일부터 2년을 초과하지 아니하는 범위에서 실험실공장을 사용하게 할 수 있다. <개정 2010.1.27., 2015.5.18.>

⑦ 실험실공장의 설치 · 운영 등에 관하여 그 밖에 필요한 사항은 대통령령으로 정한다. <개정 2015.5.18.>

[전문개정 2007.8.3.]

제18조의3(창업보육센터에 입주한 벤처기업과 창업자에 대한 특례) ① 대학이나 연구기관 안에 설치 · 운영 중인 창업보육센터로서 다음 각 호의 어느 하나에 해당하는 창업보육센터에 입주한 벤처기업이나 창업자는 「건축법」 제19조제1항, 「국토의 계획 및 이용에 관한 법률」 제76조제1항 및 「연구개발특구의 육성에 관한 특별법」 제36조제1항에도 불구하고 「산업집적활성화 및 공장 설립에 관한 법률」 제28조에 따른 도시형공장을 창업보육센터 운영기관의 장의 승인을 받아 설치할 수 있다. 이 경우 「산업집적활성화 및 공장 설립에 관한 법률」 제13조에 따른 공장 설립등의 승인이나 같은 법 제14조의3에 따른 제조시설설치승인을 받은 것으로 본다. <개정 2008.3.21., 2010.1.27., 2012.1.26.>

1. 「중소기업창업 지원법」 제6조제1항에 따라 중소기업청장이 지정하는 창업보육센터
2. 중앙행정기관의 장이나 지방자치단체의 장이 인정하는 창업보육센터

② 시장 · 군수 또는 구청장은 제1항에 따른 창업보육센터에 입주한 벤처기업이나 창업자로부터 공장등록신청을 받으면 「산업집적활성화 및 공장 설립에 관한 법률」 제16조에 따른 공장의 등록을 하여야 한다.

③ 대학이나 연구기관 안에 설치 · 운영 중인 창업보육센터는 「건축법」 제19조제4항제2호에 따른 시설군으로 본다. <개정 2008.3.21.>

[전문개정 2007.8.3.]

제18조의4(벤처기업육성촉진지구의 지정 등) ① 시 · 도지사는 벤처기업을 육성하기 위하여 필요하면 관할 구역의 일정 지역에 대하여 벤처기업육성촉진지구(이하 "촉진지구"라 한다)의 지정을 중소기업청장에게 요청할 수 있다.

② 중소기업청장은 제1항에 따라 촉진지구를 지정한 경우에는 대통령령으로 정하는 바에 따라 그 내용을 고시하여야 한다.

③ 중소기업청장은 제1항에 따라 지정된 촉진지구가 다음 각 호의 어느 하나에 해당하면 그 지정을 해제할 수 있다.

1. 촉진지구육성계획이 실현될 가능성이 없는 경우
2. 사업 지연, 관리 부실 등의 사유로 지정목적을 달성할 수 없는 경우

④ 제1항에 따른 지정의 요건 및 절차와 촉진지구의 지원 등에 필요한 사항은 대통령령으로 정한다.

[전문개정 2007.8.3.]

제18조의5(촉진지구에 대한 지원) ① 중소기업청장은 촉진지구의 활성화를 위하여 「중소기업진흥에 관한 법률」 제62조의17에 따라 지방중소기업육성관련기금의 조성을 지원할 때 촉진지구를 지정받은 지방자치단체를 우대하여 지원할 수 있다. <개정 2016.3.29.>

② 국가나 지방자치단체는 촉진지구에 있거나 촉진지구로 이전하는 벤처기업에 자금이나 그 밖에 필요한 사항을 우선하여 지원할 수 있다.

③ 국가나 지방자치단체는 촉진지구에 설치되는 벤처기업집적시설의 설치 · 운영자 및 창업보육센터사업자에게 그 소요자금의 전부 또는 일부를 지원하거나 우대하여 지원할 수 있다.

④ 촉진지구의 벤처기업과 그 지원시설에 대하여는 제22조를 준용한다.
[전문개정 2007.8.3.]

제19조(국공유 재산의 매각 등) ① 국가나 지방자치단체는 벤처기업집적시설의 개발 또는 설치와 그 운영을 위하여 필요하다고 인정하면 「국유재산법」 또는 「공유재산 및 물품 관리법」에도 불구하고 수의계약에 의하여 국유재산이나 공유재산을 벤처기업집적시설의 설치·운영자에게 매각하거나 임대할 수 있다.

② 제1항에 따른 국유재산의 가격, 임대료, 임대 기간 등에 관하여 필요한 사항은 대통령령으로 정한다.

③ 국가나 지방자치단체는 국유인 일반재산 또는 공유인 잡종재산인 부동산을 벤처기업에 임대하는 조건으로 신탁업자에 신탁할 수 있다. 이 경우 공유부동산의 신탁에 관하여는 「국유재산법」 제58조의 규정을 준용한다. <개정 2007.8.3., 2009.1.30., 2013.3.22.>

④ 국가·지방자치단체 또는 사립학교의 학교법인은 「국유재산법」 제18조, 「공유재산 및 물품 관리법」 제13조 및 제20조, 「고등교육법」 및 「사립학교법」에도 불구하고 벤처기업집적시설의 설치·운영자에게 국공유 토지나 대학 교지의 일부를 임대하여 건물이나 그 밖의 영구시설물을 축조하게 할 수 있다. 이 경우 임대계약 기간이 끝나면 해당 시설물의 종류·용도 등을 고려하여 그 시설물을 국가·지방자치단체 또는 사립학교의 학교법인에 기부하거나 토지 또는 교지를 원상으로 회복하여 되돌려 주는 것을 임대조건으로 하여야 한다. <개정 2009.1.30.>

⑤ 벤처기업집적시설의 설치·운영자는 「국유재산법」 제30조제2항, 「공유재산 및 물품 관리법」 제35조, 「고등교육법」 및 「사립학교법」에도 불구하고 제4항에 따라 축조한 시설물을 임대목적과 동일한 용도로 사용하려는 다른 자에게 사용·수익(收益)하게 할 수 있다. <개정 2009.1.30.>
[전문개정 2007.8.3.]

제20조(시설비용의 지원) 국가나 지방자치단체는 집적지역의 조성 및 벤처기업집적시설의 설치에 필요한 시설비의 전부 또는 일부를 지원할 수 있다.
[전문개정 2007.8.3.]

제21조(건축금지 등에 대한 특례) ① 삭제 <2006.3.3.>

② 벤처기업집적시설은 「국토의 계획 및 이용에 관한 법률」 제76조제1항에도 불구하고 「국토의 계획 및 이용에 관한 법률」 제36조에 따른 지역(녹지지역 등 대통령령으로 정하는 지역은 제외한다)에 건축할 수 있다. <개정 2007.8.3.>

③ 벤처기업집적시설에 입주한 자는 「건축법」 제19조제1항, 「국토의 계획 및 이용에 관한 법률」 제76조제1항 및 「연구개발특구의 육성에 관한 특별법」 제36조제1항에도 불구하고 구조안전에 지장이 없는 범위에서 대통령령으로 정하는 공장을 설치할 수 있다. 이 경우 「산업집적활성화 및 공장 설립에 관한 법률」 제13조에 따른 공장 설립등의 승인이나 같은 법 제14조의3에 따른 제조시설설치승인을 받은 것으로 본다. <개정 2007.8.3., 2008.3.21., 2012.1.26.>

④ 시장·군수 또는 구청장은 벤처기업집적시설에 입주한 자로부터 제3항에 따른 공장등록신청을 받으면 「산업집적활성화 및 공장 설립에 관한 법률」 제16조에 따른 공장의 등록을 하여야 한다. <개정 2007.8.3.>
[제목개정 2007.8.3.]

제22조(각종 부담금의 면제 등) ①벤처기업집적시설에 대하여는 다음 각 호의 부담금을 면제한다. <개정 1998.9.23., 1999.2.5., 2002.1.26., 2002.12.30., 2005.7.21., 2006.3.3., 2007.4.11., 2007.8.3., 2008.3.28.>

1. 「개발이익환수에 관한 법률」 제5조에 따른 개발부담금
2. 삭제 <2007.8.3.>
3. 「산지관리법」 제19조에 따른 대체산림자원조성비
4. 「농지법」 제38조에 따른 농지보전부담금
5. 「초지법」 제23조에 따른 대체초지조성비
6. 「도시교통정비 촉진법」 제36조에 따른 교통유발부담금

② 삭제 <2006.3.3.>

③ 벤처기업집적시설을 건축하려는 자는 「문화예술진흥법」 제9조에도 불구하고 미술장식을 설치하지 아니할 수 있다. <개정 2007.8.3.>
[제목개정 2007.8.3.]

제3장 삭제 <2007.8.3.>

제23조 삭제 <2007.8.3.>

제4장 보칙 <개정 2007.8.3.>

제24조(벤처기업이었던 기업에 대한 주식발행 등의 특례) ① 벤처기업이었던 기업이 벤처기업에 해당하지 아니하게 되는 경우 벤처기업이었던 당시 이루어진 다음 각 호의 행위는 계속 유효한 것으로 본다. <개정 2009.1.30.>

1. 제6조에 따른 산업재산권등의 출자 행위
2. 제9조에 따라 외국인 또는 외국법인등이 해당 기업의 주식을 취득한 행위
3. 삭제 <2010.1.27.>
4. 제15조 및 제15조의2부터 제15조의11까지의 규정에 따른 주식교환 등의 행위
5. 제16조의3에 따라 주식매수선택권을 부여한 행위
6. 제16조의5에 따라 사원을 50명 이상 300명 이하로 하여 설립한 행위

② 벤처기업집적시설에 입주하였던 벤처기업이 벤처기업에 해당하지 아니하게 된 경우에도 계속하여 벤처기업집적시설에 입주할 수 있다.

[전문개정 2007.8.3.]

제25조(벤처기업의 해당 여부에 대한 확인) ① 벤처기업으로서 이 법에 따른 지원을 받으려는 기업은 벤처기업 해당 여부에 관하여 기술보증기금 등 대통령령으로 정하는 기관이나 단체(이하 "벤처기업확인기관"이라 한다)의 장에게 확인을 요청할 수 있다. <개정 2016.3.29.>

② 벤처기업확인기관의 장은 제1항에 따라 확인 요청을 받으면 산업통상자원부령으로 정하는 기간 내에 확인하여 그 결과를 요청인에게 알려야 한다. 이 경우 그 기업이 벤처기업에 해당될 때에는 대통령령으로 정하는 바에 따라 유효기간을 정하여 벤처기업확인서를 발급하여야 한다. <개정 2008.2.29., 2013.3.23.>

③ 벤처기업확인기관의 장은 벤처기업 확인의 투명성을 확보하기 위하여 대통령령으로 정하는 바에 따라 확인된 벤처기업에 관한 정보를 공개할 수 있다. 다만, 다음 각 호의 정보는 공개하여서는 아니 된다.

1. 「부정경쟁방지 및 영업비밀보호에 관한 법률」 제2조제2호에 따른 영업비밀
2. 대표자의 주민등록번호 등 개인에 관한 사항

④ 제1항과 제2항에 따른 확인 절차 등에 관하여 필요한 사항은 산업통상자원부령으로 정한다. <개정 2008.2.29., 2013.3.23.>

[전문개정 2007.8.3.]

제25조의2(벤처기업 확인의 취소) ① 벤처기업확인기관의 장은 벤처기업이 다음 각 호의 어느 하나에 해당하면 제25조제2항에 따른 확인을 취소할 수 있다. 다만, 제1호에 해당하는 경우에는 확인을 취소하여야 한다. <개정 2010.1.27.>

1. 거짓이나 그 밖의 부정한 방법으로 벤처기업임을 확인받은 경우
2. 제2조의2의 벤처기업의 요건을 갖추지 아니하게 된 경우
3. 휴업ㆍ폐업 또는 파산 등으로 대통령령으로 정하는 기간 동안 기업활동을 하지 아니하는 경우
4. 대표자ㆍ최대주주 또는 최대출자사원 등이 기업재산을 유용(流用)하거나 은닉(隱匿)하는 등 기업경영과 관련하여 주주ㆍ사원 또는 이해관계인에게 피해를 입힌 경우 등 대통령령으로 정하는 경우

② 벤처기업확인기관의 장은 제1항에 따라 벤처기업의 확인을 취소하려면 청문을 실시하여야 한다.

[전문개정 2007.8.3.]

제26조(보고 등) ① 중소기업청장은 이 법을 시행하기 위하여 필요하다고 인정하면 중소기업창업투자회사ㆍ중소기업창업투자조합ㆍ한국벤처투자조합 또는 제2조의2제1항제2호가목(8)에 따른 개인에 대하여 업무 운영상황에 대한 확인 및 검사[제2조의2제1항제2호가목(8)에 따른 개인에 대한 확인 및 검사는 제외한다]를 실시하거나 투자실적을 보고하게 할 수 있다. <개정 2014.1.14., 2015.5.18.>

② 중소기업청장은 분기마다 신기술사업금융업자, 신기술사업투자조합, 「한국산업은행법」에 따른 한국산업은행 또는 「중소기업은행법」에 따른 중소기업은행에 대하여 중소기업과 벤처기업에 대한 투자실적에 관한 자료를 제출하게 할 수 있다.

③ 중소기업청장은 이 법을 시행하기 위하여 필요하다고 인정하면 제14조제2항에 따른 개인이나 개인투자조합에

대하여 업무 운영상황에 대한 확인 및 검사(제14조제2항에 따른 개인에 대한 확인 및 검사는 제외한다)를 실시하거나 투자실적 등을 보고하게 할 수 있다. <개정 2015.5.18.>

④ 중소기업청장은 이 법을 시행하기 위하여 필요하다고 인정하면 벤처기업확인기관으로 하여금 제25조와 제25조의2에 따른 벤처기업의 확인 및 확인의 취소 실적 등을 보고하게 하거나, 소속 공무원으로 하여금 해당 기관에 출입하여 장부나 그 밖의 서류를 검사하게 할 수 있다. 이 경우 검사를 하는 공무원은 그 권한을 표시하는 증표를 지니고 이를 관계인에게 내보여야 한다.

⑤ 시 · 도지사는 제18조에 따라 지정된 벤처기업집적시설에 대하여 그 지정을 받은 자로 하여금 입주 현황과 운영 상황에 관한 자료를 제출하게 할 수 있다.

⑥ 벤처기업확인기관의 장은 제25조와 제25조의2에 따른 벤처기업의 확인 및 확인의 취소 등을 위하여 필요하다고 인정하면 벤처기업으로 하여금 경영실태 등에 관하여 필요한 자료를 제출하게 할 수 있다.

⑦ 중소기업청장은 대학, 연구기관 또는 공공기관에 대하여 제16조, 제16조의2 및 제18조의2에 따른 교원이나 연구원의 휴직 · 겸임 및 겸직허가 실적, 실험실공장 설치승인 실적에 관한 자료를 제출하게 할 수 있다. <개정 2015.5.18.>

⑧ 중소기업청장은 전문회사에 대하여 제11조의2제4항 각 호에 관한 자료나 전문회사의 매 회계연도의 결산서를 제출하게 할 수 있다.

[전문개정 2007.8.3.]

제27조(권한의 위임 · 위탁) 이 법에 따른 중소기업청장의 권한은 그 일부를 대통령령으로 정하는 바에 따라 소속기관의 장 또는 시 · 도지사에게 위임하거나 다른 행정기관의 장 또는 대통령령으로 정하는 중소기업 관련 기관과 단체에 위탁할 수 있다.

[전문개정 2007.8.3.]

제28조(한국벤처투자조합에 대한 행정처분) ① 중소기업청장은 한국벤처투자조합이 다음 각 호의 어느 하나에 해당하면 시정을 명하거나 이 법에 따른 지원을 중단할 수 있다. <개정 2010.1.27., 2015.5.18., 2016.5.29.>

1. 제4조의3제2항에 따른 신고 또는 변경신고를 하지 아니하거나 거짓으로 한 자
2. 제4조의3제5항에 따른 결성 요건에 맞지 아니하게 된 경우
3. 중소기업창업투자회사 및 신기술사업금융업자의 등록이 취소되거나 말소된 경우
4. 제4조의3제6항을 위반하여 자금을 사용한 경우
5. 제4조의4제2항을 위반한 경우
6. 제26조제1항에 따른 확인 및 검사를 거부 · 방해하거나 기피한 경우 또는 보고를 하지 아니하거나 거짓으로 보고한 경우
7. 제4조의3제1항 단서에 따른 조합결성 목적 및 기준에 부합하지 아니한 경우

② 중소기업청장은 한국벤처투자조합이 제1항제2호 · 제4호 · 제5호 · 제6호 또는 제7호에 해당하는 경우 그 업무집행조합원에 대하여 다음 각 호의 어느 하나에 해당하는 조치를 할 수 있다. <신설 2015.5.18., 2016.5.29.>

1. 경고
2. 주의

③ 중소기업청장은 제2항의 조치를 하는 경우 업무집행조합원의 임직원에 대해서는 다음 각 호의 어느 하나에 해당하는 조치를 할 수 있다. <신설 2015.5.18.>

1. 해임요구
2. 경고
3. 주의

④ 중소기업청장은 한국벤처투자조합이 제1항의 위반사항에 해당하고 해당 한국벤처투자조합의 업무집행조합원이 신기술사업금융업자인 경우 금융위원회에 해당 신기술사업금융업자 또는 그 임직원에 대하여 제2항 또는 제3항의 조치를 취할 것을 요구할 수 있다. <신설 2016.5.29.>

[전문개정 2007.8.3.]

[제목개정 2015.5.18.]

제29조(청문) 중소기업청장은 다음 각 호의 어느 하나에 해당하는 처분을 하려면 청문을 실시하여야 한다. <개정 2009.1.30.>

1. 제13조의3에 따른 개인투자조합의 등록취소

2. 제18조의4에 따른 촉진지구의 지정해제
3. 제11조의7에 따른 전문회사의 등록취소
4. 제17조의6에 따른 집적지역의 지정취소
5. 제15조의14에 따른 지원센터의 지정취소

[전문개정 2007.8.3.]

제30조(유사명칭의 사용 금지) 한국벤처투자조합이 아닌 자는 한국벤처투자조합의 명칭이나 이와 유사한 명칭을 사용하지 못한다.

[전문개정 2007.8.3.]

제30조의2(벌칙 적용 시의 공무원 의제) 제25조와 제25조의2에 따른 벤처기업의 확인 및 확인의 취소 업무에 종사하는 벤처기업확인기관의 임직원은 「형법」 제129조부터 제132조까지의 규정을 적용할 때에는 공무원으로 본다.

[전문개정 2007.8.3.]

제30조의3(불복 절차) 제25조 및 제25조의2에 따른 벤처기업의 확인이나 확인의 취소에 대하여는 「행정심판법」에 따른 행정심판을 청구할 수 있다. 이 경우 벤처기업의 확인 · 확인취소에 대한 감독행정기관은 중소기업청장으로 한다. <개정 2008.2.29.>

[전문개정 2007.8.3.]

제31조(다른 법률의 준용) 한국벤처투자조합 업무의 집행에 관하여는 「중소기업창업 지원법」 제23조, 제26조, 제27조 및 제29조를 준용한다. 이 경우 "창업투자조합"을 "한국벤처투자조합"으로 본다.

[전문개정 2007.8.3.]

제31조의2(규제의 재검토) 중소기업청장은 다음 각 호의 사항에 대하여 다음 각 호의 기준일을 기준으로 3년마다(매 3년이 되는 해의 기준일과 같은 날 전까지를 말한다) 폐지, 완화 또는 유지 등의 타당성을 검토하여야 한다.
1. 제13조의3에 따른 개인투자조합의 등록취소 사유: 2015년 1월 1일
2. 제17조의6에 따른 집적지역의 지정취소 사유: 2015년 1월 1일
3. 제28조에 따른 한국벤처투자조합에 대한 행정처분 사유: 2015년 1월 1일
4. 제32조에 따른 과태료 부과 사유: 2015년 1월 1일

[본조신설 2015.5.18.]

제5장 벌칙 <신설 2004.12.31.>

제32조(과태료) ① 다음 각 호의 어느 하나에 해당하는 자에게는 500만원 이하의 과태료를 부과한다. <개정 2015.5.18.>
1. 제4조의4제2항 · 제3항을 위반한 자
2. 제13조의3제2항제1호 또는 제28조제1항에 따른 시정명령을 위반한 자
3. 제30조를 위반하여 유사명칭을 사용한 자
4. 제31조에 따른 결산서를 제출하지 아니하거나 거짓의 결산서를 제출한 자

② 제1항에 따른 과태료는 대통령령으로 정하는 바에 따라 중소기업청장이 부과 · 징수한다.
③ 삭제 <2009.1.30.>
④ 삭제 <2009.1.30.>
⑤ 삭제 <2009.1.30.>

[전문개정 2007.8.3.]

부 칙 <제14363호, 2016.12.2.>

제1조(시행일) 이 법은 공포한 날부터 시행한다.

제2조(벤처기업 육성계획에 관한 적용례) 제3조의2의 개정규정은 2018년도 벤처기업 육성계획부터 적용한다.

찾아보기INDEX

ㅇ

ㅈ

ㅊ